Die Havel

Natur und Kultur zwischen Müritz und Havelberg

Manfred Reschke

Trescher Verlag

1. Auflage 2012

Trescher Verlag Berlin
Reinhardtstr. 9
10117 Berlin
www.trescher-verlag.de

ISBN 978–3–89794-206-6

Herausgegeben von Detlev von Oppeln und
Bernd Schwenkros

Reihenentwurf und Gesamtgestaltung:
Bernd Chill
Lektorat: Corinna Grulich
Stadtpläne und Karten: Martin Kapp, Johann
Maria Just

Gedruckt auf chlorfrei gebleichtem Papier

Printed in Germany

Vorwort

Das Land Brandenburg ist eine Region, deren Reiz als Erholungslandschaft häufig nur partiell wahrgenommen wird. Deshalb wurde hier die Havel, einer der attraktivsten Flüsse Deutschlands, als Leitfaden zum Entdecken einer Landschaft gewählt, die eine Vielzahl von Naturerlebnissen und Freizeitmöglichkeiten eröffnet – nicht nur auf dem Land, sondern auch am, auf und im Wasser der zahlreichen miteinander verbundenen Gewässer. Dazu gesellt sich eine Fülle von Sehenswürdigkeiten aus der Geschichte und Gegenwart und vieles, das weit über die Region hinaus von Bedeutung ist.

Es gibt wohl nur wenige Flüsse dieser Größenordnung in Europa, die wie die Havel entweder naturbelassen blieben oder, harmonisch der Landschaft angepasst, kanalisiert wurden. Und wohl kaum ein anderer Fluss bietet zugleich derart viele weiträumige Wasserflächen und Uferbereiche als Erlebnisraum und auch noch die erforderliche Infrastruktur, die Menschen heute erwarten. Innerhalb der gesamten Region gibt es nicht nur ausreichend Gastronomie und Hotellerie, sondern auch Schiffsanlegestellen und Reisemöglichkeiten mit Bahnen, Bussen und dem PKW. Für Fahrradtouristen ist die Erschließung mit dem Havelradweg vom Anfang bis zum Ende der Havel optimal, und für Wandergäste sind innerhalb der Gebiete zahlreiche Wandermöglichkeiten gegeben. Sowohl mehrtägige Rad- und Wandertouren als auch einzelne Ausflüge zu den zahlreichen Sehenswürdigkeiten sind sehr reizvoll. Auch Touren mit Booten und Ausflugsschiffen auf den Seen und auf der Havel bieten eine enorme Vielfalt dessen, was das Herz des Erholungssuchenden und des Natur- und Kulturfreundes ersehnt.

Der Autor hat innerhalb mehrerer Jahre die Strecke vom Havelursprung bis zur Mündung komplett jeweils einmal zu Fuß und mit dem Fahrrad zurückgelegt und war zusätzlich mit dem PKW und auf dem Wasser unterwegs. Vor Ort hat er dabei vieles entdeckt, das ihn über das Studium regionaler Werbung hinaus zu umfangreichen Recherchen in Museen, Büchereien, bei Fachleuten verschiedener Bereiche, in Lexika und im Internet veranlasst hat. Dies führte zu der Idee, die Erlebnisregion Havel in einem Reiseführer vorzustellen.

Die Region wurde unabhängig von verwaltungstechnischen Grenzen in fünf Bereiche gegliedert, die jeweils ganz eigene Charakteristiken des Flusses und der Landschaft in der Umgebung aufweisen. Damit ergeben sich sowohl Reisen oder Ausflüge in die jeweiligen Gebiete als auch ein komplettes Urlaubsprogramm vom Ursprung der Havel bis zur Mündung in die Elbe.

Havelidyll

Hinweise zur Benutzung

Dieses Buch erschließt die gesamte Landschaft entlang der Havel und bietet umfangreichere Informationen als bisherige Werke. Aus der Fülle der regionalen Werbung wurde Wichtiges herausgefiltert und ergänzt mit Informationen, Geschichten und Ergebnissen diverser Forschungen. Dazu wurden neben den offiziellen Daten und Fakten auch Auszüge aus wissenschaftlichen Arbeiten und andere Literatur zum Thema ›Havel‹ zusammengetragen und durch eigene Erfahrungen entlang der Strecke ergänzt. Die Havel beginnt in der Mecklenburgischen Seenplatte. Deshalb beginnt dieses Buch mit der Müritz, dem größten Gewässer, das vollständig in Deutschland liegt und das seit langer Zeit mit der oberen Havel verbunden ist. Bis zur Mündung ergibt sich eine Chronologie von fünf Regionen – **Mecklenburgische Seenplatte**, **Oberhavel**, **Park- und Stadtlandschaften** (Oranienburg, Berlin, Potsdam), **Havelland** und **Unterhavel**.

Jeder Abschnitt beginnt mit einer Charakteristik des Gebietes, einer Übersichtskarte und einer Beschreibung der **Erlebnismöglichkeiten der Region** mit Tipps für Wanderer, Wassersportler, Radfahrer und PKW-Touristen.

Anschließend folgen Informationen zu den Orten und Gewässern sowie Informationen aus Geschichte und Kultur. Den Schluss jedes der fünf Kapitel bieten Tipps zu Unterkünften, Gastronomie, Bootscharter und Museen in der Region. Dichtung, Prosa und Sagen, Wahres und Erdachtes, gereimt und ungereimt, vervollständigen über das Sachliche hinaus dieses Buch.

Das Wichtigste in Kürze

Allgemeine Reiseinformationen

Die Havel fließt durch die vier Bundesländer Mecklenburg-Vorpommern, Berlin, Brandenburg und Sachsen-Anhalt. Daraus ergibt sich, dass es keine Touristinformation für das gesamte Gebiet gibt. Die Region ist jedoch für alle Tourismusarten zu Lande und zu Wasser erschlossen, freilich mit unterschiedlichen Schwerpunkten. Es gibt Übernachtungsmöglichkeiten unterschiedlicher Arten, Gastronomie und diverse Erlebnisangebote entlang der gesamten Strecke. Deshalb ist es ratsam, die Empfehlungen dieses Reiseführers, die am Ende der jeweiligen Gebietsbeschreibungen zu finden sind, zu nutzen und die speziellen Informationen den eigenen Wünschen entsprechend bei den regionalen Tourismusbüros oder im Internet einzuholen.

Überregional gibt es für **Mecklenburg** den **Tourismusverband Mecklenburgische Seenplatte e. V.**, Turnplatz 2, 17207 Röbel/Müritz, Tel. 039931/5380, www.mecklenburgische-seenplatte.de.

Für das **Land Brandenburg** gibt es die **Tourismus Marketing Brandenburg GmbH** (TMB), Reiseland Brandenburg, Am Neuen Markt 1, 14467 Potsdam, Tel. 0331/2004747, www.reiseland-brandenburg.de.

Berlin: Tourismusbüros im Hauptbahnhof, am Brandenburger Tor und am Kurfürstendamm 22, 10719 Berlin, Tel. 030/250025, www.visitberlin.de.

In **Sachsen-Anhalt** ist für den kurzen Havelbereich ausreichend: **Touristinformation Havelberg**, Uferstraße 1, 39539 Havelberg, Tel. 039387/79091 und 19433, www.havelberg.de.

Begegnung an einem Havelsee

Für Vorhaben, die die Havel insgesamt im Blick haben, gibt es eine gute Übersichtskarte, die bis auf sehr wenige Kilometer am Anfang und Ende das gesamte Gebiet der Havel abdeckt. Die **Falk-Regionalkarte 06**, Berlin und Umgebung, Maßstab 1:150 000 bietet mit ihren deutlich erkennbaren Straßen, Bahnlinien, Wasserläufen, Seen und Orten, Naturparks und Waldgebieten einen Gesamtüberblick der Region und ist eine gute Ergänzung zu den Karten dieses Buches sowie zu speziellen und regionalen Karten aller Art.

Unterkünfte und Gastronomie

In der gesamten Havelregion gibt es ausreichende Übernachtungsmöglichkeiten und Gastronomie der unterschiedlichsten Preislagen. Hotels direkt am Havelufer sind selten, Ufergaststätten jedoch zahlreich vorhanden. Einige Empfehlungen finden sich in den Hinweisen zu den jeweiligen Regionen.

Öffnungszeiten

Eine unverständliche Eigenart hat der Autor mehrfach noch im Jahre 2011 erlebt: In den Wintermonaten haben mitunter

Gaststätten und auch Hotels außerhalb der Städte geschlossen, selbst wenn eine sehr schöne Winterlandschaft zum Reisen einlädt. Im Winter sollte man also unbedingt Übernachtungen vorher klären und sich nicht darauf verlassen, dass Gaststätten in kleinen Orten geöffnet sind. Bedauerlicherweise erlebt man im Lande Brandenburg gelegentlich noch immer sehr tourismusfeindliche Öffnungszeiten auch von Museen, Kirchen und sonstigen Sehenswürdigkeiten. Auch hier hat der Autor teils absurde Öffnungszeiten erlebt, in ländlichen Gebieten kam es auch vor, dass die Gaststätte, das Museum oder die Kirche während der angegebenen Öffnungszeit aus unerklärlichen Gründen geschlossen war. Eine vorherige Ermittlung der zuverlässigen Öffnungszeit ist also – gerade bei weitem Anreiseweg – ratsam.

Unterwegs an und auf der Havel
■ Mit öffentlichen Verkehrsmitteln

Die Erschließung mit öffentlichen Verkehrsmitteln ist sehr unterschiedlich. **Bahnverbindungen** bestehen nach Waren und zum Quellgebiet in Mecklen-

Regionalexpress

Bus und Bahn Land Brandenburg und Berlin: Verkehrsverbund Berlin-Brandenburg, Tel. 030/25414141, www.vbb online.de.

Bus und Bahn Region Havelberg bis Bahnhof Glöwen: Verkehrsverbund Sachsen-Anhalt, Tel. 03915/363180, 0180/1331010, www.insa.de.

Zu beachten ist, dass auf allen Bahnlinien Züge täglich im Abstand von maximal zwei Stunden verkehren, jedoch manches Dorf per Bus überhaupt nicht erreichbar ist und andere zwar Busverbindungen haben, jedoch nicht an allen Tagen.

■ Mit dem Pkw

Durch das Wald- und Wassergewirr des Landes bedingt, endet manche Straße in einem Dorf. Man kann nicht davon ausgehen, dass man durch die gesamte Landschaft von Dorf zu Dorf per PKW vorankommt, genaues Beachten der Straßenverbindungen ist also wichtig.

Nach dem Motto ›Fahren wir einfach mal ein Stück durch unerlaubtes Waldgebiet oder auf einem Deich‹ zu handeln oder einen der asphaltierten Radwege als Autopiste zu nutzen, ist nicht nur verboten, sondern auch mit Streckenverlängerungen und Zeitverlust verbunden, denn solche ›Abkürzungen‹ enden immer an einem Hindernis: am Hochsitz eines Jägers, an einem Acker, einem Wasserlauf oder einer Sperre.

Beim **Besuch der Innenstädte** empfiehlt sich das Parken auf zentralen ausgewiesenen Parkplätzen oder am Stadtrand. Bei kleinen Städten ist ein beschaulicher Spaziergang in das Zentrum meist kurz und angenehmer als Parkplatzsuche und Umherirren in engen Straßen. Die Großstädte, vor allem Potsdam, bieten in der Innenstadt verwirrende Straßenverbindungen. Die interessanten Gebiete Berlins, Potsdams und Brandenburgs kann man also viel entspannter erleben, wenn

burg auf der Strecke Waren (Müritz)–Klockow–Neustrelitz und von dort mit Berlin und ab Berlin weiter bis Rathenow. Im Mündungsgebiet der Havel ist Havelberg über den Bahnhof Glöwen im Zweistundentakt per Bus erreichbar und Rühstädt mit einer Buslinie mehrmals täglich an Bad Wilsnack angeschlossen. Die Bahnstationen Glöwen und Bad Wilsnack liegen auf der Strecke Berlin–Wittenberge. Dazwischen werden direkt oder mittels regionaler Busverbindungen die meisten Orte erreicht.

Die überregionale Bahnauskunft ist im Internet unter www.bahn.de, an Bahninformationen und auch an Fahrscheinautomaten der Bahn erhältlich. Die zentrale Telefonauskunft der Deutschen Bahn lautet 0800/1507090, allgemeine Bahnauskünfte gibt es auch unter 0180/5996633.

Buslinien Mecklenburg: Tel. 03953/500350.

Busse Waren und Umgebung: Personenverkehr Waren/Müritz (PVM), Tel. 03991/6450, www.pvm-waren.de.

Busse Mecklenburg bis zur Grenze Brandenburgs: Verkehrsgemeinschaft Mecklenburg-Strelitz, Tel. 03981/481473, www.vms-bus.de.

man ausgewiesene Parkplätze und Busse und Bahnen nutzt.

■ Als Spaziergänger und Rollstuhl-fahrer

Es bietet sich eine mehrtägige Auto- oder Bahnreise entlang der Havel an. Ufergaststätten und barrierefreie Ufer-promenaden gibt es in Waren an der Müritz, in Neustrelitz am Zierker See, in Wesenberg am Woblitzsee, in Fürstenberg am Röblinsee, in Zehdenick direkt an der Havel, in Oranienburg im Schlosspark an der Havel.

In Berlin geht es für Rollstuhlfahrer in Spandau am Havelufer entlang, in Berlin-Tegel lockt die besonders attraktive Greenwichpromenade am Tegeler See, in Berlin-Kladow das Havelufer. Nicht rollstuhlgeeignet sind die Wege an Grunewaldturm und Blockhaus Nikolskoe auf der gegenüberliegenden Havelseite. Barrierefrei geht es auf der Pfaueninsel weiter, ebenso in Sacrow im Schlosspark und direkt an der Havel mit der berühmten Kirche am Havelufer.

Gut geeignet für Rollstuhlfahrer sind das Havelufer in Wannsee, das Gebiet an der Glienicker Brücke und der Park Babelsberg. Auch die anderen Parks in Potsdam sind weitgehend hindernisfrei, ebenso das südliche Potsdam am westlichen Havelufer als Uferpromenade bis zum Bahnhof Pirschheide.

Weiter geht es in Caputh an der Fähre, in Ferch am Schwielowsee, in Werder und in Brandenburg direkt am Havelufer – besonders reizvoll ab dem Schloss in Plaue am Ufer des Plauer Sees –, in Premnitz am Havelufer, in geringem Maße in Rathenow an der Havel und in Havelberg am Hafen und am Dom. Den Abschluss einer Autoreise können dann das barrierefreie Storchendorf Rühstädt und die Kirche in Bad Wilsnack bilden.

Der Autor mit dem Fahrrad unterwegs

■ Mit dem Fahrrad

Entlang der Havel wurde der **Havelradweg** angelegt und ausgeschildert. Dazu gibt es neben anderem Material insbesondere die spezielle Radwander- und Wanderkarte des Verlages Dr. Barthel aus der Serie ›Schöne Heimat‹ mit dem Titel ›Havel-Radweg‹, der alle wichtigen Informationen beinhaltet, die für den Radtouristen wichtig sind. Als Übersichtskarte eignet sich die **Falk-Plan Regionalkarte 06**, Berlin und Umgebung, Maßstab 1:150 000.

■ Als Wanderer

Einen durchgängigen Wanderweg entsprechend dem Havelradweg vom Ursprung bis zur Mündung gibt es nicht. Es gibt jedoch diverse **regionale Wanderwege** in der Nähe der Havel oder unmittelbar am Ufer. Besonders abwechslungsreich ist das Wandern in diesen Regionen, wenn man sich nicht ausschließlich am Ufer der Havel orientiert, sondern in den verschiedenen Landschaften unter Vermeidung des Havelradweges Ruhe und vielfältige Natur erlebt. Freilich ist das nicht immer möglich. Besonders lohnend ist es, die Uferpartien der sehenswerten Orte, die bei den Spaziergängern erwähnt werden, einzubeziehen und ruhige Uferwege abseits des Radweges zu suchen. Diese sind in den regionalen Texten dieses Reiseführers zu finden und in der **Wanderkarte ›Havel-Radweg‹** aus der Serie ›Schöne Heimat‹. In diese Faltkarte wurden die vom Autor selbst zu Fuß erprobten Wandermöglichkeiten von der Quelle bis zur Mündung eingearbeitet. Aus der Karte ist auch erkennbar, wo das Wandern attraktiv ist und wo die ausdrücklich gewollte Doppelnutzung von Radwegen für Fußgänger unvermeidbar und dennoch empfehlenswert ist. Abseits der städtischen und der touristischen Zentren ist der Fahrradverkehr auf dem Havelradweg gering und stört den Wanderer kaum.

Es wird ausdrücklich darauf hingewiesen, dass in den Naturschutzgebieten das Verlassen der Wege nicht gestattet ist. Generell ist es ratsam, **nur aus dem Kartenmaterial ersichtliche Wege** zum Wandern zu nutzen.

Viele Pfade sind Jägerpfade, die irgendwo an einem Hochsitz enden, und beim Wandern abseits von Wegen in unübersichtlichen Waldgebieten gibt es oft unangenehme Überraschungen in Form von unüberwindbaren Gewässern und Sumpfgebieten. Zudem sind die Wälder mitunter sehr groß und bieten wegen des flachen Geländes oftmals keine sicheren

Wanderer an der Havel

Orientierungshilfen. Das gilt auch für Wanderprofis: Nicht nur Pilzsucher haben schon unfreiwillig im Wald übernachtet.

■ Mit der Fahrgastschifffahrt

In folgenden Orten bieten Reedereien **fahrplanmäßige Schiffsfahrten** über die Gewässer der Havel an: Waren (Müritz), Neustrelitz, Fürstenberg, Zehdenick, Oranienburg, Hennigsdorf, Berlin-Spandau, Berlin-Tegel, Berlin-Kladow, Berlin-Wannsee, Potsdam, Caputh, Ferch, Werder, Ketzin, Brandenburg, Rathenow, Havelberg. Die Reedereien werden im Anhang ab Seite 270 benannt.

■ Mit Wohnwagen oder Zelt

Es gibt Wohnwagenstellplätze in großer Auswahl im gesamten Havelgebiet, Adressen sind in den Informationen am Ende der Kapitel zu finden. Eine Übersicht gibt es im Internet auf der Seite http://wohnmobil-stellplaetze.net.

Campingplätze mit Wohnwagenstellplätzen liegen meistens sehr reizvoll in der Nähe der Gewässer oder unmittelbar an Seeufern und gleichzeitig am oder im Wald. Bedingt durch die Landschaftseigenarten, die naturbelassenen Uferbereiche der Havel oder Siedlungen bis an das Ufer konnten diese Stellplätze aber selten direkt am Havelufer eingerichtet werden.

■ Mit dem Kanu

Auf der Oberhavel, ab Kratzeburg bis Zehdenick, bietet die Havel das perfekte Kanurevier. Im weiteren Verlauf wechseln sich langweilige Strecken mit reizvollen Flussabschnitten ab.

Durch Berlin und Potsdam hindurch bis etwa Werder sind es weniger empfehlenswerte Gebiete für Kanufahrer, da hier viele andere Wassersportler und Schiffe auf den Gewässern unterwegs sind. In dem wenig frequentierten unteren Verlauf der Havel wird bei entsprechend ruhigem Fluss das Kanufahren wieder interessanter, viele romantische Havel-abschnitte bieten hier willkommene Abwechslung, und es gibt auch ausreichend Uferrastplätze.

Zu diesen Touren gibt es diverse **Wasserwanderkarten** des Klemmer Verlages, des Studio Verlages, des Verlages Grünes Herz und für den Unterlauf der Havel auch die ›Wassersportkarte Havelgewässer‹ der LGB, Landesvermessung und Geobasisinformation Brandenburg, dem ehemaligen Landesvermessungsamt.

Wassersportler auf der Havel

■ Mit dem Motor- oder Segelboot

Mit dem Motorboot bieten sich ausgedehnte Touren an, die zum Beispiel in Waren (Müritz) beginnen und sich über die Wasserstraßen nach Fürstenberg bis zur Mündung der Havel fortsetzen. Verständlicherweise entfällt dabei zwar das Bächlein ›Havel‹ im Quellgebiet, diverse Seen, die von der Havel aus erreichbar sind, bieten jedoch eine Fülle von Reisemöglichkeiten auf dem Wasser. Zu diesen Touren gibt es diverse Wasserwanderkarten (→ ›Mit dem Kanu‹). Adressen von **Marinas**, Häfen für Motorboottouristen, finden sich auf den Informationsseiten der jeweiligen Regionen.

Die Havel ist als Fluss kein durchgängiges Segelgebiet, doch die Seen, die sie bildet, sind es an vielen Stellen.

■ Mit anderen Wasserfahrzeugen

Inzwischen werden diverse, teils sehr originelle Boote zur Miete angeboten. Es gibt Bootscharter mit und ohne Besatzung, Bootscharter, zu dem Bootsführerscheine erforderlich sind, und solche, die führerscheinfrei zu mieten sind, kleine Boote für den kurzen Tagesausflug und solche für längere Reisen.

Anbieter finden sich im gesamten Gebiet, das die Havel durchfließt, in großer Anzahl. Deshalb ist es erforderlich, über die regionalen Tourismusverbände die für die eigenen Wünsche passenden Informationen einzuholen.

■ Mit dem Pferd

Hier muss der Autor leider auf Empfehlungen verzichten, denn bisher sind ihm noch keine Erfahrungen mit Wanderreitern bekannt, die dem Lauf der Havel im Sattel gefolgt sind. Es gibt diverse Reiterhöfe, auch mit Urlaubsmöglichkeiten, die über die Touristinformationen oder über www.reiten-brandenburg-berlin.de erfahrbar sind.

Das Reiten ist in ländlichen Gebieten überall dort gestattet, wo es nicht ausdrücklich verboten ist. Es empfiehlt sich aber, den Havelradweg und stark frequentierte Wege in der Nähe von Ortschaften zu meiden. Die gegenseitige Störung wird meistens für den Reiter unangenehm, insbesondere wenn schnelle Radtouristen das Pferd erschrecken.

■ Mit dem Flugzeug

Es gibt Flugplätze für Segelflugzeuge und private Kleinflugzeuge – hier werden teilweise auch Rundflüge mit Gästen angeboten – und für Privatflieger erlaubte Fluggebiete. Auch aus der Luft stellt sich das Land, das die Havel durchfließt, sehr attraktiv dar.

X-mal

Wer einmal die Region entspannt erlebt hat,
kommt x-mal wieder, es bleibt nicht bei dem einen
Mal.
Erfreuen anderswo Berge und Höh'n,
so sind es in Brandenburg die Havel und Seen.

Das Land, der Fluss und die Menschen

Die Landschaft

Um das Havelland treffend zu beschreiben, ist der Dichter Theodor Fontane sicherlich der kompetenteste Mensch. Als Nachfahre einer Hugenottenfamilie war er unvoreingenommen, durch lange Auslandsaufenthalte in Frankreich und Großbritannien zu vergleichenden Urteilen befugt, als Bürger Berlins städtischen Service gewohnt und als Reisender ein exzellenter Kenner des Havellandes.

Fontanes Band ›Havelland‹ des Jahres 1880 aus der Reihe der ›Wanderungen durch die Mark Brandenburg‹ bietet eine enorme Fülle noch immer aktueller Informationen über Land und Leute. So beginnt er sein Kapitel ›Havelschwäne‹ wie folgt:

»Die Havel, um es noch einmal zu sagen, ist ein aparter Fluß; man könnte ihn seiner Form nach den norddeutschen oder den Flachlands-Neckar nennen. Er beschreibt einen Halbkreis, kommt von Norden und geht schließlich wieder nach Norden und wer sich aus Kindertagen jener primitiven Schaukeln entsinnt, die aus einem Strick zwischen zwei Apfelbäumen bestanden, der hat die geschwungene Linie vor sich, in der sich die Havel auf unseren Karten präsentiert. Das Blau ihres Wassers und ihre zahllosen Buchten (sie ist tatsächlich eine Aneinanderreihung von Seen) machen sie in ihrer Art zu einem Unikum. Das Stückchen Erde, das sie umspannt, eben unser Havelland, ist die Stätte ältester Kultur in diesen Landen. Hier entstanden, hart am Ufer des Flusses hin,

die alten Bistümer Brandenburg und Havelberg. Und wie die älteste Kultur hier geboren wurde, so auch die neueste. Von Potsdam aus wurde Preußen aufgebaut, von Sanssouci aus durchleuchtet. Die Havel darf sich einreihen in die Zahl deutscher Kulturströme«.

Fontanes Worte bestätigen sich bis heute: Die Stadt Potsdam ist beispielsweise nicht nur als Ort mit einer langen Historie, sondern auch als Wissenschaftsstandort weltweit berühmt. Die Havellandschaft ist ein beliebter Lebensraum sowohl für Menschen als auch für Tiere.

Durch die Erschließung der Landschaft für den sanften Tourismus zu Lande und zu Wasser ist das Havelland noch attraktiver geworden.

Naturschutz und Renaturierung von Gebieten, die durch Ausbeutung und Militär zerstört wurden, tragen wesentlich zur Erhaltung der Schönheit des Havellandes bei.

Theodor Fontane

Den Band ›Havelland‹ beginnt Theodor Fontane mit einem Gedicht von 1872:

Havelland

Grüß Gott dich, Heimat! Nach langem Säumen
in deinem Schatten wieder zu träumen
erfüllt in dieser Maienlust
eine tiefe Sehnsucht mir die Brust.
Ade nun, Bilder der letzten Jahre
ihr Ufer des Somme, der Seine, Loire,
nach Kriegs und fremder Wässer Lauf
nimm heimische Havel, mich wieder auf.

Es spiegeln sich in deinem Strome
Wahrzeichen, Burgen, Schlösser, Dome;
Der Julius-Turm, den Märchen und Sagen
bis Römerzeiten rückwärts tragen,
das Schildhorn, wo, bezwungen im Streite,
Fürst Jaczko dem Christengott sich weihte,
der Harlunger Berg, der an oberster Stelle
weitschauend trug unsre erste Kapelle,
das Plauer Schloss, wo fröstelnd am Morgen,
Hans Quitzow steckte, im Röhricht verborgen,
die Pfaueninsel, in ihrem Dunkel
Rubinglas glühte Johannes Kunckel,
Schloss Babelsberg und ›Schlösschen Tegel‹
Nymphäen, Schwäne, blinkende Segel –
Ob rote Ziegel, ob steinernes Grau,
du verklärst es, Havel, in deinem Blau.

Und schönes du alles, was alte Zeiten
und neue an deinem Bande reihten,
wie schön erst, was fürsorglich längst
mit liebendem Arme du umfängst
Jetzt Wasser, drauf Elsenbüsche schwanken
Lüche, Brüche, Horste, Lanken.
Nun kommt die Sonne, nun kommt der Mai
mit der Wasserherrschaft ist es vorbei.
Wo Sumpf und Lache jüngst gebrodelt
ist alles in Teppich umgemodelt
ein Riesenteppich, blumengeziert
viele Meilen im Geviert.
Und an dieses Teppichs blühendem Saum
all die lachenden Dörfer, ich zähle sie kaum.
(…)
Und Gruß dir, wo die Wiege stand,
geliebte Heimat, Havelland.‹

Am Havelursprung bei Ankershagen

Möglicherweise unbekannte Begriffe wie ›Elsenbüsche‹ werden im Glossar auf Seite 285 erläutert. Vor den letzten zwei Zeilen wurden hier Aufzählungen von Orten und Lobeshymnen auf Preußen weggelassen. Das Havelland als Wiege bezieht sich doppeldeutig auf die frühere Entwicklung Preußens und auch auf Fontanes eigene. Leben und Werk Theodor Fontanes werden auf den Seiten 80/81 gewürdigt.

Nun ist die Havel natürlich auch von einer Landschaft umgeben, die ebenfalls sehr anziehend ist: ›Natürlich‹ ist wörtlich gemeint, denn weite Landschaftsgebiete haben sich aus diversen Gründen ihre Ursprünglichkeit bewahrt. Zum einen ist das Sumpf- und Seenland an vielen Stellen landschaftlich nicht nutzbar. Zum anderen ergab sich aus der geringen Bevölkerungsdichte nicht die Notwendigkeit, sämtliche möglichen Flächen zu nutzen. Zudem gibt es arme Böden, die wenig lohnend für die intensive Bodennutzung sind. Das alles steigert die Anziehungskraft des Havellandes als Erholungslandschaft, die jedoch noch oft unterschätzt wird. Die Straßen durch endlos lange Kiefernwaldgebiete vermitteln häufig einen langweiligen Eindruck. Straßen und Bahntrassen verlaufen oft dort, wo Naturliebhaber kaum Einwände haben und zerstören zum Glück die Gebiete an der Havel nicht. Besonders deutlich ist das am Autobahnring um Berlin erkennbar, der Umwege um Erholungsgebiete macht; man hat hier nicht die kürzesten Streckenmöglichkeiten eines Autobahnringes genutzt. Und deshalb verbergen sich die Schönheiten abseits der langweiligen Straßen. Man muss sich wie zu Theodor Fontanes Zeiten in das Land hinein begeben, um sie entdecken zu können.

Der Fluss

Die Havel ist ein Fluss voller Merkwürdigkeiten und Besonderheiten. Im Reigen der deutschen Flüsse stellt die Havel ein Unikum dar, höchstens vergleichbar mit ihrem kleinen Bruder, dem Rhin. In beiden Fällen beginnt diese Eigenheit bereits am Ursprung. Beide Flüsse haben keine Quelle, die exakt zu lokalisieren ist, sondern beginnen teilweise in Form von ›Grundquellen‹, also unsichtbaren Quellen unter der Wasseroberfläche von Seen oder Sümpfen. Sie bilden dann deren Abflüsse, sammeln also Wasser aus Seen und Sümpfen, in die wiederum Wasser in Form von Bächen oder Rinnsalen hineinplätschert, reichern sich zusätzlich durch Regen- oder Grundwasser an und setzen sich als Verbindung zahlreicher Seen der Mecklenburgischen Seenplatte fort. Bereits im Seengewirr Mecklenburgs sind Havel und Rhin mehrfach miteinander verbunden. Erst weiter südlich, nach Verlassen der Mecklenburgischen Seenplatte, erkennt man die durch die Seenabflüsse gesammelte Wassermenge deutlich als zwei verschiedene Flüsse.

Meiner Heimat

Nur selten hat man dich gepriesen
mein Heimatland, du sand'ge Mark
und doch, wie deine Eichenriesen
bist du allwege jung und stark.

Zwar zeigst du dich im schlichten Kleide,
kein Goldglanz blendet dein Gewand:
doch deine träumerische Heide
ist reich an buntem Märchentand.

Beim Ruderschlag auf einem See
ward manche Sorge eingewiegt,
und Havel du, herzigste Fee
hast liebend dich an mich geschmiegt

Drum sei mir immerdar gepriesen
mein Heimatland, du sand'ge Mark;
wie deine zähen Eichenriesen
bleib allewege jung und stark.

Gedicht von Emil Möbis, im Jahre 1897 in Neuruppin veröffentlicht

Die Havelquelle

Hinsichtlich des Ursprungs der Havel, also der Quelle, gibt es immer wieder neue Diskussionen. Im Jahr 2004 wurden am Havelbach, so heißt ein jetzt als ›Nebenflüsschen‹ der Havel erkennbares Gewässer noch immer, der Havelursprung und das ›Quellgebiet‹ mit einem Havelstein und einem Rastplatz bezeichnet. Der Havelbach ist der Abfluss aus einem Sumpfgebiet und dem großen Säwkowsee in die Zotzenniederung bei Blankenförde, nördlich von Wesenberg.

Bereits im Jahre 2001 hatte man einen anderen, den jetzt gültigen Havelursprung etwa 15 Kilometer nördlich davon bei Ankershagen festgelegt und gestaltete diesen im Jahre 2007 mit einem großen Rastplatz. Diese Stelle ist insofern korrekt, als hier tatsächlich der nördlichste Punkt erkennbar ist, aus dem gegen-

Sumpf am Säfkowsee

wärtig Wasser als Abfluss aus den miteinander verbundenen Seen Bornsee, Trinnensee und Mühlensee als Havel fließt – wenn es fließt. Die weitere Merkwürdigkeit ist nämlich, dass der als Quellsee benannte Mühlensee einen vor langer Zeit künstlich angelegten weiteren Abfluss hat, den Mühlenbach, über den das Wasser weiter in die Ostsee fließt. Das sogenannte ›Havelquellwasser‹ sprudelt in einem künstlich neu geschaffenen Überlauf als Havelursprung aus dem Mühlensee, versickert aber sehr oft in dem folgenden Sumpfgebiet. So präsentiert sich die Havel bereits zwei Kilometer hinter ihrem Ursprung oft als trockener Graben.

In der wissenschaftlichen Untersuchung ›Historische und aktuelle Gewässerentwicklung des Havel-Quellgebietes‹ der Universität Greifswald und des Geoforschungsinstituts Potsdam von 2010 heißt es: »Das Havelquellgebiet entwässert zum einen über den Mühlenbach in Richtung Ostsee und zum anderen südwärts über die Havel in Richtung Nordsee. Als ›Quelle‹ der Havel gilt das Diekenbruch. Entsprechend dem unterschiedlichen jährlichen beziehungsweise jahreszeitlichen Wasserdargebot lässt sich jedoch erst am Ausfluss des Dambecker Sees, zuweilen auch erst am Ausfluss des Käbelicksees, ein steter Durchfluss feststellen.«

Mit diesem Wissen informiert man auf den Informationstafeln an der ›Havelquelle‹ auch korrekt, dass historisch belegt ist, dass vor der Anlage eines Deiches und der Schaffung des künstlich angelegten Mühlenbaches das Wasser kontinuierlich als Havel aus diesen Seen südlich abfloss und man nun ›… die Verbindung der Havel zu ihren ursprünglichen Quellseen *zumindest symbolisch* wieder hergestellt hat‹. Das Diekenbruch ist südlich des Mühlensees gelegen.

Die oben genannte wissenschaftliche Arbeit versucht auch, das Wasserstraßengewirr zwischen den miteinander verbundenen Gewässern Müritz, Elde, Havel, Rhin und diversen Seen der Region historisch zu enträtseln. Ermittelt wurde dabei, dass seit mindestens 1000 Jahren Wasserverbindungen künstlich geschaffen und verändert wurden. Ernüchtert wird festgestellt: »Die Havel ist in ihrem obersten Abschnitt ein künstliches Gerinne«, entspricht also auch in weiteren oberen Abschnitten nicht einem natürlich entstandenen Fluss. Diese uralten Wasserverbindungen sind aber keine Kanäle in heutigem Sinne, sondern ähneln sehr den natürlich entstandenen Wasserläufen. Erst die späteren, zumeist südlicher gelegenen Kanäle erkennt man deutlicher als künstlich angelegt.

Die Länge der Havel

Die Havelwasserstraßen (Obere Havelwasserstraße, Havel-Oder-Wasserstraße, Untere Havelwasserstraße) und die Havel als Fluss sind nicht identisch. Insbesondere im Ursprungsgebiet, das eindeutig nicht der Zierker See ist, ergeben sich völlig andere Längen. In der Region zwischen Zehdenick und Hennigsdorf, wo die Havel viel zu schmal für den Schiffsverkehr ist, wurden diverse Abkürzungen als breitere Kanäle geschaffen, ab Potsdam verkürzt der Schifffahrtsweg die Havel, und im Mündungsgebiet gibt es ebenfalls Abkürzungen.

Über die Landesvermessungen in Brandenburg und Mecklenburg sowie andere Quellen sind nur exakte Angaben über die Wasserstraßen erhältlich. Es gibt vermutlich keine exakten Vermessungsangaben über die Länge des Flusses. Wie dennoch angeblich exakte Längen der Havel bezeichnet werden können, ist dem Autor ein Rätsel, trotz intensiver Suche ergaben sich keinerlei nachprüfbare Quellen.

Der Autor dieses Buches hat deshalb selbst mittels GPS-Gerät die jeweiligen Längen dort ermittelt, wo sie nicht aus Vermessungsangaben ablesbar sind:

Die Havel ist vom Ursprung in Ankershagen bis zum zweiten Havelursprung bei Blankenförde unter Berücksichtigung der Strecke ab Säwkowsee bis zum Jäthensee, in die beide Quellbäche unabhängig voneinander fließen, um zwölf Kilometer länger als die vor dem Jahre 2000 gültige Länge.

Am Mühlbach

Vom inzwischen als gültigen Havelursprung bezeichneten Mühlenteich bei Ankershagen, also dem nördlichsten Havelursprung ergeben sich folgende Längen der Havel: Ankershagen–Kratzeburg (nicht befahrbare Strecke) etwa 5 Kilometer, Kratzeburg–Fürstenberg etwa 53 Kilometer, Fürstenberg–Zehdenick (Schleuse) etwa 44 Kilometer, Zehdenick–Spandau (Schleuse) etwa 72 Kilometer, Spandau bis zur Mündung an Caputh und Werder vorbei gemäß amtlichen Angaben exakt 151 Kilometer (längere Strecke des Flusses durch Brandenburg zuzüglich etwa 2 Kilometer), Verlängerung der alten noch vorhandenen Mündungsstrecke, die südlich von Quitzöbel in die Elbe mündet (ohne die Kanalverlängerung nach Gnevsdorf) etwa 8 Kilometer.

Die Summe ergibt mit den geringen Ungenauigkeiten der Seendurchflüsse 333 beziehungsweise 335 Kilometer. Insofern ist die in Ankershagen am Ursprung bezeichnete Länge, die mit etwa 340 Kilometern angegeben wird, bestätigt und ebenso korrekt wie Angaben mit 334 Kilometern oder andere, die zwischen 330 und 340 Kilometern liegen. Eindeutig falsch ist jedoch die Angabe auf dem Obelisk im Krienicke-Park in Spandau, die mit einer Havellänge von 288 Kilometern die Wasserstraße meint.

Längenangabe der Havelwasserstraßen auf dem Havelstein im Spandauer Krienickepark

Die Havelwasserstraßen: Daten und Fakten

Gliederung der Havel: Obere Havelwasserstraße (OHW) Havel-Oder-Wasserstraße (HOW), Untere Havelwasserstraße (UHW).

Einbindung in das Netz der deutschen Binnenwasserstraßen: Anbindung an die Müritz-Havel-Wasserstraße (MHW). Weitere Schifffahrtswege, sozusagen ›Nebenstraßen‹, sind teilweise in den Sammelbegriff der Havelwasserstraßen einbezogen, zum Beispiel die Potsdamer Havel.

Kilometrierung und Längenangaben: Es gibt eine durchgehende Kilometrierung der Hauptstrecken, in die die Strecke an Caputh und Werder (Havel) vorbei nicht einbezogen ist, sondern diese als Nebenstraße mit einer gesonderten Längenangabe dokumentiert wird. Die Wasserstraßen sind teils dem Bund, teils den Ländern zugeordnet. Es gibt die Fließgewässer und Seen, die nicht als Wasserstraße gelten. Hieraus erklären sich die verwirrenden Längenangaben (→ S. 25).

Längen der Havelwasserstraßen: Die Länge der Havelwasserstraßen ist exakt vermessen und in Karten vermerkt.

Müritz-Havel-Wasserstraße (MHW): 31,5 km. Verläuft von der Müritz bis zum Pälitzsee, hat keinen Havelanteil.

Obere Havelwasserstraße (OHW): 94,4 km. Verläuft von Neustrelitz bis zur Mündung in die HOW südlich von Liebenwalde. Die Strecke zwischen Neustrelitz und der Mündung der Havel in den Woblitzsee bezieht sich auf den Zierker See und den Kammerkanal, beträgt 8,4 km und ist nicht die Havel.

Havel-Oder-Wasserstraße (HOW): Teilstrecke vom Abzweig der OHW bis zur Schleuse in Spandau: 40,5 km. Die Havel-Oder-Wasserstraße verbindet die Havel mit der Oder und verläuft ab dem Abzweig der OHW bis zur Schleuse in Spandau teils deckungsgleich, teils abkürzend parallel zur Havel.

Untere Havelwasserstraße (UHW): 148 km. Beginnt an der Schleuse Spandau und endet an der Mündung in die Elbe. Die Streckenlänge der Kilometerangaben bezieht sich eindeutig auf die Abkürzung durch den Sacrow-Paretzer Kanal und ist demnach hier um 13 Kilometer kürzer als der echte Havelverlauf. Es ergibt sich also eine Länge der durchgehenden Strecke der drei Havelwasserstraßen von Neustrelitz bis zur Elbe von 283 Kilometern. Hinzu kommen noch die in den amtlichen Karten als Havelwasserstraße ausgewiesenen Ergänzungs- und Nebenstrecken.

Schleusen: Entlang der Havel gibt es insgesamt 16 Schleusen, mit denen der Höhenunterschied der Havel, 40 Meter, überwunden wird.

55 Seen, die die Havel durchfließt oder selbst bildet: Bornsee, Trinnensee, Mühlensee, Dambecker See, Röthsee, Käbelicksee, Granziner See, Pagelsee, Zotzensee, Jäthensee, Roter See, Jamelsee, Görtowsee, Zierzsee, Kramsee, Useriner See, Großer Labussee, Kleiner Labussee, Weißer See, Woblitzsee, Drewensee, Finowsee, Wangnitzsee, Kleiner Priepertsee, Großer Priepertsee, Ellbogensee, Ziernsee, Menowsee, Röblinsee, Baalensee, Schwedtsee, Stolpsee, Tonstichseen bei Zehdenick, Lehnitzsee, Nieder Neuendorfer See, Tegeler See, Spandauer See, Pichelssee, Stößensee, Scharfe Lanke, Wannsee, Jungfernsee, Glienicker Lanke, Tiefer See, Templiner See, Schwielowsee, Großer Zernsee, Kleiner Zernsee, Göttinsee, Trebelsee, Breitlingsee, Mösscher See, Quenzsee, Wendsee, Plauer See.

In dieser Aufzählung fehlt der Name ›Havelsee‹. Das ist eine Gemeinde, die aber keinen See dieses Namens aufweist.

Der Name

Auch der Name der Havel wird von Forschern unterschiedlich gedeutet. Am Havelursprung wird eine Urkunde erwähnt, die im Jahre 789 den Fluss Habula (Haff) nennt. Ein Haff ist eine Bucht; von dem Wort wird Hafen (Haven) abgeleitet (in Wilhelmshaven und Bremerhaven noch immer mit v). Früher war diese Bezeichnung auch im norddeutschen Binnenland üblich, und die Havel ist bereits am Oberlauf ein Gemisch aus Wasserlauf mit Buchten und Seen. Theodor Fontane bezeichnet zum Beispiel den weit von der Küste entfernten Tegeler See, den Wannsee, den Schwielowsee und den Plauer See in seinem Buch über das Havelland als Havelbuchten und schreibt: »Allesamt sind es Flusshaffe, denen man zu Ehre oder Unehre den Namen ›See‹ gegeben hat.« Demzufolge war noch im 19. Jahrhundert der Begriff ›Haff‹ auch für Buchten von Binnengewässern in Gebrauch. Forscher vermuten, dass der Name des slawischen Hevellerstammes aus dem noch älteren Gewässernamen entstand.

Weiterhin ist bemerkenswert, dass die Spree als Nebenfluss gilt, obwohl sie am Zusammenfluss mit der Havel deutlich länger als diese ist und wesentlich mehr Wasser führt. Früher führte auch die Hauptschifffahrtsstrecke spreeaufwärts bis Berlin. In der Regel setzt sich dann der Name des größeren und auch bedeutenderen Flusses fort. Die Spreemündung, exakter die Spandauer Schleuse in unmittelbarer Nähe, ist nach wie vor ein wichtiger Bezugspunkt der gesamten Havel. Nördlich der Spreemündung wird die Havel als Oberhavel und für die Schifffahrt bis nach Kratzeburg als Obere Havelwasserstraße bezeichnet, darüber als Havelquellgebiet. Unterhalb der Schleuse Spandau wird sie mit der Unteren Havelwasserstraße Unterhavel genannt. Die Kilometerangaben entlang des Flusses beginnen genau an der Schleuse und führen in beide Richtungen. Der weitere Begriff Mittlere Havel bezeichnet zusätzlich einen Teil der offiziellen Unterhavel bis zur Stadt Brandenburg. Somit gibt es zwischen Spandau und Brandenburg für den gleichen Flussabschnitt sowohl den Begriff Untere Havelwasserstraße als auch Mittelhavel.

Der Verlauf der Havel

Kurios ist auch der Verlauf der Havel: Sie fließt zunächst südwärts, also ungewöhnlicherweise landeinwärts und fließt nicht zum nahen größeren Fluss, der Oder, und der nahen Ostsee. Später schwenkt sie ein kurzes Stück nach Osten, dann nach Süden, anschließend nach Westen und schließlich in Richtung Norden. Die Havel mündet etwa 90 Kilometer, als Luftlinie gemessen, von ihrem Ursprung entfernt in die Elbe. Auch der Höhenunterschied zwischen Ursprung und Mündung ist gering, er beträgt etwa 40 Meter, auch hier gibt es unterschiedliche Angaben.

Die Havel ist unbestritten einer der friedlichsten, also berechenbarsten Flüsse Deutschlands. Die Fließgeschwindigkeit ist geringer als bei den meisten anderen großen Flüssen und ändert sich wenig, Hochwasser mit Wasserstandsschwankungen von mehr als einem Meter gibt es nur als Rückstau der Elbe. Das ergibt eine weitere Besonderheit: Forscher haben festgestellt, dass die Havel vor der Eindeichung der Elbe öfter sogar rückwärts geflossen sein muss, teilweise bis etwa zur Spreemündung. Gäbe es kein Sperrwehr an der Elbe, wäre das manchmal noch immer so. Dass die Havel vor dem Sperrwehr aufgehalten wird oder gar zum Stillstand kommt und vor der Mündung zeitweise Überschwemmungsgebiete entstehen, ist normal. Die Elbe soll aber nicht wie früher zusätzlich mit ihrem Hochwasser das gesamte Havelland in eine Seenlandschaft verändern, sondern ihr Wasser in der Nordsee abliefern.

Seen und Wasserstraßen

Die mit Abstand erfreulichste Besonderheit für alle Arten der Freizeitfreuden ist die Seenkette der Havel. In der Beschreibung der einzelnen Landschaftsgebiete werden die 55 Seen genannt, die die Havel direkt durchfließt oder in Form großer Buchten bildet (→ S. 27). Die angrenzenden Seen sind dabei nicht einmal mitgezählt.

Eine weitere Besonderheit der Havel hängt mit der Geologie der Region zusammen. Im Gegensatz zu anderen Regionen Deutschlands begann die Erschließung des hiesigen Gebietes zwischen Elbe und Oder über die Havel, denn in dem weiträumigen Seen-, Fluss- und Sumpfgewirr zwischen der Ostseeküste bis südlich des Spreewaldes waren anfangs durchgehende Wege und Straßenverbindungen sehr schwierig. Andererseits weist das Land wenig Höhenunterschiede auf, so dass bereits seit sehr langer Zeit künstlich angelegte Wasserwege geschaffen wurden, also ein weiträumiges Wasserstraßennetz entstand, das immer weiter perfektioniert wurde und bis in die Gegenwart erhalten ist.

Diese Besonderheit ergibt eine besondere Vielfalt für alle Wassersportler und Wassertouristen. Die unterschiedlichen Landschaften der Uferbereiche, Häfen, Anlegestellen, Gastronomie, Hotellerie, Kultur und Historien der Orte am Ufer, all das macht die Havelregion vielfältig und variationsreich.

Zufluss zum Käbelicksee

Das Land, der Fluss und die Menschen

Eine Allegorie auf einen Fluss: Würdigung einer Dame

Warum sind in unserer Sprache eigentlich Flüsse teils männlich und teils weiblich? Einige haben sogar bildhafte, andere allegorische Zusätze: Man spricht vom ›Alten Vater Rhein‹, von der wütenden Ach, der Wutach, und der guten Ach, der Gutach; die ›Schöne blaue Donau‹ wird besungen, der Schwarzen Elster, der Oder und der Elbe begegnet man mit Respekt, andere wie der Neckar, der Main und die Weser werden als lieblich oder romantisch charakterisiert. Und die Havel? Kaum ein Dichter hat diesen Fluss gewürdigt, Theodor Fontane jedoch war glücklich, nach Zeiten in der Fremde die heimatliche Havel wieder zu sehen.

Wenn man die Havel intensiv in ganzer Länge erlebt, liegt der Vergleich mit einer schönen Frau, einer attraktiven Dame und einer gutmütigen Arbeiterin nahe. In Mecklenburg in friedlich-ländlicher Umgebung beginnt ihr Lebenslauf: Wie ein junges Mädchen versteckt sie sich manchmal gern und lässt sich ein anderes Mal in jugendlicher Schönheit bewundern. Die junge Havel ist verspielt, wendet sich hierhin und dorthin, wirkt fast, als sei sie neugierig, die Welt zu entdecken. Den Kanufahrern, Paddlern und badelustigen Kindern gönnt sie allein die Freude auf dem Wasser, dem geruhsamen Angler Besinnlichkeit und Stille an ihrem Ufer.

Jugendlich ungezwungen tänzelt sie durch das lieblich-stille Land, wendet und schlängelt sich neugierig, kokettiert mit Neustrelitz, macht Bekanntschaft mit *Fürsten*berg, *Milden*berg und *Lieben*walde. Doch wie moderne Jugendliche zieht es sie dorthin, wo das Leben tobt, zur Hauptstadt Berlin. Am Rande der Hauptstadt angekommen, ist sie erwachsen und trägt zum Leben der Menschen auf vielfältige Weise bei: Sie ist Trinkwasserreservoir und Lastenträgerin, sie dient der Fischerei und bietet Freizeitmöglichkeiten.

Doch die Mitte der Stadt mit ihrer Hektik und Enge ist nicht ihr Ziel, denn, erwachsen geworden, strebt sie nach Würde und Schönheit, schmückt sie sich lieber wie eine elegante Dame, und das gelingt am besten in Potsdam. Nachdem sie die Festung der Zitadelle Spandau kaum beachtet hat – diese ist an ihrem Ufer kaum zu sehen – glänzt sie mit dem Schmuck der Schlösserlandschaft Potsdams und den anderen Bauten in der Region.

Die noch sehr junge Havel

Auch die kulturelle Vielfalt wird beachtet, wie das Blockhaus Nikolskoe und das moderne Hans-Otto-Theater in Potsdam. Um der religiösen Vielfalt gerecht zu werden, würdigt die Havel die Sacrower Heilandskirche, St. Peter und Paul und später die markanten Kirchen verschiedener Orte wie Werder und Brandenburg. Und am alten Pumpwerk in Form einer Moschee erweist sie sogar dem Islam Reverenz.

Ab Berlin verbindet die Havel Fleiß und Nützlichkeit mit Attraktivität, trägt Lasten und bietet auch der Erholung reichlich Möglichkeiten. Orte fröhlicher Fes-

Die Havel bei Oranienburg

te und der Weinkultur in Werder sind Teil ihres Lebensweges wie auch der Hang zur Geschichte, indem sie der alten Stadt Brandenburg ihre Aufwartung macht.

Im zunehmenden Alter wird die Havel behäbiger, bleibt aber ihrem Lebensweg treu. Sie hat es überhaupt nicht nötig, sich ein Korsett anlegen zu lassen, wird also nicht in kanalisierte Zwänge gepresst. Die natürliche Schönheit und auch die Möglichkeit, bei jeder Art von Witterung friedlich zu bleiben, machen einen besonderen Schutz vor der Gewalt, die von manchen Flüssen ausgehen kann, überflüssig. Die Havel hat sich durch den Liebreiz vieler Kurven eine besondere Schönheit erworben und bleibt immer und zu jeder Zeit friedlich. Tücke durch Gefahrenstellen, überraschende Böswilligkeiten sind ihr fremd, weder extreme Gefahren durch Hochwasser noch Gefahren durch Klippen, Felsen, reißende Strömungen gehen von ihr aus.

Typisch für viele reife Erwachsene ist der Hang, sich einen Garten anzulegen. Die Havel setzt ganz neue Glanzpunkte im Alter, indem sie die Aufmerksamkeit auf eine neue Gartenlandschaft an ihren Ufern lenkt, und sie bietet mit einer Gartenschau Orten wie Premnitz, Pritzerbe und Rathenow die Möglichkeit, auf sich aufmerksam zu machen.

Und wie bei Menschen bekommt auch die Havel kurz vor Ihrem Ende eine besondere Würdigung. Eine der ältesten und anziehendsten Städte der Region mit einem berühmten Dom trägt den Namen der Havel: Havelberg.

Ihrem Ende entgegensehend, wendet sie sich nochmals dem Landesinneren, dem Leben zu, um endlich doch in der Elbe ihre Existenz beenden zu müssen. Die Elbe ist es auch, die ihr im Alter den meisten Kummer bereitet, denn diese führt oft Hochwasser, was im Mündungsbereich der Havel nun doch Schutzmaßnahmen in Form eine Sperrwerkes und kleiner Deiche erforderlich werden lässt.

Wasser

Wasser zerstört, Wasser erhält,
Die Havel ist Zeichen einer friedlichen Welt
Wasser ist Leben, Wasser ist Kraft
Wasser der Havel ist Lebenssaft.

Der Wasserreichtum, den die Havel beschert, wird oft als Selbstverständlichkeit hingenommen. Selten wird uns bewusst, welch wertvolles Gut die Kraft fließenden Wassers für uns Menschen darstellt. Als Beispiel, wie Wasser das Leben vor vielen Jahrhunderten erleichtert hat, haben Mönche eines Klosters im 12. Jahrhundert den Text formuliert, der auf Seite 70 abgedruckt ist.

In der Gegenwart wird Wasserkraft auch für ökologisch unsinnige Zwecke verwendet, die aber aus unserer Lebenswelt nicht mehr wegzudenken sind, wie zum Beispiel bei der Toilettenspülung. Wie unser Leben aussehen würde, wenn wir das als Trinkwasser aufbereitete Wasser nicht für das Verschwindenlassen unserer täglichen Hinterlassenschaften verwenden würden, zeigt das Häuschen mit dem Herz. Früher wurden die festen und flüssigen Ausscheidungen außerhalb des Hauses und ohne Verwendung von Trinkwasser entsorgt. Die in dem ›Plumpsklo‹ gesammelten menschlichen Fäkalien waren Dünger für Weiden, Viehfutter-Felder und für Waldgehölze. Verkotetes Wasser gab es aber auch, nämlich dort, wo man die menschlichen Hinterlassenschaften in Bäche oder Seen entleerte. Unvorstellbar ist, dass es hierzulande bis in die zweite Hälfte des 20. Jahrhunderts Orte gab, die die über Rohrleitungssysteme aus Häusern abgeleiteten Fäkalien in Seen und in die Havel ableiteten.

In Städten wie Berlin wurde das Problem dadurch gelöst, dass außerhalb der Orte sogenannte ›Rieselfelder‹ angelegt wurden, weit draußen gelegene große Becken, in die die Abwässer der Stadt eingeleitet wurden. Das Wasser versickerte langsam, die festen Reste wurden dort abgebaut, wo keine menschliche Nahrung erzeugt wurde. Die Flächen ehemaliger Rieselfelder sind inzwischen stillgelegt. Meistens sind sie gegenwärtig ungenutztes Brachland, am Wildwuchs von Büschen und einigen Bäumen erkennbar. Von den leicht erhöht liegenden Wegen zwischen den alten, meist mit Erde aufgefüllten Becken ergeben sich durchaus lohnende Landschaftseindrücke. Wer nicht informiert ist, erkennt die frühere Nutzung nicht.

Frischwasser wird zunächst einmal aus der Tiefe in Rohre gepumpt. Moderne Klärwerke reinigen das Schmutzwasser, diese erfordern eine enorme Menge an Energie, um das

So war es früher: Häuschen mit Herz

Wasser – Lebensgrundlage für Pflanzen, Tiere und Menschen

verdreckte Wasser wieder soweit zu reinigen, dass es in die Natur entlassen werden kann. Trinkwasserqualität wird dabei zwar nicht erreicht, aber ein Zustand, der der Reinheit des natürlichen Oberflächenwassers nahe kommt. Die Kosten für die Aufbereitung des verunreinigten Wassers sind mitunter höher als die Förderung und Anlieferung bis zum Wasserhahn in der Wohnung.

Und wo bleibt das Wasser nach der Klärung? Die gleiche Menge, die täglich gefördert wird und durch die Häuser und unseren Körper fließt, muss ja am Ende wieder irgendwohin – und das sind zum Beispiel in Berlin etwa 600 Millionen Liter Wasser an jedem Tag! Weitab der Regionen, in denen aus der Tiefe Trinkwasser gefördert wird, gelangt das geklärte Abwasser über Gräben in Wälder und Sumpfgebiete, einiges versickert dabei als Oberflächenwasser wie Regen, vieles gelangt durch Gräben in Kanäle und andere Fließgewässer. Dort verbindet es sich mit Regenwasser und Straßenschmutzwasser und gelangt logischerweise auch in die Havel. Am Ende der Kette des Wasserverbrauchs ist es nach wie vor der Fluss, der die End-Entsorgung erledigen muss.

Mit Ausnahme einiger Hundebesitzer, die weiterhin die Hinterlassenschaften ihrer Tiere durch Regen in die Gewässer wegspülen lassen, ist inzwischen aber eine Reinheitskette der Industrie, der Klärwerke, der Auto- und Schiffsbesitzer und aller übrigen Privatpersonen entstanden, die uns von dem schlechten Gewissen der Wasserverunreinigung und Wasserverschwendung befreit. Wissenschaftliche Ergebnisse belegen, dass durch die Gesamtheit aller Maßnahmen die Reinheit des Havelwassers inzwischen besser ist als während der letzten gesamten 100 Jahre. Die festen Rückstände der Fäkalien werden getrocknet und komprimiert. Sie dienen in einem Heizkraftwerk als Brennstoff und als Granulat im Straßenbau.

Wald

Wie Wasser, Luft und Erde ist der Sauerstofflieferant Wald eine unverzichtbare Basis menschlichen Lebens. Die Besorgnis über das Abholzen ganzer Wälder ist im Hinblick auf Regionen außerhalb Europas berechtigt, in Deutschland und Europa unbegründet. Die Länder Europas haben die Fehler in früheren Jahrhunderte gemacht. In Großbritannien zum Beispiel wurden Wälder gerodet, das Holz wurde für den Schiffsbau, als Bau- und Brennholz verwendet. Es wurde nichts erneuert, Holz wurde später in anderen Ländern eingekauft. In Deutschland wurde die Forstwirtschaft eingeführt, als man erkannte, dass der Verbrauch höher wurde als der nachwachsende Bestand. Holz wurde nicht nur als Baumaterial und Brennholz benötigt, sondern auch zur Herstellung von Glas und vor der Kohleförderung zum Schmelzen von Eisen. Zum Schmelzen eines Kilos Roheisen mussten 30 Kilo Holz verfeuert werden.

Der Rückgang der Bevölkerung unter anderem im 17. Jahrhundert, der zunehmende Einsatz von Metall für den Schiffs- und Landfahrzeugbau, von Steinen zum Bauen und von Kohle als Brennstoff sowie die Erzeugung von Energie aus Elektrizität, die ohne Holz erzeugt wurde, hat zusammen mit der Forstwirtschaft zur Erholung des Waldbestandes geführt. Heute gibt es sogar einen Wachstumsüberschuss. Etwa ein Drittel der Fläche Deutschlands ist Wald, wobei die Waldfläche in den letzten vier Jahrzehnten um etwa zehn Prozent zugenommen hat.

Selbst der gestiegene Holzbedarf für die Papierherstellung ist in Europa geringer als das Nachwachsen des Rohstoffes, so dass in der Gegenwart der Holzüberschuss als Brennmaterial für Kraftwerke eingesetzt werden kann. Sinnvoll ist das Sammeln von Altpapier aber dennoch, weil es mit weniger Aufwand zur Wiederverwendung gelangen kann als bei der Holzumwandlung. Die Energie für die Abfallentsorgung entfällt, und Holz, das für Papier nicht benötigt wird, ist ein Rohstoff zur Energieerzeugung. Auf diesem Umweg wird der Verbrauch nicht nachwachsender Rohstoffe verringert. Umweltschädlich ist jedoch der Verbrauch des saugfähigen hochweißen Papiers für Küchentücher, Papiertaschentücher und Toilettenpapier, denn für dieses Papier wird teilweise Eukalyptusholz verwendet, und jene Holzplantagen schaden durch Austrocknung des Bodens dem dortigen Land. Für diese Zwecke ist Recyclingmaterial ausreichend und umweltverträglich.

Kiefern in der Abendsonne

Wald und Forst

Am Waldrand

Wenn ich hier am Waldrand sitze
und alle meine Sinne spitze,
empfange ich, wenn mir's gefällt
Signale aus der ganzen Welt.

Ich höre, wenn die Lerche singt,
des Springkrauts Samenkorn entspringt;
ich höre, wie die Eicheln fallen
die Jäger durch die Wälder knallen.

Ich rieche, wie die Blumen duften
und wie die Bienen mächtig schuften
ich rieche wenn's Getreide reift
der Westwind nach den Äpfeln greift.

Ich sehe, wie die Schwalben jagen,
die Vögel sich beim Nestbau plagen;
ich sehe wie die Sonne sinkt,
der Mond mit einer Wolke ringt.

Ich schmecke, hier auch das Aroma
der Hustenbonbons meiner Oma.
Beim Träumen schmeck ich unterdessen
im Voraus schon das Mittagessen.

Ich fühle, wie der Tiefdruck drückt
und wie die Mücke heftig mückt;
Ich fühle, ob es Regen gibt,
wie sehr mich meine Frau heut' liebt.

Am Waldrand bleib ich ohne Frage,
bis ans Ende meiner Tage.

Joachim Morgenthal

Bertolt Brecht stellte folgende Frage: »Weißt Du, was ein Wald ist? Ist ein Wald etwa nur 10 000 Klafter Holz? Oder ist er eine grüne Menschenfreude?« In der Poesie, in Liedern, Sagen und Märchen, also im Bewusstsein der Bevölkerung, ist eine große Ansammlung von Bäumen ein Wald. Was soll es denn sonst anderes sein? Antwort: ein Forst! Vordergründig ist dies vielleicht nur ein anderes Wort für dasselbe, im Bewusstsein derjenigen, die diese Worte nutzen, aber

Privatbesuch bei Doktor Wald

nicht. Es gibt die Forstwirtschaft und den Förster, und es gibt alle anderen, die im Wald und nicht im Forst Erholung suchen. Es gibt Naturschutz für den Erhalt von Wäldern, nicht von Forsten.

Hinter diesen beiden Worten versteckt sich ein Konflikt, der nicht neu ist, aber an Schärfe zunimmt. Wald war vor sehr langer Zeit Allgemeinbesitz, wurde dann Eigentum von Herrschern und war auch der Allgemeinheit zugänglich, nur in der Nutzung und Jagd eingeschränkt. Von Herrschern ging er nur zum Teil in Privateigentum über, blieb weitgehend Staatswald oder kommunaler Wald und war damit noch immer der Bevölkerung zugänglich. Auch heute noch versuchen staatliche und kommunale Waldeigentümer, langfristige Bewirtschaftung und Erholungsfunktion in Einklang zu bringen. Für Privateigentümer ist Wald zunehmend nur noch ein Geschäft der Forstwirtschaft, schneller Ertrag ist das Ziel. Der zunehmende Verkauf kommunalen Waldes an Privateigentümer hat bereits einiges negativ verändert und wird ständig steigende Konflikte zwischen Forstwirtschaft, Naturschutz und Erholungssuchenden zur Folge haben. Das wird gegenwärtig von der Politik in gravierender Weise unterschätzt.

Noch gibt es in Brandenburgs Wäldern alte Eichen, aus Geschäftsgründen wurden aber viele bereits abgeholzt. Eichen bringen viel Rendite – einmalig, denn nachwachsen werden sie erst in 200 Jahren. Allein aus wirtschaftlichen Gründen wird auch von Monokultur auf Mischwald umgestellt. Dabei wird aber nicht auf Ästhetik geachtet und nicht wie früher über Generationen hinweg aufgeforstet. Schnellwachsende Bäume, die wirtschaftlich gut verwertbar sind, werden gepflanzt, wertvoller alter Baubestand langsam wachsender Arten wird zunehmend Vergangenheit. In Brandenburg versucht das Projekt ›Methusalem‹, dieser Entwicklung entgegenzuwirken, indem es einzelne Bäume registriert und unter Schutz stellt, die noch keine Naturdenkmäler sind, aber werden könnten.

Doch einzelne Bäume sind keine Wälder. Eichenwälder werden also Vergangenheit, Buchenwälder vermutlich ebenfalls.

Wald als öffentlicher Raum

Das per Gesetz noch gültige allgemeine Betretungsrecht des Waldes wird zunehmend ausgehebelt. Noch müssen die Waldbesitzer das Betreten gestatten, tun es aber zunehmend mit dem Bewusstsein der Großzügigkeit.

Wer hat sich noch nie in Brandenburgs Wäldern verirrt, weil Orientierungshinweise fehlen, weil Wege, die laut Karten vorhanden sein müssten, mit wildem Gehölz versperrt worden sind, hat noch nie erlebt, dass Wegemarkierungen mutwillig entfernt wurden? Waldeigentümer wissen, dass sie Wälder nur in begründeten Ausnahmefällen einzäunen dürfen, keine allgemeinen Betretungsverbote anordnen dürfen, Markierungen im Wald an Bäumen nicht verbieten dürfen. In zunehmendem Maße halten sich die Eigentümer aber nicht mehr an diese Vorschriften oder entfernen Markierungen sogar, weil es niemanden gibt, der auf die Einhaltung der Gesetze besteht.

Das Verirren wird in einigen Regionen Brandenburgs forciert. Schilder wie ›Kein öffentlicher Weg‹ werden immer häufiger am Waldrand aufgestellt. Demnach wäre ein Waldweg ein Privatweg, dessen Betreten von der Genehmigung des Eigentümers abhängt. Die Genehmigung wird auf dem Schild aber nicht erteilt, auch ein Verbot wird nicht direkt ausgesprochen. Diese Art der Beschilderung mit einem indirekten Betretungsverbot ist vermutlich rechtswidrig, aber bewusst abschreckend und irreführend. Das Sperren von Wegen für Fahrzeuge ist gesetzlich in anderer Weise geregelt.

Die Erholungsfunktion des Waldes bildet für die Gesundheit der Allgemeinheit eine ebenso elementare Grundlage wie Wasser und Luft und ist Teil des menschlichen Lebensraumes wie öffentliches Straßenland – aber wie lange noch? Die nachfolgenden Worte sind ein Auszug aus einem sehr alten, längeren Gedicht, das deutschlandweit in etwas verschiedenen Variationen bekannt ist. Es entspricht Lebenserfahrungen, die durch moderne Medizin weitgehend bestätigt werden. Selbst der lange angezweifelte Aspekt der positiven psychischen Wirkung eines Waldspazierganges ist inzwischen anerkannt.

Doktor Wald

Wenn ich an Sorgen leide oder etwas zwickt,
mich unverstanden fühle oder alt
der Alltagsstress mir auf den Magen drückt
dann konsultiere ich bestimmt den Doktor Wald.
Er ist mein Augenarzt und mein Psychiater
mein Orthopäde und mein Internist
Er hilft mir sicher über jeden Kater
ob er aus Kummer oder Kognak ist
Denn kaum umhüllt mich seine Stille
raunt er mir zu, nun atme tief du ein
Er hält nicht viel von Pülverchen und Pillen
doch umso mehr von Luft und Sonnenschein
Er fordert nur als Lohn den eignen Willen
und lädt zu seiner offenen Praxis ein
Er bringt mich immer wieder auf die Beine.

das Seelische ins Gleichgewicht,
verhindert Fettansatz und Gallensteine
nur Hausbesuche macht er leider nicht.

nach Helmut Dagenbach

Flora und Fauna

Ein Beitrag von Carsten Rasmus, Mitherausgeber des Buches ›Natouren rund um Berlin, Brandenburgs Naturwunder im Jahreslauf erleben‹, KlaRas-Verlag

Quellgebiet und Oberhavel

Klein ist die junge Havel. Doch das Wasser, das der Quelle und den vielen weiteren Quellzuflüssen im Oberlauf entströmt, ist Lebensraum für etliche Tiere und Pflanzen. An steilen Uferböschungen, wo die Kraft des Wassers den Boden ausgehöhlt hat, oder in den Wurzeltellern umgestürzter Bäume nistet einer der schönsten Vögel unserer Tierwelt, der Eisvogel. Es ist ein großes Glück, den im Flug blau schillernden, etwa spatzengroßen Vogel zu sehen, denn der Eisvogel ist meist ebenso schnell weg, wie er kam. Am ehesten sieht man ihn, wenn man ihn zuvor hört, denn sein schriller Ruf dringt oft weiter voran. Die Tiere, im angelsächsischen ›König der Fischer‹ genannt, tauchen nach Fischen – und haben daher das Nachsehen, wenn das Wasser im Winter zufriert. Ganze Eisvogelpopulationen können so in strengen Wintern zusammenbrechen.

Die Havel ist im Oberlauf in weiten Strecken von Wald umgeben. Direkt am Ufer gedeihen Schwarzerlen am besten, ihnen schadet nicht nur zeitweilige, sondern auch längere Überflutung nicht. Meist nur wenige Meter entfernt, jedoch, und das macht den entscheidenden Unterschied, ein Stück höher, prägen Buchenwälder die Havellandschaft. Dank des hohen Kalkgehalts im Boden entfaltet sich im Frühjahr, noch bevor die Rotbuchen ihre Blätter ganz hervorgebracht haben, eine wahre Pracht an Frühblühern. Buschwindröschen, die gut an ihren weißen, manchmal etwas rosa überlaufenen Blüten zu erkennen sind, nutzen die Kraft der Frühlingssonne ebenso wie die bläulich-violett blühenden Leberblümchen. Auch Gelbe Anemonen, Schlüsselblumen und Lerchensporne sind zu sehen. Wenn die Rotbuchen ihre Blätter ganz entwickelt haben, kommt nur noch wenig Licht bis an den Waldboden – das kurze Spiel der Frühblüher ist vorbei, zumindest das bunte.

Buschwindröschen am Wegesrand

In den Wäldern, an Waldrändern und an Lichtungen sind Wildschweine ebenso zu beobachten, wie Reh- und Damwild. Und natürlich gibt es auch Hirsche. Die größeren, abgeschiedenen Waldgebiete sind zudem Lebensraum geschützter Arten wie Schwarzstorch und Seeadler. Beide gehören zu den größten Arten unserer Vogelwelt. Der scheue Schwarzstorch führt ein Leben im Verborgenen und ist daher fast nie zu sehen. Anders jedoch der Seeadler, der gerne Aufwinde nutzt, um mit wenig Energieeinsatz übers Land zu streichen. Wer aufmerksam unterwegs ist, kann also bisweilen auch einen Seeadler am Himmel entdecken. Zu seiner Nahrung gehören hauptsächlich Fische, und da kommt dem Seeadler die Eigenart der Havel entgegen, immer wieder

Damwild

Seen zu durchströmen. Hier leben Friedfische wie Plötze, Rotfeder, Blei und Karausche, zu den räuberischen gehören unter anderem Barsch, Wels und Zander. Auch Aale sind heimisch, ebenso Schleie und Karpfen – da finden Seeadler reichlich Beute. Wenn sich die Gelegenheit ergibt, verschmähen Seeadler auch tote oder verwesende Fische nicht, die sie von der Wasseroberfläche aufnehmen. Natürlich machen die Tiere auch Jagd auf Wasservögel, hin und wieder stellen sie auch an Land lebenden Tieren wie Kaninchen, Hasen oder jungen Füchsen nach.

Vor allem in abgeschiedenen Bereichen des Flusses hat sich in den letzten Jahrzehnten der Biber ausbreiten können. Das Nagetier war im vergangenen Jahrhundert in Mitteleuropa fast ausgerottet. An Elbe und Havel nutzten sie bei der Wiederansiedlung zunächst abgeschiedene Gewässerbereiche, etwa in Sperrgebieten wie dem riesigen Übungsplatz Kleine Schorfheide. Mit der Zeit waren die aus Bibersicht besten Plätze jedoch vergeben, und so drang und dringt das Tier auch heute noch in Seitengewässer und Gräben vor. Konflikte mit den Menschen sind dabei vorprogrammiert, denn Biber gestalten ihren Lebensraum aktiv mit. Ihr Ziel: Flache Stillgewässer schaffen, an denen dann Weidenbäume Wurzeln schlagen können. Weiden stehen auf dem Speisezettel der Biber ganz oben, besonders junge Weiden, die viel süße Rinde besitzen.

Städtische Flora und Fauna

In Oranienburg wird die Havel ›königlich‹. Rund ums Schloss und in den innerstädtischen Grünanlagen kommen Spaziergänger ans Wasser – und mit ihnen einige Tierarten, die die Nähe zum Menschen suchen. So sind, wie überhaupt an der Havel, Stockenten zu sehen. Die Tiere verlassen das Gebiet nur, wenn ihr Schlafplatz, ein ruhiger Bereich im Wasser, verloren geht. Das geschieht im

Winter, wenn sich Eis bildet. Da die Havel im Stadtbereich jedoch fast nie zufriert, kommen Stockenten von Stillgewässern und kleineren Fließen der Umgebung oft hierher, und es bilden sich größere Winteransammlungen.

Bis vor wenigen Jahren rieb sich mancher Besucher verwundert die Augen, wenn er eigentümliche, dunkle, behaarte und an einen Biber erinnernde Tiere sah. Es waren Nutrias, aus Südamerika eingeführte Nagetiere. Im Unterschied zum Biber haben Nutrias einen fast nackten, etwa fingerdicken Schwanz. Zu ihrer Oranienburger Leibspeise gehörten Mohrrüben, die oft am Ufer zwischen Schlossbrücke und Louise-Henriette-Steg zu größeren Haufen aufgetürmt lagen. Die meisten Nutrias wurden inzwischen in den nahe gelegenen Germendorfer Tierpark umgesetzt und gehören dort zu den beliebten Attraktionen.

Natürlich leben auch hier am Havelufer Biber. Spuren der Nager finden sich, wer aufmerksam darauf achtet, immer wieder, bis nach Berlin hinein. Im Stadtbereich der Großstadt gaben sogar Seeadler ein Gastspiel. Auf einer baumbestandenen Insel bei Spandau siedelte sich kurz nach der Jahrtausendwende ein Paar an, für das der damalige Außenminister Joschka Fischer sogar medienwirksam eine Patenschaft übernahm. Leider traf das Weibchen ein unglückliches Los, das etliche Tiere in unserer Natur verenden lässt: Bleimunition. Die Tiere nehmen diese mit den Resten erlegter Tiere auf, die von Jägern mit Bleimunition erlegt wurden. So reichert sich das Schwermetall in ihrem Körper an und vergiftet die Tiere schleichend. Zur Beute der Greifvögel gehören neben Fischen auch Wasservögel wie Stockenten und Blässhühner. Besonders leichtes Spiel haben die Seeadler, wenn sich im Winter an eisfreien Gewässern große Wasservogelansammlungen bilden. Dazu gehört die Glienicker Lake, die seenartige Erweiterung nahe der Glienicker Brücke an der Nahtstelle zwischen Berlin und Potsdam. Tausende von Blässhühnern und Stockenten drängen sich dann am Eisrand, und wo das Eis dick genug ist, stehen Scharen von Graureihern.

Einem anderen Wasservogel im Gebiet von Berlin und Potsdam hat Theodor Fontane ein literarisches Denkmal gesetzt, dem Höckerschwan – Fontane nannte ihn ›Havelschwan‹. Der Literat erlebte nicht nur das alljährliche Zusammentreiben der majestätisch übers Wasser gleitenden Tiere durch die Havelfischer hautnah mit, er verfolgte auch das behutsame Rupfen durch die Frauen der Fischer. Die Schwanenfedern standen damals hoch im Kurs. Im Gegenzug wurden die Schwäne im Winter zum Schutz vorm Einfrieren an eisfreie Stellen getrieben und dann dort gefüttert. Auch das hat Fontane beobachtet und er resümierte, dass somit am Ende alle, Menschen und Tiere, etwas davon haben. Höckerschwäne sind heute überall an der Havel anzutreffen, und es ist eines der ungelösten Rätsel der Natur, warum Schwanenreviere riesengroß sind – weitaus größer, als zur Aufzucht der Jungen nötig.

Eine weitere, regional typische Wasservogelart muss unbedingt noch erwähnt werden: die Mandarinente. Im 20. Jahrhundert wurden mehrfach einige Tiere ausgesetzt. Es sind wohl Flüchtlinge des Berliner Zoos, die sich entlang der Havel ausgebreitet haben. Aufsehen erregt vor allem das Prachtkleid des Männchens.

Fischreiher

Das Havelland

Bereits in Berlin und Potsdam rahmen Hügel die Havel ein, die, sind sie nicht der Teil der großartigen Parklandschaft, oft von Wald bedeckt sind. Bei Ferch, an der Südspitze des Schwielowsees, trifft man dabei auf erstaunlich viele alte Eichen. Umgeben von jüngeren Artgenossen und Kiefern, genießen sie als Nachkommen der einstigen Urwaldbäume nicht nur besonderen Schutz, ihr Saatgut ist zudem sehr wertvoll, da es ein den hiesigen Umweltbedingungen besonders gut angepasstes Erbgut besitzt. Zwischen Potsdam und Brandenburg und auch weiter flussabwärts säumen bisweilen steil aufragende Hügel die Havel und erheben sich markant aus der Havelaue. Hier finden an Waldrändern und auf Wiesen und Brachen, die zur Sonne gerichtet sind, wärmeliebende Pflanzen wie Berg-Sandköpfchen oder Schwefelgelbes Habichtskraut die nötigen Lebensbedingungen, am Boden huschen Zaun-Eidechsen umher und viele Insekten tummeln sich.

Der Havelpegel liegt in Potsdam gerade einmal einen Meter höher als in Brandenburg, und auch bis zur Mündung bei Quitzöbel ist die Höhendifferenz des Flusses sehr gering. So sammelt sich im Gebiet der Unteren Havel oft viel Wasser, nicht nur Havelwasser, sondern auch Elbewasser, dass bei Elbehochwasser rückwärts in die Havelaue fließt. Diese Hochwasser treten mit großer Regelmäßigkeit auf, nicht nur im Winter, sondern auch im Sommer. Und da die Wiesen und Weiden rund um den Fluss nur unwesentlich höher liegen, stehen sie oft lange Zeit unter Wasser. Das ist der Lebensraum verschiedener Vogelarten wie dem Kiebitz und der Lachmöwe. Lachmöwen nisten gemeinsam mit Artgenossen in Kolonien, Kiebitze dagegen einzeln. Ihr Problem: Fressfeinde wie Fuchs oder Krähe räubern oft die Gelege aus, so dass der Kiebitznachwuchs nicht ausreicht, um den Bestand langfristig zu erhalten.

Eidechse

Zu den Pflanzen, die das wechselnde, anhaltend hohe und dabei auch strömende Wasser am besten ertragen, gehören verschiedene Weidenarten. Ihnen schadet nicht einmal, wenn der Wasserstrom einen Ast abbricht – ganz im Gegenteil, die Weiden kehren diesen Umstand sogar zum Vorteil um: An der Bruchstelle treiben später gleich mehrere neue Triebe aus, und auch das fortgeschwemmte Bruchstück hat gute Überlebenschancen: Es kann, das ist eine besondere Eigenart der Weiden, Wurzeln schlagen und damit neue Weidengebüsche und -wälder begründen. Eine charakteristische Blume der zeit-

Schwanenblume an der Havel

weise überfluteten Wiesen ist die Sumpfdotterblume. Ihre Blüten erscheinen im Frühjahr mit dem zurückweichenden Wasser, und in besonders feuchten Jahren lugen die kräftig gelben, glänzenden Blüten wie trutzige Frühlingsboten aus den weiten Wasserflächen.

Naturpark Westhavelland

Hinter Brandenburg tritt die Havel in den Naturpark Westhavelland ein, die größte unter Schutz stehende Nationale Naturlandschaft Brandenburgs. Die dünne Besiedlung, die starke Verzweigung der Havel und ihrer vielen Altarme, die Dynamik des Hochwassers und damit verbunden die – trotz massiver Eingriffe in die Natur zwischen den 1960er und 80er Jahren – oft nicht sonderlich guten Aussichten auf eine ertragreiche Landwirtschaft auf den riesigen Niedermoorböden ließen nach der Wende 1989 den Gedanken aufkommen, das Westhavelland zum Nationalpark zu erklären – ein denkbar schwieriges Vorhaben, inmitten des Landes. Und wie sich in den letzten Jahren im Nationalpark Unteres Odertal gezeigt hat, kann die Umsetzung der Schutzziele tatsächlich sehr große Probleme bereiten. So wurde hier also ein Naturpark ausgerufen, und eine der größten Aufgaben, der sich die Mitarbeiter gemeinsam mit anderen Partnern wie dem Naturschutzbund Deutschland gestellt haben, ist die Renaturierung der Unteren Havel. Große Transportschiffe können nach Abschluss der Arbeiten den Fluss nicht mehr nutzen – sie haben die Elbe und verschiedene Wasserstraßen als Alternative. Damit können der Natur Überflutungsflächen zurückgegeben und vom Flusslauf abgetrennte Altarme wieder angeschlossen werden. Nehmen keine Schiffe mehr die Untere Havel, müssen die Ufer zudem nicht mehr mit öden Steinschüttungen gegen den starken Wellenschlag geschützt werden. Sind diese Steine beseitigt, kann die Natur die Ufer zurückerobern. Dazu gehören Pflanzen wie die Schwanenblume, eine der schönsten Uferpflanzen überhaupt. Sie wird gut einen Meter groß und besitzt einen Blütenstand aus mehreren schwachrosa gefärbten Blüten. Auch die Lebensbedingungen der Tiere verbessern sich, eini-

Wildgänse

ge Tiere können sich nun überhaupt erst am Havelufer ansiedeln. Verschiedene Libellenarten gehören dazu, darunter landesweit seltene Arten wir der Frühe Schilfjäger und die Kleine Königslibelle. Libellen und Schiffe, seien es Sportboote oder Transportschiffe, vertragen sich kaum. Der Wellenschlag der Schiffe kann sowohl die Eier der Libellen, die, das ist von Art zu Art verschieden, teils in abgestorbenen und teils an lebenden Pflanzen abgelegt werden, beschädigen, als auch frisch geschlüpfte erwachsene Libellen ins Wasser reißen. Abgesehen davon trübt der Schiffsverkehr das Wasser, und da Libellenlarven Unterwasserjäger sind, können sie dann ihre Beute, etwa Mückenlarven, nicht mehr aufspüren. Auch andere Jäger, etwa Fische wie der Schlammpeitzger oder der Rapfen, haben im aufgewühlten, trüben Wasser schlechte Chancen, satt zu werden.

Der Wappenvogel des Naturparks ist der Kampfläufer, ein unter Schutz stehender Wiesenvogel, der den meisten Besuchern des Gebiets jedoch verborgen bleibt – wie der Kiebitz brütet auch er am Boden und nutzt kleine Erhebungen im Wiesenland. Ein Bewohner der Schilfbestände der Havel, ihrer Altarme und anderer Gewässer ist die Rohrdommel – ein ganz besonderer Vogel. Ihr Ruf ist dumpf und erinnert so gar nicht an einen Vogel. Früher vermutete man daher auch ›Moorochsen‹ im undurchdringlichen Schilf, rief eine Rohrdommel. Besonders ist auch das Aussehen des Tieres: Die Färbung seines Gefieder imitiert Schilfhalme und das so perfekt, dass Rohrdommeln, selbst wenn sie am Rand des Schilfes sitzen, eigentlich nicht zu erkennen sind. Weitere bemerkenswerte Brutvogelarten sind Wachtelkönig und Trauerseeschwalbe.

So gehört das Westhavelland unter den Ornithologen, wie die Vogelkundler im Fachjargon heißen, zu den Top-Adressen in ganz Deutschland – nicht nur zur Brutzeit der Vögel, sondern auch in Zeiten des Vogelzugs. Seit Jahrzehnten ist der Gülper See, einen Steinwurf von der Havel entfernt, einer der wichtigsten Rast- und Schlafplätze für Zugvögel in Brandenburg. Tausende von Saat- und

Blässgänsen bevölkern dann die Wasserfläche, um dort, vor den meisten Feinden geschützt, zu übernachten – das Naturschauspiel der laut rufenden, auf- oder einfliegenden Tiere ist eines der größten, das Brandenburg zu bieten hat. Auf dem Wasser des Gülper Sees sind zudem verschiedene Enten- und Seeschwalbenarten zu beobachten, und am schlammigen Ufer des Sees suchen Watvögel wie Bekassine, Uferschnepfe oder Rotschenkel nach Nahrung. Besonderer Tipp: Wer einen Seeadler oder andere seltene Greifvögel beobachten möchte, hat auf den Aussichtstürmen, die am Südufer des Gülper Sees stehen, beste Chancen auf Erfolg, denn die Ansammlungen der Zugvögel rufen natürlich auch deren Jäger auf den Plan.

Storchendörfer

Wer an einem schönen Sommertag in den Dörfern im Mündungsbereich der Havel unterwegs ist, bekommt mitunter einen Schreck, wenn er einen dunklen Schatten auf sich zukommen sieht. Wenn sich an das Schattenspiel kurz darauf ein Klappern anschließt, ist schnell heraus, wer da vorbeikam: ein Weißstorch. Das Gebiet um Havelberg, Quitzöbel und Rühstädt ist das storchenreichste Deutschlands. Anders als in den meisten anderen märkischen Dörfern nistet in den meisten Ortschaften der Region nicht nur ein Storchenpaar, sondern gleich mehrere. In Quitzöbel, in Nachbarschaft der natürlichen Mündung der Havel, thront eines dieser Nester auf dem backsteinernen Schaugiebel der Kirche – eine wunderbare Verbindung von Kultur und Natur. Die bekanntermaßen älteste Störchin zog hier jahrelang ihre Jungen groß, und dank des Ringes, den sie trug, wussten Fachleute auch genauestens über das Alter des Vogels Bescheid. Mit 29 Jahren wurde sie das letzte Mal gesichtet, und dieses Alter findet inzwischen Eingang in die Storchen-Fachliteratur.

Das nahe gelegene Rühstädt ist das storchenreichste Dorf Europas überhaupt. Mehr als 30 Storchenpaare nutzen Dächer, Schornsteine oder Masten im Ort, verzaubern damit das Dorf und locken Scharen von Touristen aus nah und fern.

Storchabflug

Als der Naturschutzbund Deutschland in den 1990er Jahren ein Infozentrum bauen ließ, war selbstverständlich geplant, Storchennisthilfen und Nistkästen für etliche weitere Arten anzubieten. Und so bezogen die Störche die Türme des Backsteinbaus trotz der um sie herum noch nicht abgeschlossenen Bauarbeiten. Heute informiert hier die Ausstellung ›Weltenbummler‹ Adebar über die einzigartige Region.

Die Havelschwäne

Mit dieser Überschrift weist Theodor Fontane in seinem Band ›Havelland‹ auf die Ästhetik, Freude und Bereicherung hin, mit der Schwäne auch den Erlebniswert der Havel erhöhen, schwärmerisch spricht er sogar von Poesie. Seine Worte treffen auch noch heute zu: »Zu der Havelschönheit tragen die Schwäne ein sehr Erhebliches bei. Sie geben dem Strom auf seiner breiten Fläche eine königliche Pracht und eine schönere Einfassung aller dieser Schlösser und Residenzen ist kaum denkbar. -- Wie mächtige weiße Blumen blühen sie über die blaue Fläche hin, ein Bild stolzer Freiheit«.

Unabhängig davon können wir aber von ihm erfahren, dass damals die Schwäne sogar zusätzlich einen Wirtschaftsfaktor bildeten. Ähnlich den Jagdrevieren im Wald war die Havel in Zuständigkeitsgebiete zur Nutzung, Hege und Pflege der Schwäne eingeteilt. Nachdem Schwäne in Kriegszeiten gejagt worden waren und später Eiersammler den Bestand verringert hatten, beendeten strenge Strafen beides. Jedoch erkannte man den Wert der weichen Schwanenfedern des unteren Gefieders, ähnlich den Gänsedaunen. Im Mai wurden die Schwäne geschickt eingefangen und an Sammelstellen ihrer nachwachsenden Daunen beraubt, im Winter wurden sie zielgerecht gefüttert und bei Vereisungen der Gewässer gefangen und in Sicherheit gebracht.

Schwäne auf der vereisten Unterhavel

Reviere und genaue gesetzliche Regelungen regelten ähnlich dem Fischfang den Umgang mit den Schwänen. Offensichtlich nahmen diese die Frühjahrsprozedur als Gegenleistung für die Fürsorge im Winter gerne in Kauf, denn sie waren ja frei und verließen dennoch die Gebiete nicht, sondern vermehrten sich derart, dass das gesamte System sogar noch mit dem Export von lebenden Schwänen zu wirtschaftlichen Erfolgen führte, wie Theodor Fontane sehr ausführlich berichtet.

Obwohl auf Schwäne nach wie vor die eingangs zitierten Worte Fontanes zutreffen, findet eine gezielte Hege und Pflege seitens der Naturschutzverbände und Kommunen erkennbar nicht in ausreichendem Maße statt. Der Verfasser hat im Winter 2010/2011 bei einer Winterwanderung auf langen Strecken am Unterlauf der Havel sehr viele tote Schwäne weit verstreut liegen sehen, teils in Ufernähe der Havel, teils auf den Feuchtwiesen im Binnenland und erfahren: »Verhungert sind sie, das ist in strengen Wintern hier nichts Besonderes, weil dann die Wiesen und Wasserflächen der Gewässer im Binnenland und flachen Uferbereiche der Havel zugefroren sind«.

Viele Schwäne suchen im Winter Futterplätze in bewohnten Gebieten und finden auch hier nur Unterstützung durch private Initiativen. Besonders ragt hier ›Die Fee vom Schwanensee‹ heraus. Frau Rosemarie Stephan, eine engagierte Tierliebhaberin, füttert im Winter seit über 15 Jahren sachkundig die Schwäne am Wannsee und einer anderen Haveluferstelle. Die Hälfte ihrer Rente opfert sie dafür, aus Liebe zu den Schwänen zog sie sogar in eine kleinere Wohnung, um das Futter der Schwäne finanzieren zu können, berichtete Carmen Gräf im ›Tagesspiegel‹ am 23. Februar 2011.

Ökologie im Umfeld der Havel

Frau Gesine Rohlfs erarbeitete 1996 an der Technischen Universität Berlin eine Studie zum Thema Havelausbau, die sich auch mit der naturnahen Ufervegetation der Havel befasst. Mit Genehmigung der Autorin werden hier die für die Allgemeinheit besonders interessanten Passagen zitiert.

Zur Erläuterung: Das Projekt 17 ist ein Wasserstraßenprojekt des Verkehrsprojekts Deutsche Einheit, das auch den Ausbau der Unteren Havel-Wasserstraße und des Elbe-Havel-Kanals beinhaltet.

Naturnahe Ufervegetation

Die Flüsse und Kanäle des Projektes 17 sind vom Menschen ausgebaut und die Landschaft damit nachhaltig verändert worden. Nur an wenigen Stellen ist noch natürliche oder zumindest naturnahe Vegetation vorhanden. Die ständigen Veränderungen eines naturbelassenen Fließgewässers durch Abbrüche und Anlandungen, durch Überschwemmungen und Austrocknungen schaffen ökologische Nischen, an die sich Pflanzen und Tiere angepasst haben und zwar häufig so sehr, dass sie nicht auf andere Standorte ausweichen können.

Ursprünglich waren Flussauen bewaldet. Bäume beschatten die Ufer und verhindern so einen übermäßigen Pflanzenwuchs. Wiesenauen sind erst durch Eingriffe des Menschen entstanden. Sind die Ufer ohne Vegetation, werden sie

Träumen unter Weiden

durch Abbrüche einerseits und Ablagerungen von Sand, Ton und Schluff andererseits häufig verändert. Die regelmäßigen Überflutungen schwemmen reichlich
Nährstoffe auf die Auenböden, weshalb ihre Biomassenproduktion sehr groß ist
und die gedüngter Flächen übersteigt.

Nur wenn die Wasser- und Uferpflanzen den Mangel an Luft im Boden aus-
gleichen können, sind sie in der Lage, mit häufig veränderten Wasserständen
zurechtzukommen oder ganz untergetaucht zu wachsen. Die Photosynthese, die
zum Aufbau der Biomasse nötig ist, findet unter Wasser nur so weit statt, wie
Licht die Blätter erreicht.

An Seen und träge fließenden, breiten Strömen entstehen am Ufer Röhrich-
te, vor denen wasserwärts Schwimmblattpflanzen wachsen. Da der Boden in
Ufernähe mit Wasser gesättigt ist, wird der fehlende Sauerstoff von Röhricht
und Schwimmblattgewächsen durch ihre hohlen Stengel in den Wurzelbereich
transportiert. Außerdem wird bei der Assimilation entstehender Sauerstoff in
den Rhizomen gespeichert. Im klaren Wasser gedeihen untergetauchte Pflanzen
wie Laichkräuter und Algen.

Je nach Überschwemmungshäufigkeit und -dauer bilden sich unterschiedliche Auwälder. Weichholzauen werden von verschiedenen Weidenarten, zum
Beispiel Fahlweiden (Salix rubens), Mandelweiden (Salix triandra) oder Grau-
weiden (Salix cinerea) und Erlen, bei uns meist Schwarzerlen (Alnus glutino-
sa), gebildet und wachsen direkt am Ufer, da sie viele Monate Überflutungen
aushalten können. Ihre Additivwurzeln transportieren Sauerstoff aus der Luft
in den Wurzelbereich. Deshalb dringen ihre Wurzeln auch direkt an einem
Ufer tief ins Erdreich ein, verfestigen so den Boden und schützen das Ufer
vor Erosion.

Weiden sind auch sonst mit ihren biegsamen Zweigen und den schmalen Blättern gut an fließendes Wasser angepasst und bieten ihm wenig Widerstand. Brechen trotzdem Zweige ab, können sie sich schnell regenerieren. Die dicke Rinde der Weide ist gegen Eisgang außerordentlich unempfindlich.

In Hartholzauen halten die Überschwemmungen nicht monatelang an. Dort wachsen Eschen (Fraxinus excelsior), Flatterulmen (Ulmus laevis), Traubenkirschen (Prunus padus), Stieleichen (Quercus robur) und Spitzahorn (Acer platanoides). Die Wurzeln der Ufergehölze nehmen Salze auf und haben dadurch eine reinigende Wirkung auf Boden und Wasser.

Auenwälder besitzen eine reiche Krautflora. Es sind alles feuchtigkeits- und nährstoffliebende Pflanzen. Die Pestwurz (Petasites hybridus) zum Beispiel hat ungewöhnlich große Blätter mit einem Durchmesser von etwa 60 bis 70 Zentimetern. Ähnliche Lebensräume hat der Wasserdost (Eupatorium cannabinum), der wegen seines Aussehens auch Wasserhanf genannt wird.

Weiter können unter anderem vorkommen: Lungenkraut (Pulmonaria officinales), Gemeiner Beinwell (Symphytum officinale), Echter Baldrian (Valeriana officinalis), Sumpf-Schwertlilie (Iris speudacorus), Hahnenfußarten (Ranunculaceae), Sumpf-Ziest (Stachys palustris), Knabenkraut (zum Beispiel Dactylorhiza majalis), Mädesüß (Filipendula ulmaria), Gilbweiderich (Lysimachia vulgaris), Giersch (Aegopodium podagraria) und Waldengelwurz (Angelica sylvestris).

Bei massenhaftem Auftreten des Bärlauches (Allium ursinum) kann man den typischen Knoblauchgeruch wahrnehmen. Teilweise findet man auch den Aronstab (Arum maculatum) auf schattigen Standorten.

In Auwäldern findet man häufig Schlingpflanzen, die die Büsche und Bäume überwuchern. Hopfen (Humulus lupulus) ist eine sehr bekannte und alte Kulturpflanze. Auch die Waldrebe (Clematis vitalba) und die Zaunwinde (Calystegia sepium) sind häufig anzutreffen. Die Bereifte Brombeere (Rubus caesius) ist die einzige Brombeerenart, die länger anhaltende Überflutungen aushält. Sie bildet zusammen mit der Brennessel (Urtica dioica) oft dichtes Gestrüpp.

Seerosenpracht

Ein Teichfrosch

Auf einen feuchten Standort angewiesen ist das Springkraut (Impatiens noli-tangere). Der Stengel hat kaum Stützgewebe und wird nur durch den Druck des Pflanzensaftes aufrecht gehalten.

In der Übergangzone vom Land zum Wasser wachsen Großseggenriede und zum Wasser hin Schilfröhrichte. Die Halme des Schilfes (Phragmites australis) stehen so dicht, dass andere Pflanzen kaum Ausbreitungsmöglichkeiten haben. Nur Schmalblättriger Rohrkolben (Typha angustifolia) und Igelkolben (Sparganium ramosum) begleitet es. Es können auch Froschlöffel (Alisma plantago), Pfeilkraut (Sagittaria sagittifolia) und Wasserschwaden (Glyceria maxima) vorkommen. Dem Schilfröhricht vorgelagert sind oft Teichbinsen-Röhrichte (Scirpetum lacustris), die auf sandigen bis kiesigen Böden bis zu einer Tiefe von 1,40 Meter wachsen. Da Teichbinsen nicht so dicht wachsen wie Schilf, kommen zwischen ihren Beständen Teichrosen (Nuphar lutea) und Seerosen (Nympheae alba) vor.

In größeren Tiefen findet man die untergetaucht wachsenden Laichkräuter, Hornblatt (Ceratophyllum demersum), Tausendblatt (Myriophyllum spicatum) und Wasserpest (Elodea canadensis). Auf der Wasseroberfläche gedeihen verschiedene freischwimmende Wasserlinsenarten.

Tiere in Auen

Die Pflanzenvielfalt bildet die Grundlage für eine artenreiche Tierwelt. Submerse Makrophyten (unter Wasser lebende Pflanzenarten) sind Aufwuchsflächen für Mikroorganismen, die Nahrung für Bakterien, Rädertierchen und Einzeller sind. Diese bilden wiederum die Nahrungsgrundlage für Weichtiere, Ringelwürmer, Krebstiere und Insekten. Unterwasserpflanzen sind als Laichablageplatz, als Versteck und Schutz für die im Wasser lebenden Tiere wichtig.

In den hohlen Schilfhalmen, deren verholzende Stengel bis zum Frühjahr stehen bleiben, finden kälteempfindliche terrestrische Kleintiere Schutz. Hauptsächlich überwintern Laufkäfer und Kurzflügler, aber auch Asseln, Spinnen, Milben, Ameisen, Diploden und viele andere Arten. Schmetterlinge finden in den blütenreichen Auenzonen Nahrung. Die Vielfalt der Insekten ist wiederum Nahrungsgrundlage für Fische, Vögel, Amphibien, Reptilien und Säugetiere.

Seefrösche (Rana ridibunda), Teichfrösche (Rana lessonae), Moorfrösche (Rana arvalis) und Erdkröten (Bufo bufo) haben in den Flachwasserzonen ihre Laichplätze. Die vom Aussterben bedrohte Rotbauchunke (Bombina bombina) – sie lebt noch in einigen Gebieten der Havelniederungen – bevorzugt mittelgroße bis große Stillgewässer mit vielen Wasserpflanzen, an die sie ihre Laichklumpen ablegt.

Wichtig ist bei allen Amphibien sauberes Wasser. Giftstoffe oder Sauerstoffmangel wirken bei Amphibien durch die sehr empfindliche Haut, die keinen Verdunstungsschutz hat. Der Wasserverlust muss durch Feuchtigkeitsaufnahme ausgeglichen werden. Dringt dabei durch die Haut schadstoffbelastetes Wasser ein, so reichern sich die Gifte im Körper an. Die einzige bei uns vorkommende Schlange, die in der Nähe des Wasser lebt, ist die Ringelnatter (Natrix natrix).

Die vielen Insekten und Kleintiere in den Auen bieten Vögeln ein reichhaltiges Nahrungsangebot. Sie sind deshalb in Auengebieten in großer Zahl vertreten und haben sich dort an die verschiedensten Lebensbereiche angepasst.

Der Eisvogel zum Beispiel lebt an sandigen Steilufern, in die er seine Brutröhren baut. Er jagt kleine Fische und ist auf sauberes Wasser und Fischreichtum angewiesen. Rohrsänger bauen ihre Nester an die Schilfhalm; sie sind aufgrund ihrer Fußmorphologie darauf angewiesen.

Die große Rohrdommel hat eine Federzeichnung, die sie besonders schützt. Bei Gefahr verharrt sie in ›Pfeilstellung‹, so ist sie von keinem Feind zwischen den Halmen zu erkennen. Haubentaucher bauen am Schilfrand Schwimmnester, die durch Wellenschlag leicht beschädigt werden. Die gefährdete Rohrweihe baut sich ihren Horst in die Schilfhalme; die Wasserrallen verstecken ihr Nest zwischen den Uferpflanzen, und Blaukehlchen nisten an buschigen Ufern. Der Rotmilan ist abhängig vom Leben am Wasser, da er sich von toten Fischen ernährt, während der Schwarzmilan eher in Wäldern zu finden ist.

Säugetiere haben sich nicht so stark an den feuchten Lebensraum angepasst. Sie wandern mit steigendem Wasser aus der Gegend. Allerdings baut die Zwergmaus ihr ›Hochnest‹ im Schilf.

Biotope an der Mittleren Havel

Die hydrologische Situation der Flusshavel ist durch Begradigungen, Querschnittserweiterungen und die fast überall ganzjährige Stauregelung stark gestört; ihre Auen sind durch Deiche vom Ufer abgetrennt worden. Zudem sind etwa 60 Prozent des Havelwassers durch Überdüngung und fehlende Kläranlagen stark belastet, was zu verstärktem Algenwachstum und damit verbunden zu Eintrübung, Sauerstoffmangel und Verschlammung führt.

Trotzdem sind zwischen Potsdam und Brandenburg Abschnitte mit Feuchtgebieten von internationaler Bedeutung. Durch bisherige Ausbauten

Bockkäfer

an der Havel entstanden zahlreiche Altarme. Sie bilden teilweise Verlandungszonen mit Röhricht- und Großseggenrieden, Weidengebüschen und Erlenbruchwäldern.

Wertvolle, naturnahe Biotope haben sich an der Alten Emster, der Krummen Havel, bei den Schmergower Erdlöchern, den Deetzer Tongruben, den Tonstichen bei Wust und den Vogelinseln von Ketzin erhalten. In den Feuchtgebieten der Ketziner Havelinseln lebt die Wasserspitzmaus, die Europäische Sumpfschildkröte (Emys orbicularis), und im Wasser findet man noch den vom Aussterben bedrohten Bitterling (Rhodeus sericeus amarus).

Am Havelkanal sind die Paretzer Erdlöcher und die Wublitzrinne biologisch sehr wertvoll. Die Paretzer Erdlöcher sind durch den ehemaligen Ton und Lehmabbau entstanden. Hier hat sich eine Seenlandschaft bilden können, die eine besondere Artenvielfalt besitzt. Es entstanden dicht bewaldete Inseln und an den östlichen Ufern zum Havelkanal hin gibt es große Schilfbestände. Die Seen sind im Frühjahr Sammelstelle für viele Wasservögel, Graugans, Beutelmeise und Rohrweihe suchen sich hier ihre Brutplätze. Die Wiesen westlich der Teiche sind Orchideenstandorte. Auch hier ist noch die Europäische Sumpfschildkröte anzutreffen.

Die Wublitzrinne gibt dem Fischotter Lebensraum. In den recht ruhigen Bruchwäldern und den weitgehend störungsfreien Röhrichten gibt es bedeutende Kranichvorkommen. Am Westufer des Havelkanals brüten in abgerutschten Böschungsabschnitten zwölf Eisvogelpaare. Die vom Aussterben bedrohte Rotbauchunke lebt hier in Kleingewässern mit reichen Pflanzenbewuchs.

Am Sacrow-Paretzer Kanal sind die südlichen Ufer zwischen Schlänitzsee und Göttinsee mit ihren Vegetationseinheiten als besonders hochwertig einzustufen. Eine Seltenheit sind die Flachmoorfragmente am Westufer des Schlänitzsees. Dort findet man noch Schmalblättriges Wollgras (Eriophorum angusifolium) und Brenndoldenwiesen.

Auch Fischotter fühlen sich an der Havel wohl

Betroffen von den Wasserabsenkungen werden auch die Potsdamer Nuthe-wiesen, obwohl sie nicht direkt in dem Ausbau mit einbezogen sind. Da die Nuthe aber mit dem Jungfernsee verbunden ist, wird durch eine Querschnitts-verbreiterung des Sacrow-Paretzer Kanals und dem damit verbundenen schnel-leren Abfluss des Wassers der Grundwasserstand in den Nuthewiesen um bis zu sieben Zentimeter fallen. Auf etwa 250 Hektar bestehen die Nuthewiesen zum Teil aus Feucht- und Nasswiesen. Sie sind Standorte des stark gefährdeten Breit-blättrigen Knabenkrautes (Dactylorhiza majalis). Am Nordost-Ufer des Jung-fernsees liegt das Naturschutzgebiet Königswald.

Am Teltowkanal finden sich wertvolle Biotope nur am Machnower See. Dort finden sich Feuchtwiesen mit Sumpfdotterblume (Caltha palustris) und Ku-ckuckslichtnelke (Lychnis floscuculi).

Alles sind Rückzugsgebiete für Pflanzen und Tiere, die woanders nur noch selten anzutreffen sind, weil ihnen die Lebensräume genommen wurden.

Vogelbestände an der Mittleren Havel

Wie sich Artenreichtum von Pflanzen und Kleintieren positiv auf die Vogelwelt auswirkt, zeigt die große Zahl teilweise bedrohter Vögel an der Mittleren Havel.

In einem Gebiet zwischen Brandenburg und der Ketziner Fähre und einem 200 Hektar großem Gebiet nördlich des Sacrow-Paretzer Kanals konnte Herr Bodo Rudolph 1993 bei Kartierungen 94 Vogelarten nachweisen. Davon waren 81 Brutvogelarten, 3 Arten mit Brutverdacht und 10 Gastvogelarten. Teilweise sind die beobachteten Vogelarten bedrohte Spezies.

Eine Auswahl der erfassten Brutvogelarten zeigt, welch wichtiger und ein-maliger Vogelbestand in den Überflutungsbereichen, in den mit dichtem Schilf bestandenen Uferzonen und in den Auwäldern vorhanden ist.

Vögel, die nach dem Bundesartenschutz vom Aussterben bedroht sind: Drosselrohrsänger, Rohrschwirl, Blaukehlchen, Tüpfelralle, Großer Brach-vogel, Weißstorch, Neuntöter, Eisvogel.

Zusätzlich Brutvögel von der Brandenburgischen Roten Liste, die vom Aus-sterben bedroht sind: Uferschnepfe, Großer Brachvogel.

Stark gefährdet sind: Bekassine, Blaukehlchen, Eisvogel, Kranich, Schilf-rohrsänger, Tüpfelralle.

Gefährdet sind: Braunkehlchen, Kiebitz, Roter Milan, Schwarzer Milan, Schafstelze, Drosselrohrsänger, Wiesenpieper, Weißstorch, Neuntöter, Rohr-schwirl.

Potentiell gefährdet sind: Karmingimpel, Schlagschwirl, Schnatterente.

Bei Untersuchungen 1996 auf den Ketziner Vogelinseln, einem Gebiet mit Erlenbruchwald, Weidensäumen, Landröhricht, das zum Teil bis zum Wasser reicht, Großseggenwiesen mit Rohrglanzgras und Wasserschwaden, Staudenflu-ren und feuchtem offenen Grasland konnten neben Exemplaren der bedrohten Arten erfasst werden: Rohrammer, Goldammer, Teichrohrsänger, Sumpfrohrsän-ger, Feldschwirl, Zilpzalp, Fitis, Heckenbraunelle, verschiedene Grasmücken-arten, Gelbspötter, Meisen, Finken, Spechte, Gartenbaumläufer, Pirol, Kuckuck, Haubentaucher, Reiherenten, Tafelenten, Löffelenten, Eichelhäher, Mäuse-

Die Sturmmöwe, ein Nahrungsgast

bussard, Turmfalke, Rallen, Krähenvögel, Flussseeschwalbe und Rauchschwalbe, Höckerschwan, Flussuferläufer als Durchzügler und Wespenbussard und Sturmmöwe als Nahrungsgast sowie Kormorane.

Bedeutung des Röhrichts

Röhricht ist ein geschützter Lebensraum. Das Rohr hat vielfältige Aufgaben, die der Natur und den Menschen zugute kommen. Es wirkt als Filter und Bodenverfestiger: Röhricht wächst an der Grenze von Wasser zum Land bis zu einer Wassertiefe von 1,20 Meter bis 1,50 Meter und bildet mit seinem dichten Wurzelgeflecht einen guten Schutz vor Abrasion (Abtragung) des Bodens. Wegen der verholzenden Halme, die die ganzen Winter stehen bleiben, hält dieser Schutz bis zum Frühjahrsaustrieb. Die dichtstehenden Halme sind Wellenbrecher und Filter für Nähr- und Schwebstoffe. Die Detritusauflage (zerfallene organische Substanzen) kann nicht so leicht weggespült werden. Wo das Röhricht als Wellenbrecher fehlt, können die Wellen ungebremst das Ufer erreichen und unterspülen das Wurzelwerk der Gehölze. Dadurch wird die Nährstoffversorgung vermindert und die Bäume sterben langsam ab. Ihre Standfestigkeit geht verloren.

Röhricht als Kläranlage: Durch das enorme Wachstum (Schilf wird etwa vier Meter hoch) bindet die Pflanze große Mengen an Stickstoff und Phosphor, die durch die Überdüngung in der Landwirtschaft und durch Abwässer eingebracht werden. Anfallender Detritus nimmt sehr viel anorganische Nährstoffe auf und gibt sie langsam an die Pflanze wieder ab. Ein Hektar Schilf entzieht dem Wasser im Jahr 10 bis 15 Tonnen Stickstoff, drei bis fünf Tonnen Phosphor und 130 Tonnen organische Schadstoffe.

Röhricht als Sauerstoffproduzent: Die Produktion an Sauerstoff ist für Fische und alle Lebewesen im Wasser wichtig und wirkt sich günstig auf den Fischlaich aus, der im Gewirr von Halmen gut versteckt wird.

Röhricht als Lebensraum für Tiere: Schilf ist Brutplatz für Wirbellose, Nist- und Schlafplatz für Vögel, Sitzwarte, Versteck für Vögel während der Mauser, in der sie wegen der fehlenden Schwanz- und Flugfedern stark gefährdet sind, Versteck für Fische samt Brut, Lebensraum für Insekten.

Insekten leben auf den Halmen und sind Nahrung für die Fische und Vögel. Im Winter bieten die hohlen Stengel des Schilfs den terrestrischen Insekten Schutz vor Kälte, denn unter Wasser liegen die Temperaturen immer über null Grad.

Fische und Fischerei

Kaum ein Landschafts- oder Kulturgenießer, Freizeitkapitän oder Wassersport- ler ahnt, was sich unter der sichtbaren Wasseroberfläche der Havel alles verbirgt. Neben menschlichen Hinterlassenschaften, mineralischen Stoffen und der Un- terwasserpflanzenwelt gibt es diverse Lebewesen der unterschiedlichsten Arten.

Pflanzen, Kleinlebewesen, die Wasserqualität und Rückzugsgebiete in der Ha- vel tragen dazu bei, dass es nach wie vor eine sehr große Artenvielfalt und Fisch- reichtum in der Havel gibt. In einem Untersuchungsbericht des Jahres 2000 über den Fischbestand in der Nähe der Mündung heißt es im Bezug auf einen Bericht des Jahres 1883: »Die übrigen Arten, die von von dem Borne (Leiter der damali- gen Untersuchung) 1883 genannt werden, sind größtenteils noch heute in der Ha- vel vorhanden«. Lachs und Stör waren bereits vor dem Jahr 1883 verschwunden.

Verschwunden sind auch die in der Havel ursprünglich beheimateten Edel- krebse. Hierzu hat Dr. Uwe Brämick vom Institut Binnenfischerei Brandenburg erklärt, dass die jetzt dominierende kleinere Krebsart Ende des 19. Jahrhunderts von Amerika in die Havel gelangt war und einen Krankheitserreger mitgebracht hatte, der den Edelkrebsen gefährlich wurde. Diese große Krebssorte ist nun- mehr im Einzugsbereich der Havel fast völlig verschwunden. Damit endete auch die in früheren Zeiten sehr wichtige Krebsfischerei, denn die Havelkrebse waren eine den Hummern ähnliche Delikatesse.

Wasserlandschaft bei Hennigsdorf

Ein erfolgreicher Angler

Auch Muschelarten leben wie immer schon am Grund der Havel. Überraschend und früher nicht bekannt ist jedoch, dass gegenwärtig zu bestimmten Zeiten Wollhandkrabben aus der Elbe in den Unterlauf der Havel wandern, dass es Fischer gibt, die diese für die asiatische Küche bedeutungsvollen Krabben fangen und erfolgreich verkaufen. Diese Tiere sind ähnlich den Aalen Zugtiere.

Von allen diesen Krabbeltieren werden aber Badende am Ufer nicht belästigt, denn an Badestellen halten diese sich normalerweise nicht auf. Ähnlich verhält es sich mit den Fischen.

Es ist kein Anglerlatein, wenn vom Leiter des Institutes für Binnenfischerei bestätigt wurde, dass den Havelfischern mehrmals jährlich Welse mit einer Länge von etwa zwei Metern ins Netz oder an den Haken gehen. Auch diese Delikatessen, die auf den Tellern der Restaurants landen, leben an den tiefsten Stellen der Havel, sind für Badende völlig ungefährlich und bleiben unsichtbar wie die etwa 35 Fischarten, die unter der Wasseroberfläche sofort vor den Menschen flüchten. Offensichtlich wird die jahrtausendealte Erfahrung in der ›Fischgesellschaft‹ weitervererbt, nach denen Menschen nicht zu ihren Freunden zählen, was in anderem Zusammenhang, als Zierfisch in Teichen und Aquarien und als Delikatesse auf dem Teller nicht zutrifft.

Die Binnenfischerei ist nach wie vor ein bedeutender Wirtschaftsfaktor in Brandenburg und auch entlang der Havel. Unbestritten, aber wenig beachtet bleibt, dass bei der Zucht diverser Fische die DDR der alten Bundesrepublik in einigen Bereichen überlegen war. Viele der damals erzielten Forschungsergebnisse kommen heute dem gesamten Land zugute und schonen zudem die überfischten Weltmeere, wenn wir Verbraucher Fische der ökologisch einwandfreien Arbeit der Fischereibetriebe unseres Landes den Meeresfischen vorziehen.

Fangfischerei und Aquakultur

Bei den gewerblichen Fischern wird zwischen der Fangfischerei (auch als Seen- und Flussfischerei bezeichnet) einerseits und der Aquakultur andererseits unterschieden.

Aquakultur ist Fischzucht ähnlich der Rinder-, Schweine- oder Geflügelzucht, Fische und Teiche gehören wie Bauernhöfe einem Eigentümer oder Pächter. Das Gelände derartiger Teiche oder Anlagen ist also privat: Wer dort ohne Berechtigung angelt, begeht Diebstahl.

Fischernetze

Das Land, der Fluss und die Menschen

Es gibt Karpfenteiche und Forellenzucht, auch Welse und Zander werden gezüchtet. Alle diese Arten werden in Zuchtbetrieben in Bedingungen gehalten, die man durchaus als Freilandhaltung wie die der Landtiere verstehen kann.

Die Fangfischerei ähnelt seit der Einführung bis heute den Jagdgesetzen im Wald. Hege und Pflege, Aufzucht von Fischen, Schonzeiten und Fangmengen zu bestimmten Zeiten sind geregelt und auch die ›Reviere‹, also die Flussabschnitte der Havel, für die die jeweiligen Fischer die Fischrechte haben, sind exakt festgelegt.

Die immer noch über 100 Vollzeitfischereibetriebe in Brandenburg, viele an der Havel, haben teilweise über Generationen hinweg die Fischereirechte, aber nicht das Flusseigentum. Die Rechte sind im Fischereibuch, vergleichbar mit dem Grundbuch für Grundstücke, eingetragen und können vererbt oder verkauft werden.

Die Fangmengen der Fischer sind natürlich Betriebgeheimnisse, werden aber nach den Verkaufsmengen ermittelt. Kein Geheimnis ist aber, dass die Fischer immer wieder große Mengen Jungfische aussetzen, die natürlich in der Havel auch zum Nachbarn schwimmen oder in entfernte Gebiete abwandern können. Einige werden auch von Kormoranen als willkommene Delikatesse gefangen oder verhelfen nach entsprechendem Wachstum Anglern zum Glück. Hier ist allerdings anzumerken, dass auch die Angelverbände zur Hege und Pflege des Fischreichtums beitragen und ihrerseits Jungfische aussetzen, die dann wiederum nach entsprechendem Wachstum den Fischern in die Netze gehen. Insgesamt wird von Dr. Brämick bestätigt, dass es durch die Verhaltensweisen und Fürsorge der menschlichen Hege und Pflege in den freien Gewässern zwischen den Fischern untereinander und Anglern speziell entlang der Havel kaum Probleme gibt.

Ein sehr ernsthaftes Problem für viele Fischereibetriebe sind hingegen Kormorane geworden. Eine Balance zwischen dem wünschenswerten Artenerhalt dieser Vögel und dem menschlichen Wünschen nach Fischmahlzeiten wurde bisher noch nicht erfolgreich hergestellt. Kormorane lieben dasselbe wie wir und können sehr tief in das Wasser eintauchen, um an ihre und unsere Nahrungsquelle zu gelangen. Die Schließung regionaler Fischereibetriebe kann keine Lösung sein, denn das würde bedeuten, dass wir auf Fisch aus Zuchtbetrieben und heimischen Gewässern verzichten müssten oder sich heimischer Fisch extrem verteuern würde. Eine andere denkbare Folge wäre, Fisch aus fernen Regionen zu importieren, was dort zu rigorosem Raubbau führen würde und zudem wegen der Transportwege weniger umweltverträglich wäre.

Anhand seriöser unabhängiger Untersuchungen wurde festgestellt, dass die starke Vermehrung der Kormorane auch zur Gefährdung seltener Fischarten und des natürlichen Fischbestandes von Gewässern führt, die nicht der Fischwirtschaft dienen, da die Kormorane, wenn sie keine durch Menschen gezüchteten Delikatessen finden, ihren Hunger auch in Seen und Flüssen stillen. Schonungen bestimmter Fische betreiben Kormorane nicht. Ähnlich wie bei dem Wild des Waldes ist eine ausgewogene Balance zur Erhaltung der Artenvielfalt der Fische und Vögel und der menschlichen Lebensbedürfnisse ein Gebot, dem sich auch die engagiertesten Tierliebhaber nicht verschließen dürften. Gerade Tierliebhabern müsste daher das Zitat aus dem Vorwort des nachfolgenden Fischereiforschungsberichtes gefallen: »Es ist überraschend und erfreulich, dass eine Reihe von verschollen geglaubten Fischarten wie Meerneunauge und Meerforelle in Brandenburg nachgewiesen werden konnten und dass Arten, die bisher als höchst gefährdet betrachtet wurden, noch oder wieder in kleinen Beständen vorkommen. Das deutet darauf hin, dass nach Reduzierung der Belastung der Gewässer die relativ gute Gewässerstruktur die Restbestände der seltenen Arten wieder anwachsen lässt.«

Aus dem Ständebuch von 1568

Der nachfolgende Text besteht aus Auszügen der Broschüre ›Fische in Brandenburg‹ die vom Institut für Binnenfischerei e. V. in Potsdam-Sacrow sowie vom Ministerium für Ernährung, Landwirtschaft und Forsten des Landes Brandenburg veröffentlicht wurde und ein Ergebnis eines Arbeitskreises von Wissenschaftlern, Ökologen und der Fischereiwirtschaft darstellt sowie Daten und Fakten aus dem Jahresbericht zur deutschen Binnenfischerei 2009 desselben Instituts enthält.

Fische im Netz

Die Auszüge von Originaltexten wurden hinsichtlich fachspezifischer Einzelheiten ohne Sinnentstellungen gekürzt, und es wurden Ergänzungen hinzugefügt, die sich aus einem Interview mit dem Leiter dieses Institutes, Herrn Dr. Brämick, ergeben haben.

Von Fischen und Fischereien

Im gewässerreichen Gebiet zwischen Elbe und Oder hat der Fischfang seit Jahrtausenden eine große Bedeutung. Der frühere Fischreichtum führte zur Errichtung wassernaher, menschlicher Ansiedlungen und machte die Fischerei in dieser Region zu einem wichtigen Nahrungszweig der Bevölkerung. Zahlreiche archäologische Funde bezeugen dass Menschen schon vor etwa 12 000 Jahren gezielt den Fischen nachstellten. Die wichtigsten Gerätschaften waren Hakenleinen, Schlingen und Fischspeere mit Steinspitzen. Später schnitzte man Spitzen und Angelhaken aus Knochen und Geweihstücken, bevor Metalle Verwendung fanden.

Die Mark Brandenburg wurde etwa vom 6. bis 12. Jahrhundert von slawischen Völkern bewohnt. Sie perfektionierten die Fischerei und betrieben lebhaften Handel mit lebenden und getrockneten Fischen. Auf den Ursprüngen slawischer Dörfer, meist am Rand von Burgen und Ansiedlungen in Gewässernähe, bildeten sich Fischersiedlungen, die Kietze, heraus. Nach der Übernahme durch die deutschen Herrscher im 12. Jahrhundert wurden die slawischen Kietzfischer Leibeigene der Burg und zu persönlichen Diensten verpflichtet. Bereits zu dieser Zeit versuchte man in der Mark, die bis dahin oft willkürlich betriebenen Jedermannsfischerei in geordnete Bahnen zu lenken. Zuwiderhandlungen gegen fischereirechtliche Nutzung durch die Allgemeinheit wurden streng bestraft. Die

Fischerei auf der Havel wurde erstmalig in einer Urkunde im Jahre 993 erwähnt. Wenig später, um 1004, verschenkte König Heinrich II. die Potsdam-Werdersche Fischerei an das Kloster Nienburg bei Hannover.

Unabhängig davon wurden die eingesessenen slawischen Fischer geduldet und blieben im Besitz ihrer Kleinfischereien. Gemäß der Gesetze ergab sich daraus zwangsläufig eine Abhängigkeit von den Herrschern. Zu dieser Zeit bauten Inhaber von Kleinfischereien bereits stationäre Fanganlagen, Fischwehre, in den Fluss. Dichte Pfahlreihen wurden als Leiteinrichtung in den Boden gerammt. Im Wehr befanden sich Aalkörbe. Man verwendete Flechtmaterial aus Wurzeln der Kiefer. Selbstverständlich entwickelte sich das Fanggerät danach ständig weiter.

Die ›königliche regal‹, also Bestimmungen über die Fischereirechte der schiffbaren Binnengewässer, erfolgte in der ›constitutio de regalibus‹ im Jahre 1158. Danach war die Fischerei in allen Flüssen, wenn nicht anders entschieden, ein ›Regal des Stromherren‹. Mit der daraus folgenden Berechtigung, über die Fischereirechte zu verfügen, war unter den Königshäusern der Handel mit Fischereirechten und Gewässerstrecken weit verbreitet.

Auch Klöster und Bistümer der Kirche gelangten sehr früh in den Besitz umfangreicher Fischereirechte. Beispielhaft für die Mark ist in diesem Zusammenhang das Kloster Lehnin. Bereits zehn Jahre nach dessen Gründung übereignete Markgraf Otto der II. um 1190 dem Kloster umfangreiche Fischereirechte samt Dörfern auf und entlang der Havel. Große Flussabschnitte der Havel und der umliegenden Seen kamen in den Folgejahren hinzu. Andere Klöster wie zum Beispiel das ferne Neuzelle, das Domkapitel Brandenburg und auch Spandau waren nicht minder aktiv, so dass die gesamte ›Großgarnfischerei‹ auf den Havelgewässern nahezu vollständig in den Händen der Kirchen war, die diese dann nicht mehr vollständig bewirtschaften konnten und mit großem Gewinn verpachteten.

Durch die Christianisierung war Fisch auch zu einem unentbehrlichen Nahrungsmittel während der Fastenzeit geworden. Um die Speise zu dieser Zeit in ausreichendem Maße verfügbar zu haben und von den mitunter unregelmäßigen Fangerträgen der Fischer unabhängig zu sein, begann man seitens der Klöster mit der Anlage von Fischteichen, setzte zunächst nur Jungfische ein und entwickelte eine immer perfektere Teichwirtschaft. Karpfen waren die ersten gezüchteten Fische, die bereits im 14. Jahrhundert aus der Teichwirtschaft in den Handel gelangten.

Früh gelangte man auch zu der Erkenntnis, dass das rücksichtslose Wegfangen aller Fische in kurzer Zeit die Bestände zum Erliegen bringen könnte. Die erste belegbare Erwähnung des Hegegedankens in der Fischerei Brandenburgs stammt bereits aus dem Jahre 1311 und betraf Seen, doch bereits um 1483 waren nachweislich auch Teilbereiche der Havel als Fischschongebiet ausgewiesen, bald gab es auch ›Fischereiaufseher‹. Besonders wirkungsvoll wurde das aber erst, als am 13. Oktober 1551 Kurfürst Joachim II. die erste staatliche ›Ordnung der Fischerei auf dem Havelstrom und anderen Hauptgewässern‹ als Gesetz einführte, die damals sehr fortschrittlich war und bereits mit ihren Grundgedanken den bis heute gültigen Verhaltensweisen zum Schutz, zur Hege und Erhaltung der Fischvielfalt entspricht.

Kriegs- und Notzeiten führten zwar jeweils zur Nichtbeachtung, jedoch sorgte der Berufsstand der ›Pritzstabel‹ immer wieder für Ordnung und Einhaltung der Gesetze. Pritzstabel waren die Fischereiaufseher, die ständig mit dem ›Eisernen Hecht‹ als Maß die Längen der Fische messen konnten und auf Märkten unangemeldet auftauchten, Fischereibetriebe und deren Fanggeräte jederzeit unangemeldet prüfen durften sowie regelmäßig Wehre, Netze auf Einhaltung der Vorschriften hin überwachen mussten.

Aus dem 16. Jahrhundert stammen auch die ersten fundiert überlieferten Untersuchungen zur Fischfauna Brandenburgs. Im 18. und 19. Jahrhundert folgten weitere, und in der jüngeren Zeit empfinden wir es als Selbstverständlichkeit, dass die Fischfauna wie alle anderen Bereiche der Natur regelmäßig fachgerecht überwacht wird.

Die durch die Industrialisierung, Hafenlagen, verstärkte Schifffahrt, Abwassereinleitungen und starke Bevölkerungszunahme der Orte entlang der Havel rasante Verschmutzung des Havelwassers führte im 19. Jahrhundert und Anfang des 20. Jahrhunderts zu starkem Rückgang der Fischwirtschaft, war aber entlang der Havel weniger gravierend als in anderen Regionen Deutschlands.

Die kaum beachtete Fürsorge auch im Bereich der Fischwirtschaft und des Umweltgedankens, die viele der preußischen Herrscher bereits zu früheren Zeiten auch auszeichnete, führte zum Fischereigesetz des preußischen Staates vom Jahre 1874, das umfassend alle Aspekte der Fischereiwirtschaft sowie bereits damals die Bekämpfung der Verschmutzung der Gewässer, Prüfung und Überwachung aller damit im Zusammenhang stehenden Aspekte beinhaltete sowie polizeiliche Überwachung ähnlich dem Verkehrswesen heute und gerichtliche Belange bei Gesetzesübertretungen regelte, war damit erstmals im gesamten deutschen Staate gültig.

Das Land, der Fluss und die Menschen

Moderlieschen

Bereits vor der staatlichen Gesetzgebung hatte sich aber in Anlehnung an die nachhaltige Forstwirtschaft und die Jagd seit der Mitte des 19. Jahrhunderts die Denk- und Handlungsweise der Nachhaltigkeit auch in der Fischwirtschaft verbreitet, so dass man bis in die Gegenwart entsprechend der Waldwirtschaft und der Jagdgesetze Hege und Pflege des gesamten Fischereiwesens kennt, also nicht nur der Speisefische, sondern auch aller anderen Fische, wobei auch der Überwachung der Gewässergüte eine tragende Bedeutung zukommt und insbesondere auch die ehrenamtliche Mitwirkung der Angelvereine und des Deutschen Angelverbandes DAV und der Naturschutzverbände besonders zu würdigen sind.

Speise- und andere Fische

Im Fischereibericht wird ausdrücklich auf die Besonderheit der Havel hingewiesen, die sich durch die ›Flussseen‹ ergibt. Der ständige Wechsel von durchströmendem Wasser und Stillwasserbezirken führt zur Entstehung von unterschiedlichen Lebensräumen und ermöglicht somit eine hohe Artenvielfalt. Es wird auch erwähnt, dass die Gewässer, die als Hinterlassenschaften des früheren Abbaus von Ton zur Ziegelherstellung und Torfstiche entstanden sind, durch die räumliche Nähe zur Havel für die Fischfauna sehr bedeutungsvoll sind, da einige Arten dort Ersatzlebensräume und Rückzugsgebiete fanden, Biotope als Ersatz früherer Altarme der Havel, die durch die Schiffbarmachung des Hauptflusses nicht mehr in gleicher Weise vorhanden sind. Originell und zugleich etwas entwürdigend ist, dass diese Gewässer fachlich als ›Erdelöcher‹ oder noch immer als ›Stiche‹ bezeichnet werden, obwohl sie nicht nur als Lebensraum diverser Arten wertvolle Biotope sind, sondern als Seen die Landschaft verschönern.

Insgesamt wurde von Dr. Brämick erläutert, dass insgesamt etwa 35 verschiedene Fischarten in der Havel vorkommen, deren Größe von wenigen Zentimetern bis zu zwei Metern beträgt. Nur wenige von ihnen werden heute als Nahrung von uns Menschen genutzt, einige sind zu klein, einige wenig schmackhaft, auf einige verzichten wir wegen deren ›Abwehrmechanismus‹, also wegen der vielen oder unangenehm feinen Gräten.

Die am häufigsten gefangenen Speisefische der Havel sind Aal und Zander. Aus der Fischzucht kommen neben Karpfen und Forellen aus Teichen aber ebenfalls Zander und Wels auf unseren Speiseplan, während der Aal sich als Wasserwanderer bis heute jedem Kultivierungsversuch entzieht.

Das Sortiment des Anglerglücks umfasst allerdings mehr als die im Handel erhältlichen Zucht- und Fangfische. Auf dem Speiseplan der Angler finden sich auch Plötze, Barsch, Blei, Güster, Rotfeder, gelegentlich auch mal ein Hecht.

Zur Hege, Pflege und dem ökologischen Gleichgewicht in den Gewässern ist es aber auch erforderlich, auf die Mengen der unterschiedlichen Fischarten zu achten. So gibt es neben dem Begriff des Speisefisches auch den Begriff des Futterfisches, der Arten bezeichnet, die wegen des ökologischen Gleichgewichts gefangen werden müssen.

Dazu heißt es im offiziellen Jahresbericht der Binnenfischerei des Jahres 2009: »Der überwiegende Teil der in den Seen und Flüssen gefangenen Fische wird als Speise- oder Satzfisch (Zuchtfisch, Anmerkung des Verfassers) verkauft. Daneben werden im Rahmen der Hegeverpflichtung sowie aus ökologischen Gründen aus den Gewässern noch Arten und Größengruppen entnommen, die am Markt aufgrund mangelnder Nachfrage nicht absetzbar sind. Dieser Fang findet bei der Tierfütterung in Tierparks Verwendung, wird zu Fischmehl und Fischöl verarbeitet … «

Die außerhalb der Fachwelt weitgehend unbekannten Arten, die die Havel bereichern, haben teilweise auch recht lustige Namen, wie Bitterling, Hasel, Moderlieschen, Quappe, Rapfen, Schlammpeitzger, Schmerle, Steinbeißer, Stichling, Zope.

Geschichte und Geologie

Geschichte wird überwiegend aus der Perspektive der Besiedlung, der wirtschaftlichen und politischen Entwicklungen der Gebiete erzählt. Das Land Brandenburg wird zumeist nach kurzer Erwähnung einer Eiszeit aus der Sicht der Expansion des Deutschen Reiches und der Mission der Kirchen ab dem 10. Jahrhundert dargestellt.

Aber auch die Havel erzählt eine Geschichte, und die geht so:

Die Geologie der Havel und die Geschichte der Besiedlung sind eng miteinander verflochten. Besonders bemerkenswert und wenig bekannt ist eine komprimierte Zusammenstellung wissenschaftlicher Untersuchungen, die im Jahre 1934 von B. Beschoren mit dem Titel ›Zur Geschichte des Havellandes und der Havel während des Alluviums‹ veröffentlicht wurde.

Danach lagen sowohl das Bett der Elbe als auch das der Havel vor sehr langer Zeit tiefer. Sedimente aus den Quellgebieten der Elbe wurden durch das abfließende Wasser in die Niederungen transportiert und erhöhten zunächst den Grund der Elbe. Daraus resultierten bei entsprechenden Voraussetzungen, al-

Pumpwerk zur Wasserstandsregulierung auf dem Vosskanal

Das Land, der Fluss und die Menschen

Hochwasserschutzanlage

so bei den noch immer bedrohlichen Hochwassern der Elbe bei gleichzeitigem Rückstau durch in das Land hinein drückende Sturmfluten der Nordsee, Überschwemmungen sehr großer Landbereiche, auch in die Havelniederungen hinein. Dieser Veröffentlichung ist zu entnehmen, dass es Überschwemmungen von der Elbe bis zum Gebiet des heutigen Spandaus und nördlich bis Oranienburg gab, also zeitweise riesige Landflächen unter Wasser standen. Man konnte bei Ausgrabungen und der Analyse von Bodenproben einwandfrei feststellen, dass das Gebiet des Havelländischen Luchs, also die noch immer am tiefsten gelegenen Landfläche im Havelland, anfangs teilweise noch mehrere Meter tiefer lag und über längere Zeiträume und in unbestimmten großen Abständen immer wieder von extremen Überschwemmungen heimgesucht wurde. Die Herstellung der heute nahezu perfekten Hochwassersicherung der Havel dauerte lange, so dass es gemäß der Chronik Rathenows selbst noch im 16. Jahrhundert ›verheerende Hochwasserkatastrophen‹ gab und der Untersuchung von 1934 zu entnehmen ist, dass noch im Jahre 1805 nach einem Deichbruch das gesamte Dossebruch überschwemmt war.

Diese Überschwemmungen hatten wiederum Ablagerungen zur Folge, die bei Ablauf des überschüssigen Wassers den Lauf des Rhin, der Havel und der sonstigen Wasserläufe veränderten, also das gesamte Flusssystem und ein sich veränderndes Sumpfgebiet hinterließen. Unter den Ablagerungen fanden sich Spuren menschlicher Siedlungen, unter der Schlickdecke bei Havelberg sogar noch Gefäße aus dem 13. Jahrhundert. Der Bericht schließt daraus unter anderem, dass es Besiedlungszeiträume gab, die möglicherweise wegen der Überschwemmungen endeten.

Eine weitere sehr interessante Veröffentlichung bestätigt diese Vermutung. Dr. Winfried Schich hat mit dem Titel ›Die Havel als Wasserstraße im Mittelalter‹ im Jahre 1992 eine Arbeit veröffentlicht, in der zu lesen ist, dass ›das Gewirr aus natürlichen und zu den verschiedenen Zeiten gegrabenen künstlichen Wasserläufen in der Mark hinsichtlich seiner Genese nicht leicht aufzulösen ist‹ (Genese = Entwicklung, Entstehung).

Als Folge der Urbanisierung im 12. Jahrhundert wurden kontinuierlich auch Entwässerungsgräben angelegt. Danach folgten im Laufe der Jahrhunderte gezielte Maßnahmen, die den Rückstau der Elbe in die Havel verringerten, durch Deiche am Unterlauf der Havel. In jüngster Zeit wurde das moderne große Sperrwehr an der Mündung der Havel in die Elbe errichtet. Nur die Spree bringt

Wasser aus dem Bergland mit, das vor dem Spreewald mittels eines Stausees zum Erhalt des gleichmäßigen Wasserstandes im Spreewald reguliert wird. Im gesamten Verlauf der Havel gibt es sehr viele Seen, Gräben, Kanäle und Sumpfgebiete, die plötzlich anfallende Wassermengen zurückhalten, indem sie sie teils wie ein Schwamm aufsaugen oder nur langsam abfließen lassen. In Verbindung mit dem geringen Gefälle der Havel ist daher festzustellen, dass diese seit Jahrhunderten erfolgreichen Maßnahmen einerseits die Hochwassergefahr der Havel beseitigten und gleichzeitig das ökologische Gleichgewicht im System des gesamten Havellandes erhielten.

Sicherlich ergeben sich immer wieder unterschiedliche Wasserstände der Havel und ein Ansteigen des Grundwassers in der Region führt zu feuchten Kellern in Häusern, aber der Wasserspiegel der Havel schwankt heutzutage beispielsweise bei Berlin-Spandau um niemals mehr als etwa einen Meter.

Die Havel auf alten Landkarten

Interessant sind die Landkarten, die J. Blaeu im Jahre 1663 mit den Titeln ›Marchia Media Mittelmark‹ und ›Marchia Media Uckerana‹ veröffentlichte, denn selbst zu dieser Zeit gab es noch wesentlich größere Sumpfgebiete, und Havel und Rhin bildeten ein mehrfach verbundenes Flusssystem. Der Ursprung der Havel wird an einer völlig anderen Stelle angezeigt als heute (→ S. 68). Laut der Karte ›Uckerana‹ begann im Jahre 1663 die Havel als Havelau und war der Abfluss aus der Seenkette nordöstlich Fürstenbergs, beginnend im Feldberger Seengebiet.

Diese Karte (→ hintere Klappkarte) lässt schraffiert die Sumpfgebiete erkennen, die selbst im 17. Jahrhundert noch das gesamte Gebiet beeinflussten. Die als Brücken oder Stege mit Doppelstrichen erkennbaren Überquerungsmöglich-

Sumpfgebiet beim Havelursprung

Das Land, der Fluss und die Menschen

Slawen beim Bau einer Inselburg im 10. Jahrhundert, Infotafel im Slawendorf Neustrelitz

keiten zeigen zudem die komplizierten Landverbindungen. Weiterhin verdeutlichen die durchgehenden Fließgewässerverbindungen durch diese Sumpfgebiete die mehrfache Verknüpfung zwischen Havel, also dem Südbogen, und dem heutigen Rhin im Norden bei Fehrbellin. Dazwischen ist ein Wasserlauf zu erkennen, der in der Gegenwart in Form diverser Gräben und Kanäle noch immer das Land durchzieht.

Dass die Karte ziemlich exakt ist, kann man an Ortslagen erkennen sowie daran, dass die im südlichen Teil dargestellten Seen weitgehend noch immer mit der Gegenwart übereinstimmen. Man erkennt Liebenwalde oben rechts, Bötzow (später in Oranienburg umbenannt), Tegel, Spandow (jetzt Spandau, größer, also bedeutungsvoller als Berlin), Berlin, Potzsten (Potsdam, wurde auch erst später wichtiger), Alt Brandeburg (auch groß hervorgehoben) und Ratenow (damals ohne ›h‹). Oben links ist das noch immer vorhandene Dorf Velgast zu erkennen, hier mit dem Namen Velegast.

Im mecklenburgischen Ursprungsgebiet gibt es unabhängig davon noch immer die Schwaanhavel, jetzt ein Bach, der einen völlig anderen Verlauf nimmt, von der Havelwasserstraße abzweigt, in den Plätlinsee mündet und als Wasserweg von dort über die große Flake und an Strasen vorbei sich einerseits im Ellbogensee mit der großen Schwester wieder verbindet, andererseits aber über den Kleinen Pälitzsee, folgende Kanäle und weitere Seen auch eine Fortsetzung zum Rhin nach Rheinsberg findet. Ohne die ausgebauten oder künstlich geschaffenen Wasserverbindungen bei Ahrensberg und Strasen, die vor vielen Jahrhunderten bereits begonnen wurden und offenbar nicht mehr bis zu den Ursprüngen zurückverfolgt werden können, wäre die obere Havel eigentlich ein Nebenfluss oder sogar der Ursprung des Rhin. Es darf bezweifelt werden, dass in dem Wassergewirr des Nordens bereits vor mehr als 1000 Jahren, also zu einer Zeit, als es noch keine detaillierte Kartografie der Region gab, Menschen wissen konnten, welchen Verlauf zwei Bächlein aus Mecklenburg durch das Seengewirr nehmen, um sich in den Sumpfgebieten der jetzt als Rhinluch und Havelländisches Luch bezeichneten Gebiete wieder zu verbinden und sich im Abfluss aus den Luchen zu trennen. Dieser Sachverhalt entspricht historischen Erkenntnissen und Tatsachen vor Beginn des Bauens von Deichen und Entwässerungsgräben, also vor dem 12. Jahrhundert. Zudem bestehen die Wasserverbindungen zwischen Rhin und Havel bis heute in beiden Gebieten, so dass man ebenso einen Havelverlauf vom jetzigen Quellgebiet über Rheinsberg, Neuruppin und an Kremmen vorbei nach Oranienburg und Spandau erfinden könnte.

Nördlich Berlins wäre die Havel ohne Ausbau zu Kanälen noch immer kaum als wirtschaftlich wichtiger Wasserweg nutzbar, wäre nicht größer als der Rhin, denn erst die künstlichen Wasserstraßen ab Zehdenick und zur Oder und die Alte Spree lassen die Havel groß werden.

Frühe Besiedlung

Bis weit über das 10. Jahrhundert hinaus bildeten die Havel und ihre Nebenflüsse die Hauptverkehrswege in diesem weiträumigen, wasserreichen und von Sumpfgebieten durchzogenen Binnenland.

Durch Funde und Ausgrabungen ist bekannt, dass das Gebiet vor dem 10. Jahrhundert unserer Zeitrechnung mehrere Besiedlungsphasen hatte, Volksstämme aus unterschiedlichen Regionen eingewandert sein müssen, hier lebten und wieder verschwanden. Bei Beginn der Geschichtsschreibung im 10. Jahrhundert lebten entlang der Havel slawische Volksstämme, im Wesentlichen die Heveller, davor gab es eine germanische Bevölkerungsphase. Durch den Mangel weitreichender Landverbindungswege und großräumiger Siedlungsgebiete ergaben sich demnach nur regionale Völkerstämme in losem Verbund.

Das Deutsche Reich mit bereits festen politischen Strukturen und einem Kaiser als oberstem Herrscher und die Kirchen als ebenfalls fest gefügte Organisation expandierten in das Gebiet jenseits der Elbe. Dass die damaligen selbständigen Völkerstämme sich den Mächten aus anderen Regionen nicht freiwillig unterordnen wollten, ist verständlich.

Nach Kriegen zwischen dem 10. und 12. Jahrhundert unterwarfen sich die letzten Slawenfürsten und kooperierten anschließend mit den neuen Machthabern. Die Menschen wurden nicht vertrieben, Einwanderer kamen hinzu. Regionale Konflikte gab es zunächst noch, bis sich ein Miteinander alter und neuer Bevölkerung ergab. Erst ab dieser Zeit begann der systematische Bau von Deichen, später Schleusen, Mühlen und neuen Wasserwegen.

Frühes Mittelalter

Hier trennt sich nun die Geschichte der Havel, denn das jetzt als Ursprungsgebiet der Havel bezeichnete Gebiet lag seit Beginn deutscher Geschichtsschreibung in Mecklenburg, und das ist bis heute mit sehr geringer Grenzverschiebung so geblieben. In Mecklenburg begann mit Heinrich dem Löwen die deutsche Geschichte. Mit kurzen Unterbrechungen waren dessen Nachkommen bis 1918 Fürsten und Herzöge im Gebiet des Havelursprungs bis Fürstenberg.

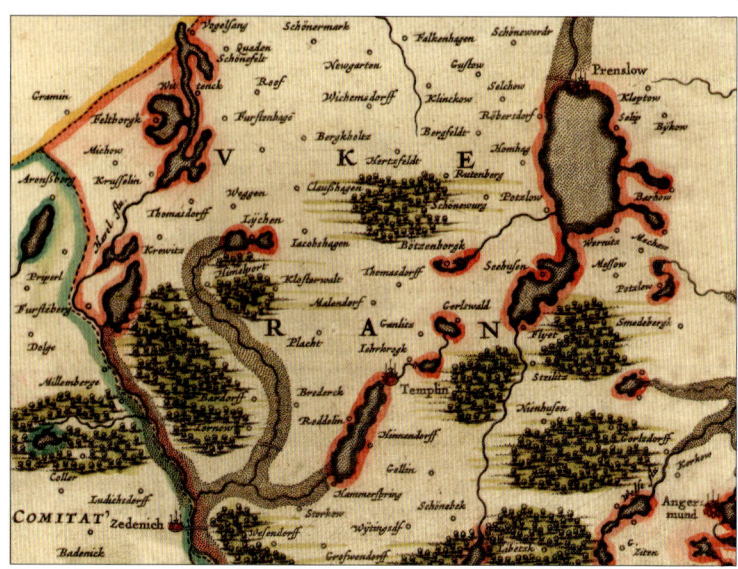

Der Havelursprung auf einer Karte von 1663

Nicht unverändert geblieben ist der Havelursprung selbst. Eine Quelle gibt es nicht, die als Quelle der Havel geltenden Gewässer oder Sumpfgebiete wechselten im Laufe der Geschichte. Besonders bemerkenswert ist die oben erwähnte Landkarte des Jahres 1663, die den Ursprung der Havel im Feldberger Seengebiet, also im Brandenburger Gebiet darstellt. In Mecklenburg war das Gebiet des jetzigen Havelursprungs und das Bächlein dort bis zum Bau von Verbindungswasserwegen zwischen Müritz und Havel ein unbedeutendes Gewässer. Deshalb konzentriert sich die weitere Geschichte auf den Brandenburger Teil der Havel.

Der Askanier ›Albrecht der Bär‹ als regional zuständiger deutscher Herrscher hatte nach dem Ende der letzten Slawenfürsten Prebislaw Heinrich und Jacksa von Köpenick Interesse an der Weiterentwicklung des Landes, durch das die Havel fließt, einem Randgebiet des Deutschen Reiches.

In der Folgezeit gab es bei einigen der zuständigen Obrigkeiten wenig Interesse an dem unterentwickelten und landschaftlich schwierig nutzbaren Land. Diese übertrugen das Gebiet Herrscherhäusern, für die sonst nichts Passendes zu finden war und die weitab dieses Landes lebten.

Unabhängig davon begann jedoch etwa ab dem 12. Jahrhundert eine intensive Kultivierungsphase, maßgeblich durch die christlichen Orden und die Einwanderung von Fachleuten aus diversen Gebieten Westeuropas und dem sich entwickelnden friedlichen Miteinander der Urbewohner und Einwanderer geprägt. Mönchsorden kultivierten gemeinsam mit Ausländern das Land, Deiche wurden gebaut, die Flüsse in festen Bahnen gehalten, dauerhafte Landverkehrswege angelegt und Brücken errichtet. Fachleute im Deichbau waren vor allem die Einwanderer aus den Niederlanden. Auf sie ist vermutlich der Name Rhin als Name für den Nebenfluss der Havel zurückzuführen. In den Dörfern entstanden Feldsteinkirchen mit der Doppelfunktion eines Schutzbaus und einer christlichen Versammlungsstätte (→ S. 73).

An Ortsnamen ist erkennbar, dass Neusiedler ebenso wie die Mönche anfangs eigene Siedlungen gründeten, also die slawische Urbevölkerung nicht beeinträchtigten, sondern eher unterstützten oder ergänzten. Bekanntes Beispiel ist Berlin, dessen Ursprung und Namen im Dunkeln liegt. Forscher stellen völlig unterschiedliche Herkunftsspekulationen an, aber ein slawischer Ursprung ist wahrscheinlich.

Genau gegenüber von Berlin entstand an der Spree eine Siedlung mit dem Namen Cölln, deren erste Ratsherren Namen aus der Kölner Gegend tragen, was eine Einwanderersiedlung vermuten lässt, wobei auch hier die Geschichtsforscher unterschiedliche Meinungen vertreten. Beide Orte vereinigten sich friedlich und provozierten später die Obrigkeiten.

Handel ergänzte ab dem 12. Jahrhundert das bestehende Handwerk, die Fischerei, die Holzwirtschaft und die Landwirtschaft. Es entwickelte sich ein Selbstbewusstsein der regional erfolgreichen Gewerke und der wirtschaftlichen Beziehungsgeflechte. Die in dieser Folge entstandenen Städte wie Brandenburg, Berlin und Frankfurt dokumentierten Wirtschaftsstärke. Kirchen und Adlige – eingewanderte oder im Land in den Adelsstand erhobene Familien – bekamen als Besitz Fischereirechte, Land und ganze Dörfer als Eigentum, und es entstand eine Leibeigenschaft der Landbevölkerung gegenüber den Eigentümern.

Außerhalb starker Städte waren also Adlige, Feudalherren, Ritter wie die Quitzows und von Rochows neben den Kirchen im Lande inzwischen die Herrscher und lehnten sich ebenso wie einige Städte gegen die Einflussnahme der aus der Ferne bestimmenden Herrscher auf. Chroniken berichten auch von regionalen Konflikten zwischen Kirchenoberen, Rittern, Städten und der Landbevölkerung.

Insgesamt scheint es bis zum 15. Jahrhundert recht unterschiedliche Lebensbedingungen gegeben zu haben. Schutz, Fürsorge, geregelte Verhältnisse in Städten, unter Adligen und in den Kirchen einerseits; Unterdrückung, Raubrittertum und Chaos andererseits.

Denkmal für Albrecht den Bären in der Zitadelle Spandau

Das Land, der Fluss und die Menschen

Zisterzienserklöster

Die Verbindung staatlicher Entwicklungshilfe mit den Interessen der einflussreichen Kirche ermöglichte es den Zisterziensern und anderen Orden, zur Entwicklung des Landes beizutragen. Die Orden siedelten sich in bis dahin unbewohnten Gebieten an und kultivierten es mit den Erfahrungen der bereits entwickelten Regionen Westeuropas. Der Geschichtsschreiber Wilhelm von Malmesbury beschreibt die Einbindung eines Fließgewässers in das typische Arbeits- und Kultivierungssystem eines Zisterzienserklosters im 12. Jahrhundert, das möglichst an fließenden Gewässern gegründet wurde und eine erstaunlich rationell strukturierte Planung erkennen lässt. Der Text bezieht sich zwar auf eine andere Region, lässt sich jedoch ohne Weiteres auf die Klostergründungen in der Havelregion übertragen.

»Der Fluss ergießt sich in die Abtei, soweit die Mauer, die als Wehr dient, es ihm erlaubt. Er strömt zunächst in die Getreidemühle, wozu er dazu dient, das Getreide unter dem Gewicht der Räder zu zermahlen. Hernach strömt er in das nächste Gebäude und füllt die Kessel, in dem das Wasser erhitzt wird, um das Bier für die Mönche zu bereiten. Jedoch hat der Fluss seine Arbeit noch nicht getan, denn jetzt wird die Walkmühle gelenkt, die der Getreidemühle folgt. Seine Pflicht ist es nun noch der Herstellung der Kleider zu dienen. Das verweigert der Fluss nicht, noch verweigert er irgendeine Aufgabe, die am von ihm verlangt. So hebt und senkt er abwechselnd die schweren Hämmer und Schlegel. Wenn er durch rasches Wirbeln alle Räder in schnelle Drehung versetzt hat, schäumt er und sieht aus, als hätte er sich selber gemahlen. Nun tritt er in die Gerberei ein, wo er viel Mühe und Arbeit der Bereitung für das Schuhwerk der Mönche widmet. Dann teilt er sich in viele kleine Arme und strömt in emsigem Lauf durch verschiedene Abteilungen, überall Ausschau haltend nach solchen, die zu irgendwelchen Zwecken seine Dienste fordern, sei es zum Kochen, zum Drehen, zum Mahlen, zum Bewässern, zum Waschen oder Schleifen. Zuletzt, um nichts ungetan zu lassen, trägt er den Abfall fort und lässt alle sauber zurück.«

Reste des Klosters Himmelpfort, eine Zisterziensergründung

Die Hohenzollern

Als mit der Übernahme Brandenburgs durch die Hohenzollern 1415 plötzlich eine ernsthafte Einflussnahme von außen begann, gab es Proteste. Das führte zum ersten festen Wohnsitz eines Hohenzollern in Berlin, der zu diesem Zeitpunkt aufsässigsten und renitentesten Stadt. Die Selbständigkeit der Städte und die Willkür der Adligen, der Feudalherren und der Ritter im Lande sollte beendet werden. Denn wie in anderen Gebieten Europas war neben den Fehden untereinander und dem Widerstand gegenüber der Obrigkeit die Unterdrückung der übrigen Bevölkerung zum Problem geworden, die zum Teil Formen des Raubrittertums annahm.

Langfristig führte die Herrschaft der Hohenzollern, die von der Mark Brandenburg ausgehend schließlich das Königreich Preußen entwickelten, zu Ruhe, Ordnung und wirtschaftlichen Entwicklung des Landes, die jedoch durch Kriege und Seuchen immer wieder unterbrochen wurde. Die Kultivierung des Landes war wegen der erforderlichen Entwässerung vieler Sumpfgebiete, der Eindeichung der unteren Havel und der Elbe und wegen der teilweise sehr armen Sandböden wesentlich schwieriger als andernorts in Deutschland. Zudem hatten westliche Landschaften einen bis zu 1000 Jahre langen Entwicklungsvorsprung, und besonders der Dreißigjährige Krieg hatte das Land weit hinter andere deutsche Gebiete zurückgeworfen. Als Beispiel sei Rathenow genannt, wo am Ende des Dreißigjährigen Krieges die Bevölkerungszahl um mehr als 98 Prozent gegenüber einer Zählung etwa 100 Jahre zuvor geschrumpft war. Mit einem Gedicht, einem Verzweiflungsschrei aus dem Dreißigjährigen Krieg, gefunden in einem uralten Buch, klagt ein Mann namens Herrmann Schilling wie folgt:

Dänen und Schweden verheeren die Mark,
Tilly, Mansfeld und Wallenstein;
So gleicht sie einem Riesensarg,
umlodert von blutigem Fackelschein.

Zerschossen die Städte, die Dörfer verbrannt,
die Klöster erbrochen und ausgeraubt,
verschüttet die Brunnen und Quellen im Land,
und alles Blühen erstickt und verstaubt.

Die Felder verwüstet, zerstampft die Saat,
die Gärten verwahrlost und unbebaut,
verfault und zertreten die jüngste Mahd
und längst überwuchert von Nesseln und Kraut

Die Menschen verarmt, verrottet, vertiert
In bleichem Elend und nackter Not;
aus Tausenden von Augen stiert
der Wahnsinn oder schon der Tod.

Ohnmächtig die Fürsten, ohnmächtig das Reich,
der Feind übermächtig und bärenstark
und reif das Volk zum Todesstreich --
Oh König der Könige, rette die Mark.

Dass die Hohenzollern als Kurfürsten von Brandenburg, Könige in Preußen und
schließlich Kaiser Deutschlands sehr erfolgreich waren, ist unbestritten. Über die
preußische Herrschaft kann man unterschiedlicher Meinung sein, viele dieser
Herrscher wirkten aber segensreich zum Wohle des Landes und der Bevölkerung.
Das wird an der ständig verbesserten Wasserstraßenwirtschaft der Havel und der
Nebenflüsse deutlich: Deiche wurden angelegt und ständig vervollkommnet und
Entwässerungsgräben schufen landwirtschaftlich nutzbares Land. Pumpwerke

Altes Wappen der Hohenzollern am Schloss Hechingen

zur Entwässerung bei Überflutungsgefahren wurden geschaffen, aber auch freie Flächen als Überschwemmungsgebiete beibehalten. Ein ständig erweitertes Netz nutzbarer Wasserstraßen wurde angelegt. Erkennbar ist dabei, dass die Havel die Hauptschlagader des Landes zwischen Oder und Elbe, Ostsee und den sächsischen Gebieten war, bis die Entwicklung des motorisierten Verkehrswesen auf Schienen und Straßen andere Akzente setzte.

Die Havel im 20. Jahrhundert

Nach dem Ende des Kaiserreiches gab es die beiden Provinzen Mecklenburg und Brandenburg, in der DDR unterschiedliche Regierungsbezirke und heute die beiden Bundesländer Mecklenburg-Vorpommern und Brandenburg. Bis 1918 gab es zwischen Preußen und Mecklenburg eine weitgehend konstante Grenze, seitdem hat sich die Grenze zwischen Mecklenburg und Brandenburg mehrfach verändert. An der Mündung in die Elbe hat die Stadt Havelberg ihre frühere Zugehörigkeit zu Brandenburg aufgegeben und ist jetzt Teil des Bundeslandes Sachsen-Anhalt.

Die Havel mit ihren Nebenflüssen und Seen avancierte zum vermutlich größten und vielseitigsten Wasser-Freizeitgebiet Europas, mit einer Fülle von Möglichkeiten von Angeln über Wassersport bis zur Ausflugsschifffahrt. Dazu gesellt sich eine Uferlandschaft, die an Vielseitigkeit kaum zu überbieten ist und auf Spaziergängen, Wanderungen oder Radtouren zu genießen ist. Die Geschichte der Havel begann als ein sich immer wieder veränderndes Wassergewirr, als schwieriges Siedlungsterrain. Sie entwickelte sich zur Hauptwasserstraße bei der Erschließung des Landes Brandenburg, trug damit wesentlich zum Wohlstand des Landes bei und ist in der Gegenwart eines der abwechslungsreichsten Freizeitparadiese Europas.

Dorfkirchen

Es ist erstaunlich, dass die kunstvollen Andenken des Adels und der Kurfürsten, Könige und Kaiser mehr Beachtung finden als der Reichtum der steinernen Zeugen in den Dörfern, in den Feldsteinkirchen. Immerhin sind diese Bauten und andere Kirchen im Havelgebiet mit ihrem Alter bis zu etwa 700 Jahren die ältesten Bauten des Landes, die seitdem durchgängig und bis heute überwiegend noch immer dem Zweck dienen, zu dem sie errichtet wurden. Mit Ausnahme der nur noch als Denkmal oder Museum fungierenden Türme und Stadtmauern einiger Städte und der inzwischen anderen Zwecken dienenden Reste von Burgen gibt es in dieser Region keine Bauten, die dieses Alter erreicht haben und noch immer brauchbar sind.

Diese Bauwerke wurden anfangs ohne Türme in die Mitte der Dörfer hineingebaut, vermutlich mit dem Doppelzweck, als Schutzbauwerk im Falle von Gefahr zu dienen und gleichzeitig den Heidenkult durch das Christentum in Form sonntäglicher Gemeinschaft der Dorfbewohner abzulösen. Ein Beispiel der ältesten Bauart derartiger Schutzbauten ist die Feldsteinkirche in Federow (→ S. 108), die niemals einen Turm hatte. Oft war und ist noch immer das Dorfgasthaus als weiterer Treffpunkt der Dorfgemeinschaft in unmittelbarer Nähe.

St. Joachim   St. Anne

Die Kirchen entstanden überwiegend zwischen dem 12. und 15. Jahrhundert. Zu dieser Zeit waren die Wohnhäuser in den Dörfern Holzbauten, die bei Bränden kaum zu löschen waren. Die Dorfbewohner waren zudem dem Raubrittertum und anderen Verbrecherbanden ziemlich wehrlos ausgeliefert. Die Feldsteinbauten waren also auch eine Art ›Dorfburg‹, als Schutz und als Notunterkunft geeignet. Daher waren sie oft deutlich größer, als es für die religiöse Zusammenkunft der wenigen Dorfbewohner erforderlich gewesen wäre.

Dass gleichzeitig auch Heidenkult durch Christentum ersetzt werden sollte, war der weitere Zweck dieser Bauten. Gegen den Willen der Dorfbewohner wäre es wohl kaum möglich gewesen, derartige Bauwerke in der Mitte ihres Ortes zu errichten. Im Gegenteil: Die große Anzahl derart vieler Bauten in relativ kurzer Zeit kann kaum von Mönchen allein bewerkstelligt worden sein. Das solide Bauen mit unregelmäßig geformten Steinen begann mit dem Sammeln der Steine auf Feldern, dem Transport zum Bauplatz und dem Bau von Gerüsten. Religiöse Einwanderer, Mönche also, wären wohl kaum in der Lage gewesen, die gesamte Arbeitsleistung und das entsprechende Fachwissen in der Menge bereitzustellen, wie es die vielen Kirchbauten jener Zeit erforderten. Bauleute mussten entlohnt werden, daher ist anzunehmen, dass die Dorfbewohner selbst beim Steinesammeln und beim Bau halfen. Es sind Konflikte mit den Kirchenobrigkeiten bekannt, aber weder Widerstände gegen den Bau der Feldsteinkirchen noch mutwillige Zerstörungen. Viele Dorfkirchen wurden später sogar vergrößert, und fast überall wurden Türme angebaut oder draufgesetzt. Deshalb weicht die Bauart der Türme sehr oft von der des älteren Kirchenschiffs deutlich sichtbar ab. Deutlich erkennbar ist dies beispielsweise an der großen Feldsteinkirche in Tornow und dem absolut unpassenden Turm darauf (→ S. 76).

Kirchen in Städten wurden im Gegensatz zu den Dorfkirchen nicht als Schutzbau, sondern zu religiösen Zwecken errichtet. In der Stadt Brandenburg folgte einem zerstörten Heiligtum der Slawen – zwar an anderer Stelle, aber bewusst – ein dominanter Bau der neuen Religion. Andere große Kirchen bewundern wir bis heute, erbaut mitunter auch zusätzlich als Repräsentationsbauten. Die Kirchen der Klöster dienten allein religiösen Zwecken, sie waren Teil des Lebensraumes der Mönche und Nonnen. Sowohl Dorfbewohner als auch die Mönche und Nonnen gestalteten häufig ihre Kirche schön; der gemeinsame Raum als Ergänzung zu den armseligen Holz- und Lehmbauten wurde wie eine gute Stube für den Sonntag hergerichtet. Teilweise noch immer vorhandene uralte Reste von Malereien, Holzschnitzereien, Glasfenstern, Altären und auch Grabplatten der Reichen sind Zeugnisse dieser Kultur. Man muss auch deutlich unterscheiden zwischen Kirchenoberen, die damals wie heute Prunk, Reichtum und Glanz suchen und dafür Gelder fordern, und den einfachen Gemeinden damals wie heute, die die Kirche als Teil ihres Lebensraumes verschönern und dies freiwillig tun. Ein besonderes Beispiel gibt es in Spandau: Dort wurde die alte Kirche Sankt Marien von Privatpersonen gekauft und restauriert. Sie wird privat unterhalten und für religiöse und kulturelle Zwecke zur Verfügung gestellt.

Altar der katholischen Kirche St. Marien in Spandau

Das Land, der Fluss und die Menschen

Kirche in Tornow

Die Entwicklung und Ausbreitung des Christentums brachte auch soziale Errungenschaften, Jahrhunderte, bevor es Gewerkschaften und politische Parteien gab. Der Wochenrhythmus ›sechs Arbeitstage, ein Ruhetag‹ geht eindeutig darauf zurück und war eine Forderung an Obrigkeiten, die das Arbeitsrecht nach eigenem Ermessen gestalten konnten und denen viele Dorfbewohner bedingungslos unterworfen waren. Soziales Denken nach den aus der Bibel ableitbaren Grundsätzen hat durchaus auch Adlige und andere Obrigkeiten zu entsprechendem Handeln veranlasst.

Auch Feste, die noch heute gefeiert werden, gehen auf den Ersatz heidnischer Kulte durch christliche Inhalte zurück. Das heidnische Wintersonnenwendfest wurde einfach als Geburtstag Jesu gefeiert, Weihnachten hat bis heute keinen biblischen Bezug zu diesem Datum und erfährt als allgemeines Fest der Liebe eine zusätzliche neue Variante. Die Sommersonnenwende wurde das Johannesfest zu Ehren des Vorläufers Jesu, Osterbräuche nicht mehr nachvollziehbaren Ursprungs standen noch niemals im Zusammenhang mit dem religiösen Inhalt dieses Festes. Auch eigenständige Feste haben christliche Wurzeln: Valentinstag, Martinstag, Nikolaus und der Gedenktag zu Ehren Verstorbener (Totensonntag weltlich, Ewigkeitssonntag kirchlich). Bemerkenswert ist, dass in der Gegenwart viele das Christentum zwar ablehnen, dennoch auf dessen Feiertage als freie Tage bestehen, ein Zeichen, wie tief die Kultur, die das Christentum begründet hat, im Brauchtum der gesamten Bevölkerung verwurzelt ist.

Im Lande finden wir auch Kirchenbaukunst aller nachfolgenden Epochen. In dem Chaos des 17. Jahrhunderts entstanden kaum neue Kirchen, denn der Dreißigjährige Krieg, Seuchen und Armut entvölkerten die Dörfer und Städte. Später entstand eine Fülle ganz unterschiedlicher Kirchenbauten. Kleine, idyllische Fachwerkkirchen, merkwürdige Rundbauten, Ziegelbauwerke unterschiedlicher Baustile oder abstrakte Neubauten sind sie Zeitzeugen ihrer Epochen und oft auch Zeugnisse beeindruckender Architektur.

Erfreulich ist, dass bis heute die alten Kirchen als Teil der Dörfer und Städte geachtet und wie zur Zeit ihrer Errichtung neben den religiösen Zwecken auch für andere Zwecke, zum Beispiel kulturelle, genutzt und angenommen werden.

Unabhängig von der Institution der Kirche hat sich ein ›Förderkreis Alte Kirchen‹ gebildet, der sich mit sehr viel privater Initiative und privaten Mitteln für den Erhalt dieser Bauwerke, deren Innenausstattung und kultureller Verwendung einsetzt und auch ein jährliches Heft mit Hinweisen auf offene Kirchen herausgibt. Eigentümer dieser Bauwerke sind immer die jeweiligen Kirchengemeinden, die mitunter nur noch wenige Personen umfasst. Die Gemeinden sind mit dem Erhalt und der kulturellen Nutzung ebenso überfordert wie die Gesamtkirche. (Förderkreis Alte Kirchen Berlin-Brandenburg e. V.‹, Postfach 024675, 10128 Berlin, Tel. 030/4493051, www.altekirchen.de, altekirchen@aol.com).

Bevölkerung

Vor dem 10. Jahrhundert siedelten verschiedene Stämme slawischer Völker östlich der Elbe, deren Namen in Landschaftsbezeichnungen noch erkennbar sind. Der bekannteste Stamm waren die Heveller.

Straffe Militärbündnisse gab es unter den slawischen Völkerstämmen in großem Maße nicht. Die Folge war, dass nach mehreren Kriegen zwischen dem 10. und dem 13. Jahrhundert um die Herrschaft des Landes östlich der Elbe die Germanen letztlich die Oberhand behielten. Die slawischen Herrscher unterwarfen sich also anfangs keineswegs kampflos den Germanen, suchten und schafften dann aber Frieden mit den neuen Herrschern. Regionale Konflikte gab es allerdings auch später noch. Wie damals üblich, wurde nach dem Herrschaftswechsel die Urbevölkerung einschließlich der Herrscher weder vertrieben noch ihre Dörfer zerstört. Der Heidenkult wurde jedoch zurückgedrängt, heidnische Kultstätten in christliche umgewandelt oder zerstört und Altes dem Neuen unterworfen. Die typischen Siedlungen sind im Königswald, am Jungfernsee, dem Havelsee bei Potsdam, auf Tafeln dargestellt, denn dort gab es an einer ›Römerschanze‹, an der niemals Römer waren, eine befestigte Slawensiedlung.

Von Brandenburg an der Havel ausgehend begann ein Nachholen der Entwicklung, die westlich des Rheins bereits fast 1000 Jahre früher begonnen hatte. Mit der damit beginnenden Einwanderung aus den Gebieten westlich der Elbe und später auch aus Böhmen entstanden neue Orte. Bis heute sind Orte und Familiennamen, die bei Beginn der hiesigen Geschichtsschreibung bereits existierten und neuere Orte und spätere Einwanderer an den unterschiedlichen Orts- und

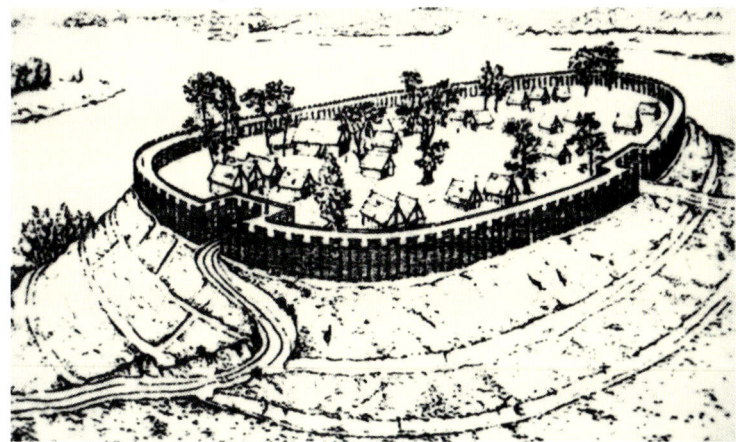

Typisches Slawndorf, Darstellung bei der Römerschanze

Familiennamen erkennbar. Orte mit der Endung ›ow‹ sind fast immer slawischen Ursprungs, bedeuten etwa dasselbe wie andernorts ›au‹, also ›Niederung‹, ›Aue‹. Spandau, eine Stadt slawischen Ursprungs, jetzt Teil Berlins, hieß früher Spandow. Auch Familiennamen mit Endungen ›-ow‹ und -ke‹ entstammen überwiegend der Urbevölkerung der Region und sind wegen fehlender schriftlicher Überlieferungen der Slawen selten erklärbar. Übrigens wird das ›w‹ am Ende nicht mitgesprochen wie in Russland!

Slawen nennen wir heute als Sammelbegriff östliche Völkerstämme, früher war das deutsche Wort ›Wenden‹ im Sprachgebrauch üblich. Daher gab es bis vor etwa 80 Jahren noch eine große Anzahl von Orten mit dem Vorsatz ›Wendisch‹ und ›Deutsch‹, die damit die Struktur der Urbevölkerung bezeichneten. Bekanntlich ging die Toleranz ja anfangs auch so weit, dass selbst die Sprachen im Lande noch unterschiedlich waren. Im Spreewald hielt sich das Slawische des dortigen Stammes der Sorben als Umgangssprache sogar noch bis in die Gegenwart. Die sorbische Sprache und Kultur werden als Kulturgut noch immer gepflegt. Auch in der Provinz Posen, Westpreußen und den Teilen Oberschlesiens, die bis 1918 zu Deutschland gehörten, war das vor der Regelung des Versailler Vertrages noch so, gab es polnischsprachige und deutschsprachige Bevölkerungsteile, die meistens beide Sprachen aber verstehen konnten und auch untereinander heirateten. Das änderte sich sogar unter der anschließenden polnischen Herrschaft bis 1945 nicht, also bis zur Vertreibung der Deutschen aus den Gebieten.

Wie an Familienstammbäumen bis heute erkennbar, vermischen sich slawische Urbewohner und Einwanderer. Die Wurzeln des slawischen Namens ›Reschke‹ liegen im südlichen Brandenburg, die Vorfahren des Autors mütterlicherseits haben Namen germanischer Vorfahren. Der Begriff deutsch als Gegensatz zu slawisch wäre hier falsch, denn deutsch sind beide, auch diejenigen, deren Vorfahren seit über 1000 Jahren hier leben, also länger als die zugewanderten, denn der Begriff ›deutsch‹ geht auf ein uraltes Wort für ›Volk‹ zurück. Einen Volksstamm der Deutschen gab es nie. Und so gilt auch der rein französischstämmige Theodor Fontane ganz klar als echter Havelländer und Brandenburger und Deutscher.

Auch in Brandenburg wurden wie überall Personen, die dem Herrscher die besten Erträge und dem Land oder dem König den größten Nutzen brachten, mit Privilegien belohnt. Aus diesen Personen entwickelte sich der Adel. Das ganze System potenzierte sich und hatte positive und negative Folgen: Die Adligen des Deutschen Reiches bauten das Land wirtschaftlich auf, verhielten sich gegenüber Abhängigen sozial und fürsorglich, wohl wissend, dass ohne die arbeitende Hand auch der denkende Kopf nicht leben kann. Teilweise nutzten sie aber auch die Gutsherrschaft über die ihnen zugewiesenen Dörfer zur Unterdrückung und Ausbeutung der Bevölkerung. Die Abhängigkeit von Adligen und die fehlende Selbständigkeit der Landbewohner, die es andernorts in Deutschland längst gab, endete in Brandenburg endgültig erst nach dem Ersten Weltkrieg. Anders war es in den selbstbewussten und teilweise starken Städten früherer Jahrhunderte mit unabhängigen Bürgern. Diese hatten zwar auch oft mit der Obrigkeit Probleme, innerhalb städtischer Strukturen und untereinander gab es aber eher den konstruktiven Wettbewerb.

Es fällt auf, dass es zum Teil gegensätzliche Beurteilungen der Vergangenheit in Brandenburg gibt. Vor der Landnahme durch die Germanen war das Land unterentwickelt, daran besteht kein Zweifel. Der Orden der Zisterzienser hat Siedlungen und Klöster nicht in slawische Siedlungen hinein, sondern in unwegsamen Gebieten angelegt und diese urbar gemacht. Die Vermischung staatlicher und religiöser Interessen hat die Entwicklung gefördert, denn es wurden gezielt Freiwillige aus vielen Teilen Westeuropas in das Land geholt oder kamen von selbst. Bevor die Hohenzollern im 15. Jahrhundert die Macht übernahmen, gab es allerdings verschiedene regionale Konflikte, auch zwischen Ureinwohnern und Einwanderern, und es herrschte teilweise Chaos. Raubritter terrorisierten ganze Landstriche, Klöster wurden überfallen und die Mönche getötet. Hinweise auf geschichtlich relevante Aufstände der Landbevölkerung gegenüber den Zisterziensern oder den preußischen Herrschern hat der Autor nirgends gefunden, sondern nur seitens der starken Städte oder der Raubritter, die keinesfalls freiwillig ihre starken Positionen im Lande an einen Kurfürsten aus dem Süden abgaben.

Die mitunter in heutigem Sprachgebrauch als Feudalherren Verunglimpften haben das Raubrittertum zum Wohle der Bevölkerung beseitigt und mittels diverser Maßnahmen das Land zu einem der stärksten Europas entwickelt. Klar erkennbar waren aber die Gutsherren mit Sonderrechten ausgestattet, die heutigem Recht keinesfalls entsprechen. Unbestritten gab es Machtmissbrauch, Kriege und Ausbeutung Abhängiger. Man muss weder Kirche noch Adlige lieben und sollte Diktaturen, auch kaiserliche, ablehnen; aber sachliche Feststellungen sollten davon unberührt bleiben: Erkennbar war nach der Vertreibung der Adligen und Enteignung früherer Unternehmer nach 1945 aus Brandenburg, dass damit auch Arbeitgeber und deren Wissen verschwand. Die Situation hat sich dadurch für die Bevölkerung nicht grundlegend verbessert.

Abschließend bleibt festzustellen, dass auch hier die Worte Theodor Fontanes noch weitgehend zutreffen: Er beschreibt seine Landsleute als pflichtbewusst, ordnungsliebend und sparsam. Inzwischen ist aber zusätzlich Erstaunliches festzustellen: Die Notwendigkeit des Aufholens hat enorm viel Kreativität hervorgebracht. In der Landwirtschaft, einschließlich der Tierhaltung, werden überraschende neue Ideen ausprobiert, die teilweise vergebliche Mühen, teilweise aber erstaunlich ertragreich und zukunftsweisend sind. Das Gleiche ist im Tourismus erkennbar: Früher eher belächelt, hat er sich durch viel Kreativität zu einem tragenden Wirtschaftszweig entwickelt. Die Folgen der Unterdrückung der Bevölkerung im Kaiserreich, in der Nazidiktatur und in der Planwirtschaft der DDR erschwerten den Sprung in ein Wirtschaftssystem, in dem Bürger westlicher Bundesländer sehr viele Jahre Erfahrungsvorsprung aufzuweisen hatten.

Gartenidyll

Theodor Fontane

Theodor Fontane wird in Berlin und Brandenburg zumeist als der Heimatschrift-
steller der Mark Brandenburg empfunden. Damit wird aber sein schriftstellerisches
Schaffen nur zum Teil gewürdigt, geradezu eingeengt. Theodor Fontane hat mit
seinem Stil schriftstellerische Maßstäbe gesetzt. Im Lexikon ›Die Zeit‹ heißt es
dazu: »Fontane hat den deutschen Roman aus der erstarrenden Tradition des Bil-
dungsromans gelöst und auf die Höhe des europäisch kritischen Gesellschaftsro-
mans geführt. Im Zurückdrängen der Handlung zugunsten des Dialogs und in der
Ausbildung formbewussten Erzählens wirkte er entscheidend auf die Entwicklung
des Romans.« Theodor Fontane wird in Fachkreisen außerhalb seiner Heimat-
region hauptsächlich in diesem Sinne gewürdigt und erst nachrangig als Heimat-
schriftsteller Brandenburgs.

Darüber hinaus sind ihm eine enorme Fülle von Gedichten und Balladen gelungen,
die sich wenig auf die Heimat im engeren Sinne beziehen, sondern vielmehr die
Fülle des gesamten Lebens umfassen, bis hinein in die Politik seiner Zeit reichen.
Einige sind bis heute in vielen Unterrichtsplänen in Schulen zu finden (zum Beispiel ›Archibald Douglas‹, ›John Maynard‹ und ›Die Brück' am Tay‹). Selbst Briefe
Fontanes bereichern die Literatur bis heute. Es gibt sogar Verse und Zitate, die
als Sprichwörter Volksgut geworden sind.

Es kann die Ehre dieser Welt
dir keine Ehre geben,
was dich in Wahrheit hebt und hält
muss in dir selber leben.

Du wirst es nie zu Tücht'gem bringen
bei deines Grames Träumereien,
die Tränen lassen nichts gelingen,
wer schaffen will muss fröhlich sein.

Sei heiter, es ist gescheiter
als alles Gegrübel
Gott hilft weiter,
zur Himmelsleiter werden die Übel.

Fontanes Leben war weder geradlinig noch finanziell sicher. In Neuruppin im Lande
Brandenburg wurde er im Jahre 1819 als Nachkomme eingewanderter Franzosen
geboren. Er wurde Apotheker, weil der Vater es auch war, bis zum 30. Lebensjahr
hatte er sich in diesem Beruf mit einem Staatsexamen zum Apotheker erster Klasse
entwickelt und in mehreren Städten außerhalb Brandenburgs gearbeitet. Neben-
bei hatte er sich bereits mit seinem Hobby, der Schriftstellerei, beschäftigt. Ziel-
gerichtet orientierte er sich in entsprechende Kreise in Berlin und gab schließlich
im Alter von etwa 31 Jahren seinen Beruf als Apotheker auf, als er mit Novellen
und Gedichten, die in regionalen Zeitungen erschienen, Erfolg hatte.

Ab 1851 bot ihm die Anstellung in der Zentralstelle für Presseangelegenheiten der

Regierung zudem ausreichende Verdienstmöglichkeiten. Inzwischen verheiratet, war er in dieser Position auch als Auslandskorrespondent in Frankreich tätig und lebte einige Jahre in London – beherrschte also Französisch und Englisch –, bevor er endgültig in Berlin sesshaft wurde und als Mitarbeiter von Zeitungen eine neue Tätigkeit ausübte. Dort brachte er es als bekannter Theaterkritiker zu Anerkennung und Bekanntheit, aber nicht zu einem für seine Familie mit Frau und vier Kindern ausreichendem Einkommen. Bessere feste Anstellungen, die ihm Gönner verschafften, löste er immer wieder auf und zwang sich damit selbst zum schriftstellerischen Erfolg. Ständig schrieb und dichtete er und füllte damit sein Budget auf.

Älter als 40 Jahre war er, als er mit seinen im Jahre 1860 begonnenen Wanderungen, zu denen ihn eine Reise nach Schottland inspiriert hatte und die ab 1862 veröffentlicht wurden, seinen bleibenden Ruhm begründete. In den sieben Bänden seiner Brandenburger Wanderungen wird die Liebe zur Natur, zur Landschaft und zu den Menschen mit ihren Geschichten deutlich.

Als einen Glücksfall können wir es bis heute empfinden, dass er bis zu seinem Tode im Jahre 1898 nicht nur bei geistiger Frische tätig bleiben konnte, sondern sich ständig weiterentwickelte. Auch kaum Bekanntes entstand nach 1870, doch im Jahre 1878 begann mit dem Roman ›Vor dem Sturm‹ seine überregionale Erfolgsgeschichte als anerkannter Schriftsteller, die er mit weiteren 15 Novellen und Romanen immer weiter festigte und sich damit einen bleibenden Platz in der deutschen Literatur sicherte.

Hat er je die Frage beantwortet, als was er sich fühlte? Fühlte er sich als Nachkomme von Ausländern, als Preuße, als Brandenburger, als Berliner? Er war wohl alles in einem, denn alle Vorfahren hatten französische Wurzeln, geboren ist er im Königreich Preußen, das Land Brandenburg hat er geliebt, Berlin war die Wiege des Erfolges, und hier hat er überwiegend gelebt. Die preußischen Herrscher hat er geachtet und den Kontakt zum Adel Preußens gesucht, er war aber auch volksnah, interessanten Personen unterschiedlicher Art hat er literarische Denkmäler gesetzt. Die Landschaften und Personen Brandenburgs und das Leben der Preußen mit dem Mittelpunkt Berlin bildeten die meisten thematischen Grundlagen für seine Werke.

Unabhängig von dem, wie er sich als Person empfand, hat er in dem eingangs genannten Gedicht das Havelland als seine Heimat bezeichnet. War er also ›Havelländer‹?

Fontane in der Natur

Schifffahrt auf der Havel

Wie die ersten Boote aussahen, mit denen Siedler auf der Havel unterwegs waren, liegt im Dunkel der jahrtausendealten Vorgeschichte verborgen. Mit Beginn der Geschichtsschreibung wird erkennbar, dass sich die Schiffsfahrt über lange Strecken auf Flüssen nur langsam entwickelte. Insbesondere bedarf es dazu auch Schleusen, um Gefälle im Wasserlauf per Schiff zu überwinden. Durch Wassermühlen ergaben sich Behinderungen, und vor Erfindung der Motorkraft war man flussaufwärts auf Wind und Muskelkraft angewiesen. Deshalb ergaben sich erst im Laufe der Zeit Trennungen zwischen verschiedenen Arten der Schifffahrt.

Personenschifffahrt

Es ist möglich, die gesamte schiffbare Havel und viele angrenzende Gewässer in Form von einzelnen Tagesfahrten oder auch auf Mehrtagesfahrten vom Wasser aus zu erleben.

Im Norden fahren Fahrgastschiffe ab Waren, ab Plau am See, ab Malchow und ab Neustrelitz in das Seengewirr der Mecklenburgischen Seenplatte und bis Fürstenberg auf der Havel und ihren Seen. Hier ist besonders eine Variante der Reederei Pickran interessant, mit der man die gesamte Havel von Waren an der Müritz aus, also vom nördlichsten Bereich der schiffbaren Havel, bis nach Potsdam oder umgekehrt erleben kann. Bei dieser Mehrtagesfahrt gibt es Hotelübernachtungen und die Rückfahrt per Bus (Adresse → S. 270).

Das setzt sich fort mit Angeboten ab Zehdenick nordwärts; ab Oranienburg, Hennigsdorf, Tegel, Spandau, Wannsee, Potsdam gibt es Fahrten über die Havel und ihre Seen havelabwärts bis Werder und in die Spree und die Berliner Seen und Kanäle hinein.

Unterwegs auf einem Fahrgastschiff

Das Land, der Fluss und die Menschen

Die ›Havel-Queen‹

Ab Ketzin, Brandenburg und Rathenow wird von der Havel ausgehend eben-so den Möglichkeiten entsprechend verfahren, und von Havelberg aus kann man Tagesfahrten auf einem Fahrgastschiff bis weit in das Gebiet der Elbe hinein un-ternehmen.

Diverse Schiffsfahrten ergeben sich zudem unabhängig von der Havel im öst-lichen Teil des Landes Brandenburg im nördlichen Feldberger Seengebiet, östlich von Berlin im Oder-Spree-Seen-Gebiet, südöstlich von Berlin im Dahme-Seen-Gebiet, teils die vielen Wasserverbindungen der Spree und der Dahme, diesem weniger bekannten reizvollen Fluss, und die angrenzenden Seen verbindend, teils auf separaten Gewässern. Überall finden sich Reedereien mit regionalem Pro-gramm, dessen Vielfalt hier nicht zusätzlich aufgelistet werden kann.

Der Autor hat 107 Schiffe ermittelt, mit denen man auf der Havel und Um-gebung unterwegs sein kann, es können auch mehr sein. Insgesamt gibt es ge-mäß der amtlichen Angaben der Schifffahrtsdirektion Ost (Magdeburg) in Berlin 113 Fahrgastschiffe mit 19 600 Plätzen und in Brandenburg 68 Fahrgastschif-fe mit 8900 Plätzen. Zusammen mit den Schiffen Mecklenburgs und Sachsen-Anhalts bieten damit mehr als 200 Schiffe besondere Erlebnisse, und es ergeben sich für jedes mindestens eine, meistens mehrere Fahrtstrecken.

Die Vielfalt der insgesamt sechs Flüsse Havel, Elbe, Oder, Spree, Dahme und Rhin, der vielen Seen und schiffbaren Kanäle – darunter die Wasserwege durch die Innenstädte Potsdams und Berlins in unmittelbarer Nähe vieler Sehenswür-digkeiten – ergeben eine Vielfalt der Fahrgastschifffahrten, wie sie weltweit in diesem Umfang und Variationsreichtum nirgends sonst anzutreffen ist.

Die Vielzahl der Angebote gliedert sich wie folgt: Es gibt regelmäßige Rund-fahrten ab etwa einer Stunde bis etwa acht Stunden nach Tagesfahrplänen, Lang-strecken und Mehrtagesfahrten zu bestimmten Terminen, Sonderfahrten zu be-stimmten Veranstaltungen.

Paddler bei Blankenförde

Auch Linienfahrten mehrmals am gleichen Tag auf gleicher Strecke mit unterschiedlichen Ein- und Ausstiegsmöglichkeiten und unterschiedlichen Fahrtlängen werden angeboten. Fahrtunterbrechungen sind also möglich.

Insgesamt ergibt sich damit eine riesige Vielfalt von Touren durch das Land, besonders dann, wenn die ebenfalls zahlreichen Angebote einer Bus-Schifffahrt-Kombination genutzt werden oder man in Eigenregie eine Schifffahrt mit Besichtigungen und Stadtrundgängen verbindet. Und auch Wandertouren sowie die Nutzung des öffentlichen Bahn- und Busverkehrs bieten viele Möglichkeit, eine Schiffstour zu ergänzen. Die Bauart der Fahrgastschiffe schließt die Mitnahme von Fahrrädern aus, nur Fähren ermöglichen die Mitnahme. Bleibt das Rad an Land, lassen sich natürlich auch Radtouren mit einer Schifffahrt verbinden.

Es sind sowohl kleine Schiffe mit fast familiärer Atmosphäre unterwegs als auch sehr große, vom echten historischen Dampfschiff und nachgebautem Dampfschiff bis zu modernen großen und kleinen und auch originellen Schiffen. Die Anzahl der Schiffe einer Reederei lässt keinen Rückschluss auf die Art des Schiffes zu, zum Beispiel besitzt die Reederei Bethge nur ein Schiff, aber eines der modernsten und besten Klasse mit 200 Außen- und 200 Innenplätzen, und für die größte Reederei Stern und Kreis fahren ältere und neue, große und kleine, supermoderne und schlicht eingerichtete Schiffe unterschiedlichster Art.

Die Fahrten werden überall ergänzt durch den Bordservice, die Palette reicht von rustikal-einfach bis zum Gourmetangebot.

Die Reedereien und Regionen von Nord nach Süd und eine Auswahl unterschiedlicher Fahrgastschiffe werden ab Seite 270 vorgestellt. Details zu den Schiffen, die Jahresfahrpläne und genaue Lagen der Anlegestellen sind jeweils bei den Reedereien zu erfragen.

Sportschifffahrt

Im Oberlauf der Havel überwiegt der Kanusport. Mit zunehmender Breite des Flusses werden auch andere Wassersportarten möglich: Segeln, Windsurfen, Kitesurfen, Rudern und motorabhängige Sportarten wie Wasserski, Wakeboardfahren, Wassermotorrad- (Jet-Ski) und Motorbootfahren.

Sportvereine und Veranstalter, die diese Arten der Sportarten anbieten, sind über die jeweiligen Tourismusverbände zu erfragen. Grundsätzlich ist festzustellen, dass die Sportarten, die viel Wasserfläche benötigen, nur in den entsprechenden Gebieten anzutreffen sind, also im wesentlichen Motorsport- und Segelsportclubs in Berlin, Potsdam, Brandenburg. Alle mit Muskelkraft angetriebenen Wassersportarten sind flächendeckend in unterschiedlicher Häufigkeit vertreten.

Weil es genaue Vorschriften und Verhaltensregeln für die Nutzung der Gewässer gibt, ist es für alle Wassersportler wichtig, sich möglichst vorab darüber zu informieren (→ S. 282).

Frachtschifffahrt

Seit es Frachtschiffe gibt, ist auch die Havel ein wichtiger Schifffahrtsweg, zunächst aus Gründen der Befahrbarkeit wegen des geringen Gefälles nur bis Berlin. Mit dem Bau von Schleusen und Kanälen wurde sie ein Schifffahrtsweg zwischen Elbe und Oder.

Im Zusammenhang mit der Zunahme anderer Verkehrsträger, wegen der deutsch-deutschen Teilung und des Rückgangs von Massengütern wie Kohle und Baustoffen in der Region der Havel nahm die Bedeutung des Flusses als Transportweg ab. Nach Öffnung der Wasserwege nach Osten, der Verbreiterung einiger Kanäle und dem Bau des neuen Schiffshebewerkes in Niederfinow ergeben sich Schifffahrtswege für größere Schiffe als bisher, und es wird eine Zunahme des gewerblichen Schiffsverkehrs erwartet.

Frachter auf dem Havelkanal

Das Land, der Fluss und die Menschen

Häfen für Frachtschiffe gab es in Berlin immer und gibt es noch heute in Spandau und in Moabit (Westhafen), ebenso in Orten entlang der Kanäle, zum Beispiel als Güterverkehrszentrum am Havelkanal bei Wustermark. Unabhängig davon gibt es diverse Frachtschiffanleger an Industriebetrieben und regionale kleine Häfen für einzelne Frachtarten (Schrott, Baumaterial, Holz, Heizöl und Benzin). Durchschnittlich sind täglich etwa 25 Frachtkähne auf der dafür geeigneten Schifffahrtstrecke der Havel unterwegs.

Die Havel als Wasserstraße

Wegen des geringen Gefälles und der großen Breite ist die Havel bereits sehr lange als Handelsweg wichtig. Mit der Regentschaft der deutschen Herrscher ergaben sich organisierte Handelsbeziehungen zwischen Ost- und Westeuropa. Holz für den Schiffbau musste aus dem Binnenland an die Küste transportiert werden, und dafür war der Schifffahrtsweg havelaufwärts bis Spandau und Berlin eine enorm wichtige Wasserstraße. Es wird berichtet, dass sie etwa ab dem Mittelalter zu den wichtigsten Wasserstraßen Europas zählte.

Gleichzeitig mit der Besiedlung begann aber auch der Bau von Wassermühlen an der Havel, wozu man an Engstellen Dämme in die Havel baute (Mühlendamm), den Fluss damit in die Enge zwang, was schnelleres Fließen durch das Mühlaggregat erzielte, aber die Schifffahrt behinderte. Für Landverbindungen gab es niedrige Holzbrücken. Es bedurfte bereits seit den frühen Anfängen der Besiedlung sehr guter Ideen, Planungen und Bauvorhaben, um allen Wünschen gerecht zu werden. Der Bau von Schleusen, eine Italienische Erfindung des Mittelalters, und von Kanälen ermöglichte weitere Wasserstraßenverbindungen.

Inzwischen ist die Havel in ein ganzes Wasserstraßensystem eingebunden, wobei jeder schiffbare Wasserweg auch eine Straßenbezeichnung hat und es Kilometerangaben dazu gibt. Die Havel gliedert sich in eine obere und eine untere Havelwasserstraße, die jeweils an der Schleuse in Spandau beginnen wie auch die Spree-Oder-Wasserstraße. Mit der Havel verbunden sind mehr als 50 Kanäle, Gräben, Nebenflüsschen, wobei oft nicht mehr zwischen natürlich entstandenem oder künstlich angelegtem Zufluss unterschieden werden kann; auch natürliche Verbindungen wurden verlegt oder verändert wie sogar das letzte Stück der Havel, eine künstliche Verlängerung zum günstigsten Punkt des Sperrwehrs zur Elbe, während die Schifffahrt längst zuvor auf zwei verschiedenen Schifffahrtswegen die Elbe erreichen konnte, an den Abzweigen ab Plauer See bei Brandenburg und bei Havelberg.

Die wichtigsten Schiffsverbindungen für die gewerbliche Schifffahrt sind darüber hinaus der Finowkanal, der in der Nähe Oranienburgs zur Oder abzweigt, die Spree und die Kanäle nach Berlin hinein und östlich aus Berlin hinaus als Oder-Spree-Kanal weiter zur Oder. Somit ergeben sich Verbindungen zwischen Elbe und Oder. Der Havelkanal verbindet als ›Nebenstrecke‹ die Havel mit der Havel, so dass noch eine Verbindung außerhalb Berlins zur Verfügung steht. Mit dem Sacrow-Paretzer Kanal gibt es noch eine weitere Kanalverbindung zwischen Havel und Havel, die eine erhebliche Wegverkürzung ergibt und einige Seen uneingeschränkt dem Freizeitvergnügen überlässt.

Obstdampfer vor Werder im Jahr 1881, Lithografie von H. Lüders

Viele Wasserstraßenverbindungen für den Freizeitbootverkehr gibt es zusätzlich zwischen der Mecklenburgischen Seenplatte, dem Rhin, der Spree und den Seen der Dahme und anderen Seen.

Schiffe erzählen aus der Geschichte

Jedes Schiff hat eine Geschichte und erzählt eine Geschichte, und die beginnt mit dem Namen. Schiffe haben immer Namen, der am Schiff deutlich lesbar, meistens mehrfach, angebracht ist (Ausnahme: Kriegsschiffe und kleine Boote). Damit wird deutlich, dass jedes Schiff einen eigenen Charakter hat. Es gibt nur wenige völlig baugleiche Schiffe, selbst bestimmten Normen entsprechende Binnenschiffe unterscheiden sich meistens im Anstrich und in der Ausstattung. Auch diese ›Schwesterschiffe‹ sind Individualisten mit jeweils eigenem Namen.

Die Namensgebung der Wasserfahrzeuge ist bemerkenswert, weicht sie doch von allen anderen Gepflogenheiten der Namensgebung in mehrfacher Hinsicht ab: Bei Landschaften, Orten, Gewässern entwickeln sich Namen und werden im Normalfall nicht oder nur unwesentlich verändert. Willkürliche Namen sind selten. An Einzelbauwerken wie Burgen und Schlössern, Villen und Gutshäusern, Schulen, Kulturbauten und Kirchen erkennt man Namensgebungen, die willkürlich festgelegt wurden, aber im Normalfall unverändert bleiben. Unsere willkürlich festgelegten Vornamen bleiben im Allgemeinen von der Geburt bis zum Tod unverändert. Völlig anders ist das bei Schiffen. Diese werden zwar auf einen Namen getauft, der sich aber im Laufe des Schiffslebens mehrfach

Die ›Friederike‹ wird begrüßt

ändern kann. Neue Besitzer ändern den Schiffsnamen oder behalten ihn. Besonders bemerkenswert ist aber die Art und Vielfalt der Namensgebung und die Änderung der Namen.

Schiffe sollen etwas verkörpern: Bestes Beispiel ist die ›Titanic‹, ein Name, der für den Größenwahn der Erbauer steht. Der Name des Schiffes symbolisierte Stärke und Macht über die Naturgewalten; das als unsinkbare geltende Schiff sank bekanntlich bei der ersten Fahrt. ›Stolze‹ oder zeitgemäß besser ›schöne‹ Schiffe repräsentieren mit ihren Namen Städte und Länder der Welt. Die Reederei F. Laeisz bleibt mit ihrer ›P‹-Flotte, mit den Schiffen ›Pamir‹ und ›Passat‹ und anderen in der Geschichte der Segelschifffahrt unvergessen, Eigner ehren Berühmtheiten, Familienmitglieder oder sich selbst. Darüber hinaus führt eine Fülle unterschiedlicher Motive zu Schiffsnamen, Regeln sind kaum erkennbar.

Schiffe sind merkwürdigerweise immer weiblich, selbst wenn sie männliche Namen tragen wie die berühmten Schiffe ›Passat‹ oder ›Bismarck‹ und auch heutige Kreuzfahrtschiffe wie die ›Astor‹, (nach Jacob Astor, einem amerikanischen Unternehmer). Warum das so ist, versuchten bereits Fachleute erfolglos zu ermitteln. Es wird vermutet, dass die Rolle des Kapitäns, des ›Er‹ als Chef und Kommandeur und die Liebe zum Schiff, aus der Sicht der früher rein männlichen Besatzung eine ›Sie‹, der Ursprung sind.

Auch wer heute mit den größten und modernsten Schiffen Potsdams, der ›MS Sanssouci‹ und ›MS Königswald‹ die Seenlandschaft genießt, berichtet, dass man auf der ›Sanssouci‹ verwöhnt wurde, nicht auf dem ›Sanssouci‹, auf der ›Königswald‹ die Havel erlebt hat, nicht auf dem ›Königwald‹ unterwegs war.

Besonders vielseitig sind die Namen von Havelschiffen und mitunter sogar originell. Es ist sehr interessant, darauf bewusst zu achten. Sechs Havelschiffe erzählen Geschichten, berichten von verschiedenen Arten der Schifffahrt auf der Havel, aber auch der Namen: Beispiele, herausgegriffen aus der Fülle der Havelschiffe.

Royal Louise, die Königin der Segelschifffahrt

Am Jungfernsee, dem in Richtung Nordwest an der Glienicker Brücke beginnenden See, stehen ein Gebäudekomplex und ein Schiff für Vergangenheit, Gegenwart und Zukunft: ›Kongsnæs‹ und die ›Royal Louise‹. Der norwegische Name ›Kongsnæs‹, der so etwas wie Landzunge des Königs bedeuten soll, bezeichnete einen Liegeplatz einer königlichen Segelyacht mit dem Namen ›Royal Louise‹. Im Jahre 1832 traf das Segelschiff mit dem Namen der beliebten Königin Louise, eine Miniaturfregatte im Maßstab 1:3 nach dem Vorbild einer Fregatte der Royal Navy, als Geschenk des englischen Königshauses an König Friedrich Wilhelm III. in Potsdam ein. Als Heimathafen für dieses Schiff wurde im Jahre 1841 am Jungfernsee eine Anlegestelle erbaut und im Jahre 1890 als ›Kongsnæs‹-Matrosenstation neu geschaffen, Hafen und mehrere Gebäude in norwegischem Stil (→ S. 189), denn der damalige Kaiser Wilhelm II. liebte sowohl Norwegen als auch das Segeln. Es wird berichtet, dass der Kaiser nicht nur zur Freude und zum Vergnügen segelte, sondern auch Segelwettfahrten, Regatten, abhielt. Segelsport gibt es seitdem bis heute hier.

Die ›Royal Louise‹ überlebte nicht bis in die Gegenwart, 1947 wurde sie abgewrackt. Die Idee einer Rekonstruktion ermöglichte den Bau einer neuen ›Royal Louise, ein exakter Nachbau der Vorgängerin.

Die ›Royal Louise‹ ist bereits seit dem Jahre 2004 eine Attraktion, ein Erlebnis bereits dann, wenn man das Schiff als ›Landratte‹ nur von ferne sieht. Das Bild zeigt das stolze Schiff unterwegs auf der Havel. Im Hintergrund ist rechts die Glienicker Brücke erkennbar, links grüßt das Casino, ein Gebäude des Komplexes vom Schloss Glienicke. Die Miniatur-Fregatte ist 17,83 Meter lang – einschließlich der Überhänge sogar 26 Meter – und 4,36 Meter breit. Sie hat eine Gesamtsegelfläche von 160 Quadratmetern und kann mit maximal 25 Personen an Bord unterwegs sein.

Die ›Royal Louise‹ vor dem Schlosspark Glienicke

Das Land, der Fluss und die Menschen

An dieser Stelle ist unbedingt ein Lob für Sponsoren und den Yacht- und Schifffahrtsverein zu Potsdam e.V. erforderlich, denn ohne diese wäre der Nachbau des Schiffes nicht möglich gewesen. Das Schiff kann auch mitsamt Besatzung zu Sonderfahrten gemietet werden (Royal Louise e. V., Matrosenstation Kongsnæs, Schwanenallee 7, 14467 Potsdam, www.royal-louise.de).

Carola, das fahrbare Museum der Frachtschifffahrt

In Zehdenick liegt die ›Carola‹, ein alter typischer Frachtkahn der Havel, von denen sehr viele seit dem Beginn der motorisierten Schifffahrt hier und überall auf den Binnenwasserstraßen unterwegs waren. Im Original erhalten, noch immer fahrtüchtig, noch immer mit der alten Einrichtung der Lebensräume auf dem Schiff – nur der Frachtraum wurde umfunktioniert – ist die ›Carola‹ das beste denkbare Museum der Havelschifffahrt.

Im Frachtraum, der selbst bereits durch seine Größe beeindruckt, ermöglichen viele Exponate einen umfassenden Einblick in das Schifferleben auf der Havel. Ausgestellt sind neben vielen Gegenständen, die im Alltag der Havelschifffahrt erforderlich waren und teils noch immer sind, auch Modelle älterer Schiffe, viele historische Dokumente und vor allem Textmaterial. Der Liegeplatz am alten Hafen in Zehdenick, also in historischer Umgebung, vervollständigt das empfehlenswerte Arrangement.

Die Region, in der die ›Carola‹ Fracht befördert hat und noch immer beheimatet ist, hat zudem eine alte Schifffahrtstradition. Auch im Oberlauf der Havel waren die Wasserwege wichtige Verkehrsadern. Mit zunehmendem Ausbau dieser Wasserverbindungen ergaben sich auch Binnenhäfen. Berlin entstammt einem derartigen Ursprung, Zehdenick war und ist noch immer ein Binnenhafen. Früher für die gewerbliche Schifffahrt genutzt, die es als Frachtschifffahrt dort nicht mehr gibt, ist der Hafen heute günstig gelegen für die motorisierte Freizeitschifffahrt, mit modernem Hafen, allem benötigten Service und einer Schiffswerft.

Schiffertraditionen begannen mit der Reglementierung der Binnenschifffahrt, also im 17. Jahrhundert. Ähnlich den Handwerkergilden der Städte bildeten sich Gilden und Innungen, also Vereinigungen der Schiffbauer und der Schiffer etwa ab dem 18. Jahrhundert, denn der Anfang der Binnenschifffahrt geht ebenso wie der Landverkehr auf voneinander unabhängige Einzelunternehmer zurück. Bis heute gibt es sowohl bei Frachtschiffen als auch bei der Fahrgastschifffahrt auf der Havel Einzelunternehmer, bei denen der Besitzer, der

Das Museumsschiff ›Carola‹

Wandbehang im Brandenburger Binnenschifffahrtsmuseum

Reeder, sein Schiff selbst fährt. Und es gibt die Reedereien und andere Be-
triebsformen, bei denen die Schiffer Arbeitnehmer sind oder mehrere Reeder
sich zusammengeschlossen haben.

Wie sich die Binnenschifffahrt entwickelt hat, wird auf dem gewebten
Wandbehang besonders deutlich, der in dem anderen Binnenschifffahrtsmuseum der Havel in Brandenburg/Havel im Museum am Steintor ausgestellt ist.

Welchen Umfang und welch große Bedeutung die Binnenschifffahrt in Zeiten hatte, in denen es weder Bahnen noch Autoverkehr gab, ist heute nahezu
unvorstellbar. Schlechte Fahrwege und Pferdefuhrwerke mit geringem Lade-
volumen waren keine Konkurrenz zu den immer größer dimensionieren Schiffen, das zeigt der Wandbehang deutlich. Damals wurde beim Schiffbau auf die
Befahrbarkeit der Schifffahrtsstraßen geachtet. Normgrößen der Binnenschiffe
und Größen der Kanäle und natürlichen Wasserwege waren aufeinander ab-
gestimmt, wie es heute beim Bau von Bahnen, LKW und Bussen noch immer
selbstverständlich ist.

Heute kann man nur mit Überraschung feststellen, dass Binnenschiffe gebaut werden, die wichtige Schifffahrtsstraßen nicht nutzen können. Anstatt
Schiffe zu bauen, die auch dort fahren können und für das Schiffshebewerk in
Niederfinow geeignet sind, wird in Niederfinow ein neues Werk gebaut. Dadurch verliert der Teltowkanal seine Bedeutung, hier wird der Straßenverkehr
mehr belastet. Die Havel wird verändert, andere Kanäle werden verbreitert und
diverse neue Brücken gebaut. Es werden also nicht die Verkehrsmittel den Straßen angepasst, sondern umgekehrt.

Die ›Hertha‹ unterwegs

Die Bedeutung der Schifffahrt wird am Beispiel Zehdenick besonders deutlich: Um das Jahr 1900 war der Ort Heimathafen von mehr als 300 Binnenschiffen, über 500 Schiffer waren darauf unterwegs. Die Frachtrouten bewegten sich nicht nur von den dortigen Ziegeleien nach Berlin, sondern mit diversem Frachtgut auf Europas Binnenwasserwegen bis zur Nordsee nach Hamburg, zur Ostsee nach Danzig, Königsberg, Tilsit und Memel, in das Binnenland bis Warschau, Krakau, Prag, Magdeburg und Hamburg.

Bahn- und Straßenverkehr, Umstrukturierungen des Wirtschaftsverkehrs, Wirtschaftsflauten und auch staatliche Zwangsmaßnahmen ergaben Veränderungen im gesamten Binnenschiffverkehr. Auch die Warenströme nutzen nicht nur andere Verkehrsmittel, sondern fließen auch anders. Bezogen auf die Havel bedeutet das eine Entlastung und Freiräume für die Freizeitschifffahrt. Orte wie Zehdenick erleben eine neue Blüte mit dem Tourismus.

Und die ›Carola‹? Das Abwracken wurde ihr erspart. Je weniger Relikte es gibt aus jener Zeit der Binnenschifffahrt, umso beeindruckender wird die ›Carola‹ als lebendes Zeugnis einer großen Schifffahrtstradition der Havel, als Schiffermuseum Zehdenick. Und woher hat die ›Carola‹ ihren Namen? Wie so oft vom Namen einer Tochter eines Eigentümers, Zeichen einer Liebe zum Kind und zum Schiff, das Lebensraum und wesentlich mehr als nur ein Arbeitsplatz war.

Hertha: die Geschichte der Ausflugsschiffe

Sowohl die ›Hertha‹ als auch das nachfolgend beschriebene Schiff ›Kohlhase verkörpern die Geschichte der Fahrgastschifffahrt und der politischen Verhältnisse des vorigen Jahrhunderts. Zunächst die alte Dame ›Hertha‹: Das Fahrgastschiff war ein Dampfschiff für die Binnenschifffahrt und wurde im Jahre 1886 in der damals deutschen Stadt Stettin gebaut. Seit dem Jahre 1889 war es auf der Havel und der Spree als ›Dampfer‹, wie man damals sagte, unterwegs. Es könnte das älteste Fahrgastschiff Brandenburgs sein, das noch immer, oder besser gesagt wieder, unterwegs ist. Es hat sich jedoch nach mehrmaligem Umbau und Renovierungen zu einem modernen Ausflugsschiff mit Motor gewandelt, wurde also ›MS Hertha‹. In der Fahrgastschifffahrt war und ist es üblich, veraltete Schiffe zu modernisieren. Viele Dampfschiffe wurden zu Motorschiffen umgebaut und sind zum Teil noch heute unterwegs. Fahrgastschiffe wurden verlängert, Aufbauten verändert, mitunter wurden alte Schiffskörper komplett neu aufgebaut, selbst von einigen im Krieg zerstörten und auf Grund liegenden Schiffen hat man Teile des Rumpfes für Neubauten verwendet.

›Hertha‹ gehörte mit vier gleichzeitig gebauten Schiffen derselben Werft zu der ältesten Generation dieser Schiffe, die so robust gebaut wurden, dass vier von ihnen länger als andere Schiffe jener Zeit im Dienst waren. Zwei ihrer Schwesterschiffe wurden mit der Doppelfunktion eines Fahrgastschiffs und Schleppdampfers konzipiert. Auch das war noch sehr lange üblich, denn bis in die Mitte des vorigen Jahrhunderts waren noch Frachtschiffe ohne Motor unterwegs, die von anderen geschleppt werden mussten. Als ein echtes Dampfschiff original erhalten ist ›Gustav‹ aus dem Jahre 1908 und jetzt ab Potsdam unterwegs (→ S. 273, 274).

Getauft wurde das Dampfschiff ›Hertha‹ am zwölften Geburtstag der Tochter des Reeders Zwerner, der es bauen ließ oder als erster kaufte. Nachdem es zunächst in der Region um Stettin unterwegs war, behielt es den Namen auch nach Besitzwechseln bis nach Kriegsende unverändert bei. Die DDR übernahm das Schiff in Volkseigentum, und ›Hertha‹ erhielt den Namen ›Seid bereit‹, der Gruß der Jugendorganisation ›Junge Pioniere‹. So schipperte die alte Dame bis 1964 auf der Spree und dem Müggelsee umher, war beliebt und bekam den liebevollen Spitznamen ›Bockwurstdampfer‹, weil die Besatzung bereits vor der Abfahrt Bockwürste anbot und dieses Schiff immer mit einem ausreichenden Vorrat davon aufwarten konnte.

Die ›Seid bereit‹ 1950 an der Berliner Friedrichstraße

Das Land, der Fluss und die Menschen

Die ›Moby Dick‹, ein modernes Fahrgastschiff der Havelregion

Nach 78 Betriebsjahren war ›Hertha‹ nicht mehr ›bereit‹ und wurde in den Ruhestand verabschiedet. Peter Dentler aus Wusterhausen, dem Ort an den Kyritzer Seen im Norden Brandenburgs, erwarb das defekte und zum Abwracken vorgesehene Schiff, das bei seiner Übernahme noch den Namen ›Seid bereit‹ trug, nahm das Motto des Schiffsnamens auf und ›war bereit‹ zur Verjüngungskur des Schiffes. Die erfolgreiche Wiederbelebung erfolgte in Eigenregie, allen Schwierigkeiten in der DDR zum Trotz. Dentler nannte das Schiff liebevoll ›Seebär‹. Es konnte ab 1971 bis zur Gegenwart bis zu 150 Personen auf den Kyritzer Seen Freude auf dem Wasser bieten.

Erst im Jahre 1976 erfuhr Peter Dentler, dass sein ›Seebär‹ eine besondere Historie aufzuweisen hat. Der Schiffshistoriker Kurt Groggert konnte als Fachmann des Gebietes die alte ›Hertha‹ identifizieren und den Lebensweg nachprüfen. Ebenso wurde von Heinz Trost im Zusammenhang mit seinem Buch ›Zwischen Havel, Spree und Dahme‹, einer Geschichte zur Fahrgastschifffahrt Berlins, der Lebensweg der ›Hertha‹ und ihre Wandlung zum Schiff ›Seid bereit‹ festgehalten.

Diese ›Hertha‹ ist Namensgeber des bekannten Berliner Fußballclubs ›Hertha BSC‹. Die Gründer dieses Vereins suchten im Jahre 1892 einen Namen, und in Erinnerung an eine Fahrt auf dem blau-weißen Ausflugsschiff auf der Havel oder während der Fahrt auf dem Schiff – das ist unterschiedlich überliefert – beschlossen sie, den Verein nach diesem Schiff zu benennen und als Vereinsfarben blau und weiß zu wählen.

Das ist bis heute so geblieben, ›Hertha‹, der Verein, war im Bezirk Wedding beheimatet und gehörte damit nach 1945 zu Westberlin. ›Hertha‹, das Schiff, überlebte den Krieg irgendwo im östlichen Teil Berlins und verschwand hinter dem ›Eisernen Vorhang‹. Zum 100. Geburtstag des Schiffes ›Seebär‹ mit dem Geburtsnamen ›Hertha‹ gab es noch zwei deutsche Staaten, zum 100. Geburtstag des Fußballclubs ›Hertha‹ nur noch einen deutschen Staat.

Ungewöhnlich war es, dass nach dem ersten Besitzwechsel der Name blieb, noch ungewöhnlicher aber ist, dass ein Eigner nach mehr als 30 Jahren sein Schiff zurückbenennt in den Namen der ersten Schiffstaufe. Im Jahr 2002 hat sich der ›Seebär‹ wieder in die ›Hertha‹ zurückverwandelt und war bis zum Jahre 2012 noch immer voll funktionsfähig, zur Fahrgastbeförderung zugelassen und ist bis zu diesem Zeitpunkt noch immer auf den Kyritzer Gewässern unterwegs, allerdings nicht regelmäßig, denn die Familie Dentler hat im Mai 2012 das Schiff an die ›Prignitzer Leasing AG‹ verkauft, die als ›Wusterhausener Fahrgastschifffahrt‹ mit der modernisierten, ewig jungen ›Hertha‹ weiter unterwegs sein wird.

Die Seen im Norden Brandenburgs, auf denen ›Hertha‹ unterwegs ist, sind besonders deshalb anziehend, da dort mit Ausnahme der Fahrgastschiffe kein Motorbootverkehr stattfindet.

Kohlhase: ein wechselvolles Schicksal

Der Fachpresse ist zu entnehmen, dass noch im Jahre 1955 ein Neubau mit dem Namen ›Kohlhase‹ in Westberliner Gewässern in Dienst gestellt wurde, der als Motorschiff noch die Dreifachfunktion eines Fahrgastschiffes, eines Schleppers und im Winter eines Eisbrechers voll erfüllte. Für das Schleppen von Frachtschiffen ohne eigenen Antrieb gab es spezielle Schlepp-Dampfer, später Motorschiffe, die mitunter mehrere Frachtschiffe aneinander gekettet hinter sich herzogen wie eine Lokomotive die Güterwaggons, und es gab Schiffe mit Doppelfunktionen wie die ›Kohlhase‹, die außerhalb der Ausflugssaison oder entsprechend dem Bedarf entweder als Fahrgastschiff oder als Schlepper unterwegs waren, wie übrigens auch zwei Schwesterschiffe der ›Hertha‹ bereits vor dem Jahr 1900. Gerade während der beiden Weltkriege und der wirtschaftlichen schwachen Zeiten danach bis etwa um 1960 war ein wirtschaftlicher Betrieb vieler Fahrgastschiffe nicht gewährleistet, und somit ermöglichten Schiffe, die anderweitig einsetzbar waren, eine bessere Auslastung.

Die Zeiten änderten sich für die ›Kohlhase‹ gravierend, Schlepper wurden nicht mehr benötigt. 1965 wurde die ›Kohlhase‹ bereits modernisiert und um sechs Meter verlängert, um die Passagierzahl zu erhöhen. Ab 1966 war sie

Die ›Kohlhase‹

Die ›Feen-Grotte‹

als Fahrgastschiff unterwegs und verkehrte bis 2010 als Fährschiff im Linienverkehr auf der Havel zwischen Wannsee und Kladow. Inzwischen wurde das Schiff aus dem Verkehr gezogen, es wurde an einen privaten Reeder in Brandenburg verkauft.

Ein weiterer Verwendungszweck ehemaliger Fahrgastschiffe ist nicht ungewöhnlich: Einige der alten Schiffe dienen heute als schwimmende Gaststätten, wie die ›Alte Liebe‹. Das Restaurantschiff auf der Havel bei Pichelswerder, auf dem seit mehr als 50 Jahren Gäste bewirtet werden, ist ein bekanntes Ausflugslokal. Beliebt ist es nicht zuletzt wegen der günstigen Erreichbarkeit und der Parkmöglichkeiten am Ufer.

Die Feen-Grotte erzählt Ortsgeschichte

Es bleibt zu hoffen, dass die ›Feen-Grotte‹ der Reederei Vogt noch recht lange unter diesem Namen ab der Greenwichpromenade in Tegel unterwegs ist, denn es verbindet die Ausflugsschifffahrt der Gegenwart mit der Vergangenheit eines Berliner Ortsteils.

Der Name des Schiffes bezieht sich nicht auf die Ausstattung des Schiffes, sondern erinnert an eine Gaststätte in Havelnähe, die wegen ihrer höhlenartigen Ausstattung den Namen ›Feen-Grotte‹ trug und zu der dieses Schiff regelmäßig ab Tegel unterwegs war. Von 1937 bis 1979 befand sich im Ortsteil Konradshöhe unmittelbar neben dem Sitz der Reederei Vogt diese Gaststätte. Der Bau wurde baufällig, die Beliebtheit nahm ab, Abriss und Häuserbau auf dem Grundstück haben alle Spuren der ›Feen-Grotte‹ beseitigt, nur der Name am Schiff erinnert noch an die Gaststätte.

Die Gaststätte ›Feen-Grotte‹ hatte eine Vorgeschichte, typisch für die Entstehung von Orten und Restaurants am Rande Berlins, hier auch des Ortes Konradshöhe. Der Unternehmer und weitsichtige Grundstücksspekulant August Rohmann kaufte im Jahre 1865 schwer zu bearbeitendes Ackerland am Havelufer einem Bauern ab und errichtete auf einem Teil des Geländes eine Schmiede und seinen Wohnbau. Bald danach durfte er als Adresse sein Gebäude, das außerhalb von Orten lag, nach seinem bereits hier geborenen Sohn ›Conradshöhe‹ benennen. Der Schmiede war langfristig kein Erfolg beschieden, woraufhin der Unternehmer im Jahre 1891 sein Werk zur Gaststätte ›Konradhöher Terrassen‹ umbauen ließ. Sein umgebendes Gelände und anderes durfte parzelliert werden, Wohnansiedlungen folgten, und etwa um das Jahr 1900 entwickelte sich ein kompletter Ort, der im Jahre 1920 als Ortsteil mit dem Namen Konradshöhe in die Stadt Berlin eingemeindet wurde. Die ›Konradhöher Terrassen‹ baute der Nachfolger im Jahre 1937 zur ›Feen-Grotte‹ um und schuf damit ein Ausflugsziel, das bis zum Abriss 1979 eine bekannte und im beengten Westberlin sehr beliebte Attraktion war.

Heute zählt der zum Bezirk Reinickendorf gehörende Ortsteil Konradshöhe etwa 6000 Einwohner.

Lichterfelde und Prinzessin Charlotte von Preußen: die Geschichte der Linienschifffahrt

Das ehemalige Ausflugsschiff ›Lichterfelde‹ verkehrt als Teil des Öffentlichen Nahverkehrs stündlich auf der Havel zwischen Berlin-Wannsee und Berlin-Kladow zum Tarif der BVG, der Verkehrsbetriebe Berlins. Das erscheint zunächst ungewöhnlich, doch stellt dieses eine wichtige Verkehrsverbindung dar wie auch andere Fährverbindungen über die Gewässer in Berlin und die Fährverbindungen über die Havel in Brandenburg. Wenig bekannt ist, dass die Linienschifffahrt nicht nur wesentlich älter ist als Vergnügungsfahrten auf der Havel, sondern vor dem Zeitalter der Bahnen und Autos eine wichtige Reisemöglichkeit war.

Die ›Prinzessin Charlotte von Preußen‹

Insbesondere in der Zeit ab 1816 bis zu der Zeit, in der Bahnen und Autos zunehmend wichtiger wurden, war die Binnenschifffahrt zur Überbrückung langer Strecken beliebter als Kutschfahrten und diente für Orte am Wasser auch als Nahverkehrsmittel, wie in einigen Fällen noch immer.

Zwei clevere Engländer, Vater und Sohn mit Namen John Humphreys, erlangten im Jahre 1815 ein Patent zum Betreiben der Dampfschifffahrt im Königreich Preußen, bauten das erste deutsche Dampfschiff auf einer Werft bei Spandau, tauften es ›Prinzessin Charlotte von Preußen‹ nach der ältesten Tochter des Königs und leiteten eine neue Ära des Schiffsverkehrs auf der Havel ein. Ein Denkmal, das daran erinnert, dass das erste Dampfschiff Deutschlands am Ufer der Havel gebaut wurde und am 27. Oktober 1816 die erste Fahrt eines deutschen Dampfschiffes von Spandau zur Pfaueninsel stattfand, fehlt noch immer.

Die ›Prinzessin Charlotte von Preußen‹ war wie viele folgende zur Doppelnutzung für die Personenbeförderung und als Schleppdampfer für unmotorisierte Schiffe konzipiert. Bei dem ersten Schleppen havelaufwärts zog die ›Prinzessin Charlotte von Preußen‹ sechs hintereinander angebundene Schiffe bei einer Fahrt von der Pfaueninsel nach Spandau.

Das Schiff hatte einen Schiffskörper aus Holz und muss wohl sehr störanfällig gewesen sein, denn bereits nach vier Jahren wurde es stillgelegt und bald danach abgebrochen. In der Zwischenzeit bauten die beiden Engländer aber weitere Schiffe, ebenfalls aus Holz, die allesamt keine lange Lebensdauer hatten. Dennoch begann ein Personenschiffsverkehr nicht nur regional, sondern auf der Havel bis zur Elbe und nach Magdeburg, später sogar bis Hamburg. Wirtschaftlich war das zunächst wegen der kurzen Lebensdauer der Schiffe nicht, aber der Anfang war gemacht. Die Schiffe wurden besser, es bildeten sich Gesellschaften hier und andernorts, und es wurden Schiffe direkt in England gekauft, die den deutschen anfangs in der Entwicklung voraus waren. Im Jahre 1839 konnten die ersten Dampfer mit einem Rumpf aus Eisen geliefert werden. In Deutschland holte man auf, bereits im Jahre 1844 wurden mehrere Dampfschiffe mir eisernem Rumpf und offenbar sehr robuster Technik in dem Vorläuferwerk der Firma Borsig in Berlin gebaut, sie fuhren im Liniendienst unter anderem auf der Havel und der Elbe von Potsdam nach Hamburg. Berühmt wurde die ›Alexandria‹ des Jahres 1844, die anfangs zusätzlich als Reserveschiff im Liniendienst zwischen Potsdam und Hamburg unterwegs war. Sie bot nur 32 Fahrgästen in Kabinen der ersten Klasse (mit Übernachtungsmöglichkeiten) Platz und wurde 1849 vom preußischen König als Privatyacht gekauft, der sie bis 1887 nutzte und dann verkaufte. Das robuste Schiff dokumentierte deutsche Wertarbeit, denn als Schlepper ›Bruno‹ war sie nachweislich noch bis 1945 auf der Warthe unterwegs und ist dann verschollen.

Die Anzahl der Passagierschiffe nahm rasant zu. Eine ›Preußische Seehandlung‹ führte einen regelmäßigen Liniendienst zwischen Potsdam und Hamburg durch, im Jahre 1831 einmal wöchentlich, später dreimal pro Woche. Interes-

sant ist, dass die erste Bahnverbindung aus Berlin nach Potsdam führte und der
Schiffsanleger in Potsdam nahe dem Bahnhofe war und noch immer ist. Bahn-
reisende hatten so Anschluss an das Schiff nach Hamburg. Die Liniendienste
nahmen später in dem Maße ab, wie der Bahnverkehr zunahm.

Carl Holtz, ein Meister einer Werft, kam im Jahre 1886 auf die Idee, Aus-
flugsverkehr auf dem Tegeler See und der Havel planmäßig durchzuführen, kaufte einen Raddampfer mit dem Namen ›Stern‹ und hatte damit derartigen Erfolg,
dass er zwei weitere Schiffe kaufte und Konkurrenz durch andere Unternehmer
bekam, die dasselbe machten. Offenbar war hier der erfolgreiche Ersatz für den
Rückgang der Linienschifffahrt gefunden, denn bereits zwei Jahre später, exakt
am 8. August 1888 wurde eine Gesellschaft mit kapitalkräftigen Gesellschaf-
tern gegründet, die unter dem Namen ›Spree-Havel-Schiffahrt Stern‹ mit Sitz in
Berlin, eine neue Ära einleitete und sofort zehn Ausflugsschiffe in Auftrag gab.
Es liegt nahe, dass der Name ein Werbegag im Zusammenhang mit dem Schiff
›Stern‹ war, denn der Konkurrent Carl Holtz hatte das Schiff aus unbekannten
Gründen zuvor bereits wieder verkauft und somit erschien ein neuer ›Stern‹ in
Form der Reederei mit diesem Namen und diesem Symbol. Von Anfang an ver-
kehrten die Schiffe der Reederei ›Stern‹ auf der Havel zwischen Tegel, Spandau
und Wannsee, also genau dort, wo zuvor das Schiff dieses Namens unterwegs
gewesen war. Erwähnenswert ist in diesem Zusammenhang auch, dass mit der
Erfindung der Elektrizität mindestens drei kleine Schiffe für den Nahverkehr mit
elektrischem Antrieb gebaut wurden, was sich aber als unpraktisch herausstellte.

Der Linienverkehr verschwand nicht ganz, die Strecke Spandau–Wannsee
wurde noch lange befahren und nach 1945 für einige Zeit wiederbelebt. Die Li-
nienschiff-Verbindung Wannsee–Kladow gibt es bis heute, sie wird noch immer
von der gleichen Reederei mit der ›Lichterfelde‹ befahren. Die Berliner Verkehrsbetriebe unterhalten im Berliner Stadtgebiet fünf weitere Fährlinien. Und
inzwischen ist mit dem ›Wassertaxi‹ um Potsdam herum eine neue Linienschiff-
verbindung auf der Havel entstanden, die sich bereits bewährt hat (→ S. 273).

Unabhängig von dieser großen Berliner Reederei beabsichtigte der Kreis Teltow im Zusammenhang mit dem Bau des Teltowkanals auch diesen Kanal zur
Personenschifffahrt zu nutzen und gründet eine ›Teltower Kreisschiffahrt‹. Auch
dieses Unternehmen war erfolgreich, befuhr zunächst über den Teltowkanal hinaus
auch die Havel über Potsdam stromabwärts bis über den Schwielowsee nach Ferch.
Beide Unternehmen wuchsen und dehnten ihre Fahrstrecke immer weiter aus.

Die ›Teltower Kreisschiffahrt‹ hatte zudem eine eigene Werft, wartete, re-
parierte und baute eigene Schiffe und stand zunehmend besser da als die Berliner Konkurrenz. Im Zusammenhang mit der Erweiterung Berlins gelangten
die Werft und der Firmensitz nach Berlin, per Gesetz kam der Betrieb jedoch
im Jahre 1921 in Staatsbesitz und übernahm im Jahre 1934 die ›Spree-Havel-
Gesellschaft Stern‹, die durch die wirtschaftlich schwierigen Jahre davor in
Schwierigkeiten geraten war.

Als ›Stern und Kreisschiffahrt der Teltowkanals A.G.‹ begann ein neues Kapitel mit 53 Fahrgastschiffen in den Berliner Gewässern und auf der Havel von
Spandau bis Werder. Der Zusatz verschwand später, als ›Stern und Kreisschiffahrt‹ und Sitz in Berlin erlebte das Unternehmen mit 54 Schiffen für bis zu 700

Personen den Beginn des Zweiten Weltkrieges. Eine Statistik über die Gesamtzahl der Fahrgastschiffe des Jahres 1938 in der damaligen Provinz Brandenburg weist 320 Schiffe mit insgesamt 51 800 Plätzen aus. Am Ende des Krieges waren viele Schiffe beschädigt, völlig zerstört oder wurden von den Siegern beschlagnahmt und entführt. Kriegsgefangene berichteten nach der Rückkehr, dass intakte Berliner und Brandenburger Fahrgastschiffe auf russischen Flüssen gesichtet wurden.

Mit dem Ende des Krieges war nicht das Ende der Firma gekommen, am Tage der endgültigen Spaltung Berlins in West und Ost, also im Jahre 1948, lagen elf Schiffe im Osten Berlins, eines im Westen, die restlichen 43 gab es nicht mehr. In der späteren DDR gelangten diese in Staatsbesitz. Die diversen privaten Schiffseigner behielten in der DDR ihre Schiffe und fuhren im Auftrag der DSU (Deutscher Schiffahrts- und Umschlagbetrieb), einem DDR-Dachbetrieb. Ab dem Jahre 1956 firmierte der Betrieb als ›VEB Weiße Flotte‹ und ließ diverse neue Schiffe anfertigen, die auch noch heute zufriedenstellend unterwegs sind.

In Westberlin begann neben der Stern und Kreisschiffahrt mit einem Schiff auch der Schiffsverkehr vieler Privatreeder, die es zu allen Zeiten in geringem Umfang in Berlin ebenso gab wie im gesamten Land Brandenburg, wie heute noch immer. Sie sind auf Seite 271 aufgelistet. ›Stern und Kreis‹ ist inzwischen mit der ›Weißen Flotte Berlin‹ zu einem Unternehmen vereinigt und als ›Stern und Kreis Schiffahrt GmbH‹ privatisiert.

Die Fahrgastschiffahrt war zu allen Zeiten ein besonderes Vergnügen der Berliner, erst in den letzten Jahren wird dies zunehmend auch von Gästen aus der Ferne entdeckt. Inzwischen nennt die Statistik für Berlin und Brandenburg 181 Fahrgastschiffe, die erfolgreich unterwegs sind, immer wieder kommen auch neue Schiffe mit über 300 Plätzen hinzu.

Und was die oben erwähnte ›Lichterfelde‹ betrifft, so ist zu berichten, dass dieser Methusalem im Krieg untergegangen, aus dem Wasser gefischt, ausgeschlachtet und dazu verwandt wurde, um als Rumpf neu aufgebaut zu werden. Ab 1961 war das Schiff wieder mit bis zu 400 Passagieren unterwegs. Es wurde für die Mitnahme von Fahrrädern umgestaltet und ist nun als Fährschiff mit einer jeweiligen Fahrzeit von 20 Minuten je Richtung pausenlos auf der Havel unterwegs, also ein Fahrgastschiff im Linienverkehr und manchmal derart überfüllt, dass nicht alle wartenden Passagiere mitgenommen werden können.

Die Fähre ›Lichterfelde‹

Das Land, der Fluss und die Menschen

Ihr Wälder schön an der Seite,
am grünen Abhang gemalt,
wo ich umher mich leite
durch süße Ruhe bezahlt
Ihr lieblichen Bilder im Tale
zum Beispiel Gärten und Baum,
und danach der Steg der schmale
der Bach zu sehen kaum.

Wie schön aus heiterer Ferne
glänzt einem das herrliche Bild
die Landschaft, die ich so gerne
besuche in Witterung mild.

Friederich Hölderlin, Der Spaziergang

Die Mecklenburgische Seenplatte

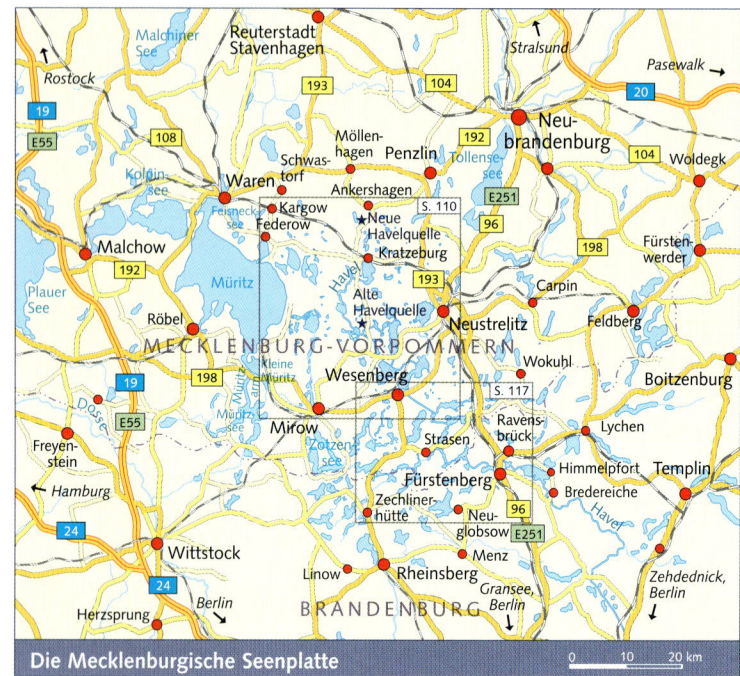

Die Mecklenburgische Seenplatte

Die junge Havel

Die Havel beginnt in der Mecklenburgischen Seenplatte und ist im oberen Verlauf ›ein künstliches Gerinne‹, verflochten mit dem gesamten Gewässersystem in der weiträumigen Umgebung ihres Ursprungs. Deshalb beginnt diese Havelreise in **Waren (Müritz)**, dem nördlichsten der Eingangstore in den Müritz-Nationalpark, der als weiträumiges Einzugsgebiet der Havel erkennbar ist. Der erste Teil der Reise endet mit dem südlichen Ende dieser Landschaftsformation bei **Fürstenberg**. Als Leitfaden zu den Quellseen der Havel, also dem als Havelursprung ausgebauten Rastplatz bei Ankershagen, wird hier der ausgeschilderte **Havelradweg** gewählt.

Die Landschaftsform der Mecklenburgischen Seenplatte, die neben vielen Seen auch durch ausgedehnte Wälder

unterschiedlicher Arten und sanfte Hügelflächen charakterisiert wird, erstreckt sich auch weit in das Gebiet des Landes Brandenburg hinein und hier entlang der Havel bis etwa nach Fürstenberg. Die Stadt war übrigens früher tatsächlich ein Grenzort zwischen Brandenburg und Mecklenburg und wechselte im Laufe der Geschichte die Seiten. Bis Fürstenberg hat man mitunter den Eindruck, dass das Flüsschen nur eine Verbindung verschiedener Seen darstellt.

Nach dem Sammeln von Wasser aus Sumpf und See fließt erst ab dem **Käbelicksee** deutlich, dauerhaft und kräftig ein Flüsschen: Die junge Havel beginnt eigentlich erst hier als echter Fluss. Mit diesem See beginnt in **Kratzeburg** auch die Nutzbarkeit der Havel für viele Wasserfreuden. Zum Beispiel ist hier der Startpunkt für Kanu- und Ruderboot-

Wasserwanderer. Landschaftlich ist das Gebiet bis zur Grenze des Landes Brandenburg gekennzeichnet durch idyllische Orte, Gewässer, Wälder und landwirtschaftlich genutztes oder anderes offenes Land. Alles zusammen bildet eine sehr abwechslungsreiche Landschaft. Das sich anschließende Gebiet Brandenburgs ist aus wirtschaftlichen Gründen wenig interessant, da es weit von Zentren des Landes entfernt ist. Ab der Landesgrenze bis über die Stadt Fürstenberg hinaus findet man ein nahezu geschlossenes Waldgebiet mit nur wenigen Orten darin. Es überwiegen Laubwälder, deren unterschiedliche Charaktere gemeinsam mit den Gewässern für ein sehr abwechslungsreiches Landschaftsbild sorgen.

Mit Ausnahme der wenigen Ortslagen ist die Region ein Gebiet der weiträumigen Ruhe. Als historisch interessant, sehenswert und wegen der schönen Lagen an den Seen sind insbesondere die Städte **Waren (Müritz)**, **Wesenberg**, **Neustrelitz** und **Fürstenberg** einen Besuch wert. Hier werden auch Fahrten mit Ausflugsschiffen angeboten.

Erlebnismöglichkeiten der Region
■ Wandern

Im gesamten Gebiet dieser Region gibt es diverse Wanderwege, die aus guten Wanderkarten ablesbar sind. Der gesamte Müritz-Nationalpark bis südlich von Fürstenberg ist ein besonders faszinierendes Wandergebiet. Die Wanderwege sind teils sehr gut, teils unvollständig markiert. Es gibt dort Naturschutzzonen, die nicht betreten werden dürfen und neben markierten Wanderwegen auch Fahrwege, Radwege und Straßen, die Wanderer nutzen können. Deshalb wird dringend empfohlen, Wanderungen nur mit einer exakten Wanderkarte der Re-

gion vorzunehmen. Wanderinformationen und Wanderkarten sind im Tourismusbüro Waren (Müritz) erhältlich. Eine gute Planung ist auch deshalb wichtig, weil in den weitläufigen Wald- und Seengebieten die Verkehrsverbindungen nur spärlich vorhanden sind und es sich zudem um das Grenzgebiet zwischen Mecklenburgs Verkehrsunternehmen und denen des Landes Brandenburg handelt. Optimal sind **Tageswanderungen ab Fürstenberg** oder anderen Orten mit Übernachtungsmöglichkeiten oder **Rundkurse zum Ausgangspunkt**.

Karten, die die einzelnen Gebiete als Ganzes darstellen:

► Waren (Müritz) bis Landesgrenze Brandenburg (ohne Neustrelitz): Kompass Wander- und Bikerkarte Nr. 853, Müritz-Nationalpark, 1:50 000.

► Blankenförde bis Landesgrenze Brandenburg mit vielen Tourismustipps: Rad-Wander- und Gewässerkarte Mirow, Verlag Grünes Herz, 1:35 000.

► Nordbrandenburg ab Landesgrenze: Kompass Wander- und Bikerkarte Nr. 743, Rheinsberger Seengebiet, Ruppiner Land, 1:50 000.

Die noch junge Havel

■ Radeln

In der Stadt Waren (Müritz) beginnt der **Havelradweg**, bis Berlin identisch mit dem Radweg Berlin–Kopenhagen. Der ausgebaute Radweg verläuft teilweise deckungsgleich mit Wanderwegen. Für die gesamte Routenführung gibt es die Radwanderkarte ›Havel-Radweg‹ des Verlages Dr. Barthel aus der Serie ›Schöne Heimat‹.

■ Wasserfreuden

Ab Kratzeburg bieten sich die Möglichkeiten des **Wasserwanderns**. **Motorboote** zur Miete gibt es in Neustrelitz und Fürstenberg. **Personenschifffahrt** auf den Havelseen gibt es ab Waren (Müritz), Neustrelitz und Fürstenberg.

■ PKW-Tourismus

Spaziergänge und diverse Erlebnismöglichkeiten bieten die Städte **Waren (Müritz)** und **Neustrelitz**. Insbesondere sind beide Hafenregionen besonders attraktiv, in Waren auch die Innenstadt und das Müritzeum, in Neustrelitz der Park.

In **Strasen** lohnt eine Pause im ›Gasthaus zum Löwen‹ direkt am Havelufer. **Neuglobsow** kann man per PKW in eine Fahrt einbeziehen und dort mit wenigen Schritten ab dem Parkplatz das Ufer des Stechlinsees erreichen. In **Fürstenberg** ist ein Abschnitt am südlichen Ufer des Röblinsees parkähnlich zum Schlendern hergerichtet, Bänke am Ufer und Parkmöglichkeiten für den PKW gibt es dort auch. Ein Besuch der **Gedenkstätte Ravensbrück** ist ein bedrückendes Erlebnis. **Himmelpfort** bietet schöne Uferregionen an Seen mit Parkmöglichkeiten in der Nähe.

■ Sonstige Erlebnismöglichkeiten

Zwischen Fürstenberg und Lychen kann man mit einer **Draisine** auf alten Bahnschienen durch die Landschaft strampeln (→ S. 127). Es gibt zahlreiche Campingplätze.

■ Barrierefreier Tourismus

Die Radwege und viele Wanderwege um Fürstenberg sind flach und für Rollstuhlfahrer geeignet.

▲ *Das Salon-Dampfschiff ›Europa‹ im Hafen von Waren*

Waren (Müritz) und Umgebung

Die Müritz, so heißt korrekt der größte Binnensee, der ausschließlich in Deutschland liegt. Von einem slawischen Wort, das ›kleines Meer‹ bedeutet, entstammt der Name, der auch nach heutigem Verständnis durchaus passend ist. Der See hat eine Größe, die je nach Zählweise der Randgewässer mit 112 bis 138 Quadratkilometern angegeben wird. Er ist bis zu 31 Meter tief und grenzt an den Müritz-Nationalpark. Ein kleiner, aber klar erkennbar eigener See mit Wasserverbindung zum großen Bruder heißt Kleine Müritz und ist über einen Müritzarm und die Elde verbunden mit dem Müritzsee.

Wasserwege für den Freizeitbootsverkehr verbinden dieses Wassersystem mit der Havel. In Waren an der Müritz beginnt auch der Havelradweg, auch wandern kann man ab hier.

Waren (Müritz)

Waren mit etwa 21 000 Einwohnern und einer Geschichte, die bis in das 13. Jahrhundert zurückreicht, bildet mit Hotels und einem Hafen für Freizeitboote den besten Startpunkt zum Erleben der Havelregionen. Und auch Waren selbst ist einen Besuch wert, es bietet eine schöne Uferpromenade und die hübsche historische Innenstadt, den Marktplatz, das alte Rathaus, zwei sehenswerte Kirchen und das moderne Müritzeum am Rande der Innenstadt.

Der Grundgedanke des **Müritzeums**, einem groß angelegten neuartigen Naturerlebniszentrum, ist ›Die Region mit allen Sinnen erleben‹: Neben bekannten Elementen eines Museums gibt es hier viel zu sehen und zu hören. Das größte Süßwasseraquarium Deutschlands und ein botanischer Garten bringen Besuchern die einheimische Tier- und Pflanzenwelt auf unterhaltsame Weise nä-

her. Mit einem Naturlehrpfad und einem Abenteuerspielplatz im Außenbereich bietet das Müritzeum auch für Kinder zusätzliche Freuden.

Die kulturhistorisch und hinsichtlich Innenausstattung und Architektur sehenswerten Kirchen in Waren sollten nicht unbeachtet bleiben: **St. Marien** und **St. Georg** sind nicht zu übersehen. Originell sind in beiden die alten Heizungsanlagen; hier wurde alte Technik mit neuer kombiniert, was in derart großen Gebäuden ungewöhnlich ist.

Ein einmaliges Erlebnis auf dem Wasser ist in Waren möglich: eine Schifffahrt mit einem neuen ›alten‹ Schiff mit dem Flair einer vergangenen Zeit. Das **Salon-Dampfschiff Europa** ist ein Original-Nachbau eines alten Dampfers. Das betrifft nicht nur das Äußere, sondern vor allem den technischen Teil des Schiffes mit Dampfmaschine sowie die gesamte Inneneinrichtung. Weitere Schifffahrten verschiedener Reedereien werden ebenfalls ab Waren angeboten (→ Reedereien in der Havelregion, S. 270). Auch Segelboote, Kanus und Kajaks gibt es dort zu leihen. In Waren beginnt auch der **Havelradweg**. Gleich nach Verlassen der Stadt fällt eine Hinweistafel am Havelradweg auf, die im Jahre 2005 vom Christlichen Jugenddorfwerk Deutschlands Waren (CJD) aufgestellt wurde. Der Text wurde vom Archäologischen Landesmuseum und Landesamt für Bodendenkmalpflege Mecklenburg-Vorpommern erarbeitet: »Die mittelalterlichen Städte waren häufig von einer Landwehr umgeben. Schon kurz nach der Stadtgründung im 13. Jahrhundert errichtet, markierten die Landwehren den Rechtsbezirk, in dem das Stadtrecht galt.

Die meist aus einem Wall mit beidseitig vorgelagerten Gräben bestehenden Landwehren dienten aber auch zur Begrenzung der Stadtweide und als effektives

Die Mecklenburgische Seenplatte

Plan der Landwehr bei Waren

Annäherungshindernis. An dieser Stelle hat sich ein Teilstück der mittelalterlichen Landwehr der Stadt Waren erhalten, das den schmalen Durchlass zwischen Feisnecksee und Teufelsbruch sperrt. Wall und Gräben sind noch deutlich im Gelände sichtbar. Auch im Meßtischblatt von 1885 war die Landwehr eingetragen, siehe Bild. Die wenigen Durchlässe durch die Landwehr wurden sorgfältig bewacht. Ob sich auch an dieser Stelle ein Durchlass befand, ist nicht bekannt. Der heutige Weg folgt allerdings einer alten Wegetrasse, die sich an den Gegebenheiten des Geländes orientiert und durchaus schon im Mittelalter eine Bedeutung gehabt haben kann. Aus historischen Quellen ist bekannt, dass der Wall der Landwehr zusätzlich mit Palisaden und Dornenbüschen gesichert ist.«

Federow

Federow erreicht man zu Fuß oder mit dem Fahrrad auf separaten Wegen und natürlich auch per PKW. Das typisch norddeutsche Dorf, urkundlich bereits seit dem Jahre 1289 bekannt, liegt in einer ansprechenden Umgebung und

bietet eine Besonderheit: die erste Hörspielkirche Deutschlands. Diese **Kirche** ist ein typisches Beispiel norddeutscher Feldsteinkirchen, von denen es noch sehr viele gibt (→ S. 73). Zudem lädt diese Kirche an allen Tagen zum Verweilen ein, von Juli bis September ist sie meist täglich geöffnet. Sogar ein Rastplatz mit Tischen und Bänken für Wanderer und Radfahrer befindet sich auf dem zu allen Zeiten offenen Kirchengelände, und ein Getränk bekommt man von der Aufsicht – sofern anwesend – auch noch zum Selbstkostenpreis. Ein ungewöhnlicher Service einer Kirche, aber auf jeden Fall nachahmenswert.

Nach Verlassen von Federow passiert man Kargow und erreicht **Schwastorf**. Hier scheint die Zeit still zu stehen: An eine stillgelegte Bahnstrecke erinnert ein Gebäude, das einmal ein Bahnhof war. Der zunächst unsinnig erscheinende Umweg am Friedhof vorbei verdeutlicht, dass es lohnend ist, derartigen Empfehlungen zu folgen. Der uralte Friedhof mit seiner Feldsteinkapelle lohnt in jedem Falle ein kurzes Verweilen.

Kirche in Federow

Karte S. 104

Die Hörspielkirche im Müritz-Nationalpark

»In einer Kirche Geschichten zu lauschen, ist nichts Ungewöhnliches. Doch hier in Federow hat es damit eine besondere Bewandtnis. Von Ende Juni bis Anfang September ist in der mittelalterlichen Dorfkirche Hörspielsaison. Besucher können Klassikern der Dichtkunst wie Fontanes ›Unterm Birnbaum‹ oder Collodis ›Pinocchio‹ lauschen. Die Feldsteinkirche aus dem 13. Jahrhundert stand lange Zeit ungenutzt (…). Die Verwandlung zur Hörspielkirche bewahrt sie nun vor dem Verfall. Inzwischen zählt sie mehr als 10 000 Gäste und erlebt in Kooperation mit dem NDR, der Stiftung Deutsches Rundfunkarchiv, weiteren ARD-Rundfunkanstalten und vielen Verlagen inzwischen seit dem Jahre 2005 in jedem Jahr einen Hörspielsommer. Eine Dorfkirche in Not wird zum ausgewählten Ort im ›Land der Ideen‹.

Die Dorfkirche von Federow ist das älteste erhaltene Bauwerk des Ortes. Sie wurde um 1300 erbaut und gehört mit ihren 700 Jahren gelebter Kulturgeschichte zu den herausragenden Baudenkmälern im Müritz-Nationalpark. Wie bauhistorische Untersuchungen ergeben haben, war auf dem Dorfanger zunächst diese turmlose Saalkirche ohne angesetzten Chor entstanden. Vorherrschendes Baumaterial ist der für die Region typische Feldstein, Stufenportal und Staffelgiebel sind aus Backstein ausgeführt. Ende des 15. Jahrhunderts wurde die Kirche nach Westen erweitert. Weitere Umbauten stammen aus dem 19. Jahrhundert. Aus dieser Zeit stammt die aktuelle Innenausstattung.

Eine ausbleibende Bauunterhaltung hatte schließlich den Erhalt des Baus gefährdet. Der fehlende Bedarf an einer Nutzung für kirchliche Zwecke verschärfte die Probleme, so dass nach 1990 der drohende Verlust des Bauwerkes festgestellt wurde. In dieser Situation, typisch für viele Dorfkirchen in Mecklenburg-Vorpommern, brachte die Idee einer Nutzungserweiterung die rettende Lösung und ermöglichte die notwendige Instandsetzung. Dafür standen Gelder zur Verfügung, die durch die EU, das Land, den Kreis, die Gemeinde und die Kirche selbst aufgebracht wurden. (…)

Das Außengelände vor der Kirche bildet mit der Kirche nun wieder eine geschlossene Einheit, verweist auf die neue Nutzung der Kirche und kann für Veranstaltungen mitgenutzt werden. Der unbestrittene Glanzpunkt sind die drei großen Kirchenfenster. Drei Bildzeichen – Schwalbe im Flug, Schmetterling und Lilie, Biene – nehmen Bezug auf die sakrale Bestimmung des Raumes und sind zugleich ein Hinweis auf die einladende Naturlandschaft, die unmittelbar vor den Fenstern beginnt.

Die Wanderung der Zweige und Blätter im Wind, die sich auf den bunten Scheiben abzeichnet, macht aus den Fenstern lebendige Bilder, in denen spiritueller Raum und Naturraum eins werden. Die in den neuen Kirchenfenstern herausgestellte Botschaft einer Wiederauferstehung durch Wandlung ist für die Kirche in Federow Programm. Dank des Engagements hat sich ein verloren geglaubtes Baudenkmal zu einem auserwählten Ort im ›Land der Ideen‹, zu einem Wahrzeichen der Region und kulturellen Anziehungspunkt für zahlreiche Gäste herausgemacht. Mit der Hörspielkirche hat in Federow ein denkmalgeschütztes Bauwerk in das Kirchenleben zurückgefunden. Zugleich ist ein attraktiver Kulturstandort mit Zukunft entstanden, der ein Zeichen setzt, dass bürgerschaftliches Engagement sich lohnt.« (aus einem Informationsblatt der Kirche)

Ankershagen

Ankershagen ist als Ort der ›Havelquelle‹ bekannt, aber auch als Geburtsort des Altertumsforschers **Heinrich Schliemann**. Dieser verbrachte einen großen Teil seiner Kindheit hier, ein **Museum** im Ort ist seinem Leben und seinen Verdiensten gewidmet. Das **Trojanische Pferd**, ein Kinderspielgerät, versinnbildlicht die Verbindung seiner Kindheit mit seinem späteren Lebenswerk. Eine **Feldsteinkirche** der ältesten Art bezeugt auch hier, dass in den Dörfern Mecklenburgs das Christentum etwa im 12. bis 13. Jahrhundert angekommen ist.

Havelquelle

Südöstlich der Stadt Waren an der Müritz gibt es in dem leicht hügeligem Land des Müritz-Nationalparks in den jeweiligen Senken Tümpel, Teiche, Seen, deren Wasser in unterschiedliche Richtungen abfließt. In etwa 60 Metern ›Höhenlage‹ über dem Meeresspiegel finden sich zwischen dem Dörfchen Klockow und dem größeren Ankershagen unter anderem die miteinander verbundenen drei Seen **Bornsee**, **Trinnensee** und **Mühlensee**. Aus letzterem gab es einen natürlichen Abfluss, der vor langer Zeit durch einen Damm versperrt und über einen

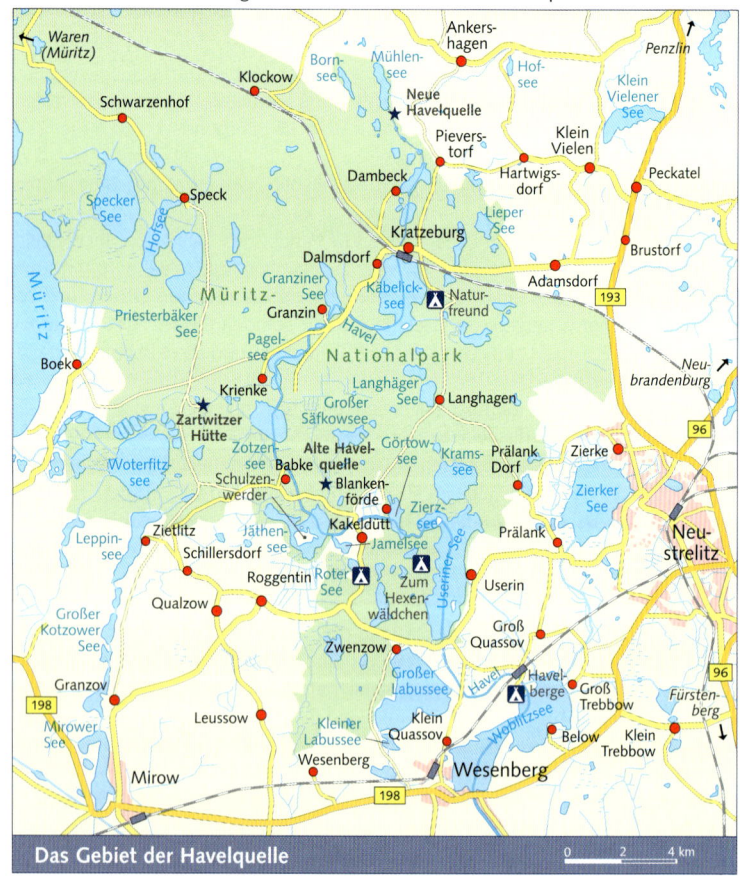

Das Gebiet der Havelquelle

Die Havelquelle

künstlich angelegten ›Mühlenbach‹ zum Antrieb einer nicht mehr existierenden Wassermühle umgeleitet wurde. Den Mühlenbach – so lautet der Name noch immer – gibt es noch, er fließt kräftig in Richtung Ostsee (Bild → S. 25).

Zusätzlich gibt es den neuen renaturierten Abfluss als Havelursprung. Dieser ist mit einem **Rastplatz** und Informationssäulen ein idyllischer Ort im Wald. Näheres dazu ist ab Seite 22 im Zusammenhang mit den Merkwürdigkeiten der

Havel zu finden. **Klockow** hat eine Bahnstation auf der Regionalbahnstrecke zwischen Neustrelitz und Waren an der Müritz (ab Berlin in Neustrelitz umsteigen). Von Klockow aus sind die Quellseen der Havel mit dem Havelursprung sowohl zu Fuß als auch mit dem Fahrrad leicht erreichbar. In unmittelbarer Nähe des Havelursprungs findet sich am **Mühlensee** eine sehr schöne Badestelle.

Am Ufer des Dambecker Sees folgen die Orte **Pieverstorf** und **Dambeck**.

Müritz-Nationalpark

Durch den Dambecker See und den Röthsee erreicht die Havel Kratzeburg. Die Informationsstelle des Müritz-Nationalparks in Kratzeburg lohnt einen Besuch, sie ist mehr als nur ein Auskunftsbüro und bietet beispielsweise eine Ausstellung einiger Tiere der Region sowie Wissenswertes über alles, was den Umfang dieses Buches sprengen würde.

Kratzeburg

In Kratzeburg beginnen am Käbelicksee die Erlebnismöglichkeiten auf und im Wasser der Havel. Der Ort am Ufer des Käbelicksees mit etwa 550 Einwohnern bietet mit Gastronomie, Hotels in der Nähe, einem Campingplatz und dem Informationszentrum des Nationalparks den Ausgangspunkt für Touren auf dem Wasser, aber auch für Wanderungen und

Kutschfahrten. Im Ort ist der **Schnitz-altar** aus dem 15. Jahrhundert in der Fachwerkkirche sehenswert.

Der nächste Ort am Käbelicksee ist **Dalmsdorf**.

Jäthensee

Durch den Granziner See, den Pagelsee und den Zotzensee erreicht die Havel den Jäthensee. Hier taucht zum ersten Mal der Begriff ›Werder‹ auf, ein altes Wort, das eine Insel bezeichnet. ›Schulzenwerder‹ auf dem Jäthensee ist also die erste erkennbare Havelinsel.

Granzin und **Krienke** folgen als Orte an der Havel. **Babke**, nördlich des Jäthensees, ist ein Ort in der Nähe der früher als Havelquelle bezeichneten Stelle.

Havelstein

Wie erwähnt, gab es durch menschliche Eingriffe den uralten natürlichen Havelbeginn lange Zeit nicht mehr, so dass man bis vor einigen Jahren eine andere Stelle als den Havelursprung bezeichnet hat. Auch diesen gibt es mit einem ›Havelstein‹ und romantischen **Rastplatz** im Wald noch immer. Der Abfluss des

großen Säfkowsees aus dem Sumpfgebiet der Zotzenniederung, in dem sich weitere Gewässer verbergen, wird auch noch immer als Havelbach bezeichnet. In den folgenden Jäthensee fließt die aus Ankershagen kommende Havel und unabhängig davon der Havelbach. Somit hat deutlich erkennbar die Havel einen Nebenfluss gleichen Namens (→ auch S. 23).

Dieser frühere ›Havelursprung‹ befindet sich in einem sehr romantischen Gebiet. Eine Quelle wie in den Bergen gibt es also auch hier nicht, sondern unsichtbare Quellen in Senken und in Sumpfgebiete hinein, die in Verbindung mit dem Grundwasser und den Regenzuflüssen die Senken füllen, Seen bilden, die nach oben einen Überlauf aus der Senke finden. Das abfließende Wasser ergibt das Bächlein, den Bach, den Fluss, die Havel. Dasselbe System setzt sich mit Ausnahme des einzigen Nebenflusses, der aus den Bergen kommt, der Spree, bis zur Mündung der Havel fort. Eine kaum zählbare Anzahl kleiner und großer Gewässer fließt somit als Überlauf der Havel zu und ergibt schließlich die

Sumpfgebiet am Havelursprung bei Blankenförde

Karte S. 110

Der Woblitzsee

Havel hier zu finden sind: Görtowsee, Zierzsee, Kramsee, Useriner See, Großer Labussee, Kleiner Labussee, Weißer See, Woblitzsee.

Blankenförde/Kakeldütt

Blankenförde/Kakeldütt ist eine aus zwei Teilen zusammengewachsene Ortschaft, die als Ausgangspunkt zu diversen Unternehmungen ideal gelegen ist. Es gibt einen Campingplatz, eine Kanuvermietung, Übernachtungsmöglichkeiten und eine Nationalparkinformation. Zwischen Blankenförde und Babke leitet ein romantischer **Rundwanderweg zum Havelstein**. Der Ort **Userin** am Useriner See bietet diverse Freizeit- und Unterkunftsmöglichkeiten (Näheres über die Touristinformation Neustrelitz).

Zwenzow

Auch Zwenzow am Großen Labussee kann mit diversen Freizeitmöglichkeiten aufwarten. Bemerkenswert ist an diesem Ort, dass er vor mehr als 1000 Jahren bereits existierte, im 16. Jahrhundert aus unerklärlichen Gründen ›wüst‹ fiel, also ausstarb, und mit der Teerherstellung aus organischen Stoffen wieder erstand. Die ›Teerschwelerei‹ zog andere nach sich und ist inzwischen auch längst Geschichte, der Beruf des Teerschwelers inzwischen ausgestorben. Entstanden ist ein idyllischer Erholungsort (Näheres über die Touristinformation Neustrelitz).

Quassow

Quassow liegt an der Strecke Neustrelitz–Mirow (Bahnstation). Der **Ferienpark Havelberge** mit festen Ferienhäusern im Wald in Wassernähe, Campingplatz, Bademöglichkeiten, Kanuanlegestelle und Ausflugsschiffsverbindung nach Neustrelitz liegt sehr romantisch direkt am Ufer des Woblitzsees (Näheres über die Touristinformation Wesenberg).

Wassermenge, die bereits vor dem Zufluss der Spree dafür sorgt, dass aus den Tiefen der Randgebiete derart viel klares Trinkwasser gefördert werden kann, dass die gesamte Havelregion einschließlich Berlins in dieser Hinsicht reich gesegnet ist und auch die Tier- und Pflanzenwelt hier keine Not leidet.

Anzumerken ist, dass es im Lande Brandenburg auch einige wenige sichtbare Quellen gibt, die an abfallenden Geländelagen sichtbar sind. Beeindruckend sind die Quellen am Südende des Tornower Sees (etwa 2,5 Kilometer Wanderweg ab Teupitz, südlich von Berlin) und am Springsee (etwa 7 Kilometer Wanderweg ab Wendisch-Rietz, südöstlich von Berlin). Beide Quellen sind gut erreichbar, aber nur zu Fuß.

Seitwärts bietet der **Jamelsee** diverse Wasserfreuden, während der **Rote See** nur sein Wasser der Havel zukommen lässt. Blankenförde, Kakeldütt, Userin, Zwenzow, Quassow, Wesenberg sind die Orte, die an den weiteren Seen entlang der

Die Mecklenburgische Seenplatte

Wesenberg

Wesenberg ist eine alte Kleinstadt mit Bahnstation auf der Strecke Neustrelitz-Mirow und liegt besonders romantisch am Woblitzsee. Urkundlich seit dem 13. Jahrhundert bekannt, erhielt sie als Grenzort bereits im Jahre 1282 eine **Burg**, deren Reste restauriert und sehenswert sind. Kriege, wechselnde Herrschaften in den Anfängen seines Bestehens und spätere Kriegs- und Krankheitskatastrophen gingen auch an diesem Städtchen nicht spurlos vorüber. Die Randlage in Mecklenburg bedeutete aber auch, dass sich ein liebliches Flair des Städtchens mit liebevoll gepflegten Anlagen erhalten konnte.

Sehenswert ist auch die alte **Kirche**. Die 600 Jahre alte Linde direkt vor dem Eingang bietet immer ein attraktives Fotomotiv.

Ein Christian Berg wird als prominenter Bürger der Stadt gewürdigt: Wer war das? Ein Mann, der weltweit Segen gestiftet hat und dennoch weitgehend unbekannt geblieben ist. ›Brot für die Welt‹, die seit Jahrzehnten anerkannt erfolgreichste Hilfsorganisation der Evangelischen Kirchen Deutschlands, wurde 1959 von Christian Berg gegründet.

Neustrelitz und Umgebung

Neustrelitz liegt zwar etwas abseits der Havel, ist jedoch der nördlichste Ort, der mit anderem Verlauf festgelegten Oberen Havelwasserstraße (OHW). Außerdem ist die geschichtsträchtige Stadt mit gegenwärtig etwa 21 000 Einwohnern ein wichtiger Teil der Havelregion und unbedingt sehenswert.

Neustrelitz ist auch ein Beispiel früherer deutscher Kleinstaaterei. Mecklenburg war zunächst ein eigenständiges Herzogtum in den deutschen Landen, es teilte sich in drei kleinere Herzogtümer auf: Mecklenburg-Schwerin, Mecklenburg-Güstrow und Mecklenburg-Strelitz. Letzteres hatte sein Zentrum in einer alten Burg, die zu einem Schloss erweitert wurde, das 1712 abbrannte. Ein neuer Regierungssitz wurde geschaffen, ein repräsentatives Schloss und einiges Bauwerke darum herum ergaben damit Neu-Strelitz. Nachfolgende Herzöge erweiterten das ganze Ensemble, und der Großherzog Georg von Mecklenburg-Strelitz beauftragte Baumeister Friedrich Wilhelm Buttel, einen Schinkel-Schüler, mit der Gestaltung des Schlosses. Buttel schuf in den Jahren 1821 bis 1869 ein Stadtbild, das noch heute sehr beeindruckend ist (Näheres zu diesem Baumeister auf Seite 116).

Bis 1919 war also Neustrelitz Hauptstadt des Herzogtums Mecklenburg-Strelitz und niemals Preußen zugehörig. Nach einer Übergangszeit als Freistaat entstand ab 1934 das Land Mecklenburg mit Schwerin als Hauptstadt. Damit endete zwar die Hauptstadtfunktion dieser Perle am Zierker See, nicht jedoch ihre Anziehungskraft.

Die gesamte historische Innenstadt ist als in sich stimmiges Ensemble eine einzige Sehenswürdigkeit. An den zentralen **Marktplatz mit der Stadtkirche** schließen sich akkurate Häuserzeilen an, eine **alte Kaserne** in der Strelitzer Straße ist ebenso sehenswert wie der gesamte Teil des ehemaligen Schlosses.

Das Schloss am Rande der Innenstadt wurde abgerissen, doch der **Schlosspark**, der bis an das Seeufer reicht, die Orangerie, die Schlosskirche, eine Gedächtniskapelle zu Ehren der preußischen Königin Luise die dem Hause dieser Familie entstammte, ein Pavillon auf einer Anhöhe und anderes

Karte S. 115

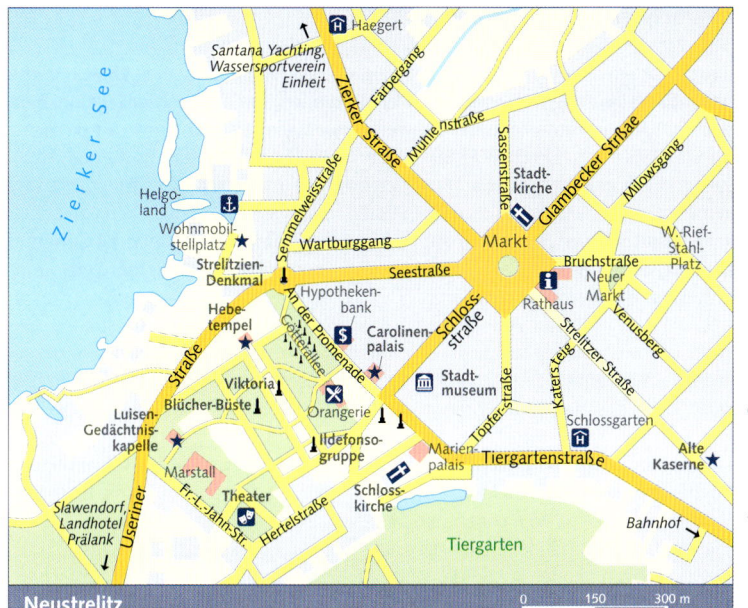

Neustrelitz

bilden das gut erhaltene oder restaurierte Ensemble im Park. Neu gestaltet ist das attraktive **Hafenviertel**: Holz- und Getreidetransport findet dort nicht mehr statt, stattdessen wurden die Speicher zu Wohnungen umgebaut. Restaurants erfreuen die Besucher, Ausflugsschiffe verkehren, und der Hafen bietet allen Motorboottouristen beste Liegeplätze an. Die Pier ist nun ein Stellplatz für Wohnmobiltouristen direkt am Wasser.

■ Ein neues Wahrzeichen in Neustrelitz

Seit dem Jahre 2008 schmückt eine etwa acht Meter hohe Skulptur einen markanten Platz zwischen Schlosspark und Hafen. Sie stellt eine weltweit bekannte exotische Blume dar, eine Strelitzie. Originell ist die Entstehung dieses Namens: Töchter des Hauses Mecklenburg-Strelitz waren die spätere preußische Königin Luise und die spätere Königin

Charlotte von Großbritannien. Diese wurde von dem englischen Naturforscher und Direktor königlicher Gärten, Joseph Banks, sehr verehrt. Joseph Banks benannte die noch namenlose exotische Blume Südafrikas im Jahre 1773 mit dem lateinischen Namen ›strelitzia reginae‹ (auf deutsch könnte man sie also als ›Strelitzkönigin‹ bezeichnen) nach der Herkunft der von ihm verehrten Monarchin. Banks brachte die Blumen nach Großbritannien mit zu seiner Königin Charlotte, die später ihren Verwandten im Neustrelitzer Fürstenhaus eine Staude schenkte. Diese Pflanze wurde in der Orangerie in Neustrelitz gehegt und gepflegt und blühte hier im Jahre 1822 zum ersten Mal auf deutschem Boden.

Seit 1995 ist die Strelitzie Stadtblume von Neustrelitz, und man feiert nun jährlich ein Strelitzienfest, kürt eine Strelitzienkönigin und verbindet damit die Geschichte mit der Gegenwart.

Baumeister Friedrich Wilhelm Buttel

Buttel war ein Schüler Friedrich Schinkels, der in Mecklenburg eine ähnlich dominierende Bedeutung hatte wie Schinkel in Preußen und dennoch mit seinen auch noch heute anerkannt schönen Bauwerken weniger berühmt wurde als dieser.

Buttel lebte von 1796 bis 1869, studierte ab 1816 Bildende Künste und Architektur in Berlin und lernte Karl Friedrich Schinkel und Johann Gottfried Schadow kennen. Er war zunächst kurzzeitig in Berlin tätig, wo seine Fähigkeiten von Schinkel erkannt wurden und Buttel auf dessen Empfehlung im Alter von 24 Jahren in die Dienste der Mecklenburgischen Landesregierung gelangte. Bereits zwei Jahre später wurde er Hofbaumeister.

Buttel war nicht nur Architekt und Baumeister, sondern auch künstlerisch begabt. Diese Mischung führte zu erkennbar schinkelähnlichen Bauwerken, die jedoch deutlich eine eigene Charakteristik aufweisen und Elemente beinhalten, die seine künstlerischen Fähigkeiten erkennen lassen, ohne dabei unpassend zu wirken. Er entwickelte Formsteine, bautechnische Verbesserungen und Neuerungen. Er kam zum Beispiel auf die Idee, Pappe mit Teer zu überziehen und damit flache Dächer preiswert regendicht zu gestalten – bis in die Gegenwart ist die Dachpappe eine preiswerte Möglichkeit der Dachdeckung.

Buttels noch vorhandene Bauwerke sind Kirchen, Rathäuser, Herrenhäuser, Schulen, Gerichtsgebäude, Kasernen, aber auch Schleusen, Brücken und einfachere Bauten. Als Buttels Hauptwerk gilt die Schlosskirche in Neustrelitz, die jetzt kulturellen Zwecken dient. Dieser Bau sowie das Rathaus und die alte Kaserne, ebenfalls Werke von Buttel, zählen zu den besonderen Sehenswürdigkeiten der Stadt. Auch die große Stadtkirche in Fürstenberg, das früher zu Mecklenburg gehörte, ist eines seiner herausragenden Bauwerke, das direkt an der Havel zu finden ist.

Besonders typisch ist seine Bauweise auch am Marstall im Park Neustrelitz erkennbar, typisch für Buttel ist hier die Gestaltung mit Formsteinen, die den Eingang dieses Gebäudes schmücken.

Verzierung am Eingang des Marstalls im Neustrelitzer Schlosspark

Zwischen Wesenberg und Fürstenberg

Die Mecklenburgische Seenplatte

Der Verlauf der Havel zwischen Neustrelitz und Fürstenberg

Zwischen dem Woblitzsee und Ahrensberg am folgenden Drewensee ist die Havel begradigt und auf etwa fünf Kilometern Länge als Obere Havelwasserstaße ausgebaut und streckenweise sogar künstlich angelegt.

Bis nach Fürstenberg stellt sich die Havel überwiegend als Seenverbindung dar: Priepert, Strasen, Großmenow, Kleinmenow, Steinförde sind die Orte an den Seen, die die Havel verbindet: Finowsee, Wangnitzsee, Großer Priepertsee, Ellbogensee, Ziernsee, Menowsee, Röblinsee sind die Namen der romantisch gelegenen Gewässer.

In der Stadt Fürstenberg schließen sich der Baalensee und der Schwedtsee an. Am Schwedtsee ist erkennbar, dass in diesen ein Bach mündet, der, nördlich aus der Mecklenburgischen Seenplatte kommend, der Abfluss von mindestens

einem weiteren Dutzend größerer und kleinerer Seen ist. Um das Ausmaß dieser Seenplatte zu verdeutlichen, fügen wir den sich südlich von Fürstenberg anschließenden Stolpsee noch hinzu, der seinerseits über das Flüsschen Woblitz noch mit weiteren mehr als zehn Seen der nordöstlich gelegenen Region um Lychen verbunden ist.

Wenn man die auf Seite 68 abgedruckte alte Karte mit der heutigen Situation vergleicht, ist erkennbar, dass der damals kartografierte Wasserweg in Form von Seen, Bächen und dazwischen liegenden Sumpfgebieten noch immer erkennbar ist. Zusammen mit den Wasserstraßenverbindungen zwischen der Müritz, vielen weiteren Seen in deren Umgebung und dem Rhin wird deutlich, dass sich der Oberlauf der Havel durch die Sammlung des Wassers einer kaum zählbaren Menge unterschiedlicher Gewässer ergibt, die erkennen lässt, dass die Havel einen der Hauptabflüsse aus der Mecklenburgischen Seenplatte darstellt.

Mit dem Stolpsee ist das südliche Ende der Mecklenburgischen Seenplatte erreicht, denn nun beginnt die Havel mit reichlich viel Wasser als auf lange Strecken erkennbarer Fluss.

Ahrensberg

Ahrensberg am Drewensee ist ein zu Wesenberg gehörender Ort. Die **Fachwerkkirche** ist meistens für Besucher geöffnet, ein hübscher, einfacher Bau, wie er in der gesamten Region Mecklenburgs und auch Brandenburgs als dörfliches Bauwerk der Zeit nach dem Dreißigjährigen Krieg typisch ist; die Feldsteinkirchen sind älter. Das Bauwerk entstand in den Jahre 1767 bis 1771 und hatte einen höheren Turm, der weit in die Landschaft hinein er-

kennbar war, aber wegen Baufälligkeit verkleinert werden musste.

Die Orte **Priepert** und **Hartenland** gehören ebenfalls zu Wesenberg. Priepert liegt zwischen dem Priepertsee und dem Ellbogensee und bietet Kanuverleih, Ferienwohnungen und Camping an.

Strasen

Strasen gehört zu Wesenberg und ist der letzte Ort in Mecklenburg. Seit Jahrhunderten ist es ein Grenzort, früher gab es sogar eine **Burg** hier. Die immer schon strategisch gute Lage zwischen den westlich gelegenen Seen des Rhin und der Müritz und den östlichen der Havel bietet mit einem Hotel und einem Wasserweg zwischen diesen Seengebieten allerbeste Voraussetzungen für eine Pause oder als Ausgangspunkt für diverse Freizeitvergnügen in der gesamten Region.

Stechlinsee und Uckermärkische Seen

Großmenow und **Kleinmenow** am Zernsee sind die ersten Orte, die die Havel in Brandenburg begrüßen, denn dieser See bildet die gegenwärtige Grenze zwischen den Bundesländern Mecklenburg-Vorpommern und Brandenburg.

Neuglobsow

Neuglobsow, etwas abseits mitten im Wald gelegen, ist aus verschiedenen Gründen bemerkenswert und berühmt. Es ist der einzige Ort, der direkt an den berühmten Stechlinsee grenzt, auch als ›Der Stechlin‹ bekannt. Dieser von Sagen umrankte, sehr große See ist einerseits sehr tief und wird aus Quellen gespeist, bietet daher eine extrem gute Wasser-

qualität, ist aber wegen unsichtbarer Strudel und kaum erklärbarer Wasserbewegungen tückisch. Eine Naturschönheit ist er auf jeden Fall, denn, mitten im Naturschutzgebiet gelegen, gibt es auf der weiten von Wäldern umrahmten Wasserfläche keinen Bootsverkehr außer dem einzigen gewerblichen Fischer.

In Neuglobsow war der Schriftsteller Theodor Fontane nachweislich oft, dort soll er den berühmten Roman ›Der Stechlin‹ weitgehend verfasst haben. Ein Gebäude passt sogar zu der Beschreibung des Gutshauses in diesem Roman sehr genau, hat jedoch niemals etwas damit zu tun gehabt. Theodor Fontane hat des Öfteren erdachte Ereignisse in tatsächlich

Karte S. 104 ▲

An einem See nördlich von Fürstenberg

Die Havel bei Steinförde

vorhandene Gebäude verlegt oder reale Geschehnisse mit veränderten Namen in andere Gebäude oder Orte platziert. Im Ort gibt es das **Glasmachermuseum** und einige Hotels. Sehr romantische Gaststätten laden nach einem Spaziergang am Ufer des ›Großen Stechlin‹ ein.

In Menz, südlich von Neuglobsow gelegen, lädt das **Informationszentrum Natur-Park-Haus** Stechlin zur Entdeckung der Tier- und Pflanzenwelt des Naturparks ein.

Steinförde

In Steinförde, westlich von Fürstenberg, gab es von 1781 bis 1801 eine Glashütte. Damit und mit dem Holztransport auf der Havel begann die Entwicklung des Ortes. Anschließend war die Forstwirtschaft der Erwerbszweig der Bewohner und ist es teilweise bis heute. Der Röblinsee mit seiner schönen Uferpromenade leitet nun nach Fürstenberg. Er ist einer der drei angrenzenden Seen dieser Stadt. Zusammen mit dem folgenden vierten See, dem Stolpsee, und dem Haussee ist in Himmelpfort die Reise durch die Mecklenburgische Seenplatte beendet.

Fürstenberg und Umgebung

Als Grenzort der Askanier, also des Herrschaftsgebietes des späteren Brandenburg/Preußen, wurde im 13. Jahrhundert eine vorderste Burg errichtet, und es entstand eine Siedlung. Der Name lautete der damaligen Sprachweise entsprechend etwas anders, aber ähnlich. Aus ›vörste burg‹ wurde ›vorstenburg‹ dann ›vorsteberg‹ und nun Fürstenberg. Die Funktion der Stadt war die Sicherung der Grenze.

Kaum 100 Jahre später kam diese vorderste Burg mit dem Ort in das Herrschaftsgebiet Mecklenburgs, war natürlich andersherum weiterhin Grenzort und blieb Mecklenburg zugehörig, bis 1951 eine Gebietsreform der DDR anderes beschloss. Die Zugehörigkeit zu den Herzogtümern Mecklenburgs mit den Hauptstädten Schwerin und Neu-

strelitz verdeutlicht, dass die Stadt niemals etwas mit Fürsten zu tun hatte, wie der Name zunächst vermuten lässt. Nach Neugründung der Bundesländer 1990 kam Fürstenberg zum Land Brandenburg.

Das Zentrum der Stadt ist typisch für die Region, die **Kirche** entspricht der typischen Bauweise repräsentativer Bauten des 19. Jahrhunderts in Mecklenburg, weist auf die Schule des preußischen Baumeisters Schinkel hin und weicht doch mit eigener Charakteristik deutlich von diesem ab, denn sie ist ein Werk des Mecklenburgischen Baumeisters Friedrich Wilhelm Buttel (→ S. 116).

Während der Nazizeit wurde hier angrenzend ein Konzentrationslager eingerichtet, das berüchtigte Ravensbrück. Nach dem Zweiten Weltkrieg nutzte die

Karte S. 104

Sowjetarmee einen sehr großen Teil der Stadt und der Umgebung, unter anderem gab es hier Abschussrampen für Mittelstreckenraketen und eine komplette Panzerarmee der Sowjets.

Die verkehrsgünstige Lage, Straßen, Bahnstrecken und Wasserwege machen die Stadt als Startpunkt für viele Urlaubsfreuden in der gesamten Region interessant. Fürstenberg ist das Eingangstor zum Stechlinsee und zum gesamten Gebiet des brandenburgischen Teils der Mecklenburgischen Seenplatte. Demzufolge findet man viele Hotels, Bootshäfen, Marinas und Charterbootvermieter. Als Besonderheit kann man ab Fürstenberg mit einer **Fahrrad-Draisine** auf einer alten Bahnstrecke bis nach Lychen fahren.

Und eine kuriose Sehenswürdigkeit gibt es auch noch: eine **Eisenbahnfähre**. Waggons mussten über die Havel auf einem Anschlussgleis der Bahn in ein Industriegebiet, später militärisches Gebiet, transportiert werden. Dieses geschah mittels einer Fähre, dabei wurde auf die flache Fähre mit einer Bahnschiene jeweils ein Eisenbahnwaggon gerollt und die Fähre mittels eines Drahtseilsystems über die Havel gezogen. Es soll vorgekommen sein, dass Waggons nicht immer fest arretiert wurden und unterwegs gelegentlich einer in das Wasser rollte. Die Fähre war von 1934 bis 1993 in Betrieb. Das Verfahren hat ausgedient, das System ist als Industriedenkmal aber noch immer vorhanden.

Fürstenberg wurde im Jahre 2008 mit einem seltenen Ereignis berühmt: Bei archäologischen Grabungen wurde ein Goldschmuck- und Münzschatz gefunden, wie er weltweit kaum je in Landgebieten vorgekommen ist. Erkennbar aus der Zeit des Dreißigjährigen Krieges stammend, waren Münzen und Schmuck aus Nordeuropa, England, Spanien, Italien und sogar Nordafrika darin. Der Wert des Schatzes würde heutzutage mindestens 600 000 Euro entsprechen.

Ravensbrück

Ravensbrück ist ein Name, der für das dunkelste Kapitel deutscher Geschichte steht, von 1939 bis 1945 war hier ein Konzentrationslager. Nun ist es eine bedrückende Gedenkstätte. Hier wurden unter der harmlosen Bezeichnung ›Gesellschaft für Textil- und Lederverwertung mbH‹ zunächst Frauen mit deren Kindern und Jugendliche inhaftiert und zur Arbeit gezwungen. Dieses Lager kennzeichnet unabhängig von der systematischen Tötung von Juden einen weiteren Zweig der Nazidiktatur: Für Arbeiten, die für die Kriegsziele erforderlich waren, wurden Frauen aus nichtigem Grund verhaftet, oder weil sie als ›unwertes Leben‹ bezeichnet wurden, darunter sehr viele Polinnen. Auch Regimekritiker und Kriegsgefangene wurden nach Ravensbrück gebracht. Zeitweise wurden über 15 000 Personen dort zusammengepfercht, in ungeheizten Zelten erfror eine unbekannte Anzahl der Frauen und Kinder.

Denkmal am Eingang nach Ravensbrück

Die Mecklenburgische Seenplatte

Mit zunehmender Ausweitung der Nazi-
herrschaft durch anfängliche Kriegserfol-
ge kamen Frauen und später auch Männer aus vielen anderen Ländern hinzu,
so dass sich zwischen 1939 und 1945
die Zahl auf bis über 130 000 Frauen,
Kindern und weiblichen Jugendlichen
summierte und zusätzlich etwa 20 000
Männer dort registriert waren, Menschen
aus etwa 40 Nationen und Volksgruppen.
Über 13 000 Tote dieses Lagers sind namentlich bekannt, seriöse Schätzungen
ergaben mindestens die doppelte Zahl.

Himmelpfort

Nur etwa fünf Kilometer trennen den ›Eingang zur Hölle‹, das Konzentrationslager
Ravensbrück, von der ›Coeli Porta‹, der
Pforte des Himmels, der Sage von einem
Klosterbruder so genannt, als er diese liebliche Stelle zwischen zwei Seen an einem
verbindenden Flüsschen beschreiben wollte, in einer Umgebung, die weitere Seen
und Wälder schmücken. Das Bild vom
Haussee, der an das Kloster angrenzt,
bestätigt dieses Empfinden bis heute.
Ein Zisterzienserkloster entstand 1299
an dieser Stelle, wurde im Zuge der Reformation aufgelöst, erlitt im Dreißigjährigen Krieg großen Schaden und verfiel
anschließend. Vermutlich diente es auch
als Rohstofflieferant für andere Bauen.
Die **Klosterkirche** blieb jedoch erhalten
und einige romantische Gebäudereste
der alten Anlage auch. So erleben wir
heute einen idyllischen Ort am Haus-
und Stolpsee inmitten einer wasser- und
waldreichen Umgebung.
Das kleine Dörfchen Himmelpfort mit
seinen nicht einmal 600 Einwohnern ist
inzwischen weit über Deutschlands Grenzen hinaus bekannt, nicht etwa wegen
der Klosterruine oder weil die Zisterziensergründung dieses Klosters zu den
bekanntesten Zeugen dieses Ordens in
Brandenburg zählt, sondern wegen des

Ortsnamens. Wohin soll man Kinder-
Weihnachtswünsche an den Weihnachtsmann oder an das Christkind senden? Die
Pforte des Himmels, also Himmelpfort, ist
eine verständliche Anschrift. Und so gibt
es inzwischen dort eine Poststelle, die sich
zu jedem Weihnachtsfest mit den Anfragen beschäftigt. Jeder der eingehenden
Briefe wird auch tatsächlich beantwortet.

■ Die Strohbrücke

Eine Informationstafel auf dem Gelände
des Klosters berichtet von einer Sage,
die durchaus einen ernsten Kern haben
dürfte. Viele Männer und anderswo auch
Frauen haben die Schwierigkeiten sexu-
eller Enthaltsamkeit im Leben als Mönch
oder Nonne unterschätzt. Trotz aller guten Vorsätze waren wohl mitunter die
menschlichen Bedürfnisse stärker.
Die Strohbrücke erhielt ihren Namen dadurch, dass hier ein Mönch ertappt wurde, als er ein in einem großen Bündel
Stroh verstecktes hübsches Mädchen in
das Kloster tragen wollte, dessen Beine
aber aus dem Stroh herausragten. Die
beiden wollten die stillen Gemächer des
Klosters für ein Abenteuer nutzen. Das
Mädchen wurde nach Hause geschickt,
der Mönch aber kam in eine Strafkolonie.
Die Brücke erinnert bis heute an dieses
Begebenheit.

Haus des Weihnachtsmanns in Himmelpfort

Informationen Mecklenburgische Seenplatte

Anreise mit Bus und Bahn

Die überregionale **Bahnauskunft** ist im Internet unter www.bahn.de, an Bahn-informationen und auch an Fahrscheinautomaten der Bahn erhältlich. Die zentrale Telefonauskunft der Deutschen Bahn lautet 0800/1507090, allgemeine Bahnauskünfte gibt es auch unter Telefon 0180/5996633.

Regionale Verkehrsverbindungen der Buslinien in Mecklenburg sind über die zentrale Telefonnummer 03953/500350 und im Internet für Waren und Umgebung über den **Personenverkehr Waren/Müritz** (PVM) erfahrbar, weitere Informationen dort per Telefon über 03991/6450. Darüber hinaus bis zur Grenze Brandenburgs ist die **Verkehrsgemeinschaft Mecklenburg-Strelitz** zuständig, www vms-bus.de, zusätzliches Infotelefon 03981/481473.

Für das gesamte Land Brandenburg und Berlin gibt es den **Verkehrsverbund Berlin-Brandenburg** mit der einheitlichen Fahrplanauskunft für alle Buslinien und Bahnen in beiden Bundesländern über Internet www.vbbonline.de und die Auskunft des Verkehrsverbundes über Tel. 030/25414141.

Touristeninformationen

Tourismusverband Mecklenburgische Seenplatte e. V., Turnplatz 2, 17207 Röbel/Müritz, Tel. 039931/5380, www.mecklen burgische-seenplatte.de

Tourismus Marketing Brandenburg GmbH (TMB), Reiseland Brandenburg, Am Neuen Markt 1, 14467 Potsdam, Tel. 0331/2004747, www.reiseland-branden burg.de.

Waren (Müritz) und Umgebung

Touristinformation Waren, Kur- und Tourismus GmbH, im Haus des Gastes, Neuer Markt 21, 17192 Waren/Müritz, Tel. 03991/666183, www.waren-mueritz.de.

Informationen zu Unterkünften und Veranstaltungen.

Müritz-Nationalpark

Tourismusverein Havelquellseen e. V., Dorfstraße 24, 17237 Kratzeburg, Tel. 0700/38842835, www.havelquellseen.de.

Nationalpark-Information, Dorfstraße 31, 17237 Kratzeburg, Tel. 039822/20088, www.mueritz-nationalpark.de.

Touristinformation Wesenberg, Burg 1, 17255 Wesenberg, Tel. 039832/20621, www.wesenberg-mecklenburg.de.

Neustrelitz und Umgebung

Touristinformation Neustrelitz, Strelitzer Straße 1, 17235 Neustrelitz, Tel. 03981/253119, www.neustrelitz.de.

Stechlinsee und Uckermärkische Seen

Touristeninformation Neuglobsow, im Stechlinsee-Center, Stechlinseestr. 17, Stechlinsee/OT Neuglobsow, Tel. 033082/70202, www.stechlinsee-center.de.

Fürstenberg und Umgebung

Touristinformation Fürstenberger Seenland e. V., Markt 5, 16798 Fürstenberg, Tel. 033093/32254, www.fuerstenberg-havel.de, www.fuerstenberger-seenland.de.

Touristeninformation Himmelpfort, Haus des Gastes, Klosterstraße 23, 16798 Himmelpfort, Tel. 033089/41888, www.him melpfort.de.

Unterkünfte

■ **Hotels**

Waren (Müritz) und Umgebung

In Waren gibt es diverse Hotels und Pensionen, zentral gelegen sind:

Hotel Stadt Waren, Große Burgstraße 25, 17192 Waren, Tel. 03991/62080, www.hotel-stadt-waren.de. Mit Sauna und Tiefgarage.

Hotel Gasthof Kegel, Große Wasserstraße 4, 17192 Waren, Tel. 03991/62070, www.hotel-stadt-waren.de. Mit eigenem Parkplatz.

Ufergaststätte in Strasen

Hotel Garni Onkel Herrmann, Große Wasserstraße 5, 17192 Waren, Tel. 03991/ 674944, www.hotel-onkel-hermann.de.

Müritz-Nationalpark

Gaststätte und Pension Piccolino, Dorfstraße 2, 17237 Kratzeburg, Tel. 039822/ 29642.

Hotel und Waldrestaurant Johannesruh, Johannesruh 1, 17255 Wesenberg, Tel. 039828/20226, www.hotel-johannesruh.m-vp.de.

Hotel und Restaurant Zum Löwen, Schleusengasse 11, 17255 Wesenberg/Strasen, Tel. 039828/20285, www.loewenhotel.de.

Neustrelitz und Umgebung

Diverse Hotels und Pensionen in Neustrelitz, zentral gelegen sind:

Hotel Haegert, Zierker Straße 44, 17235 Neustrelitz, Tel. 03981/203156, www.hotel-haegert.de.

Hotel Schlossgarten, Tiergartenstraße 15, 17235 Neustrelitz, Tel. 03981/2450, www.hotel-schlossgarten.de.

Landhotel und Restaurant Café Prälank, Prälank Kalkofen 4, 17235 Neustrelitz/ OT Prälank, Tel. 03981/204189, www.

landhotel-praelank.de. Auf der Westseite des Zierker Sees.

Stechlinsee und Uckermärkische Seen

Louisenhof Restaurant und Logis, Stechlinseestraße 8, 16775 Neuglobsow/Stechlin, Tel. 033082/70386, www.luisenhof-stechlin.de.

Pension und Gaststätte Fontanehaus, Fontanestraße 1, 16775 Neuglobsow/ Stechlin, Tel. 033082/6490, www.fontanehaus.com.

Fürstenberg und Umgebung

Haus an der Havel, Schliemannstraße 6, 16798 Fürstenberg/Havel, Tel. 033093/ 39069, www.haus-an-der-havel.de.

Jugendherberge Ravensbrück, Straße der Nationen 3, 16798 Fürstenberg/Havel, Tel. 033093/60590, www.jh-ravensbrueck.de. Direkt bei der Gedenkstätte Ravensbrück.

■ **Camping- und Wohnmobilstellplätze, Ferienhäuser**

Waren (Müritz) und Umgebung

Camping und Wohnmobilpark Ecktannen, Fontanestraße 66, 17192 Waren, Tel.

03991/668513, www.camping-ecktannen.de.

Camping und Wohnmobilpark Kamerun, Zur Stillen Bucht 3, 17192 Waren, Tel. 03991/122406, www.campingtour-mv.de.

Müritz-Nationalpark

Campingplatz Zur Hohlen Eiche, Dorfstraße 1f, 17219 Klockow, Tel. 039921/36900, www.kleinernaturzeltplatz.de.

Campingplatz Naturfreund Kratzeburg, Dorfstraße 3, 17237 Kratzeburg, Tel. 039822/202-85, -53, www.campingplatz-naturfreund.de. Am Ostufer des Käbelicksees.

Campingplatz und Kanuverleih Zum Hexenwäldchen, Dorfstraße 1A, 17252 Blankenförde/Kakeldütt, Tel. 039829/20215, www.hexenwaeldchen.de, www.kanubasis-blankenfoerde.de. Am Ufer des Jamelsees.

Campingplatz Zwenzower Ufer, Am Campingplatz, 17237 Zwenzow, Tel. 03981/2470, www.haveltourist.de.

Campingpark Havelberge, 17237 Groß Quassow (Userin), Tel. 03981/24790, www.haveltourist.de. Camping, Wohnmobilstellplätze, Kanuzentrum und Vermietung, Ferienhäuser, Waldseilgarten.

Familienpark am Kleinen Labussee, Am Labus 1B, 17255 Wesenberg, Tel. 0396832/20525, www.ihr-familienpark.de. Camping, Ferienhäuser, Bootsverleih, Fahrradverleih.

Neustrelitz und Umgebung

Wassersportverein Einheit e. V., Zierker Nebenstraße 31, 17235 Neustrelitz, Tel. 03981/204338, www.wsv-neustrelitz.de.

Wohnmobilstellplatz am Stadthafen, Zierker Nebenstraße, Tel. Hafenmeister 03981/262996, 0162/9304105.

Campingplatz am Drewensee, Am Campingplatz, 17255 Ahrensberg, Tel. 03981/24790, www.haveltourist.de.

Ferienpark am Ellbogensee, Am Ellbogensee 1, 17255 Strasen, Tel. 039828/259150, www.ferienpark-am-see.de. Ferienhäuser (kein Campingplatz), Bootsanleger, Charterboote, Badestrand, Fahrradverleih.

Stechlinsee und Uckermärkische Seen

Ferienhof Altglobsow, Seestraße 11b, 16775 Großwoltersdorf/OT Altglobsow, Tel./Fax 033082/50250, www.ferienhof-altglobsow.de. Campingplatz, Pension, Bungalows.

Fürstenberg und Umgebung

Campingplatz am Röblinsee, Röblinsee Nord 1, 16798 Fürstenberg/Havel, Tel. 033093/38278, www.camping-amröblinsee.de. Neben dem Strandbad, mit Kanuverleih.

Wohnmobil-Stellplatz, Ravensbrücker Dorfstraße 26B, 16798 Fürstenberg (am Nordufer des Schwedtsees), Tel. 033093/35123, www.marina-fürstenberg.de.

Camper am Woblitzsee

Camping Himmelpfort, Am Stolpsee 1, 16798 Himmelpfort, Tel. 033089/41238, www.campingplatz-himmelpfort.de.

Gastronomie
Waren (Müritz) und Umgebung
In **Waren** ist Gastronomie im Ortszentrum reichlich vorhanden.
Müritz-Nationalpark
Bistro-Café Piccolino, Dorfstraße 2, 17237 Kratzeburg, Tel. 039822/29642, www. bistro-cafe-piccolino.m-vp.de.
In **Wesenberg** ist Gastronomie mehrfach im Ort vorhanden.
Neustrelitz und Umgebung
In Neustrelitz ist Gastronomie im Ortszentrum reichlich vorhanden.
Hotel und Restaurant Zum Löwen, Schleusengasse 11, 17255 Strasen, Tel. 039828/ 20285, www.loewenhotel.de.
Stechlinsee und Uckermärkische Seen
Restaurants im **Louisenhof**, Stechlinseestraße 8, und in der **Pension Fontanehaus**, Fontanestraße 1 (→ Hotels)
Imbiss der Fischerei Stechlinsee, 16775 Neuglobsow/Stechlin, Tel. 704 22, www. fischerei-stechlinsee.de.
Café Seeblick, auf dem Ferienhof Altglobsow, Seestraße 11b (→ Campingplätze).

Museen
Waren (Müritz) und Umgebung
Müritzeum, Zur Steinmole 1, 17192 Waren, Tel. 03991/63368, www.mueritzeum. de; April–Oktober tägl. 10–19, Nov.–März tägl. 10–18 Uhr (24.12. geschlossen). *Das Naturerlebniszentrum in Waren, mehr als ein Museum.*
Müritz-Nationalpark
Heinrich-Schliemann-Museum, Lindenallee 1, 17219 Ankershagen, Tel. 039921/3252, www.schliemann-museum.de.
Neustrelitz und Umgebung
Slawendorf, Useriner Str. 4, 17235 Neustrelitz, Tel. 03981/273135, www.slawendorf-neustrelitz.de.

Stechlinsee und Uckermärkische Seen
Glasmachermuseum, Stechlinseestraße 21, 16775 Neuglobsow/Stechlin, Tel. 033081/ 40863.
Informationszentrum NaturParkHaus, Kirchstraße 4, Stechlin/OT Menz, Tel. 033082/ 51210, www.naturparkhaus.de.
Fürstenberg und Umgebung
Mahn- und Gedenkstätte Ravensbrück, Straße der Nationen, 16798 Fürstenberg, Tel. 033093/6080, www.ravensbrueck.de.
Brandenburgisches Forstmuseum, Rathenaustraße 16, 16798 Fürstenberg, Tel. 033093/39893, www.brandenburgisches-forstmuseum.de.
Weihnachtspostamt, Anschrift: An den Weihnachtsmann, Weihnachtspostfiliale, 16798 Himmelpfort. Schreibstube, Klosterstraße 23, www.weihnachtsmann-in-himmelpfort.de; Mitte Nov.–24. Dez.

Fahrgastschifffahrt
→ Reedereien in der Havelregion, S. 270

Bootsanleger, Charterboote
Waren (Müritz) und Umgebung
Bootsliegeplätze Stadthafen Waren, Hafenmeister Tel. 03991/666754, mobil 0172/6426918.
Bootscharter, Müritz-Marina, Am Seeufer 73, 17192 Waren, Tel. 03991/666513.
Yachtcharter Schulz, An der Reeck 17, 17192 Waren, Tel. 03991/121415.
Bootscharter Malow, am Stadthafen Waren, Müritzstraße 14, Tel. 03991/662394 und 0171/8217967, www.bootscharter-malow.de.
Kuhnle-Tours, Zentrale Hafendorf Müritz, 17248 Rechlin, Tel. 0398/232660, www. kuhnle-tours.de. Bootsferien, Charterboote vom Hausboot bis zur Luxusyacht.
Müritz-Nationalpark
Kanuverleih auf dem Campingplatz Naturfreund, Dorfstraße 3, 17237 Kratzeburg, Tel. 039822/202-85, -53, www.campingplatz-naturfreund.de.

Bootsvermietung Hecht, Dalmsdorf 6, 17237 Kratzeburg/Dalmsdorf, Tel. 039822/17938, www.kanu-hecht.de. Kajak- und Ruderbootverleih.

Marina Wesenberg, Ahrensberger Weg 11, 17255 Wesenberg, Tel. 039832/26023. Bootsservice, Bootsvermietung,

Kanu-Mühle Wesenberg, Havelmühle1/ Ahrensfelder Weg, 17255 Wesenberg, Tel. 039832/20350, www.kanu-muehle.de. Bootsvermietung, Kanutouren und -kurse, Zubehör zum Paddeln. Auch Ferienwohnungen, Blockhütten, Camping, also das komplette Urlaubsangebot aus einer Hand.

Neustrelitz und Umgebung
Bootsliegeplätze im Stadthafen Neustrelitz, Tel. Hafenmeister 03981/262996, 0162/9304105.

Bootscharter Santana Yachting, Zierker Nebenstraße 19, 17235 Neustrelitz, Tel. 03981/205896, www.santanayachting-bootscharter.de.

Happy Day Yachtcharter, am Stadthafen Neustrelitz, Tel. 03981/447123, 0172/5908959, www.happydayyachtcharter.de.

Kanuverleih Wassersportverein Einheit e. V., Zierker Nebenstraße 31, 17235 Neustrelitz, Tel. 03981/204338, www.wsv-neustrelitz.de.

Fürstenberg und Umgebung
Fürstenberg bietet mehrere kleine Häfen und Bootsanlegestellen und eine große Anzahl von Bootsvermietern vom Kanu bis zum Motorboot für Gruppen und Charterbootfahrtangebote in großer Auswahl.

Nordlicht Tour & Kanu Standort Fürstenberg, Büro Stargarder Straße 58, 10437 Berlin, Tel. 030/69401306, www.nordlicht-kanu.de.

Badestellen, Schwimmbäder
Waren (Müritz) und Umgebung
Müritz-Therme, Am Gotthunskamp 14, 17207 Röbel/Müritz, Tel. 039931/87819, www.mueritztherme.de

Volksbad Waren (Müritz), an der Binnenmüritz, Straße am Volksbad.

Besonders schöne **Badestellen** gibt am Kölpinsee, am Tiefwarensee und am Campingplatz Ecktannen.

Fahrrad
Waren (Müritz) und Umgebung
Havelradweg, Beginn in Waren, Infomaterial und Karten im Tourismusbüro.

Fahrradverleihstationen im Zentrum: Am Seeufer 24 und Am Seeufer 75.

Fahrradverleih auch im **Fahrradhaus Karberg**, Lange Straße 46, und auf dem **Campingplatz Ecktannen**.

Fürstenberg und Umgebung
Fahrraddraisine von Fürstenberg nach Templin, Tel. 03377/3300850, www.erlebnisbahn.de.

Abendstimmung am Haussee

Wohlauf! Es ruft der Sonnenschein
euch in die weite Welt
reist munter in das Land hinein
freut euch in Wald und Feld

Es bleibt der Fluss nicht ruhig steh'n
beständig rauscht er fort
Hörst du des Windes muntres Weh'n
er braust von Ort zu Ort

Und Mensch, du sitzest stets daheim
sehnst dich nicht nach der Fern?
Sei frisch und wandle durch den Hain
und sieh die Fremde gern

Wer weiß wo dir dein Glücke blüht
so geh und such es nur
der Abend kommt, der Morgen flieht
betrete bald die Spur.

Altes Volkslied

Oberhavel

Eine ruhige Naturlandschaft

Mit dem hier als Oberhavel bezeichneten Gebiet ist nicht der Landkreis gleichen Namens gemeint, sondern ein Gebiet, das sich von den übrigen Landschaften, die die Havel gestaltet oder durchfließt, deutlich unterscheidet.

Die junge Havel ist hier ab dem Stolpsee südlich von Fürstenberg als Fluss nur mit kleinen Booten befahrbar und schlängelt sich in ihrem natürlich gebliebenen Verlauf durch liebliches, stilles Land. An einigen Stellen verläuft die Havel derart abgelegen im Wald, dass sie von der Landseite kaum zu finden ist, an anderen durchzieht sie weite Wiesenflächen oder schmückt sich mit idyllischen Orten und hübschen Gärten. Dieser Variationsreichtum ergibt eine abwechslungsreiche Landschaft, die teils sehr ruhig in die Zukunft hinein träumt, teils durch den Fremdenverkehr erschlossen ist und zum Erleben der Vielfalt einlädt.

▲ *Tonstichlandschaft bei Zehdenick*

In dieser Region bildet die Havel keinen einzigen See und durchfließt auch keinen, es gibt jedoch ehemalige Tonstiche, jetzt Teiche, in einem romantischen Naturschutzgebiet. Zum Abtransport der Ziegel wurde nicht die kurvenreiche Havel verbreitert, sondern bis in die Stadt Oranienburg hinein teilweise parallel zum alten Flussverlauf eine gesonderte Wasserstraße angelegt, die bis zum Oder-Havel-Kanal heute nur noch dem Freizeitverkehr dient. Der hier beschriebene Abschnitt endet deshalb mit Sachsenhausen, einem Vorort Oranienburgs, der sich zwischen dem natürlichen Havelverlauf und dem Oder-Havel-Kanal bis zum Lehnitzsee erstreckt.

Der Lauf der Havel

Aus dem Stolpsee kommend, schlängelt sich die Havel beschaulich durch stilles Land zunächst am Dorf **Zootzen** und dem dortigen Zelt- und Rastplatz für Wassersportler und Wanderer vorbei bis **Bredereiche** mit ebenfalls idyllischem Rastplatz und Schleuse. Anschließend verschwindet sie im **Naturschutzgebiet Kleine Schorfheide** und verläuft weit abseits menschlicher Siedlungen bis Burgwall. Dabei fließen ihr aus dem westlichen Teil des Naturparks Uckermärkische Seen um Templin einige Bächlein zu. Während die Region um Templin keine touristische Verbindung zur Havel bietet, ist das westlich gelegene Gebiet besonders anziehend. Die Verkehrsverbindungen und der Havelradweg lassen zwar lange Havelstrecken aus, und auch die Wandermöglichkeiten sind mit dem Umweg über Dannenwalde attraktiver, aber es gibt besonders reizvolle Orte und Freizeitmöglichkeiten am **Wentowsee** abseits der Havel. Interessant ist der im Wald versteckte **Grenzbek**, Grenzbach, ein Bächlein, das im einsamen **Boltenhof** südlich von Bredereiche einem Dorf-

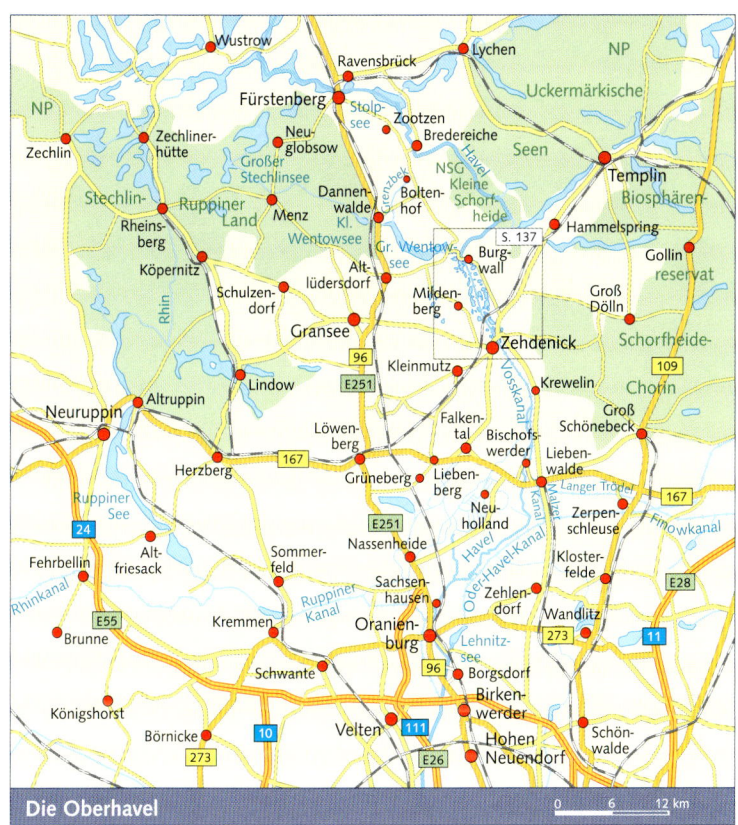

Die Oberhavel

Oberhavel

tümpel entspringt, sich von der Havel abwendet, romantisch durch den Wald plätschert und südwestlich bei Dannenwalde in den Wentowsee mündet.

Zusammen mit den Orten Tornow, Dannenwalde und den beiden Wentowseen markierte die Havel früher die südlichste Grenze Mecklenburgs, hier verlief jahrhundertelang die Grenze zwischen Mecklenburg und Brandenburg. Bis zur Gründung des deutschen Staates im 19. Jahrhundert war hier sogar die Grenze der jeweils eigenständigen Länder Preußen und Mecklenburg und später der entsprechenden Provinzen. Das ist deshalb besonders bemerkenswert, da

die Grenzen Preußens zwischen dem 15. und 19. Jahrhundert sehr viele Veränderungen aufwiesen. Preußen expandierte nach Westen bis zum Rheinland, nach Osten bis weit in das heutige Polen und einige russische Gebiete hinein, nach Süden gab es Veränderungen zwischen Sachsen und Brandenburg, und schließlich dehnte sich Preußen mit Schlesien bis an die Grenzen Böhmens und damit Österreichs aus.

Dieser kleine Abschnitt mit dem Grenzbek und den beiden Wentowseen blieb vom Anfang bis zum Ende der Herrschaft der Hohenzollern, also länger, als es Preußen gab, immer unveränderte

Klappbrücke in Zehdenick

Grenze zwischen Brandenburg und dem selbständigen Mecklenburg. Dannenwalde und Tornow waren die südlichsten Orte in Mecklenburg, an der Grenze zu Preußen, und so war dieses Gebiet als Grenzland einsam und abgelegen und blieb uninteressant für beide Seiten.

Besonders hübsch schließen sich **Burgwall** und das Gebiet südlich davon an, wo die Havel sich mit den renaturierten Gebieten ehemaliger Tonstiche verbindet. Das **Ziegeleimuseum Mildenberg** mit Restaurant und Schiffsanlegestelle und diversen Schautafeln entlang des Rad- und Wanderweges bietet interessante Einblicke in die Geschichte der Ziegelherstellung, die hier inzwischen längst Vergangenheit ist. Unter dem Begriff Tonstichlandschaft oder Zehdenicker Tonteiche findet man ein renaturiertes Gebiet eng beieinander liegender ehemaliger Tongruben. Hier wurde nahe der Havel Ton abgebaut, im Werk am Havelufer wurden Ziegel hergestellt und diese auf dem angrenzenden Fluss nach Berlin verschifft. Durch die etwa vierzig ›Stiche‹, wie die Teiche noch immer bezeichnet werden, schlängeln

sich besonders romantisch der Fluss und daneben Rad- und Wanderwege. **Zehdenick** wird erreicht, ein idyllisches Städtchen mit besonderer Historie. Es war und ist noch immer eine Hafenstadt mit einer Schiffswerft und einer Schleuse, alles jedoch im Kleinformat, eben einer Kleinstadt angemessen. Es ist erkennbar, dass ab hier die Havel für Lastkähne ausgebaut wurde, allerdings nicht für die gegenwärtigen Größen. Nun steht dieses Gebiet allein den Freizeitfreuden auf und am Wasser zur Verfügung. Gewerbliche Lastenschifffahrt findet nicht mehr statt, aber ein alter Frachtkahn ist in Zehdenick als noch immer fahrfähiges Relikt zu bewundern und bietet im Frachtraum ein interessantes Museum zur Geschichte des früheren Transportwesens.

Ab Zehdenick bis Oranienburg gibt es neben dem teilweise noch immer vorhandenen Originalverlauf der Havel, der hier als romantisches Wiesenbächlein verkümmert ist, die für die früheren Ziegeltransporte angelegte Schifffahrtsstraße, den **Vosskanal**, der bis zur Mündung in den Oder-Havel-Kanal

Karte S. 131

südlich von Liebenwalde nur noch dem Freizeitbootsverkehr dient.

Bereits vor sehr langer Zeit wurde erkannt, dass die Binnenwasserwege Westeuropas und Osteuropas, also von der Elbe zur Oder, nirgends so nahe sind wie hier, und so wurde die Wasserstraßenverbindung zwischen Elbe und Oder über die Havel geschaffen. Die dritte Generation dieser Verbindung wird gegenwärtig den modernen Anforderungen entsprechend ausgebaut. Auch der neueste Kanal fügt sich harmonisch in die Landschaft ein. Erst ab Sachsenhausen, einem Vorort Oranienburgs, erfolgt erneut ein deutlicher Wechsel der Landschaften entlang der Havel.

Erlebnismöglichkeiten der Region

■ Wandern

Zweifellos bildet diese weiträumige Region beiderseits der Havel eines der schönsten Wandergebiete nicht nur Brandenburgs, sondern Deutschlands, denn die hier wanderbare Landschaft ist anderswo in dieser räumlichen Ausdehnung nirgends zu finden: Von den südlichen Gebieten Mecklenburgs bis zum südlichen Zehdenick, westlich von Rheinsberg, östlich über Lychen bis einschließlich des Wandergebietes der Uckermark und der angrenzenden Schorfheide finden wir Waldgebiete, durchsetzt mit unzähligen Seen, anderen kleinen Gewässern, Sumpfgebieten, Bächlein und der Havel. Nur wenige Orte finden sich in ruhigen abwechslungsreichen Landschaftsformen in leicht hügeligem Gebiet. Große Städte und die Hauptverkehrsadern der Straßen und Schienen sind weit, weit entfernt davon.

Der **Naturpark Stechlin-Ruppiner Land**, der **Naturpark Uckermärkische Seen** und das **Biosphärenreservat Schorfheide-Chorin** gehen ineinander über, und

mitten hindurch fließt die Havel. Das bedeutet, dass es sehr abwechslungsreiche Wanderwege in der Nähe der Havel gibt, aber darüber hinaus noch viele weitere reizvolle Wandermöglichkeiten in der Region. Es bedeutet aber ebenso auch, dass gute Wanderkarten die unbedingt erforderliche Voraussetzung zum Wandern in diesem Gebiet darstellen. Wanderkarten diverser Hersteller decken das Gebiet ab. Viele Wege sind gut bis sehr gut markiert, aber nicht jeder Weg kann zu jeder Zeit an jeder Stelle in diesem weiten Gebiet überwacht werden. Die großen Waldgebiete bieten im Falle fehlender Markierungen wenig Landschaftsorientierungspunkte, die Orte liegen teilweise sehr weit auseinander und Straßen gibt es wenig. Verirren kann also unangenehme Folgen haben.

Ein ganz besonders, aber völlig anderes Wandergebiet bietet die **Tonstichlandschaft entlang der Havel** einschließlich des Museumsparkes Mildenberg und der Stadt Zehdenick. Ehemalige renaturierte

Nichts für den Wassersport: die Havel südlich von Zehdenick

Oberhavel

Tongruben, durchzogen von den alten Transportwegen und der Havel bieten ein unvergleichbares Wandererlebnis, allerdings mit einer Einschränkung: Die wenigen Wege durch dieses Gebiet sind auch gleichzeitig sehr attraktive Radwege und werden entsprechend genutzt.

Als Empfehlung gilt die eigene Wandererfahrung: Es lohnt hier, sich in der Woche Urlaubstage zu gönnen und nicht am Wochenende und nicht in der Hauptsaison zu wandern. Frühling und Herbst sind ebenfalls sehr reizvoll, dann gibt es nur wenige, also erträgliche Behinderungen durch die teilweise sehr rücksichtslosen Radfahrer.

■ Radeln

Der **Havelradweg** verläuft auf Wanderwegen, auf Straßen oder als eigenständiger Radweg. Insgesamt ist es eine Region, in der das Radfahren sehr viel Freude bereitet, mit abwechslungsreichen Landschaften, viel Wald und nur wenig Gegenwind.

Es wird empfohlen, den ausgeschilderten Havelradweg oder die wenig belebten Straßen zu nutzen. Eigenständige Routen auf Wanderwegen scheinen anfangs fahrradfreundlich, verändern sich aber in Waldgebieten teilweise zu schmalen Pfaden mit Laub, Wurzeln und Unebenheiten. Äste liegen auf dem Weg, mitunter gibt es auch ein unangenehmes Auf und Ab auf unbefahrbarem Untergrund. Wer den Havelradweg meidet, verliert bald die Radelfreude.

Einige Abschnitte und insbesondere das Gebiet durch die Tonstichlandschaft nördlich von Zehdenick werden den Wanderern als Wanderwege angeboten, den Radfahrern als Radwege. Beide Tourismusarten werden beworben, für beide gelten die gleichen Wege als Empfehlung seitens der Tourismusverbände. Auch die Radwegplaner und Erbauer des Landes Brandenburg gehen davon aus, dass Radfahrer rücksichtvolle Gäste sind und die Doppelnutzung ebenso akzeptieren wie die Gäste, die zu Fuß die Natur erleben möchten und den Radfahrern den Weg meistens ohne Murren freigeben. Eine Bitte an alle Radfahrer: Verhaltet euch bitte ebenso, wie ihr es von den Fußgängern erwartet: rücksichtsvoll!

■ Wasserfreuden

Die gesamte Region ab **Fürstenberg bis Zehdenick** ist eine sehr schöne Wasserstrecke für Motorboote und Paddeltouren. Gewerblichen Schiffsverkehr gibt es hier nicht. Die Havel ist hier deshalb besonders reizvoll, weil sie teilweise abseits menschlicher Siedlungen und abseits von Rad- und Wanderwegen einsam im Wald verläuft, in anderen Abschnitten Seen durchzieht und bei Bredereiche, Burgwall und Mildenberg Abwechslung in Form von Anlegestellen, kurzen Landgängen und Gastronomie am Ufer bietet. Ab Zehdenick folgen langweilige Kanalstrecken auf dem Vosskanal, die Havel verläuft abseits und ist nicht befahrbar.

■ Pkw-Tourismus

Die Orte **Tornow**, **Burgwall** und der **Ziegeleipark Mildenberg** lohnen einen mehr oder weniger kurzen Aufenthalt. **Dannenwalde** bietet am Bahnhof einen unterhaltsamen Barfußpfad, Schloss und Park **Liebenberg** sind unbedingt zu empfehlen wie auch ein Spaziergang in **Zehdenick**, hier auch am Havelufer.

Weitere Möglichkeiten für Spaziergänge von einem Parkplatz an der Havel entlang bieten sich in der Region nicht.

Oberhavel

Seeidyll

Die **Gedenkstätte Sachsenhausen** ist sehr weiträumig, es ist viel zu laufen. In **Oranienburg** ist der Park am Havelufer, Ergebnis einer Landesgartenschau, und das nahe Schlossmuseum auch für PKW-Besucher, die nur kurze Strecken schlendern möchten, sehr zu empfehlen.

■ **Barrierefreier Tourismus**

Der Havelradweg ist flach, auf weiten Strecken asphaltiert und für Rollstuhlfahrer geeignet. Man sollte den Hinweis bei ›Wandern‹ auf Seite 133 beachten, denn mit rücksichtslosen Radfahrern ist zu rechnen.

Zehdenick und Umgebung

Abseits der Havel gelegen, ist Dannenwalde dennoch wegen der Bahnstation und der großen Parkplätze als Ausgangspunkt für Wanderungen und Radtouren interessant. Ein schön gestalteter Barfußpfad am Bahnhof bietet ein lustiges Erlebnis.

Die **Rundkirche** und ein **Schloss**, also ein Gutshof typisch Brandenburger Art, bieten weitere Blickpunkte im Ort.

Ziegeleimuseum Mildenberg

Der Ziegeleipark liegt inmitten des ehemals größten Ziegeleireviers Europas. Berlin benötigte Ziegel für die Expansion der Stadt, ausgiebige Tonvorkommen unmittelbar am Havelufer boten ideale Voraussetzungen dafür. Von 1888 bis zum

Ersten Weltkrieg boomte die Ziegelherstellung parallel zur Bautätigkeit in Berlin und verringerte sich danach entsprechend der immer geringer werdenden Nachfrage und der Zunahme anderer Baustoffe. Bis zu 23 Ziegeleien und 63 Ringöfen zum Brennen der Ziegel gab es. Bis zu 6000 Personen arbeiteten unter harten Bedingungen, anfangs an sechs Tagen je elf Stunden für einen derart geringen Lohn, dass sogar die Frauen und Kinder mitarbeiten mussten, um den Lebensunterhalt zu sichern. Der Ziegeltransport fand überwiegend auf dem Wasserweg statt, es gab über 200 Schiffseigner und mehr als 500 Schiffer sowie alle Gewerke, die darum herum erforderlich waren. Der Bedarf verringerte sich kontinuierlich,

▲ *Das Schloss Zehdenick*

- - - -	Radfernweg
- - - -	Naturlehrpfad
- - - -	Wanderweg

Oberhavel

Tonstiche bei Zehdenick

0   500   1000 m

und im Jahre 1991 erlosch das letzte Feuer eines Ringofens. Im Museum Mildenberg, im Schiffermuseum Zehdenick und auf Schautafeln der Umgebung wird eindrucksvoll jene Zeit dargestellt.

Neu entstanden ist eine Landschaft, die als Erholungsgebiet einmalig ist. Die Tonstiche sind Teiche und Seen, naturbelassen oder renaturiert. Ein markierter **Ziegeleipfad** durchquert das Gebiet. Die gesamte Landschaft zwischen Burgwall und Zehdenick mit etwa 50 Seen, Tümpeln und Teichen, also ehemaligen Tonstichen, und der Havel, bietet eine faszinierende Landschaft, die sich zu Fuß, mit dem Fahrrad und auf dem Wasser entdecken lässt. Dass sich hier inzwischen auch eine vielfältige Pflanzen- und Tierlandschaft entwickelt hat, in der Biber, Fischotter und vielerlei Vogelarten heimisch geworden sind, unterstreicht den ökologischen Wert dieses Gebietes.

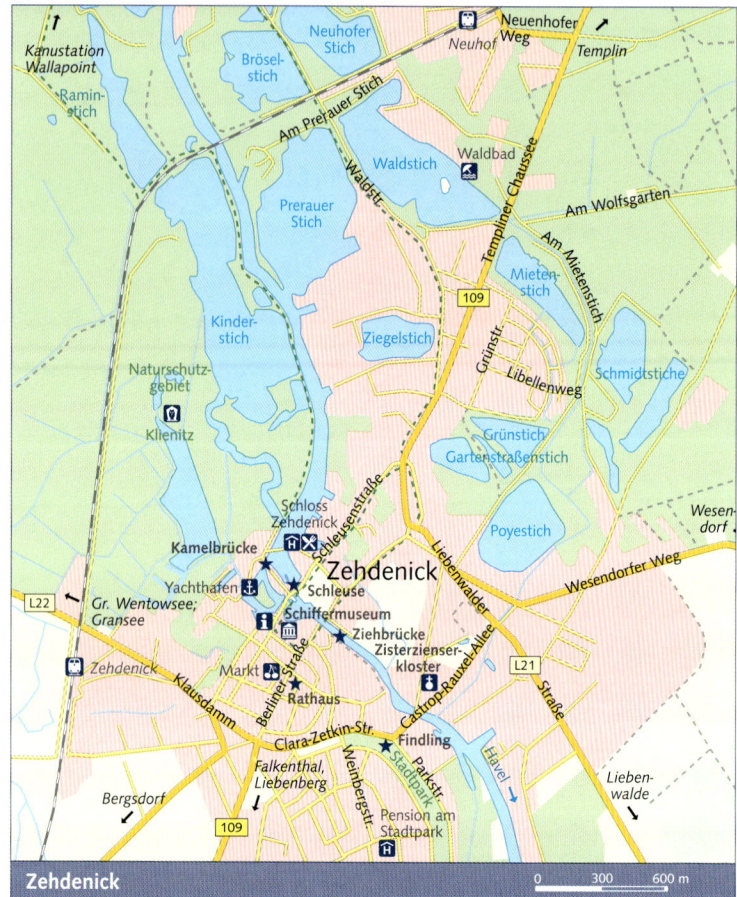

Zehdenick

Zehdenick

Zehdenick ist zweifellos eine der schönsten Städte an der Havel. Reizvoll sind die Lage direkt an der Havel und das Zentrum mit kleinen Geschäften und dem alten **Rathaus** am Markt, neben dem eine eindrucksvolle Eiche zu einer beschaulichen Pause beim Stadtbummel einlädt.

Zuvor hat man vielleicht mit der Besichtigung der Gemäuer des alten **Zisterzienserklosters** begonnen und den Efeu bewundert, der an den Mauern em-

porrankt – er soll bereits Jahrhunderte alt sein. Oder man hat von der Höhe des nahen **Stadtparks** den Blick auf die Landschaft genossen und die beiden großen Findlingssteine bestaunt, einer oben im Park, einer unten an der Straße. Sie gehören zu den größten Steinen, die die Eiszeit aus Skandinavien in dieses Land gewälzt hat. Die kleinen Geschwister dieser Steine werden ja oft mit Füßen getreten, dabei lohnt sich mitunter auch ein Blick auf die bunte Feldsteinsammlung zu unseren Füßen.

Eine Gedenktafel am Stein im Park erinnert an den Besuch des Kronprinzen Friedrich III. in Zehdenick am 28. August 1885.

Nach der Pause am Markt kann man zur **Ziehbrücke** schlendern und zusehen, wie dort durch Ampelregelung der Kreuzungsverkehr zwischen Autos und Schiffen funktioniert. Wenige Schritte weiter am Ufer entlang lädt der Betrieb der **Schleuse** zum Schauen ein, das dahinter erkennbare Havelbecken lockt zu einem Spaziergang über die **Kamelbrücken**.

Und schließlich darf man keinesfalls den Besuch im **Schiffermuseum** unmittelbar neben der Schleuse versäumen. Ein alter echter Havelfrachtkahn, die ›Carola‹, beherbergt in seinem Frachtraum eine sehr sehenswerte Ausstellung zum Schiffsverkehr früherer Zeiten auf der Havel (→ S. 90).

Den Abschluss eines Bummels durch das Städtchen könnte eine Runde um das **Schloss** bilden, das mit seinem kleinen Park direkt am Havelufer reizvolle Fotomotive bietet und mit einem Restaurant zum würdigen Abschluss des Tages einlädt.

In der modernen **Marina** und der angrenzenden Gastlichkeit werden Land- und Wassertouristen verwöhnt. Die umgebende Landschaft der renaturierten Tonstiche im Norden, die Fortsetzung der Havel im Süden und das gesamte umgebende Land verleihen Zehdenick einen zusätzlichen Reiz.

Die Havel zwischen Zehdenick und Oranienburg

Ab Zehdenick schlängelt sich die Havel in einem verringerten natürlichen Bett weiter durch überwiegend offenes Land, während zunächst unmittelbar parallel dazu die alte Schifffahrtsstraße, der Vosskanal, verläuft.

Krewelin, **Bischofswerder** und **Liebenwalde** folgen als Orte. Hier trennt sich die natürliche Havel endgültig von dem angelegten Kanal. **Malzer Kanal** heißt nun die Wasserstraße bis zur Mündung in den Oder-Havel-Kanal, während die Havel beschaulich durch das Land plätschert und an den Orten Neuholland, Bernöwee, Malz, Friedrichstal, Sachsenhausen vorbei bis in das Stadtzentrum

Oberhavel

Eine der Kamelbrücken in Zehdenick

Oranienburgs hinein noch so fließt, wie sie es schon immer wollte.

Wir erleben also bis Oranienburg die Havel in der ursprünglichen Form und einen unabhängig davon geschaffenen Schifffahrtsweg, der als **Oder-Havel-Kanal** hier den östlich des Zentrums von Oranienburg gelegenen Lehnitzsee als Schifffahrtsstaße nutzt und sich bei Lehnitz mit der Havel verbindet.

In Oranienburg kommt noch eine dritte Wasserstraße, der **Ruppiner Kanal**, hinzu, eine weitere künstliche Verbindung des Rhin mit der Havel, die aber für den heutigen gewerblichen Verkehr weder ausreicht noch benötigt wird und ebenfalls eine reine Freizeit- und Erholungswasserstraße darstellt.

Als **Oranienburger Kanal** verläuft dessen Fortsetzung westlich des Ortskerns von Oranienburg und mündet südlich der Stadt in die nun als Schifffahrtsstraße dienende Havel.

Ein besonderes Kleinod in dieser Havelregion bilden **Park und Schloss Lie-**

▲ *Leuchter in der Liebenwalder Kirche*

benberg, es wird fälschlich oft in Liebenwalde vergeblich gesucht. Das sehr geschichtsträchtige und sehenswerte Gebäudeensemble einem sehr hübschen Park und Gastromie liegt wenige Kilometer westlich der Stadt Liebenwalde und ist sowohl mit dem PKW, dem Fahrrad und sogar problemlos ab Bahnhof Grüneberg immer geradeaus auf ruhigen Wegen zu Fuß erreichbar.

Liebenwalde

Die **Burganlage** in Liebenwalde ist vergessene Geschichte, so scheint es. Es ist fraglich, ob die vorhanden Reste einer Burganlage aus dem 13. Jahrhundert irgendwann doch noch aus ihrem Dornröschenschlaf geholt werden. Das Gelände ist gesperrt und nicht zugänglich, es befindet sich in Privatbesitz. Ziemlich verwahrlost präsentiert sich hier die Geschichte, die nachweislich mit den Askaniern begann, wobei eine noch ältere slawische Burganlage aus dem Dunkel uralter Zeiten hervorschimmert. Später war die Burg zeitweise ein kurioser Besitz Mecklenburgs inmitten brandenburgischer Herrschaftsgebiete, und wurde im Jahre 2011 nach wechselvoller, wenig bedeutsamer Geschichte hinter alten Zäunen versteckt.

Ganz im Gegensatz dazu präsentiert sich das hübsch restaurierte alte **Rathaus** inmitten des Städtchens. In der zwischen 1833 und 1835 erbauten **Kirche**, die offen zum Besuch einlädt, dokumentiert der Kronleuchter exzellente Handwerkskunst.

Für Wassersportler ist Liebenwalde als Orientierungspunkt und wegen der Verzweigung verschiedener Wasserwege bekannt. Hier zweigt von der kanalisierten Havelparallele, dem Vosskanal, ein Kanal mit dem Namen **Langer Trödel** ab, der später in den Finowkanal übergeht.

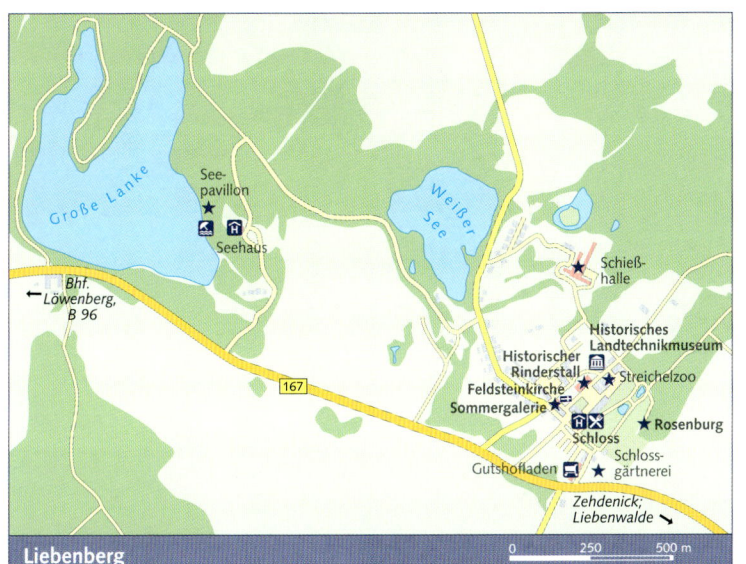

Liebenberg

Oberhavel

Der Finowkanal

Bereits in uralter Zeit überlegte man, ob und wie man die östlichen Binnenwasserwege, die an die Häfen der Ostsee anschließen, mit den westlichen Wasserwegen zu den Häfen der Nordsee im Binnenland verbinden kann. Dabei war längst bekannt, dass die Havel den östlichen Wasserwegen am nächsten ist, aber sie war nur über die Spree bis Berlin schiffbar, wo umgeladen werden musste. Bis Frankfurt an der Oder war der Landweg zu überbrücken.

Das Bächlein beziehungsweise das kleine Flüsschen Finow schließlich ergab in Zusammenhang mit kanalisierten Havelabschnitten die Möglichkeit einer Wasserstraßenverbindung zwischen Elbe und Oder. Im 17. Jahrhundert gelang der Kanalbau zwischen Havel und Oder, wobei es viele Schleusen geben musste, denn die Flüsse verlaufen auf unterschiedlichem Niveau. Dieser Finowkanal wurde durch einen wesentlich breiteren Kanal den späteren Bedürfnissen angepasst, als

Oder-Havel-Kanal verläuft dieser nicht weit vom Finowkanal entfernt und führt zum Schiffshebewerk in Niederfinow.

Der alte Finowkanal steht dem Freizeitbootsverkehr aber noch immer zur Verfügung. Er ist angeblich die älteste künstlich angelegte Schifffahrtsstraße Deutschlands, die noch heute genutzt wird. Dies kann allerdings bezweifelt werden, denn die nördlich in unbekannter Vorzeit künstlich angelegten Wasserverbindungswege zwischen Müritz und Havel sind schließlich auch noch immer genutzte, künstlich angelegte Schifffahrtsstraßen. Die Entstehungszeit dieser Verbindungen ist aber zum Teil unbekannt, und es sind nur regionale Binnenwasserstraßen, also im Gegensatz zum Finowkanal weniger wichtige Nebenstraßen.

Liebenberg

Ort, Schloss und Park liegen abseits der Havel, sind aber unbedingt als Ausflug empfehlenswert. Das gesamte Areal des

Schlosses mit Park und **Kutschenmuseum**, der Kirche und der Gastronomie lädt oft zu besonderen Veranstaltungen ein, ist aber unabhängig davon zu jeder Zeit ein lohnenswertes Ziel.

In dem idyllischen kleinen **Park** beeindrucken der Teich, die Rosenburg, eine kleine Ruine – als Schmuckstück ohne weiteren Zweck erbaut –, der kleine Pavillon und das Café. Es lohnt ein Spaziergang zu dem kleinen romantischen Wald, der sich an den Park anschließt, zum dort versteckten See und vielleicht noch etwas weiter hinaus auf eine offene Höhe mit erstaunlich weiter Sicht in das liebliche Land hinaus. Theodor Fontane widmet diesem gesamten Areal in seinen ›Wanderungen‹ mehr als zwei Buchseiten überschwänglicher Begeisterung.

Das Schloss selbst ist heute ein Hotel, zwei Restaurants servieren hauptsächlich einheimische Küche. Ein Gutshofladen verkauft regionale Produkte.

Neuholland

Dem Lauf der Havel folgend erreicht man zunächst Neuholland. Wie geschichtlich belegt ist dieser Ort eine Gründung und Idee eines Adligen aus Cleve, dem Rheinland also. Mit dem Urbarmachen von Bruchland, Sumpfwiesen und Überschwemmungsgebieten in der Mark Brandenburg wurde überwiegend das Haus Hohenzollern und seine Könige geehrt. Die eingewanderten Mönche der Zisterzienser hatten im Rahmen ihrer Klostergründungen ähnliches schon in kleinem Rahmen praktiziert. Die Idee, dies großflächig zu realisieren, stammt aber von Adligen der Familie von Hertefeld aus Cleve, die hier im Sumpfland der Havel gemeinsam mit holländischen Fachleuten damit begannen.

Sachsenhausen

In diesem Vorort Oranienburgs wurde bereits 1936 ein Konzentrationslager eingerichtet. Wie in Ravensbrück (→ S. 121) wurden auch hier Personen inhaftiert, bei Schwerstarbeit bis zum Tode geschunden, andere gefoltert und systematisch umgebracht. Unbequeme Denker, Kritiker des Regimes, Angehörige freiheitlicher Parteien, Ausländer, Angehöriger unterschiedlicher Religionen und oft genug von Nachbarn oder Kollegen denunzierte Menschen.

Wie Ravensbrück kennzeichnet dieser Ort ein weiteres Grauen mit besonderer Pikanterie: In diesem Konzentrationslager gab es eine Fälscherwerkstatt zur Herstellung ausländischen Geldes und anderer Wert-Druckerzeugnisse. Der methodisch kriminelle Wahnsinn der Nazidiktatur führte dazu, dass hier auch jüdisches Fachpersonal arbeitete, das nach Beendigung ihrer Arbeit umgebracht wurde.

Die weitere Pikanterie hier ist die, dass anschließend die sowjetischen Besatzer das Lager ebenfalls nutzten, um sich politischer Gegner zu entledigen. Die Behauptung, jemand sei ein Nazi gewesen, reichte den neuen Machthabern oft schon zur Inhaftierung aus. Auch zwischen 1945 und 1950 konnte es tödliche Folgen haben, anderes als die Staatspartei zu fordern oder gegen sie zu arbeiten. In Dokumenten wird von inhaftierten Jugendlichen berichtet, die noch zu jung waren, um Nazis oder politische Gefährdungstäter gewesen sein zu können.

Noch immer werden frische Blumen auf die Massengräber gelegt, die in Sachsenhausen an die Opfer vieler Staaten erinnern.

Die Havel südlich von Zehdenick

Oberhavel

Die Geschichte von Liebenberg

Wenig bekannt ist die Bedeutung des Schlosses Liebenberg im Zusammenhang mit der Landschaft der Region und seiner früheren Besitzer. Neben dem charakteristischen Beispiel früheren Herrschaftsverhaltens waren die Ideen, die hier entstanden, für die gesamte Entwicklung im Lande Brandenburg von herausragender und bis heute spürbarer Bedeutung. Der Geschichte und Bedeutung der ›Herrschaft Liebenberg‹ widmete Theodor Fontane in seinem Band ›Fünf Schlösser‹, also in den ›Wanderungen‹ Band fünf, eine sehr gründliche Erarbeitung der Geschichte und Bedeutung. Spätere Zeiten sind weniger bedeutungsvoll, deshalb soll hier nur das Wichtigste aus Fontanes Ermittlungen erwähnt werden. Die Vorgeschichte gleicht der anderer Schlösser, interessant wird es ab dem Chaos im 17. Jahrhundert, dem Dreißigjährigen Krieg: Theodor Fontane berichtet; dass » …das unter den Drangsalen des Dreißigjährigen Krieges absolut verwüstete Gut in Konkurs geriet und von Jobst Gerhard von Hertefeld, einem Cleveschen Edelmann, erstanden wurde.« Er berichtet an anderer Stelle, dass der damalige große Kurfürst bewusst Adlige, die ihm als verdienstvoll und geeignet erschienen, bat oder beauftragte, mit guten Kräften das verarmte, verwüstete Land wieder aufzubauen.

Fontane schreibt: »… Hertefeld übernahm das Gutsareal, das aus seit längerer und kürzerer Zeit in Devastation [Verwüstung] übergegangenen Feldmarken… und wertlos daliegendem Havel-Bruchland bei Liebenwalde bestand. Und aus diesem Wertlosen einen Wert zu schaffen, lag ihm ob [war sein Auftrag]. Und er war der Mann, sich dieser Aufgabe zu unterziehen. … Die Art und Weise, wie er die hundert Hufen [mindestens 700 000 Quadratmeter] Havel-Bruchland in Angriff nahm, muss als epochemachend für die Kulturgeschichte der Mark bezeichnet werden. Er zog nämlich clevisch-holländische Landarbeiter heran und gründete, nach vorgängiger Errichtung von Deichen und Dämmen, eine auf Viehzucht und Molkerei gerichtete Kolonie, der er den Namen Neuholland gab (den Ort gibt es noch immer). Er gab dadurch, und das war das wichtige, das erste Beispiel von Urbarmachung wertloser Bruchgegenden, ein Beispiel, das später am Rhin, an der Oder und Warthe befolgt und eine Quelle nationalen Wohlstandes geworden ist.«

Der Neffe des ersten von Hertefeld führte das Werk später dort weiter. Als Jugendlicher von 15 Jahren war sich dieser Samuel von Hertefeld nicht zu schade, als Page dem Prinzen, dem späteren König, zu dienen. Er bewährte sich in diesen Diensten und lenkte die Aufmerksamkeit des Königs auch auf die Erfolge in Liebenberg.

Der Erfolg laut Theodor Fontane: »Dies überaus ersprießliche Werk entging nicht der Aufmerksamkeit des Königs Friedrich Wilhelms I., der die Bedeutung derartiger Arbeiten erkennend bald nach seinem Regierungsantritt den Oberjägermeister (also den inzwischen erwachsenen Simon von Hertefeld) mit der Entwässerung und Urbarmachung des Großen Havelländischen Luchs beauftragte.«

Fontane berichtet weiter sehr detailliert, wie geschickt auch dieser zweite von Hertefeld dabei vorging, so dass seine Arbeit ›wichtig für die ganze Viehwirtschaft der Mark geworden ist.‹ Später leitete jener auch ähnliche Vorhaben in Ostpreußen und Litauen und gab Liebenberg seine noch immer erkennbare Gestalt.

Es ist an dieser Familie erkennbar, dass Adlige keinesfalls immer die bösen Ausbeuter waren, sondern mitunter auch von den Herrschern als geeignete Personen gefördert wurden, das Land voran brachten und Arbeitgeber waren. Das bewies sich auch in späteren Kriegszeiten, als das Schloss von marodierenden Soldaten geplündert wurde und sich die Familie in auswärtige Sicherheit begeben musste. Nach erneutem Niedergang begann sie alles noch einmal von vorn, was wieder zu wirtschaftlichen Erfolgen führte.

Die Fortsetzung dieser Familiengeschichte, die mit Karl von Hertefeld im Jahre 1867 endete, ist auch in anderer Hinsicht bemerkenswert. Aus Fontanes Berichten dieser Familienchronik wird deutlich, dass erfolgreiche Adlige verständlicherweise auch zu denen avancier-

Schloss Liebenberg

ten, die in der Nähe der Könige Einfluss auf deren Politik nehmen konnten. Und es wird deutlich, dass auch dabei teils diffuse, schädliche, unrealistische und sehr auf das eigene Wohl bedachte Ideen entstanden. Der letzte aus dieser Ahnenreihe, Karl von Hertefeld, fiel jedoch nach Fontanes Worten wie folgt auf: »Es lag in seiner Natur, immer die liebenswürdigsten Formen zu wahren ... Seine glänzendste Seite war seine Wohltätigkeit. Er besaß einen wahren Helferdrang und half im großen und kleinen. Unter anderem rührt die Bestimmung von ihm her, dass die Tagelöhner auf seinen Besitzungen Anspruch auf freie Doktor und freie Medizin haben.« Als Vermächtnis hinterließ Karl von Hertefeld ein intelligentes und originelles Testament: Intelligent deshalb, weil er der vermutlich fähigsten, aber entfernteren Verwandtschaft das gesamte Gut ungeteilt vererbte; originell, weil er eine Stiftung gründete, die sich aus einem Grundstock vorhandenen Vermögens und ausstehender Gelder zusammensetzte, mit dem Erfolg, dass mit dem Bezahlen von Schulden die Stiftung auf mehr als die dreifache Summe anschwoll. Das Gewissen plagte die Gläubiger eher, wenn sie einer wohltätigen Stiftung Geld schuldeten als einer ohnehin reichen Familie. Der gutmütige Helfer Karl von Hertefeld war wohl sehr großzügig mit dem Inkasso von Warenlieferungen, aber mit seiner Testamentsidee ebenso klug und erfindungsreich wie seine Urahnen. Die Familie von Eulenburg erbte also das Gut und wirtschaftete erfolgreich weiter, Fontane: »Mastvieh wurde Liebenberger Spezialität und die Prämierung dafür eine Selbstverständlichkeit«. Fontane beendet seinen Bericht so: »Jene Hilfsbereitschaft und schöne Gastlichkeit, die hier allezeit heimisch war und das alte Vorrecht der Hertefelds war, sie lebt fort bis zu dieser Stunde«.

Es gab auch nach Fontanes Zeiten weiterhin Verbindungen zum Kaiser. Fürst Philipp von Eulenburg gehörte als Diplomat zum engsten Kreis seiner Berater, und anlässlich einer Hochzeit bezeichnete der letzte deutsche Kaiser im Jahre 1904 Liebenberg als ›einen Denkstein märkischer Geschichte‹.

1945 endet die Erfolgsgeschichte mit der Enteignung der Familie von Eulenburg und damit auch eine Erfolgsgeschichte privater Landwirtschaftsunternehmungen. In der DDR wurde ein ›Schulgut‹ daraus, die ›DKB-Stiftung für gesellschaftliches Engagement‹ nutzt seit 2005 das Schloss Liebenberg für kulturelle Zwecke.

Informationen Oberhavel

Anreise mit Bus und Bahn

Die überregionale **Bahnauskunft** ist im Internet unter www.bahn.de, an Bahninformationen und auch an Fahrscheinautomaten der Bahn erhältlich. Die zentrale Telefonauskunft der Deutschen Bahn lautet 0800/1507090, allgemeine Bahnauskünfte gibt es auch unter Tel. 0180/5996633. Für das gesamte Land Brandenburg und Berlin gibt es den **Verkehrsverbund Berlin-Brandenburg** mit der einheitlichen Fahrplanauskunft für alle Buslinien und Bahnen in beiden Bundesländern im Internet unter www.vbbonline.de und über die Auskunft des Verkehrsverbundes, Tel. 030/25414141.

Touristeninformationen

Tourismus Marketing Brandenburg GmbH (TMB), Reiseland Brandenburg, Am Neuen Markt 1, 14467 Potsdam, Tel. 0331/2004747, www.reiseland-branden burg.de.

Touristinformation Fürstenberger Seenland e. V., Markt 5, 16798 Fürstenberg, Tel. 033093/32254, www.fuerstenberghavel.de, www.fuerstenberger-seenland.de.

Fremdenverkehrsbüro Zehdenick, Schleusenstraße 22, 16792 Zehdenick, Tel. 03307/2877, www.fremdenverkehrs buero-zehdenick.de.

Touristeninformation Liebenwalde, Havelstraße 1a, 16559 Liebenwalde, Tel. 033054/90772, www.liebenwalde.de.

Unterkünfte

■ Hotels und Pensionen

Boltenhof

Gut Boltenhof, Lindenallee 14, 16798 Boltenhof, Tel. 033087/52520, www.gutbol tenhof.de. Mit Restaurant.

Zehdenick

Pension am Stadtpark, Grünstreifen 19, 16792 Zehdenick, Tel. 03307/301620, www.pension-stadtpark.de.

Gasthaus und Pension Alter Hafen, Ziegelei 11, 16792 Zehdenick/OT Mildenberg, Tel. 03307/301870, www.gasthaus-alterhafen.de. Im Ziegeleipark.

Liebenberg

Schloss & Gut Liebenberg, Parkweg 1, 16775 Löwenberger Land/OT Liebenberg, Tel. 033094/700500, www.schlossliebenberg.de.

Die Marina in Zehdenick

■ **Camping- und Wohnmobilstellplätze, Ferienhäuser**

In der Region gibt es zahlreiche Campingplätze, Informationen über die Touristinformation.

Zehdenick

Yachtcharter Arlt → Bootsanleger.

Zootzen

Campingplatz Havelblick, Havelweg 4, 16798 Fürstenberg/OT Zootzen, www.camping-havelblick.de.

Bredereiche

Bootshaus an der Havel, Fred Bandelow, Dorfstraße 8, 16798 Fürstenberg, OT Bredereiche, Tel. 033087/52310, www.bootshaus-bandelow.de. Pension, Gaststätte, Bootsanlegestelle.

Tornow

Mühle Tornow, Neue Straße 1, 16798 Fürstenberg/OT Tornow, Tel. 033080/404850, www.muehle-tornow.de. Gastätte, Pension, Bootshafen.

Campingplatz am Großen Wentowsee, Ringslebener Straße 1, 16798 Fürstenberg/OT Tornow. Auch Floßvermietung.

Gastronomie

Bootshaus an der Havel, Bredereiche.

Mühle Tornow, Tornow.

Gasthaus und Pension Alter Hafen, Zehdenick.

Schloss & Gut Liebenberg, Liebenberg → Hotels und Pensionen.

Museen

Mildenberg

Ziegeleipark Mildenberg, 16792 Zehdenick/OT Mildenberg, Tel. 03307/310410, www.ziegeleipark.de; April–Okt. Einlass tägl. 10–17 Uhr.

Zehdenick

Schiffermuseum Zehdenick, Schleusenstraße 22, 16792 Zehdenick, Tel. 03307/2877, Mitte April–Okt. Di–So 10–17 Uhr.

Kurt-Mühlenhaupt-Museum, Bergsdorfer Dorfstraße 1, 16792 Zehdenick/OT Bergs-

dorf, Tel. 033088/50550, www.mueh lenhaupt.de; Sa/So, Feiertag 13–18 Uhr.

Liebenwalde

Heimatmuseum Liebenwalde, Marktplatz 20 (im ehemaligen Stadtgefängnis), 16559 Liebenwalde, Tel. 033054/80555, www.museum-im-knast.de.

Fahrgastschifffahrt

→ Reedereien in der Havelregion, S. 270.

Bootsanleger, Charterboote

Bredereiche

Bootshaus an der Havel,→ Hotels und Pensionen.

Tornow

Mühle Tornow → Hotels und Pensionen.

Campingplatz am Großen Wentowsee → Campingplätze.

Fürstenberg

rentafloss, Seestraße 1, 16798 Ringsleben bei Fürstenberg (am Wentowsee). Floß-Anmietung über rentafloss, Bizetstraße 102, 13088 Berlin, Tel. 030/92372212, www.rentafloss.de.

Zehdenick

Marina und Yachtcharter, Ziegelei 11, 16792 Zehdenick/OT Mildenberg (an der Marina), Tel. 03307/420504, www.yacht charter-arlt.net. Mit Wasserwanderrastplatz, und kleinem Campingplatz.

Kanustation Wallapoint, Am Welsengraben 5, 16792 Zehdenick/OT Mildenberg, Tel. 03307/420800, www.wallapoint.de.

Liebenwalde

Steganlage Langer Trödel, Berliner Straße 45a, 16559 Liebenwalde, Tel. 033054/39030, www.marina-liebenwalde.de. Mit Kanuvermietung und Biwakplatz, Charterboote.

Badestellen, Schwimmbäder

Zehdenick

Waldbad Zehdenick, Straße zum Waldbad, 16792 Zehdenick, www.waldbad-zehdenick.de

Die Jahreszeiten wandern durch die Wälder,
man sieht sie nicht. Man liest es nur im Blatt.
Die Jahreszeiten strolchen durch die Felder.
Man zählt die Tage. Und man zählt die Gelder.
Man sehnt sich fort aus dem Geschrei der Stadt.

Erich Kästner: ›Die Wälder schweigen‹

Park- und Stadtlandschaften

Schlösser, Städte und Natur

Erich Kästner, ein Mensch der Stadt, beschreibt in seinem Gedicht auf der vorherigen Doppelseite seine Sehnsucht nach der Natur. Und die kann man erstaunlicherweise auch in Verbindung mit Kultur erleben. Dies beweist der hier folgende Abschnitt, denn die Havel bietet zwischen den Städten Oranienburg und Potsdam eine in Deutschland einmalige Landschaftsformation. Nirgends sonst bietet eine Region alle denkbaren Wasservergnügungsarten mit nahen, großartigen Uferpartien, die das Auge sowohl vom Wasser aus zum Land als auch umgekehrt erfeuen.

Vom Wasser aus gesehen finden sich an den kurvenreichen Ufern nicht nur Schilfgürtel, Inseln, Wälder und Höhenzüge, sondern diverse Bauwerke, die teils uralt, teils hochmodern sind, teils Zweckbauten, teils reine Landschaftsverschönerungsbauten oder beides in Kombination sind. Vom Land aus bietet die Havel auf diesem Streckenabschnitt diverse Uferwege als Parkwege mit immer wieder überraschend anderen Sichten auf die Wasserflächen, Ufergaststätten in Fülle und landeinwärts Historie und Kultur, die in Gänze den Umfang dieses Freizeitführers sprengen würde.

Oranienburg hat im Zusammenhang mit der Restaurierung des Schlosses und den Folgen der Gartenbauausstellung im Jahre 2009 enorm an Freizeit- und Erholungswert gewonnen. Das Zentrum **Hennigsdorfs** bildet eine angenehme Kleinstadtatmosphäre modernster Art und einen schönen Uferweg an der Havel. Die Industrieregionen dieses bedeutenden Standortes fügen sich harmonisch in das Landschaftsbild ein. **Nieder Neuendorf** bildet die Verbindung zu Berlin, **Heiligensee** und **Tegel** sind, wie auch **Spandau**, ansprechende Randgebiete Berlins im Grünen. Doch Spandau, diese

ehemals selbständige Stadt, älter als Berlin, strahlt noch immer Würde aus und ist mit ihrer eigenständigen Geschichte sehenswert und interessant. Die Spandauer Ortsteile **Kladow** und **Gatow** sowie Wannsee auf der gegenüberliegenden Havelseite, zum Bezirk Zehlendorf gehörend, bieten jeweils eigene Geschichte und Geschichten mannigfacher Art und enormen Erlebniswert. Deshalb wird dieser Abschnitt nicht Berlin als Stadt betreffen, sondern diese Orte entlang der Havel charakterisieren.

Das kaum erkennbare **Sacrow** und das anschließende **Potsdam** mit den Teilen **Glienicke**, **Babelsberg** und **Caputh** bieten neben der Gesamthistorie zusätzlich eigene Akzente. Zu alledem finden sich in diesem Havelabschnitt eine Fülle von Inseln, die teilweise ebenfalls eine eigenständige Geschichte aufzuweisen haben. Alles ist miteinander zu einer vielseitigen Erlebniswelt verschmolzen.

Berlin-Spandau mit der in der Reformation bedeutungsvollen Kirche und der uralten Burganlage Zitadelle, die **Berliner Havelseen**, nicht nur als Freizeitorte bekannt, sondern auch Historien bietend, **Wannsee**, bekannt für Wasserfreuden jeder Art, aber auch mit dem grauenvollem Protokoll der Wannseekonferenz verbunden, und die Schlösserpracht **Potsdams** können hier nur in Kurzfassung präsentiert werden, aber ergänzt durch Einiges, das anderswo kaum zu finden ist.

Der Lauf der Havel

In und um **Oranienburg** gibt es verwirrend erscheinende Wasserwege: Die Havel wurde als zeitgemäßer Schifffahrtsweg durch den östlich gelegenen Lehnitzsee am Stadtzentrum vorbei geleitet, fließt als Fluss aber noch immer durch die Stadt. Am westlichen Stadtrand Oranienburgs zweigt aber schon seit langer Zeit eine Wasserstraße zum

Karte S. 151

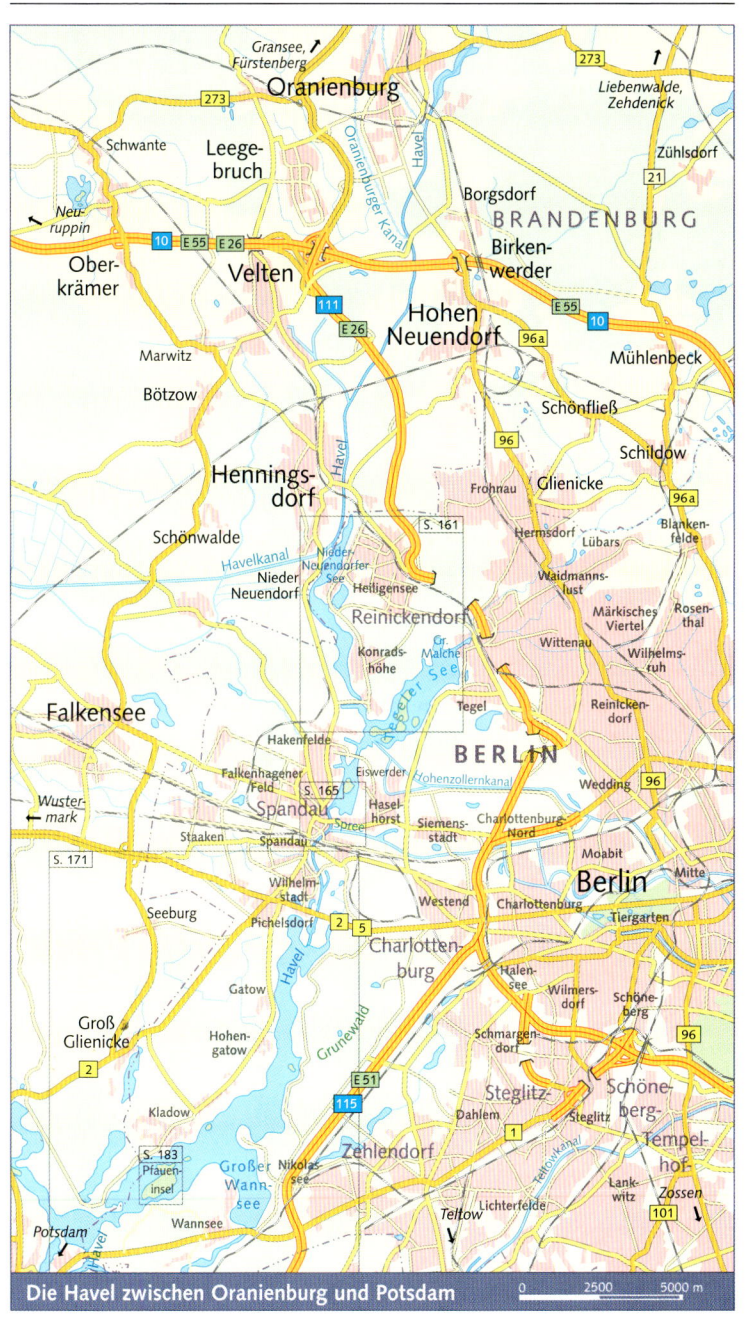

Die Havel zwischen Oranienburg und Potsdam

Park und Stadtlandschaften

Am Mönchsee im Briesetal

Rhin ab, die nur noch für den Freizeit-bootsverkehr geeignet ist, der **Ruppiner Kanal**; dazu wurde westlich am Stadt-zentrum vorbei der **Oranienburger Kanal** als Zuwegung geschaffen. Somit fließt die Havel durch Oranienburg mitten hin-durch, und es gibt auf beiden Seiten der Stadtmitte Kanäle, die um das Zentrum herumführen.

Südlich von Oranienburg ist die Havel für einige Kilometer gleichzeitig der **Oder-Havel-Kanal** ohne separaten Verlauf, hier also kanalisiert als eine Schifffahrtsstra-ße, die sich aber sehr harmonisch in die Landschaft einfügt.

Doch bereits kurz vor der Stadtgrenze Berlins mit dem Beginn der Seenkette, deren erster der **Nieder Neuendorfer See** ist, spricht man nur noch von der Havel, denn mit Ausnahme der Teilstrecke durch das dicht besiedelte Spandau war kaum ein Kanalausbau der Havel erforderlich. Partielle Uferbefestigungen, für die Schiff-fahrt erforderliche sonstige Veränderun-gen und Hafenanlagen üblicher Art sind zwar unvermeidlich, aber in ein enges Korsett musste man die Havel nicht zwän-gen, denn sie bietet bis zur Mündung in

die Elbe fast durchgängig entweder eine für den Schiffsverkehr ausreichende Breite oder stellt sich als Seenverbindung dar. Zur Abkürzung der Schifffahrtsstrecken wurde jedoch an Potsdam vorbei der **Sacrow-Paretzer Kanal** geschaffen, zwi-schen der Havel hinter Brandenburg und der Elbe ebenfalls eine Kanalverbindung hergestellt und bei Havelberg der Weg zur Elbe per Kanal verkürzt.

Der **Teltowkanal**, der bei Potsdam nach Osten abzweigt, bildet die Anbindung an Industriegebiete im Süden Berlins, endet in der Nähe Köpenicks und ver-bindet somit die Seengebiete der Dah-me, weitere Binnenwasserstraßen und die Spree am Stadtzentrum Berlins vor-bei mit der Havel. Mit einer Schiffspas-sage durch Berlins Mitte oder über den Teltowkanal gibt es über den östlich verlaufenden **Oder-Spree-Kanal**, der an einem der Seen der Dahme am südöstli-chen Stadtrand Berlins beginnt und erst in der Nähe von Fürstenwalde, also weit östlich, die Romantik der Spree in Berlins Nähe beendet, eine weitere Verbindung zwischen Elbe, Havel und Oder.

Und es gibt auch noch einen **Havelkanal**. Dieser bildet im Reigen der künstlich an-gelegten Wasserstraßen ein Kuriosum, das in der Vergangenheit wichtig war und nun auf Dauer ein Andenken an die poli-tischen Verhältnisse vom Ende des Zwei-ten Weltkriegs 1945 bis zur deutschen Einheit 1990 bleibt. Der Havelkanal ver-bindet die Havel mit der Havel an Berlin vorbei, beginnt kurz vor der nördlichen Stadtgrenze, also damals in Westberlin, verläuft in großem Bogen um Westberlin herum und mündet ebenso wie der aus Potsdam kommende Sacrow-Paretzer Ka-nal an fast der gleichen Stelle wie dieser in die Havel. Der einzige Grund für den Bau war, die Wasserstraßenverbindung innerhalb der DDR ohne Passage West-berlins zu ermöglichen.

Karte S. 151 ▲

Am Abzweig Nieder Neuendorfer See gibt es noch eine weitere Kuriosität, die durch die damalige innerdeutsche Grenze bedingt ist. Mit voller Absicht wurden hier zwei Frachtkähne im See versenkt, ausschließlich zu dem Zweck, eine künstliche Insel zu bilden. Voll beladen mit Sand und Erde ragen sie noch immer etwas aus dem Wasser, sind längst bewachsen und fügen sich harmonisch in das Landschaftsbild ein. Warum dieser Aufwand? Der Havelkanal zweigt am Nieder Neuendorfer See von der außerhalb Berlins, aber in der Nähe dieses Sees verlaufenden Havel ab, die danach durch diesen See nach Westberlin hineinfließt. Eine Uferseite des Nieder Neuendorfer Sees ist Berliner, also damals Westberliner Gebiet. Mit der künstlichen Insel gelang es nun, den Schifffahrtsweg so zu gestalten, dass die innerhalb der DDR verkehrenden Schiffe oder Besatzungsmitglieder der Schiffe keine Möglichkeit hatten, illegal Westberliner Gebiet zu erreichen. Der Havelkanal bietet jetzt die Transitverbindung nach Polen an Berlin vorbei, während die gewerbliche Schifffahrt von

und nach Berlin die Abkürzung durch den Sacrow-Paretzer Kanal nutzt, der deshalb für die Passage größerer Schiffe erweitert wird. Für die Havel selbst ist das nicht erforderlich. Sie bietet innerhalb Berlins eine beeindruckende Breite und eine Seenkette wie folgt: Tegeler See, Spandauer See, Pichelssee, Stößensee, Scharfe Lanke, Wannsee. Im Jungfernsee verlässt sie Berlin, um in gleicher Weise Potsdam zu erfreuen: Glienicker Lanke, Tiefer See und Templiner See, Buchten und ein breiter Flussverlauf kennzeichnen die Havel bei der Passage durch Potsdam.

Erlebnismöglichkeiten der Region

■ **Wandern**

Es gibt hauptsächlich zwei Wanderregionen. **An Oranienburg südlich anschließend** erkennt man bis nach Spandau immer auf einer der beiden Havelseiten Waldgebiete, auf der anderen Siedlungen, wobei diese auf weiten Strecken Wege entlang des Havelufers aufweisen. Das bedeutet Wandermöglichkeiten im Wald und Gastronomie entlang der Havel in Siedlungsgebieten. Neben Kiefernwald finden sich insbesondere im Tegeler Forst auch Laubwaldgebiete. Freilich ist die Region stärker frequentiert als abgelegene Regionen und auf Teilstrecken auch lärmbelastet. Andererseits bieten die Verkehrsverbindungen und die Gastronomie problemlose Wandermöglichkeiten. Zu empfehlen sind hier Tagesausflüge zu Fuß mit unterschiedlichen Schwerpunkten.

Der **Mauerweg**, der als Wander- und Fahrradroute angeboten wird, ist insbesondere an Wochenenden zum beschaulichen Wandern ungeeignet, denn es ist mit starkem, teilweise extrem rücksichtslosem Fahrradverkehr zu rechnen. **Südlich von Spandau** finden sich vergleichbare Verhältnisse, wobei der **Gru-**

Die Havel bei Oranienburg

Park- und Stadtlandschaften

newald mit der gesonderten Seenkette, die nahe des Bahnhofes Grunewald beginnt und sich bis zum Bahnhof Schlachtensee fortsetzt, zusätzliche Attraktionen bereithält.

Einige besondere Wanderempfehlungen:
1. Der **Berliner Wanderweg Nr. 12,** der am Bahnhof Spandau beginnt und sich als Havelhöhenweg, der nicht zum Radfahren geeignet ist, parallel zur Havelchaussee entlang der Havel bis zum Bahnhof Wannsee hinzieht, bietet mit seinen Uferpartien entlang der Havel und Aussichtspunkten auf den Havelhöhen zweifellos besondere Wanderfreuden.
2. Im Gebiet **Wannsee/Glienicke/Pfaueninsel** werden auf den Uferwegen entlang der Havel Fußgänger ebenfalls mit starkem Fahrradverkehr konfrontiert. Zu empfehlen sind Spaziergänge auf der Pfaueninsel, durch den Park Glienicke und Wanderungen durch den Wald, abseits des Ufers.
3. Ein besonders schönes Wandergebiet erstreckt sich auf der **westlichen Havelseite**. Mit einem stark frequentierten Uferweg südlich von Gatow beginnend, folgt man der Havel über Kladow bis zur Stadtgrenze und wendet sich dann wald-

einwärts dem Sacrower See zu. Wege um diesen See, weiter durch den Königswald entlang des Ufers am Lehnitzsee und Jungfernsee und zum Ort und Park Sacrow bieten attraktive Wandermöglichkeiten, die hinsichtlich der Längen variierbar sind.
4. Die **Park- und Schlösserlandschaft Potsdams** kann man auch wandernd erleben, indem man von einem Park zum nächsten wandert, günstige Ausgangs- und Endpunkte sind die Glienicker Brücke, der Hauptbahnhof Potsdam und der Bahnhof Potsdam Park Sanssouci.
5. Ab Hauptbahnhof Potsdam schießen sich nach Süden auf beiden Haveluferseiten insgesamt drei Hauptwanderwege an, die alle von Experten festgelegt wurden und Wanderfreude durch herrliche Waldgebiete und entlang dem Havelufer garantieren: Weitwanderwege **E10**, **E11** und der **66-Seen-Wanderweg**.

■ **Radeln**

Durchgängig bündeln sich mehrere Radwegrouten und tangieren oder begleiten die Havel in diesem Gebiet: der **Havelradweg**, der **Radweg Berlin–Kopenhagen**, der **Mauerweg**, die **Königin-Luise-Route**, der **Seen-Kultur-Radweg**, die **Radroute Historische Stadtkerne**, die **Radwege F1 und R1**. Zu allen Strecken gibt es spezielles Informations- und Kartenmaterial. Sowohl in Brandenburg als auch in Berlin werden durchweg fast alle Strecken auch den Fußgängern als Wanderwege angeboten, oft ohne Hinweis, dass deren Wanderwege auch Radwege sind. Bitte beachten Sie dieses, denn der Senat von Berlin hat einen Plan mit 20 grünen Hauptwegen zum ›Flanieren, Spazieren, Wandern‹ veröffentlicht und räumt damit den Fußgängern gegenüber den Radfahrern sogar das Vorrecht ein. Diese Regelung betrifft auch Wege, die gleichzeitig den Radfahrern als Radwege angeboten

Karte S. 151

▲ *Einsamer Segler auf dem Jungfernsee*

Radler auf der Havelchaussee in Berlin

werden, so dass diese mit Recht der Meinung sind, Fußgänger wären hier Störenfriede und auf falschen Wegen unterwegs. Die vom Senat und auch vom Lande Brandenburg verursachte Situation führt insbesondere in Berlin und der näheren Umgebung zu ständigem Ärger, weder Radfahrer noch Fußgänger werden korrekt informiert. Es wird daher um gegenseitige Rücksichtnahme gebeten.

■ Wasserfreuden

Die gesamte Region ist eine sehr attraktive Wasserstrecke für Motorboote, weniger ideal für Paddeltouren, denn neben dem Freizeitbootsverkehr findet auch gewerbliche Schifffahrt auf diesem Havelabschnitt statt. Zusätzlich bieten die Seenkette und die die Havel ideale Segelbedingungen. In diesem Gebiet gibt es besonders reizvolle Fahrgastschifffahrtstrecken. Zahlreiche Reedereien bieten unterschiedliche Touren an (→ S. 271).

■ Pkw-Tourismus

Parkplätze in der Nähe der beliebten Ausflugsziele sind oft überbelegt. Aus-reichend Parkplätze findet man am **Grunewaldturm**, am **Strandbad Wannsee**, vor der **Glienicker Brücke** auf Berliner Gebiet und in Straßen der Ortslagen in der Umgebung der Havel, jedoch kaum im Zentrum Spandaus und Potsdams und auch nicht in der Nähe aller Schiffsanlegestellen der Fahrgastschifffahrt.

In Potsdam sind die Straßenverbindungen für Ortsfremde unübersichtlich, Parkplätze nur in der Nähe der Parks ausreichend vorhanden. Es wird empfohlen, für die Ziele entlang der Havel in Berlin und Potsdam und zur Planung von Ausflugsschiffsfahrten auf den Havelgewässern die Bahnen und Busse zu nutzen.

■ Sonstige Erlebnismöglichkeiten

Campingplätze sind in diesem Gebiet an der Havel nicht zu finden.

■ Barrierefreier Tourismus

Der Havelradweg ist flach, auf weiten Strecken asphaltiert und für Rollstuhlfahrer geeignet. Bitte den Hinweis bei Wandern beachten, mit rücksichtslosen Radfahrern ist zu rechnen.

Oranienburg

Bereits im 13. Jahrhundert gab es im heutigen Oranienburg eine Wasserburg mit der Bezeichnung Bochzowe, die durch das Jagdschloss Bötzow ersetzt wurde. Die Gemahlin eines Kurfürsten der Mark, Louise-Henriette aus dem Hause Oranien-Nassau, war von der Havelregion um Bötzow derart begeistert, dass ihr Ehemann, der Große Kurfürst Friedrich Wilhelm, das Jagdschlösschen zu einer richtigen kurfürstlichen Residenz erweitern ließ. Das fertige **Schloss** erhielt etwa im Jahre 1652 den Namen Oranienburg, gleichzeitig übernahm auch der Ort diesen Namen.

Sehr wechselvoll ging es mit dem Schloss weiter. Nachfolgende Herrscher hatten teils viel, teils wenig, teils gar kein Interesse an dem Bau. Um 1700 soll es nach weiteren Verschönerungen das schönste Schloss der preußischen Monarchie gewesen sein. Im Jahre 1802 wurde es unter König Friedrich Wilhelm III. zur Verwendung als Fabrikgebäude verkauft, zunächst ließ sich hier eine Baumwollmanufaktur nieder, später ein Werk der chemischen Industrie. Damit wurde es sogar berühmt, denn hier entdeckte der Chemiker Friedlieb Ferdinand Runge im Jahre 1832, dass Steinkohlenteer Stoffe enthält, die als Grundstoff für diverse Produkte der Medizin, der Farbenindustrie und auch für Kunststoffe verwendbar sind. Eine bahnbrechende Entdeckung, deren Folgen bis heute aktuell sind.

Andere Hausherren zogen später ein: eine Polizeischule und eine Kaserne. Das Gebäude ging 1997 in den Besitz der Stadt über, wurde restauriert und hat sich im Zusammenhang mit dem ebenfalls restaurierten Park, einer Landesgartenschau und einem Freizeitbootshafen zu einem glanzvollen Ensemble entwickelt. Das Schloss wurde nun ein **Museum** und beherbergt wertvolle Kunstschätze unterschiedlicher Art, Zeugnisse von Kunst und Kultur vergangener Jahrhunderte.

Lehnitz, ein Ortsteil Oranienburgs, liegt am gleichnamigen See östlich des Stadtzentrums. Als Schifffahrtsweg um Oranienburg herum bot sich die Nutzung diese Sees an. Der **Lehnitzsee** bietet

Das Oranienburger Schloss

attraktive Uferwege, Gastronomie und einen S-Bahnhof, von dem es nicht weit zum Seeufer ist. Lehnitz könnte von der Struktur und Siedlungsart her sowohl als Vorort Oranienburgs als auch als Vorort Berlins gelten.

Birkenwerder und das Briesetal

Zwischen den Städten Oranienburg und Hennigsdorf findet man die Orte **Pinnow**, **Borgsdorf**, **Birkenwerder** und **Hohen Neuendorf**. Pinnow mit seinen noch immer dörflichen Strukturen abseits der Verkehrsverbindungen unterscheidet sich deutlich von den anderen Orten, die sich entlang der S-Bahn längst zu attraktiven Vororten Berlins entwickelt haben.

Besonders hervorzuheben ist hier **Birkenwerder**, durch das ein Nebenflüsschen der Havel, die Briese, fließt. Das Briesetal ist bereits seit etwa 100 Jahren, also seit es die S-Bahn-Verbindung gibt, eines der beliebtesten Ausflugsgebiete der Berliner. Die Briese bildet oder durchfließt Auwaldgebiete, Sümpfe, Tümpel und auch respektable Seen und ist touristisch perfekt erschlossen. Es gibt angelegte Wege und Stege, Gastronomie an Seeufern und im Wald versteckt sowie eine **Badestelle am Briesesee**.

Die günstige Erreichbarkeit mit der Bahn, Parkplätze für PKW, zum Beispiel in der Nähe des Briesesees im Waldgebiet oder in Nebenstraßen innerhalb des Ortes, ermöglichen kurze Spaziergänge oder Wanderungen beliebiger Länge.

Zum Radfahren sind die Stege und Wege entlang der Briese teils nicht geeignet, teils ausdrücklich verboten und auf den kurvenreichen Stegen auch gefährlich, außerdem gibt es Treppen.

Den wenig beachteten Verlauf der Briese vom Bahnhof oder von der Bundesstra-

Im Briesetal

ße 96 flussabwärts hat die Stadt Birkenwerder derart ansprechend gestaltet, dass es sich in jedem Falle lohnt, auch einmal in Richtung der Havel am Bächlein entlang zu schlendern.

Hohen Neuendorf und Hennigsdorf

Mit **Hohen Neuendorf** setzt sich das städtische Vorortgebiet zwischen Oranienburg und Berlin fort. Schöne Ausflugsziele sind die **Havelbaude**, sowohl auf dem Landweg als auch vom Wasser aus, und die **Himmelspagode**, ein riesiges Chinarestaurant.

Hennigsdorf ist eine Industriestadt mit etwa 26000 Einwohnern. Begünstigt durch die Lage an alten Poststraßen und an der Havel entwickelte sich Hennigsdorf zu einem bedeutenden Industriestandort. Die Nähe zu Berlin und die Bahnanbindung sorgten dafür, dass das bis in die Gegenwart so blieb. Die AEG begann mit der Herstellung elektrischer Lokomotiven, und seit 1913 werden dort Lokomotiven, Triebwagen, ganze Bahnen gebaut und weltweit exportiert. Dennoch ist die Umgebung der Stadt reizvoll geblieben und das Zentrum der Stadt modern und ansprechend.

Park und Stadtlandschaften

Der Marsch aus Hennigsdorf

In die Historie Deutschlands ging Hennigsdorf im Jahre 1953 ein, als sich die Lebensbedingungen der Bevölkerung nach der Überwindung der kriegsbedingten Armut und Entmündigung durch die Nazidiktatur in beiden Teilen Deutschlands zunehmend in gravierender Weise unterschiedlich entwickelt hatten. Die Hennigsdorfer Stahlarbeiter, deren Stadt in der DDR an der Grenze zu Westberlin lag, waren mit der Entwicklung unzufrieden, und so formierten sich am 17. Juni 1953 etwa 5000 ›Werktätige der DDR‹ zu einem Protestmarsch durch Westberlin zu den Demonstrationen gegen die Normerhöhungen am Regierungssitz der DDR im Ostteil der Stadt. Was friedlich begann und friedlich gemeint war, wurde brutal mit Panzern und anderer militärischer Gewalt beendet. Auch in anderen Städten war es zu Streiks und Massendemonstrationen gekommen, die ebenfalls gewaltsam unterdrückt wurden.

Der 17. Juni 1953 forderte eine unbekannte Zahl von Toten und Verhaftungen, und man kann dieses Datum als den Beginn einer großen Abwanderungswelle aus der DDR in den Westen bezeichnen, die acht Jahre später nur durch die zweite brutale Maßnahme, den Bau der Mauer und Grenzbefestigungen um Westberlin und zum übrigen Bundesgebiet, beendet werden konnte. In der Bundesrepublik war der 17. Juni von 1954 bis 1990 als ›Tag der deutschen Einheit‹ der Nationalfeiertag.

Korrekt ist, dass auch bereits vor 1953 viele Personen die DDR in Richtung Westen verließen. Dafür gab aber fast ausnahmslos politische oder familiäre Gründe, denn durch die willkürliche Teilung Deutschland lebten plötzlich Verwandte auf der anderen Seite der Grenze. Es kam auch vor, dass Wohnort und Arbeitsstelle in Berlin und Umgebung plötzlich in unterschiedlichen Hoheitsgebieten mit unterschiedlichen Währungen lagen. Und wie die Beweise in Sachsenhausen belegen, mussten politisch unbequeme Personen seit 1945 im Osten Deutschlands mit Verhaftungen rechnen und zogen deshalb lieber rechtzeitig in Richtung Westen. Wie das Beispiel der Eltern der Bundeskanzlerin Angela Merkel zeigt, gab es aber bis etwa 1953 auch Umzugsbewegungen von West nach Ost. Man hoffte bis etwa 1953 auf eine positive Entwicklung auch im östlichen Deutschland.

Nach dem Fall der Mauer wurde der Mauerweg geschaffen, der noch immer die Grenze dieser Gebiete markiert, als Umweg durch Hennigsdorf aber den Grenzverlauf verlassen muss, denn eine Brücke über die Havel unmittelbar an der früheren Grenze gibt es nicht. Und somit überquert man auf einem idyllischen Uferweg entlang der Havel nach Hennigsdorf hinein und wieder hinaus zweimal die ehemalige Grenze, was bereits bei einem einmaligem Versuch in der Zeit zwischen 1961 und 1989 tödlich gewesen wäre.

Einer der wenigen erhaltenen Grenzwachtürme im Hennigsdorfer Stadtteil Nieder Neuendorf

Die Havel und Berlin

›Durch Berlin fließt immer noch die Spree‹ war einmal ein Schlager, und diese Tatsache ist auch allgemein bekannt, aber erstaunlich viele, die nicht in dieser Region leben, wissen nicht, dass auch die Havel durch Berlin fließt. 28 Kilometer beträgt die Havelstrecke durch Berlin, 45 Kilometer sind es bei der Spree.

Hinsichtlich der Bedeutung für Wirtschaft, Freizeit und Tourismus sind beide aber etwa gleichwertig, obwohl die Nutzungs- und Erlebnismöglichkeiten stark voneinander abweichen. Die Spree zeigt bei einer Schifffahrt die vielseitige Innenstadt und durchfließt mit dem Müggelsee das größte Berliner Gewässer, das aber dem Freizeitbootsverkehr nur eingeschränkt zur Verfügung steht. Die Havel bietet wesentlich vielfältigere Möglichkeiten der Freizeitgestaltung auf dem Wasser und entlang des Ufers auch in Berlin.

Berlin hat sich im Gegensatz zu den meisten deutschen Städten nicht nur als Einzelgebilde ausgedehnt, sondern hat diverse Randgebiete, ganze Städte aufgesaugt, überwuchert, vereinnahmt, teils zwangsweise, teils haben sich Randgebiete freiwillig der Stadt angeschlossen. Im Jahre 1920 war es, als die bis in die Gegenwart nur unwesentlich veränderten Stadtgrenzen festgelegt wurden und dabei 7 selbständige Städte, 59 Dörfer und 27 Gutsbezirke plötzlich zu Teilen Berlins wurden. Inzwischen sind die Orte zu einem Gesamtgebilde mit gegenwärtig etwa 3,5 Millionen Einwohnern verschmolzen. Die gegenwärtigen zwölf Stadtbezirke sind Verwaltungseinheiten in Dimensionen einzelner Großstädte, die teilweise früheren Ortsgrenzen entsprechen, als Bezirksgrenzen aber seit 1990 kaum

mehr wahrnehmbar sind. Nicht einmal der Pflastersteinstreifen durch die Mitte der Stadt, der die schmerzlichste Epoche der Stadt dokumentiert, den Verlauf der Mauer, verdeutlicht mit seinem kuriosen Verlauf überall die Bezirksgrenzen, denn inzwischen sind Stadtteile beiderseits der ehemaligen Mauer zu einem Bezirk vereinigt worden. Weitere historische Grenzen innerhalb der Bezirke sind bedeutungslos, jedoch sieht man in vielen dieser ehemaligen Orte teils historisch erhaltene, teils neu entstandene Zentren mit regional sehr unterschiedlichen Strukturen. Deshalb verwirrt die Frage Ortsfremder nach einem Altstadtkern Berlins. Die erhaltene Marienkirche aus dem 13. Jahrhundert am Alexanderplatz erinnert daran, dass es ihn gab, und mit dem Nikolaiviertel hat man künstlich eine ›Altstadt‹ neu geschaffen. Aber in den ehemaligen alten Städten Spandau und Köpenick haben sich echte Altstädte erhalten, und auch in den Resten ehemaliger Dörfer finden wir nach wie vor historische Strukturen. Es gibt zum Beispiel noch alte Dorfgasthöfe und noch immer 50 ›Dorfkirchen‹ in Berlin.

Auf der Havel in Berlin

Park- und Stadtlandschaften

Eine Besonderheit sollte erwähnt werden: Die alte Stadt Spandau hatte damals erkannt, dass es für die wirtschaftliche Entwicklung vorteilhafter wäre, sich in das jüngere Berlin freiwillig eingemeinden zu lassen, bewahrt aber als einziger Stadtteil noch immer im Bewusstsein der Bewohner eine betonte Eigenständigkeit. Spandauer sind erstens Spandauer und außerdem Berliner, bei Bewohnern aller anderen Ortsteile ist es umgekehrt. Originell ist dabei noch immer, dass man als Spandauer, wenn man in die Stadt fährt, das Zentrum Spandaus meint und im anderen Falle nach Berlin fährt.

Heiligensee und Konradshöhe

Heiligensee ist das Beispiel eines Dorfes mit einem See, das in städtisches Gebiet verwandelt wurde oder wie hier in einen Vorort innerhalb des Stadtgebietes. Als Dorf unspektakulär, als Wohngebiet sehr schön am Havelufer und in Waldgebieten gelegen, ist Heiligensee heute ein Ortsteil des Berliner Stadtbezirkes Reinickendorf.

Innerhalb des Berliner Gebietes besiedelten sich auch Gebiete, die früher außerhalb von Ortschaften lagen; sie erhielten mitunter eigene Namen, wie etwa **Konradshöhe**, ein Wohngebiet am Havelufer (→ S. 96).

Tegel

Mit dem Flugplatz Berlin-Tegel ›Otto Lilienthal‹ wurde der Stadtteil international bekannt. Für große Flugzeuge wird diese Ära des Flugverkehrs mit der Eröffnung des Großflughafens Berlin-Brandenburg im Jahr 2013 zu Ende sein.

Das ehemalige Dorf, nun Teil eines Stadtbezirkes, ist aber auch aus anderen Gründen bekannt. Wirtschaftsfachleute kennen Tegel als Heimat der früheren Borsigwerke und heutiger moderner Wirtschaftsbetriebe, Wissenschaftler wissen, dass Tegel die Heimat der Gebrüder Humboldt ist. Das Humboldtschloss existiert noch immer, die Grabstelle der berühmten Söhne Tegels wird gepflegt und rege besucht.

Greenwichpromenade und Hafen

Der Ausflugsort Tegel ist mit seinem Waldgebiet, Badeanstalt am Havelufer, Ufergaststätten und der Greenwichpromenade sehr beliebt. Kenner Berlins und der Havel haben erkannt, dass der Ortsteil am

Englische Kanone an der Greenwichpromenade

Karte S. 161

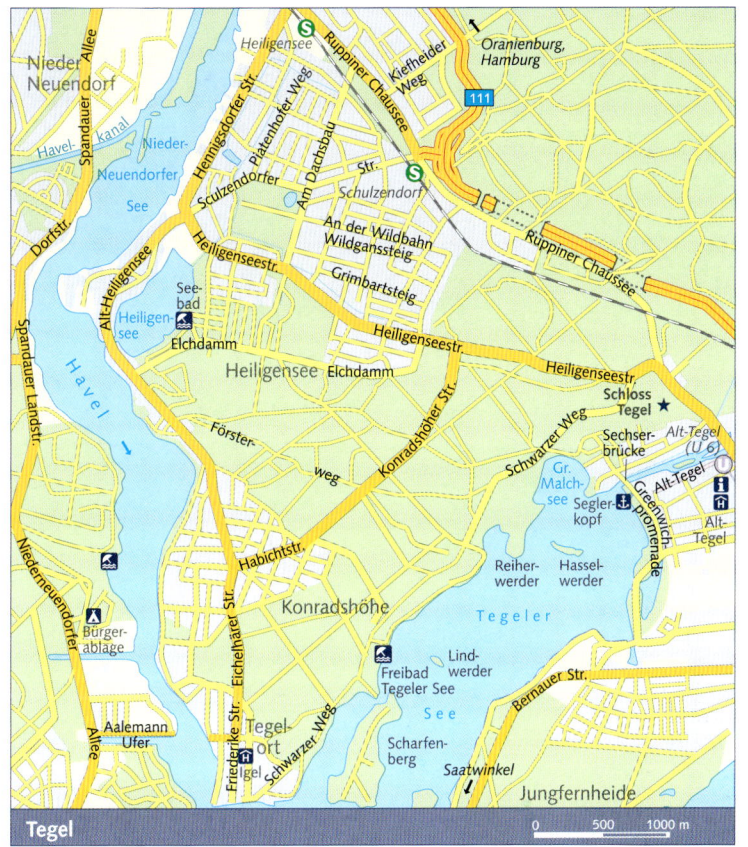

Tegel

Tegeler See, einem Havelsee oder einer gigantischen Bucht der Havel, die schönste, vielseitigste und längste Uferpromenade der Havel zu bieten hat. Die Greenwichpromenade ist länger und breiter, schattiger und mit vielen Bänken umfangreicher ausgestattet als alle anderen Uferpromenaden, die es entlang der gesamten Havel gibt. Die Promenade verlängert sich zudem als Wanderweg in Richtung Süden mehrere Kilometer bis nach Saatwinkel zu einer Badestelle mit Gastronomie. Nach Norden führt sie weiter in den Tegeler Wald hinein, vorbei an der **Dicken Marie**, dem ältesten

Baum Berlins, einer Eiche mit über sechs Meter Stammumfang. Nahebei ist auch das **Schloss Tegel** mit dem zugänglichen Park dahinter. Der **Hafen** für Ausflugsschiffe, Heimathafen der attraktivsten Fahrgastschiffe Berlins, ist der Mittelpunkt der Anlage. Eine Anlegestelle für Flusskreuzfahrtschiffe und eine landeinwärts angrenzende verkehrsberuhigte ›Bummelmeile‹ schließen sich an, mehrere unterschiedliche gastronomische Betriebe in Wassernähe ermöglichen Blicke über die Weite des Sees.

Die zwei Kanonen an der Greenwichpromenade sind übrigens ein Geschenk

Dieser Flugplatz wird wohl bestehen bleiben: die Tegeler Greenwichpromenade

des Londoner Stadtteils Greenwich, der Partnerstadt Reinickendorfs. Es sind echte englische Kanonen aus dem 18. Jahrhundert.

Die Sechserbrücke

Kurios ist der Name der Brücke über den Tegeler Hafen, der nur noch als Freizeitbootshafen und Parkanlage dient und das Ende des Tegeler Fließes und des Nordgrabens darstellt. In der Nähe des Hafens wird eine Bucht des Tegeler Sees als **Große Malche** oder Großer Malchsee bezeichnet.

›Sechserbrücke‹ ist der Name der Brücke (→ Bild S. 148/149), denn als sie erbaut wurde, musste man einen ›Sechser‹ für die Überquerung bezahlen. Ein Sechser war noch bis zur Euro-Einführung der alte Berliner Name einer Fünf-Pfennig-Münze und der allgemeine Begriff für eine geringe Geldmenge ›...mit ein paar Sechser in der Tasche, da sagn se kess: Was kostet Berlin?‹ lautet eine Zeile aus dem Lied ›Berliner Jungens, die sind richtig‹

von den Schöneberger Sängerknaben. Und wieso ›Sechser‹ für fünf Pfennig? Vor Einführung des Dezimalsystems und des einheitlichen deutschen Geldes, also vor 1873, gab es diverse deutsche Münzen, auch nach damals üblichem Zwölfersystem. Ein ›Groschen‹ waren zwölf Pfennig, die Hälfte ein ›Sechser‹, und davon die Hälfte ein ›Dreier‹. Der Name ›Sechser‹ blieb als Name für den halben Groschen erhalten, auch als dieser nur noch zehn Pfennig zählte.

An einem besonders idyllischen Aussichtspunkt an der Großen Malche, dem **Seglerkopf**, steht das von dem Künstler Siegfried Kühl zum Gedenken an Hannah Höch 1989 geschaffene ›Archaische Erzengel vom Heiligen See‹, der uns mit folgendem Sinnspruch am Sockel einen guten Rat zum friedlichen Miteinander geben möchte: ›Wer sich nähert, den stößt nicht zurück, wer sich entfernt, den haltet nicht, wer wiederkommt, den nehmt auf, als wäre er nicht weggewesen.‹

Tegels berühmte Namen

Tegel ist ein Ort mit Historie und mit berühmten Namen verbunden: Ein Name zeugt von der Unvergänglichkeit, ein anderer von der Vergänglichkeit des Ruhmes. Am Rande dieses ehemaligen Dorfes versteckt sich im Wald noch immer das Schloss Tegel, ein schlichter Bau, noch immer privat genutzt. Als kurfürstliches Jagdschloss errichtet, gelangte es im 18. Jahrhundert in den Besitz der Familie von Humboldt. Die Brüder Wilhelm und Alexander von Humboldt wuchsen hier auf. Ihr Lebenswerk aufzulisten, würde den Rahmen dieses Buches sprengen. Der ältere, 1767 in Potsdam geborene Wilhelm Freiherr von Humboldt, war vereinfacht ausgedrückt Geisteswissenschaftler im Staatsdienst und auch Politiker, dem wir die Berliner Humboldt-Universität verdanken, denn sie geht unmittelbar auf Herrn von Humboldts Initiative zurück. Alexander Freiherr von Humboldt, wurde im Jahre 1769 in Berlin geboren. Der weltreisende Naturforscher war mit Expeditionen zunächst insbesondere in Südamerika unterwegs, später auch in Asien. Er gewann in den Bereichen Botanik und Geografie derart umfangreiche Erkenntnisse, dass nach Beendigung seiner Expeditionen eine neue Blütezeit der Naturwissenschaften in Deutschland begann. Die Benennung von Städten, Gebirgen, Flüssen und Gletschern und nicht zuletzt des Humboldtstroms würdigen Alexander Freiherr von Humboldt in aller Welt. Das Schloss Tegel war bis zu seinem Tode Heimstatt Wilhelm von Humboldts, sein weltreisender Bruder Alexander wohnte und wirkte an anderer Stelle. Das Grab der beiden im Park des Humboldt-Schlosses in Tegel wird von einer Statue gekrönt, die ›Die Hoffnung‹ symbolisieren soll. Was erhofft wird, bleibt ungenannt, und weder die Hoffnung noch das Schloss dürfen hier abgebildet werden.

Borsig ist der andere Name, der mit Tegel verbunden ist. Ein Unternehmen der Weltspitze baute seit 1840 die ersten Dampflokomotiven in Deutschland und errichtete 1898 in Tegel ein gigantisches Werk für Dampflokomotiven und -maschinen, auch für Schiffe. Es stieg zum zweitgrößten Lokomotivhersteller der Welt auf, errichtete Zweigwerke – eines in Hennigsdorf – und verschwand mit dem Rückgang der Dampfmaschinen von der Weltbühne. Das ehemalige Borsigwerk in Hennigsdorf existiert heute unter anderem Namen und mit zeitgemäßer Produktpalette. Zerstört, zerteilt und über verschiedene Städte verstreut, gehören die ursprünglichen Borsig-Werke heute einer malaysischen Firma. Auch die Produkte haben sich geändert, heute wird Zubehör für die chemische Industrie gefertigt. Das Eingangstor zum Werksgelände, einige Bauten des Werks, der Ortsteil Borsigwalde und eine Wohnsiedlung der Firma erinnern in Tegel noch an die glanzvolle Zeit eines Industriewerkes und die Villa Borsig am Tegeler See an seine früheren Besitzer.

Alexander von Humboldt, Gemälde von Friedrich Georg Weitsch, 1806

Spandau

Spandau wäre als eigenständige Stadt die mit Abstand größte der Städte an der Havel, mit etwa 224 000 Einwohnern wesentlich größer als Potsdam mit 157 000 und Brandenburg mit 72 000 Einwohnern. Auch hinsichtlich ihrer historischen und gegenwärtigen Bedeutung kann man Spandau durchaus in den Reigen der wichtigsten Orte an der Havel einordnen und das nicht nur deshalb, weil an Spandaus Bahnhof als einzigem der Orte an der Havel auch der ICE hält. Oder weil in Spandau die Havel ihren Bezugspunkt für die Schifffahrt, ›Kilometer Null‹ findet und als Trennung in Ober- und Unterhavel die Entfernungen in beide Richtungen ab Spandau angezeigt werden. Günstig am Zusammenfluss der Spree und Havel gelegen, entstanden Siedlungen und eine Burganlage der Slawen. Im Zusammenhang mit der Expansion Deutschlands nach Osten wurde im 12. Jahrhundert eine Burg der Askanier erbaut, 1197 tritt mit der Burg und dem Burgvogt Eberhard der Ort als Spandow in die dokumentierte Geschichte ein. Der Juliusturm, jetzt Teil der Zitadelle,

stammt aus jener Zeit und ist damit das älteste Gebäude Spandaus und Berlins. Eine Stadtrechtsurkunde des Jahres 1232 bestätigt Spandau als Stadt mit festgelegten Rechten und setzt mit der Erwähnung eines Rathauses und eines Kaufhauses am Marktplatz einen längst bestehenden Ort respektabler Größe und Bedeutung voraus, urkundlich ist seit 1240 auch eine ›Marktkirche‹ erwähnt. Die beiden bedeutendsten Bauwerke Spandaus sind die **St.-Nikolai-Kirche** und die **Zitadelle.** Spandau war immer ein gegenwartsbezogener, aber zugleich zukunftsorientierter und zu allen Zeiten wichtiger Ort, so dass der Lokalstolz gegenüber Berlin verständlich ist. Anfangs war Spandau politisch wegen seiner Lage bedeutend, Historiker berichten, dass die Askanier hier eine ihrer Residenzen hatten, Adlige zogen nach. Bereits 1239 wurde von dem Markgrafen das zweitälteste Kloster der Mark, ein Benediktinerinnenkloster, gegründet. 1539 wurde hier offiziell die lutherische Konfession als Landeskonfession eingeführt. Der Burg folgte ein Schloss, die gesamte Stadt wurde mit einer Fes-

Auf dem Weg nach Spandau

Karte S. 165

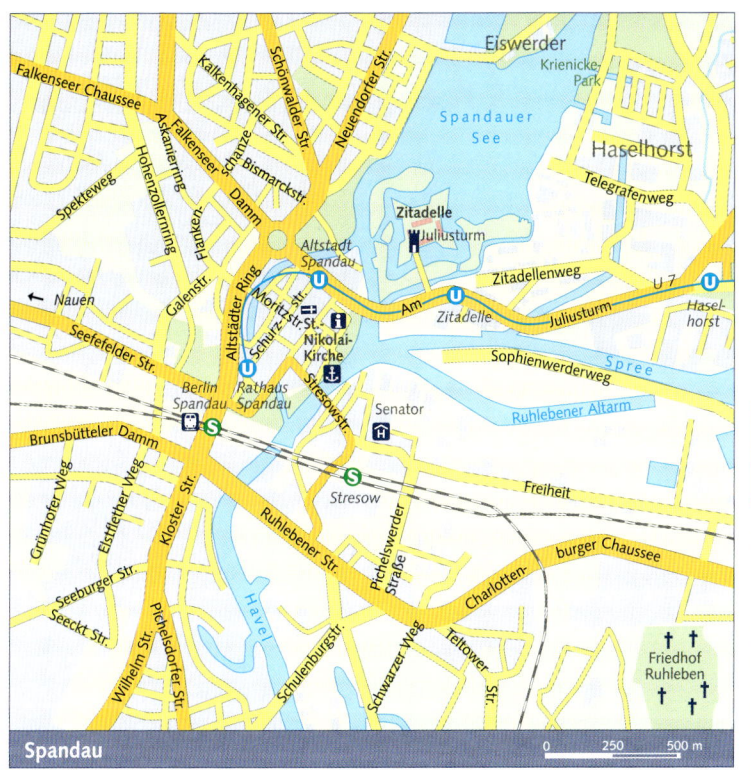

Spandau

0   250   500 m

tungsmauer umgeben und die Zitadelle gebaut. Spandau wurde Garnisonsstadt, und es wurden Kasernen gebaut. Zeitweise war die Rüstungsindustrie der wichtigste Wirtschaftszweig, und schließlich folgten andere Großindustrien. Siemens war und ist hier beheimatet, auch BMW hat ein Werk in Spandau. Tatsache ist, dass es in Spandau Gefängnisse gab, aber nicht mehr gibt. Ein Gefängnis war in der Zitadelle, hier waren bekannte Personen inhaftiert. Es wurde im Jahre 1876 geschlossen. Die nach 1945 inhaftierten Kriegsverbrecher waren nicht in der Zitadelle, sondern in einem ›Kriegsverbrechergefängnis‹ auf einem ehemaligen Kasernengelände in der Wilhelmstraße inhaftiert. Damit das Gefängnis nicht von

der Neonazi-Szene zu Propagandazwecken missbraucht werden könne, wurde es nach dem Tod des letzten Insassen Rudolf Heß 1987 vollständig abgerissen, das gesamte Gelände verändert und darauf Wohnbauten errichtet. Das Weltunternehmen Siemens ist seit dem Jahre 1900 mit Spandau verbunden, gegenwärtig im Spandauer Ortsteil Siemensstadt. Es ist Arbeitgeber für etwa 19 000 Personen. Auch eine zukunftsträchtige Erfindung stammt aus dem Hause Siemens: elektrisch betriebene Fahrzeuge, zunächst auch als Automobil gedacht und ausprobiert. Siemens baute die ersten Elektroautos im Jahre 1882 und nannte sie Elektromote, nicht schienengebunden, aber mit Oberleitung; Oberleitungsbus-

Die Nikolaikirche, verewigt auf einer Brief-marke

se fuhren seit 1899 in Eberswalde, und es gibt diese Technologie dort und andernorts bis heute. Schienengebundene Elektrofahrzeuge folgten. Was mit der Straßenbahn von Siemens begann, führte zu allen nachfolgend entwickelten Fahrzeugen mit Elektroantrieb. Zur Zeit der Erfindung von Siemens waren aber Dampfantrieb aus Kohleverfeuerung, dann Benzin und Diesel die Favoriten, denn diese benötigen keinen Leitungsbau für Stromabnehmer. Man sah also in den Siemens-Elektrofahrzeugen anfangs keine Zukunftstechnologie. Siemens orientierte sich also anders und hat bis heute Erfolg. Borsig mit seinem Dampfantrieb ist Vergangenheit, Siemens hingegen ist seit dem Jahre 1900 mit einer Fülle unterschiedlicher Produkte immer auf der Höhe der Zeit.

Die über 900 Seiten umfassende ›Heimatchronik der Stadt Berlin‹ des Jahres 1962 beschrieb Spandau im Vergleich mit den anderen Bezirken Berlins wie folgt: »Man mag die Eigenständigkeit der Spandauer loben oder als Ergebnis des Schulheimatkundeunterrichts beklagen,

sicher ist, dass Spandau eher den Charakter einer Satellitenstadt mit voll ausgebildetem wirtschaftlichen Eigenleben hat als den eines Vorortes«. Wirtschaftlich ist Spandau inzwischen wie alle anderen Bezirke Teil Berlins und durch neue Verkehrsverbindungen und die Schließung von Baulücken auch kein ›Vorort‹ mehr. Der Lokalstolz ist aber noch immer vorhanden. Spandau hat auch einen eigenen Tourismusverein und vermarktet sich selbst. Das ›Spandauer Volkstheater Varianta‹ ist in diesem Sinne typisch, es ist in der Kulturlandschaft Berlins das einzige, das Volkstheater-Stücke spielt, deren Handlungsort Spandau ist und die mit folgendem Liedchen schließen:
Spandau, du kleine Stadt, Teil von Berlin, bist große Welt für uns.
Spandau, liegst bei Berlin, gleich daneben, Spandau, ich würde für dich alles geben.
Spandau: Haben Sie's gesehn, dann werden Sie verstehn.

Die St.-Nikolai-Kirche

Die Kirche, wie sie heute noch steht, wurde um das Jahr 1400 erbaut und der heilige Nikolaus als Patron gewählt. Im letzten Krieg gab es Schäden und auch Teilverluste historischer Innenausstattung. Die Schäden sind beseitigt, und die uralte Kirche hat mehr zu bieten als hier erwähnt werden kann: einen **Taufkessel** aus dem 14. Jahrhundert, eine **Kreuzigungsgruppe** und einen **Altar** aus dem 16. Jahrhundert und eine **Kanzel** aus dem 18. Jahrhundert. Auch ein Kuriosum an der Außenfassade gibt es zu besichtigen: Während der Napoleonischen Kriege gab es auch in Spandau Kämpfe, eine Kanonenkugel blieb im Gemäuer der Kirche stecken und steckt dort deutlich sichtbar noch immer. Vom 77 Meter hohen **Kirchturm** kann man am Wochenende die Aussicht über Spandau bis ins Havelland genießen.

Karte S. 165 ▲

Wie Brandenburg evangelisch wurde

Besondere Bedeutung bekamen Spandau und die Kirche bei einer groß angelegten Messe, einem Gottesdienst am 1. November 1539. Der Landesherr, Kurfürst Joachim II., nahm das Abendmahl ›in beiderlei Gestalt‹, und die anwesenden märkischen Adligen folgte ihm. Damit war die Reformation offiziell in Brandenburg als Religion nach dem damals üblichen Grundsatz eingeführt: ›cuius regio, eius religio‹ (wessen Reich, dessen Religion). Auf einem Gemälde des Malers Carl Röhling in der Kirche ist die Szene dargestellt. An dieses Ereignis erinnern das Denkmal des Kurfürsten vor der Kirche und auch eine Briefmarke der Deutschen Bundespost. Die Personen tragen hier noch katholische Gewänder, denn erst später änderte sich das.

›Abendmahl in beiderlei Gestalt‹ ist bis heute in der Ordnung der evangelischen und der katholischen Kirche ein deutlich erlebbarer Unterschied und ein Haupthindernis bei der Durchführung gemeinsamer Gottesdienste. Gottesdienst ist evangelisch, nach katholischen Verständnis keine vollwertige ›Messe‹, das katholische Wort für das Vergleichbare. ›Abendmahl‹ ist evangelisch, ›Kommunion‹ der katholische Begriff dafür. Die Theologen finden bis heute weder eine gemeinsame Sprache für beides noch Verständnis füreinander.

Es handelt sich um ein symbolisches Erinnerungsmahl an das Abschiedsessen Jesu am Abend vor der Verhaftung, bei dem er mit Brot und Wein seine Jünger und alle Nachfolgenden auffordert, dieses Mahl mit ›Brot und dem Getränk aus der Frucht des Weinstocks‹ zu seinem Gedächtnis nachzuempfinden. Das Getränk, Saft oder Wein, darf in der katholischen Kirche nur der Priester zu sich nehmen, in der evangelischen Kirche jeder religionsmündige Christ; die evangelische ›Oblate‹ bekommt jeder religionsmündige Christ, das gleiche mit der Bezeichnung ›Hostie‹ wird in der katholischen Kirche nur an Katholiken verteilt. Nicht nur die Oblate, die Hostie, sondern auch Wein oder Saft seitens des Geistlichen an alle zu verteilen, war also der symbolische Akt der Loslösung von der katholischen Kirche.

Ein Zeichen der Toleranz gegenüber den Katholiken ist hier und überall in Brandenburg geblieben: Kirchen, die zuvor Heiligen gewidmet waren, behielten ihre Namen, obwohl die Heiligenverehrung in der evangelischen Kirche eine geringe bis gar keine Bedeutung hat und Kirchen nur als Dorfkirche benannt werden, oft themenbezogene Namen tragen oder bei neuen Kirchen an verdienstvolle Personen unterschiedlicher Art erinnern.

Abendmahl in der St.-Nikolai-Kirche auf einem Gemälde von Carl Röhling

Die Zitadelle Spandau

Die Spandauer Zitadelle mit einer fast quadratischen Ausdehnung von etwa 300 Metern von Spitze zu Spitze in Gänze umfassend zu würdigen, ergäbe ein eigenes Werk. Der Name Zitadelle leitet sich ab von dem italienischen Wort citta=Stadt, citadella=kleine Stadt ab. Zitadelle bezeichnet einen selbständigen, in sich geschlossenen Teil einer Festung oder befestigten Stadt, das Kernstück einer Festung. Die Erbauer der Spandauer Anlage waren Italiener – Francesco Chiaramella de Gandino und Rochus Graf zu Lynar – und nahmen Anlagen in Italien zum Vorbild.

Im Zusammenhang mit dem Bau der Zitadelle wurde auch die ganze Stadt Spandau mit einer Festungsmauer umgeben, es entstand also eine durch Mauern geschützte Stadt mit einem Außenbollwerk.

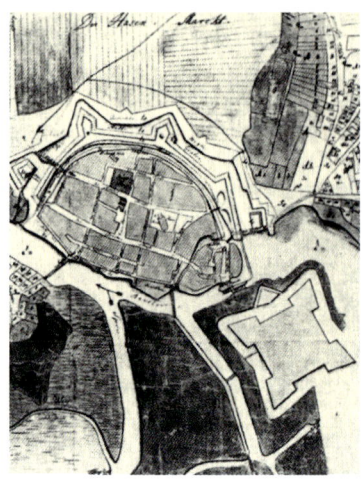

Spandau und die Zitadelle auf einem Plan von 1728

Die Zitadelle wurde als Burgbau und wichtiger Stützpunkt der Askanier im 13. und 14. Jahrhundert errichtet. Aus dieser Zeit stammt noch der **Juliusturm**, deutlich sichtbares Wahrzeichen Spandaus. Anfang des 16. Jahrhunderts erfolgte ein Schlossneubau durch Kurfürst Joachim I. Mit diesem Schlossbau wurde Spandau einer der Amtssitze der Kurfürsten. Das

Schloss wurde auch Witwensitz der Kurfürstin Elisabeth.

Joachim II. ließ einige Jahrzehnte später das Schloss einschließlich der gesamten Stadt zu einer Festung erweitern, also auch die Zitadelle bauen und Teile alter Anlagen integrieren. Dabei ›... ging es ihm nicht nur um die Landesverteidigung, sondern ebenso darum, eine sichere und repräsentative Nebenresidenz unweit Berlins zu erhalten.‹ (Preußisches Militärzentrum Spandau). Die Folge war, dass sich in Spandau zunächst das Militär ansiedelte und schließlich die Rüstungsindustrie.

Militärische Bedeutung erlangte die Festung erstmals im Dreißigjährigen Krieg und dann auch bei späteren Kriegen. Besonders schlimm erging es der Zitadelle unter dem Beschuss Napoleonischer Truppen. Später wurden auch Kasernen auf dem Gelände der Zitadelle errichtet, und ein Gefängnis folgte. Die strategische Bedeutung und die Schutzfunktion für den Herrscher nahm ab, die militärische Nutzung blieb.

Karte S. 165

Blick auf die Spandauer Zitadelle

Um 1900 endete die Zeit der Festung Spandau, die Festungsanlagen der Stadt wurden abgetragen, nur die Zitadelle blieb bestehen.

Nach dem gewonnen Krieg gegen Frankreich 1871 wurde der Kriegsschatz, ein riesiges Vermögen in Form von Münzen, im Juliusturm eingelagert, blieb dort bis nach dem Ersten Weltkrieg, bis im Jahre 1919 alles an Frankreich zurückgegeben werden musste. Dabei entstand ein noch lange danach benutzter Begriff für angesammeltes Vermögen, das sicher, aber nutzlos aufbewahrt wird: ›im Juliusturm gehortet‹.

In der Zeit der Nazidiktatur gab es auf dem Gelände Versuchslabore zur chemischen Kriegsführung. Mit dem Ende des Krieges im Jahre 1945 endete die militärische Nutzung dieser Anlage.

Zeiten der Sanierung und Ideen zur künftigen Nutzung folgten, wurden realisiert und ergaben heute folgendes Bild: **Juliusturm** und **Pallas**, also alte Burgreste, sind ein sehr sehenswertes **Museum**, nicht nur zur Stadtgeschichte. Der über 30 Meter hohe Turm mit seinen 24 Zinnen ist darin einbezogen und ermöglicht zudem einen weiten Blick über die Havel und die Stadt. Die **Außenanlagen** sind frei zugänglich. In den ehemals militärischen Gebäuden sind diverse Kleinbetriebe und Künstler tätig. In den Gebäuden, auf dem Innenhof und in den Außenanlagen finden kulturelle Veranstaltungen statt: Aufführungen auf der Freilichtbühne, Konzerte, Puppentheater, Märkte und Feste. Es lohnt sogar, nur die Gaststätte ›Zitadellen Schänke‹ auf dem Gelände zu besuchen, hier findet man modernes Ambiente in alten Gemäuern und im Sommer einen Biergarten.

In der Zitadelle wurden Denkmäler, die an ihrem Originalstandort abgebaut und eingelagert wurden, zu einer einmaligen Museumsidee zusammengestellt. Die Zi-

Aussicht von der Stößenseebrücke

tadelle wurde so zu einer ›Geschichtsinsel‹, auch durch einen Ideenanstoß zur **Baltic Fort Route**, einem europäischen Gemeinschaftsprojekt, das die Historien und Reste der Festungsanlagen Europas zum Thema hat. Das Projekt, das in Zusammenarbeit mit fünf Universitäten aus vier Ländern und mit Förderung der Europäischen Gemeinschaft durchgeführt wird, begann mit der touristischen Erschließung von 14 Festungsanlagen des Baltikums und Deutschland und wird ständig erweitert.

Und es gibt noch die Adresse ›Zitadelle Spandau‹ als Heiratsmarkt und Überwinterungsquartier — für **Fledermäuse**. Man schätzt, dass sich mehr als 10 000 Tiere im Herbst in den dunklen, ungenutzten Verliesen der Zitadelle sammeln, sich paaren und zum Teil auch überwintern.

Park und Stadtlandschaften

Tierliebhaber haben die Idee des Fledermauszentrums auch zur Errichtung eines Schaugeheges genutzt, in dem unterschiedliche Arten dieser Tiere bewundert werden können.

Die Zitadelle Spandau ist ein herausragendes Beispiel dafür, wie sich ein Bauwerk seine Spuren der Geschichte bewahren und gleichzeitig modernen Nutzungsarten zugänglich gemacht werden kann.

In der Nähe der Zitadelle befindet sich ein weiterer Festungsbau, **Fort Hahneberg**, eine derart getarnte Anlage im Bezirk Spandau, dass man sie auch noch heute kaum wahrnimmt. Fort Hahneberg sollte Ende des 19. Jahrhunderts der zweite Bau eines Festungsringes um Berlin werden, doch die militärische Entwicklung überholte diese Notwendigkeit, und das Fort erlangte nie eine Bedeutung (Karte → S. 171).

■ **Die Schlacht an der Malche**
Theodor Fontane berichtet sehr genau über eine geschichtlich dokumentierte Begebenheit im August 1567, nach der haupsächlich verwendeten Waffenart auch als ›Knüppelkrieg‹ bekannt. Der brandenburgische Kurfürst Joachim II. Hektor wollte unterhalten werden und ließ eine Seeschlacht veranstalten. Die Städte Spandau und Berlin mit Cölln sollten ihn und auch Zuschauer mit einem sportlich-heiteren, aber ernsten Kräftemessen in militärischer Manier auf dem Wasser erfreuen.

Der Bürgermeister Spandaus wurde zum Admiral ernannt; beide Seiten kamen mit über 20 vollbemannten Schiffen. Gemäß damaliger Dokumentation waren es etwa 1500 Berliner und etwa 800 Spandauer, die einen sportlichen Wettkampf veranstalteten, der in dieser Form damals nicht üblich war und den es auch bis heute in dieser Form nirgends gibt.

Mit viel Musik und Fröhlichkeit begann das Spektakel. Fischer mit ihren Booten dienten als neutrale Seenotretter für ins Wasser Gefallene. Was als sportlicher Spaß auf dem Wasser begann, setzte sich aber als ungeplantes Landgefecht am Tag darauf fort. »»Der Streit war so heftig geworden, dass selbst das Pferd des Kurfürsten von einem Spieße getroffen wurde. ... Die Erbitterung war groß und ohne Abbruch des Gefechtes würde wohl Blut geflossen sein«. Demzufolge endete die ganze feuchtfröhliche Angelegenheit noch ohne schwere Schäden, und von dauerhafter Verstimmung zwischen Spandau und Berlin kann man nirgends etwas lesen.

Gatow und Kladow

Die beiden alten Dörfer sind heute Teile des Bezirks Spandau und attraktive Villenorte an der Havel mit Uferpromenaden, einem Gutspark am Havelufer, Gastronomie am Ufer, Schiffsanlegestellen und einem vielseitigen Hinterland.

Bemerkenswert ist das **Luftwaffenmuseum**, das auf dem ehemaligen Militärflugplatz Gatow im Jahre 1995 eröffnet wurde. Über 150 Flugzeuge und Hubschrauber von Nachbauten uralter Maschinen bis zum Starfighter und der legendären MiG 21 sowie diverse Ausrüstungsgegenstände sind dort zu bewundern.

Zwischen Kladow und Wannsee gibt es eine stündliche Schiffverbindung als offizielle Linie des Nahverkehrs: Damit sind beide Orte eng an das Bahnverkehrsnetz in Wannsee angebunden. Die **Promenade** an der Schiffsanlegestelle bietet ein ganz besonderes Flair: Bei schönem Wetter sind die Gartenlokale in Ufernähe mit Selbstbedienung Ziele für Ausflügler, die mit dem Auto, dem Fahrrad, dem Schiff oder zu Fuß angereist sind. Alle erfreuen sich an dem Blick über die Weite der Havel und des Wannsees.

Karte S. 165 ▲

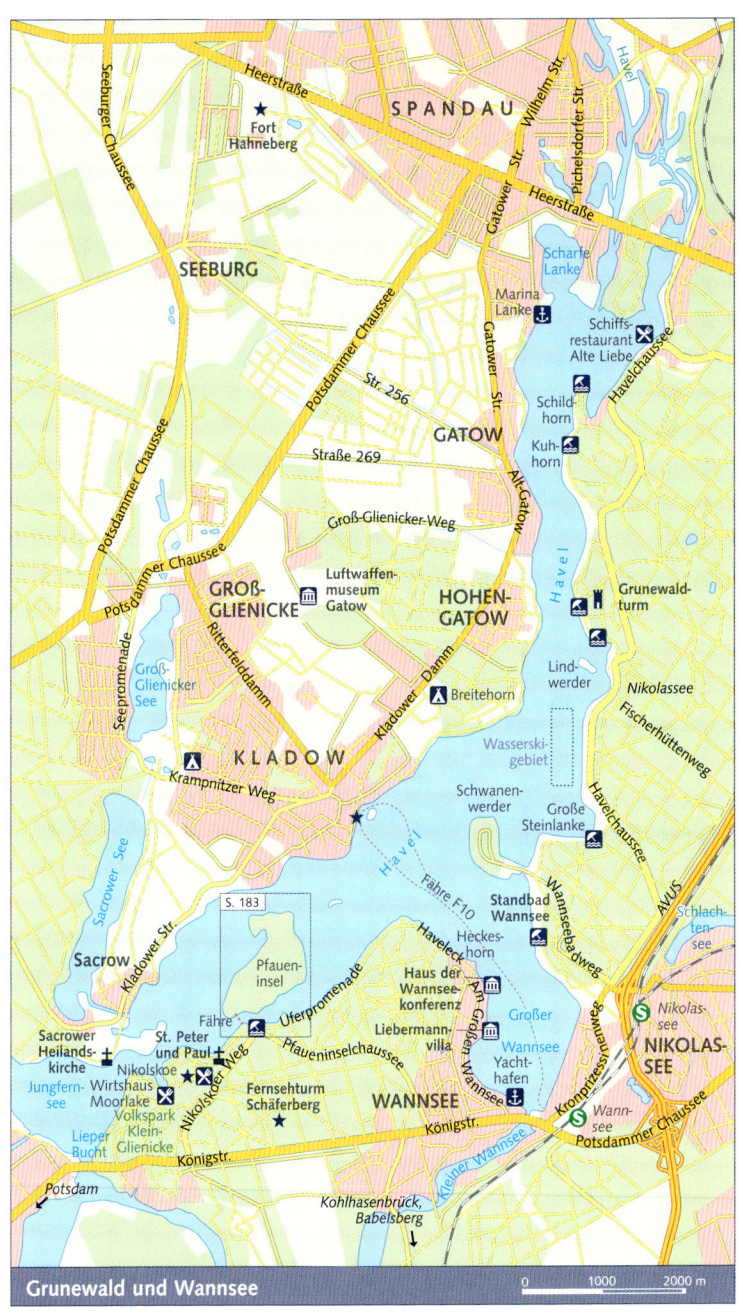

Grunewald und Wannsee

0   1000   2000 m

Wochenendvergnügen an der Havel

Eine Besonderheit an der Havel und ihren Seen waren diverse Arten der Wochenendvergnügungen. Das Baden in den Gewässern zum reinen Vergnügen begann etwa zur gleichen Zeit wie an den Küsten.

In den Ausflugsrestaurants konnte man seinen eigenen Kaffee kochen. Kaffee war nicht immer so preiswert wie heute. Noch einige Jahre nach 1945 kaufte man Kaffeebohnen in Tütchen mit 25 Gramm, dann zu 100 Gramm, und erst mit wachsendem Wohlstand wurde Kaffee vom besonderen Genuss zum Alltagsgetränk. Man brachte also in Ausflugsrestaurants eigenen Kaffee gemahlen mit, bezahlte einen geringen Betrag für heißes Wasser und konnte im Restaurant den eigenen Kaffee aufbrühen. Die Restaurants verdienten am Übrigen, das die Gäste aßen und tranken. Erst mit wachsendem Wohlstand verschwand dieser Brauch allmählich. In dem Buch ›Berlin gestern und heute‹ des Stapp-Verlages aus dem Jahre 1977 heißt es: »Wer sich eines der zahllosen Blätter ansieht, auf denen von Künstlern im Bilde festgehalten worden ist, wie früher der Berliner seine Sonntage bei schönem Wetter verbrachte, wird feststellen, dass sich im Grunde gar nichts geändert hat.

Damals wie heute streben die Menschen ins Grüne. Beliebtestes Ziel waren die Gartenwirtschaften, an deren Eingang ein Schild hing: ›Der alte Brauch wird nicht gebrochen, hier können Familien Kaffee kochen!‹ Dieser Spruch wurde nicht immer wörtlich genommen, aber allgemein so aufgefasst, wie er gemeint war: Jeder konnte sich ungeniert bewegen. Der Wirt nahm es keinesfalls übel, wenn Gäste Stullenpakete auspackten und sich nur eine Molle dazu bestellten, anstatt à la carte zu speisen.«

Es hat sich wenig verändert: Ausflügler auf einem Bild von Heinrich Zille, 1926

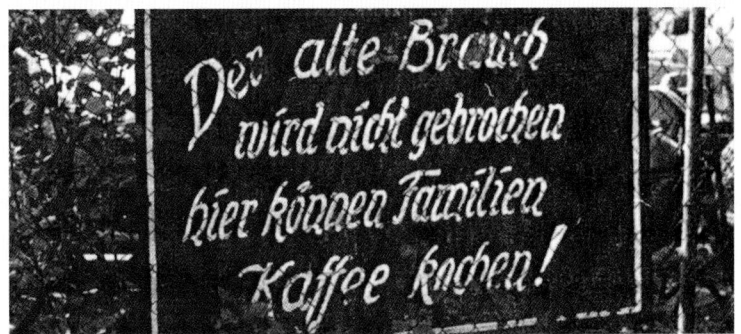

Gaststätteneinladung um 1960

Die Berliner Chansonsängerin Erika Brüning hatte diesen Brauch zum Anlass genommen, auf ihre Weise den Kummer über die politischen Spannungen nach 1945 zu kommentieren.

Sonntag ist die Woche rum,
Sonntag geht es los.
Vater, Mutter, Omama,
kurzum, klein und groß
fahr'n ins Grüne. Ist man da,
schrei'n die Jörn janz wild:
Vater! Mutter! Kiekt mal da,
am Lokal det Schild!

Der alte Brauch wird nicht gebrochen:
Hier könn'n Familien Kaffee kochen.
Hier kann man eignen Kuchen futtern,
dann schmeckt es ganz so wie bei Muttern.
Es ist gemütlich, man spart Geld,
und schön ist beim Kaffee die Welt.
Der alte Brauch wird nicht gebrochen,
hier könn'n Familien Kaffee kochen.

Wär' doch dieser alte Brauch
international
Und am Sonntag träfen sich
friedlich alle mal.
Sicher säh' man beim Kaffee
sich verstehend an,
weil man überall ja nur
mit Wasser kochen kann.

Jörn – mundartlich für Gören, alter Volksbegriff für Kinder

Grunewald

Der Grunewald ist sowohl ein Berliner Ortsteil als auch ein bekannter Wald mit Historie. Teltowsche Heide hieß das etwa neun Kilometer lange Waldgebiet früher, das sich auf der einen Seite entlang der Havel bis zum Wannsee erstreckt und auf der anderen von einer Seenkette begrenzt wird. Gleichzeitig ist es der längste Höhenzug am Havelufer, mit natürlichen Erhebungen, die fast 100 Meter hoch sind.

An einem der Waldseen wurde bereits im Jahre 1542 ein Jagdschloss erbaut und erhielt den Namen ›Zum grünen Wald‹. Sowohl der See, an dem es liegt, als auch der Wald wurden nach diesem Schloss benannt, und die beiden Pünktchen über dem ›u‹ verschwanden. Das Schloss wurde später verändert und ist als **Jagdschloss Grunewald** mit der angrenzenden Gastronomie ein bekanntes und beliebtes Ausflugsziel. Der Ort entstand als ›Landhauskolonie‹ in den letzten Jahren des 19. Jahrhunderts, wurde die eigenständige Landgemeinde Grunewald und später Teil Berlins.

Eine inzwischen weltweit verbreitete Idee wurde erstmals am Rande des Grunewaldes realisiert: kreuzungs- und hindernisfreie Schnellstraßen zu bauen, die nur für Autos und Motorräder bestimmt sind, analog zum Schienennetz der Bahn. Danach entstand eine ›Automobil-Verkehrs-und Übungsstraße‹, die ›Avus‹. Die Inbetriebnahme im Jahre 1921 war der Anfang aller Autobahnen. Anfangs eine separate Renn- und Übungsstrecke, wurde sie erst später in das allgemeine Verkehrsnetz integriert. Die Idee verbreitete sich zunächst in Deutschland und erst danach in anderen Ländern aller Welt. Die Avus ist noch immer ein stark frequentiertes Teilstück der jetzigen Autobahn A115.

Grunewaldturm

Der Grunewaldturm, der frühere ›Kaiser-Wilhelm-Turm‹, präsentiert sich dominant auf einer Höhe, dem 78 Meter hohen Karlsberg. Das 56 Meter hohe Bauwerk wurde im Jahre 1897 vom Landkreis Teltow errichtet, zu dem der Wald gehörte.

Ein Mosaik im Inneren sollte dem 1888 verstorbenen Kaiser Wilhelm I. huldigen. Die Inschrift lautet ›König Wilhelm I. zum Gedächtnis‹. Wilhelm I. war zunächst König von Preußen und später Kaiser von Deutschland; unklar bleibt, warum der Kreis Teltow in seiner Widmung den König anspricht, ohne den Kaisertitel zu erwähnen. Der Name ›Kaiser-Wilhelm-Turm‹ setzte sich trotzdem durch, 1948 wurde der Turm in Grunewaldturm umbenannt.

Heute präsentiert sich der Turm mit einem der schönsten Havelblicke.

Der Grunewaldturm

Karte S. 171

Das Schildhorn-Denkmal 1904

Das Schildhorn

Über das Schildhorn gibt es eine Sage, die vermutlich einen wahren Kern hat: Der letzte Wendenfürst Iakza Coptnik, also Iakza/Jaksa von Köpenick – auch unter dem Namen Jaxa, Jaxo, Jakso, Jaczo geschichtlich bekannt– kämpfte Anfang des 12. Jahrhunderts gegen die Askanier und eroberte sogar zeitweise die Stadt Brandenburg von den Askaniern zurück, wurde danach aber wiederum von diesen zurückgeschlagen.

Iakza hatte in Köpenick seinen Hauptsitz. Zusammenfassungen diverser Forschungen ergeben, dass Jakza ein Wendenfürst war, vermutlich verwandt mit dem zum Christentum konvertierten Wendenfürsten Pribyslaw, der sich als Christ später Heinrich nannte. Belegt ist weiterhin, dass Spandau früher als Köpenick von den Askaniern endgültig in Besitz genommen wurde. Es könnte also im Grenzgebiet, auch in der Havelregion, Kämpfe gegeben haben. Jaksa unterlag, wandte sich ebenfalls dem Christentum zu und regierte als christlicher Fürst weiter, gab sogar eigene Münzen nach Magdeburger Vorbild heraus, von denen mehrere zeitlich nacheinander gefertigte Exemplare an sehr unterschiedlichen Orten ge-

funden wurden. In einem Bericht des Geschichtsforschers Herrmann Scholl heißt es: »Von Albrecht aus Brandenburg vertrieben, wandte er sich einer anderen, für ihn persönlich erfolgreicheren Taktik zu: Er trat zum Christentum über und wurde damit in seiner Stellung als wendischer Fürst belassen. ... Dass er Fürst war, besagen übereinstimmend alle Münzaufschriften.« ›IA KZA. COPT NIK. C N G‹ trägt eine der Münzen als Aufschrift. Und es gibt weitere Münzfunde ohne das ›T‹, also bereits mit Copnic, was sich später zum Namen Köpenick veränderte. Münzforscher sind sicher, dass die letzten drei Buchstaben ein Kürzel für ›Fürst‹ darstellen und die Krone über der Ritterrüstung dieses ebenfalls ausdrückt. Über den Lebenslauf dieses Slawenfürsten sind sich die Geschichtsforscher jedoch nicht einig.

Münze des Wendenfürsten Iakza Coptnik

Park- und Stadtlandschaften

Die Bekehrung des Wendenfürsten Jaczo

Sehr anschaulich schildert ein Text aus den ›Berliner Sagen‹, einem Werbeband der Berliner Margarinefabrik ›Wiesana‹ aus dem Jahre 1952, die Ereignisse am Schildhorn. Verfasst wurde der Text von dem Historiker Erich Zwirner (oder seinerseits aus älteren Unterlagen entnommen):

»Über die märkische Heide geht Rossegestampf. Die große Wendenschlacht ist geschlagen. Albrecht der Bär hat den letzten Wendenfürsten besiegt. Und Jaczo ist nun auf der Flucht vor den Christen. Die Götter, die er vor dem Kampf angerufen, haben ihn verlassen. Jetzt bittet er sie, dass sie ihm wenigstens zu glücklicher Flucht vor den verfolgenden Christen helfen. Immer weiter stürmt sein treues Roß; aber auch immer näher kommt das hetzende Geschrei seiner Feinde.

Auf einmal sieht er sich am Ufer der Havel. Anstatt Rettung haben ihm seine Wendengötter die sichere Gefangennahme gebracht. Und in dieser Stunde bricht sein Glaube an sie zusammen. Da taucht vor ihm das Bild des Christengottes auf, wie es dessen Anhänger künden: Das Bild versöhnender Liebe. Vielleicht, dass er ihm hilft?

In seiner höchsten Not wendet er sich nun an ihn: ›Hilfst du mir aus meiner Not, bringst du mich ans rettende Ufer, dann will ich dir dienen – so treu wie ich den Wendengöttern gedient!‹

Schon hört Jaczo das Geschrei der Verfolger ganz nahe, schon brüllt man hinter ihm: ›Jetzt haben wir ihn im Sack!‹– da gibt Jaczo seinem Pferd die Sporen, und mit einem hohen Satz springt er hinein in den blauen Strom. Es war höchste Zeit; denn schon sind die Verfolger an der Stelle angelangt, wo Jaczo soeben den Christengott um Beistand angefleht. Jetzt sehen sie den Wendenfürsten die Havel durchschwimmen, aber keiner wagt es, ihm zu folgen.

Schwer ringt das treue Tier mit der Strömung. Immer mehr muss Jaczo es anspornen. Aber auch immer mehr nähert sich das jenseitige Ufer. Jetzt sind sie ganz nahe heran. Jaczo greift nach dem vorragenden Ast einer Kiefer, an dem er sich emporzieht – da versinkt das treue Roß in den Fluten. Es hat genug getan, es hat den Herrn gerettet.

Der aber kniet unter der Kiefer nieder und dankt dem Christengott für seine Rettung. Dann hängt er Schild und Horn an den Ästen der Kiefer auf: Sie, die er für die Wendengötter geführt, will er für den Gott der Liebe nicht mehr tragen. Er wird Christ.

So könnte es gewesen sein: Jaczo hängt Schild und Horn an einen Baum

Die Stelle aber, wo seine Verfolger ihn sicher zu fangen glaubten, heißt noch heute ›der Sack‹. Es ist die Landzunge, die sich von Pichelsdorf aus weit in die seeartig erweiterte Havel erstreckt und die man auch ›Pichelswerder‹ nennt. Der Ort jedoch, wo Jaczo gelandet sein soll, heißt seit langen Zeiten ›das Schildhorn‹. Hier steht eine Sandsteinsäule mit einem daran hängenden wendischen Schild, Sie stellt einen Baumstamm dar, der auf seiner Spitze das Kreuz trägt.«

Wannsee

Die Entwicklung dieses Ortes hängt mit der Entstehung zweier Bahnstrecken zusammen, der Zugverbindung nach Potsdam und der Stadtbahn (S-Bahn). Als ›Wannseebahn‹ wird diese S-Bahn-Linie als einzige Bahnstrecke Berlins im Sprachgebrauch noch immer mit einem Ortsnamen bezeichnet. Der Ort entstand als Villenvorort Berlins; der See, durch die Bahn leicht erreichbar, wurde ein Badeparadies und Zentrum für Segelsport, in den exzellenten Lagen entlang der Havel und mehrerer Seen der Region entstanden Villen der Oberschicht. Einige Anwesen haben sogar Geschichte geschrieben, allein mit der Geschichte der Villen auf der Insel Schwanenwerder und auf dem Festland am Wannsee könnte man ein Buch füllen. Als Beispiel werden die bedeutendsten Gebäude erwähnt und einige unbekannte Denkmäler zur Beachtung empfohlen.

■ Borussia und der Eiserne Gustav
Die Borussia und der Eiserne Gustav ergeben eine Gedankenverbindung am Bahnhof Wannsee. Die Borussia ist das Denkmal einer hübschen Frau, die mit diesem Namen weder in Wannsee noch anderswo bekannt ist und der Eiserne Gustav ein berühmter Mann aus Wannsee, dessen Denkmal aber an anderer Stelle steht.
Ein Aussichtspunkt am Bahnhof Wannsee oberhalb der Schiffsanlegestellen wurde mit der weiblichen Gestalt, die die **Borussia** darstellen soll und die zuvor in einer Privatvilla stand, gestaltet. Borussia – hat das etwas mit Fußball zu tun? Nein! Früher war es üblich, Ländern auch eine Fantasieperson als Sinnbild oder Nationalallegorie zuzuordnen: Marianne/Frankreich, Uncle Sam/USA, Germania/Deutschland, Michel/Deutschland, Bava-

ria/Bayern, Borussia/Preußen. Auch eine Hymne mit diesem Titel gab es von 1820 bis 1840 im Königreich Preußen. Borussia ist der ins Lateinische übersetzte Name für Preußen, er wurde als ›die Borussia‹ eine symbolische Frauengestalt. Mit dem Namen hat sich aber inzwischen ein Sinneswandel vollzogen. Borussia nennen sich unter anderem diverse Sportvereine – Borussia Dortmund, Borussia Mönchengladbach –, die mit diesem Denkmal nichts zu tun haben und vermutlich nur mit der Namensgebung vor langer Zeit an ihren regionalen Ursprung, also Preußen, erinnern wollten. Gustav Hartmann war ein Mann, der als Droschkenkutscher berühmt wurde. Er fuhr mit seiner Pferdekutsche im Frühjahr des Jahres 1928 in Begleitung eines Zeitungsreporters von Berlin-Wannsee nach Paris, wo er nach etwa zwei Monaten ankam. Nach seiner Rückkehr wurde er in Berlin mit Jubel empfangen.

Die Borussia am Bahnhof Wannsee

Hartmann wollte gegen den Niedergang des Droschkenwesens und gegen den zunehmenden Autoverkehr demonstrieren, wohl wissend, dass die Entwicklung unaufhaltsam war. Hans Fallada machte aus der Geschichte den Roman ›Der eiserne Gustav‹, die Verfilmung mit Heinz Rühmann wurde ein großer Erfolg.

Keineswegs nostalgisch gesinnt oder weltfremd, besaß Hartmann später selbst ein Autotaxi. Er gründete eine Stiftung für in Not geratene Droschkenkutscher, mit der jenen, die durch die neue Konkurrenz ihre Existenzgrundlage verloren hatten, geholfen werden konnte. Bis heute gibt es den Gustav-Hartmann-Unterstützungsverein, der sich um persönliche und finanzielle Hilfen für Taxifahrer bemüht, die durch Überfälle, Krankheit oder andere Schicksalsschläge in Not geraten sind.

Das Denkmal für den eisernen Gustav steht allerdings nicht in seinem Heimatort Wannsee, sondern im Berliner Bezirk Tiergarten.

Liebermann-Villa

Der berühmte Berliner Maler Max Liebermann hatte eine Villa am Wannsee. Für viele seiner Bilder wählte er Motive seines Garten und der Aussicht auf den See. Haus und Garten sind nach wechselvoller Zwischenzeit als **Museum** zu besichtigen, der Garten entspricht wieder den Motiven Liebermanns, und im Museum sind Bilder von ihm zu bewundern. Max Liebermann war einer der wichtigsten Maler der Zeit um 1900, gilt als der bedeutendste Vertreter des deutschen Impressionismus und war Mitbegründer der Berliner Secession, einer der Künstlergruppen, die europaweit um 1900 entstanden und neue Stile der Malerei prägten. Als anerkannter Vertreter einer neuen Kunstrichtung war er von 1920 bis 1933 auch Präsident der Preußischen Akademie der Künste. Liebermann starb im Jahre 1935 im Alter von 87 Jahren. »Es ist das Verdienst Max Liebermanns, die Moderne in die deutsche Malerei ein-

Birkenallee im Garten der Liebermann-Villa, Gemälde von Max Liebermann

geführt zu haben. Der Bogen spannt sich vom bäuerlich-ländlichen Sujet über die Darstellung bürgerlichen Freizeitlebens bis hin zu seinen treffsicheren Porträts und den späten farbintensiven Gartenbildern.« (aus dem Text zu einer Liebermann-Ausstellung).

Weitere Maler seiner Zeit, die ebenfalls dieser Gruppe angehörten, waren Walter Leistikow, der mehrere Bilder des Grunewaldsees malte und auch die Havel im Bild präsentierte. Ähnlicher dem Stil Liebermanns malte der jedoch weniger bekannte Maler und Mitbegründer der Berliner Secession, Karl Hagemeister (→ S. 222, 225).

Der Flensburger Löwe

Haus der Wannseekonferenz

In unmittelbarer Nachbarschaft zum Hause Liebermanns befindet sich die Villa, in der am 20. Januar 1942 die Zusammenkunft hoher Nazi-Offiziere und -Beamter zur Praxis der Massentötung des jüdischen Volkes stattfand, die ›Wannseekonferenz‹. Den Beschluss dazu gab es schon längst, auf der Konferenz wurde die Organisation der systematischen Ermordung verhandelt.

Die Dauerausstellung ›Die Wannsee-Konferenz und der Völkermord an den europäischen Juden‹ belegt in 15 Räumen das gesamte Geschehen in Wort und Bild und ist unbedingt zu empfehlen. Originaldokumente zeigen, wie ein Mensch werktags Menschen tötet, sonntags ein ›fürsorglicher Familienvater‹ sein kann, ein anderer seiner Ehefrau Liebesbriefe schreibt mit den Angaben über seine Tätigkeit, die darin besteht, unschuldige Menschen zu ermorden: Mord als Arbeitsauftrag, Mord als Beruf.

Dieser Irrsinn übersteigt jedes heutige Vorstellungsvermögen. Wichtig ist eine Besichtigung des Hauses der Wannseekonferenz, um Abgründe menschlichen Handelns zu sehen und um Sensibilität denen gegenüber zu entwickeln, die uns noch immer mit diesem Teil unserer Geschichte konfrontieren.

In den Orten Ravensbrück und Sachsenhausen wird an die Orte des Schreckens erinnert, an denen die Beschlüsse der Wannsee-Konferenz umgesetzt wurden (→ S. 121, S. 143).

Der Flensburger Löwe

Das imposante Denkmal des Flensburger Löwen am Heckeshorn ist der Abguss einer ziemlich unruhig in der Welt umhergewanderten Bronzeplastik. Das als Kriegstrophäe geschaffene Denkmal wechselte mehrmals den Standort und ist nun ein Andenken an unruhige Zeiten in zwei inzwischen freundschaftlich verbundenen Nachbarländern. Er symbolisiert nämlich das Wappentier Dänemarks und Schleswigs.

Im Jahre 1850 errangen die Dänen einen Sieg über Schleswig-Holstein und ließen als Siegestrophäe den dänischen Löwen anfertigen und in Flensburg als verbindendes Symbol der Einheit Schleswigs mit Dänemark aufstellen. Im Jahre 1864 mussten erneut viele Menschen wegen der kriegerischen Nachbarschaftsstreitig-

Park- und Stadtlandschaften

Das Strandbad Wannsee damals …

keiten ihr Leben lassen, Flensburg wurde wieder deutsch. Die dänische Siegestrophäe wurde abgebaut und zunächst in Einzelteilen eingelagert, doch im Jahre 1868 als deutsche Siegestrophäe erneut zusammengebaut und in Berlin am Zeughaus aufgestellt. 1874 war man offenbar noch immer im Siegestaumel, eine Siegestrophäe reichte wohl nicht. Ein reicher Bankier wollte eine ›Colonie Alsen‹ – Alsen ist der Name einer dänischen Insel, die im Krieg eine Rolle gespielt hatte – am Wannsee gründen. Er ließ eine Kopie des Löwen anfertigen, den Sockel mit einem Medaillon des Prinzen Karl versehen und auf einem Hügel am Wannsee aufstellen. Diese Kopie wanderte ebenfalls von ihrem ersten Standort dorthin, wo sie heute steht, also von der Straße zum Löwen zum Heckeshorn. Das Original wanderte im Jahre 1878 aber weiter, vom Zeughaus zu einer Kadettenanstalt in Lichterfelde. Mit zunehmender Freundschaft zwischen Deutschland und Dänemark verloren beide Löwen ihre jeweilige Bedeutung und verwahrlosten.

Im Jahre 1945 jedoch baten die Dänen die amerikanischen Besatzer darum, ihr altes Erinnerungsstück zurück zu erhalten, und so gelangte der Original-Löwe zu seinem fünften Ort und steht nun als dänisches Wappentiersymbol in Kopenhagen. Die Kopie am Heckeshorn wurde inzwischen ebenfalls ein anerkanntes Kunstwerk und stellt, restauriert und in gepflegter Umgebung, eine Zierde dar. Der Löwe ist an einem Aussichtpunkt mit Gaststätte zu einem Ausflugsziel geworden und erinnert daran, dass es sicherlich besser ist, friedliche Nachbarschaften zu pflegen als sich gegenseitig umzubringen.

Strandbad Wannsee

Nachdem das Ufer des Wannsees bereits als Badeparadies beliebt geworden war, wurde der Bau eines Strandbades in der Art der Seebäder an den Meeresküsten beschlossen und im Jahre 1907 eröffnet. Bis heute sind das Strandbad Wannsee, das Strandbad am Tegeler See und das Strandbad in Potsdam-Babelsberg die beliebtesten Freibäder der gesamten Havel.

▲ Karte S. 171

Aber nur das Wannseebad ist durch ein Lied überregional derart bekannt geworden, dass der Eindruck entstehen könnte, es gäbe sonst keine Seen in Berlin. Es gibt aber 46 Seen in Berlin, je nach Zählweise sogar mehr, und noch ein paar Teiche dazu. Mehrere dieser Seen haben ebenfalls Badeanstalten mit sanitären Einrichtungen, und andere Seen Berlins sind hinsichtlich der Beliebtheit mit dem Wannsee durchaus vergleichbar. Der Wannsee ist weder der größte See Berlins noch der größte Havelsee, noch hat er die schönste Uferpromenade. Der Müggelsee in Berlin ist der größte See der Stadt und der Schwielowsee ist es an der Havel. Über den schönsten Havelsee kann man unterschiedlicher Meinung sein, der Wannsee ist es aber ganz sicher nicht.

Die Werbewirkung des Liedes ›Pack die Badehose ein‹ war und ist erstaunlich. Hans Bradtke hat sich den Text zu dem berühmten Lied so um 1950 herum ausgedacht. Die Melodie dazu stammt von Gerhard Froboess, und seine Tochter, die Schauspielerin Cornelia Froboess, wurde als Kind mit dem Lied berühmt.

Pack die Badehose ein

Wenn man in der Schule sitzt,
über seinen Büchern schwitzt
und es lacht der Sonnenschein,
dann möchte' man draußen sein.

Ist die Schule endlich aus,
gehn die Kinder froh nach Haus
und der kleine Klaus
ruft dem Hänschen hinterher:

Pack die Badehose ein,
nimm dein kleines Schwesterlein
und dann nischt wie raus nach Wannsee!
Ja wir radeln wie der Wind
durch den Grunewald geschwind
und dann sind wir bald am Wannsee!

Hei, wir tummeln uns im Wasser
wie die Fischlein! Das ist fein!
Und nur deine kleine Schwester,
ach, die traut sich nicht hinein.

Pack' die Badehose ein,
nimm dein kleines Schwesterlein,
denn um acht müssen wir zu Hause sein!

Park und Stadtlandschaften

… und heute

Kohlhasenbrück

Kohlhasenbrück ist ein Ort an einer hintereinander liegenden Gewässerreihe, die vom Wannsee über den Pohlesee, Stölpchensee, Griebnitzsee und die Glienicker Lanke eine Verbindung der Havel mit der Havel bildet. Der Ort, noch zu Berlin gehörend, erinnert an Hans Kohlhase. Damit wird in Berlin neben dem Streich des Hauptmanns von Köpenick an eine weitere ungewöhnliche Verbrechensgeschichte erinnert, die ebenfalls als Vorlage eines literarischen Klassikers diente. Hans Kohlhase war zunächst ein ehrsamer Mensch und wollte es auch bleiben, wenn man ihn nicht ungerecht behandelt hätte. Ein Streit wegen eines Pferdehandels mit einem sächsischen Adligen eskalierte, und Kohlhase fand weder in Sachsen noch in Brandenburg seitens der Obrigkeit Unterstützung für sein angeblich berechtigtes Anliegen. Seine Wut auf die Obrigkeiten führte dazu, dass er sich gewaltsam sein ›Recht‹ nahm, Unrecht mit Unrecht beantwortete. Er schloss sich mit Komplizen zu einer Räuberbande zusammen und wurde schließlich durch eine grausame Folterung hingerichtet. Mündlicher Überlieferung zufolge soll er erbeutete Gelder und sonstige Schätze unter einer bestimmten Brücke versteckt haben, die später ›Kohlhasenbrücke‹ genannt wurde und der angrenzenden Siedlung schließlich den Namen gab. Anderen Berichten zufolge versenkte Hans Kohlhase seinen Schatz im Machnower See, und die Kohlhasenbrücke beträfe einen anderen Herrn Kohlhase. Wie dem auch sei, der Ort erinnert an die historische Begebenheit, mit der Heinrich von Kleist (1777–1811) mit der Novelle ›Michael Kohlhaas‹ seinem Leben ein literarisches Denkmal gesetzt hat. Ein kleine **Gedenkstätte für Heinrich von Kleist** selbst ist in der Bismarckstraße am Bahnhof Wannsee zu finden,

Karte S. 171 ▲

an der Stelle, an der Heinrich von Kleist den Freitod wählte, nur wenige Kilometer von Kohlhasenbrück entfernt.

Lexikonzitat ›Die Zeit‹: »Hans Kohlhase, Kaufmann, gerädert in Berlin am 22.03.1540; geriet 1532 wegen zweier Pferde in Rechtsstreit mit dem sächsischen Junker G. von Zaschwitz und erließ, da er sein Recht nicht fand, 1534 einen Fehdebrief gegen ihn und ganz Kursachsen. Als er sich auch gegen seine märkischen Landsleute wandte, wurde er nach Berlin gelockt und zum Tode verurteilt.«

Die Pfaueninsel

In das Licht der Geschichte trat die Insel als ›Kaninchenwerder‹ mit einer bedeutenden Erfindung: Der ›Alchimist‹ Johann Kunckel hatte bei seinen Experimenten das Rubinglas erfunden, bekam im Jahre 1685 die als Wildnis bezeichnete Insel vom Kurfürsten Friedrich Wilhelm als Geschenk, errichtete darauf eine Glashütte und ›kungelte‹ dort, arbeitete einige Jahre im Verborgenen, verbesserte einerseits seine Erfindung des Rubinglases, produzierte Gläser und versuchte allerlei Anderes mit weniger Erfolg. Später fiel er in Ungnade, zog nach Schweden und wurde dort geadelt. Kunckels Vermächtnis waren Verfahren zur Verbesserung der Glasherstellung. Die Insel fiel für etwa 100 Jahre in einen Dornröschenschlaf. Die Glashütte brannte später ab.

1793 war es, als König Friedrich Wilhelm II. die Insel als Ziel für Fahrten auf den Gewässern und zur Erweiterung der Potsdamer Park- und Schlösserlandschaft erwarb. Er plante eine Parklandschaft und ließ das Schlösschen so erbauen, wie es noch heute steht. Die Idee dazu stammte von der Gräfin Lichtenau, die angeblich ein verfallenes Schloss Italiens zum Vorbild nahm. Ein Märchenschlösschen als Blickfang und Ausflugsziel war

Die Pfaueninsel

geplant, das ist gelungen. 1795 wurden Pfauen angesiedelt und die Insel umbenannt. Eine Menagerie wurde eingerichtet und am anderen Ende der Insel Landwirtschaft mit einer Meierei.

Ab 1818 begann die Parkgestaltung durch Peter Joseph Lenné, es folgten ein Rosengarten und ein Palmenhaus, das später abbrannte.

Friedrich Wilhelm III. erhielt zwar die Landwirtschaft, hatte aber auch Interesse an exotischen Tieren und begann mit einer Sammlung fremdartiger Tiere: chinesische Schweine, Lamas, bengalische Hirsche. Das königliche Hobby erweiterte sich schnell: Es folgten Affen, Känguruhs und Bären. Bis zu 100 Arten gab es schließlich, Lenné gestaltete Ge-

hege, und die Bevölkerung durfte sich die königliche Tiersammlung anschauen, die Pfaueninsel wurde ein Zoologischer Park. Dem Nachfolger, König Friedrich Wilhelm IV., gefiel das nicht: Er ließ die Sammlung nach Berlin schaffen, wo im Jahre 1844 der erste heute noch bestehende Zoologische Garten in Deutschland eröffnet wurde.

Heute präsentiert sich die Pfaueninsel als Parkanlage mit idyllischen Wegen, interessanten Bauten und Ruhezonen.

■ Ein geheimnisvolles Denkmal

Auf dem Sockel eines Denkmals auf der Pfaueninsel findet sich folgende Inschrift: ›Mlle: Rachel, Den 13. Julius 1852‹. Mehr als 20 Jahre nach diesem

Das Denkmal für Mademoiselle Rachel

Datum berichtet Theodor Fontane von dem Ereignis dieses Tages, und zwar in einer Weise, die als selbstverständlich voraussetzt, dass keinem Leser erklärt werden muss, wer ›Demoiselle Rachel‹ oder ›die Rachel‹ ist, denn diese Dame kannte jeder auch nach ihrem Tode 1858 noch: ›Mademoiselle Rachel‹ war zu ihrer Zeit ein Weltstar.
Elizabeth-Rachel Félix, 1821 in der Schweiz als Tochter des ›fahrenden Volkes‹, also fahrender Künstler und Händler aus dem Elsass, geboren, war die berühmteste Schauspielerin Europas, unwidersprochen eine der besten jener Zeit, ein ›Genie‹ soll sie gewesen sein. Sie trat in den renommiertesten Häusern auf, war Gast in den Königshäusern Frankreichs, Österreichs, Englands, Russlands. Ein Parfum wurde nach ihr benannt, und es gab den üblichen Starrummel, ähnlich wie heute. Mademoiselle Rachel sprach aufgrund ihrer Herkunft perfekt deutsch und französisch und verhielt sich bereits im Jahre 1852 ihrem Ruhm entsprechend.

Nun lud der preußische König Friedrich Wilhelm IV. anlässlich eines Besuches des Zaren Nikolaus I. aus Russland die Diva zu einem Gastspiel vor beiden Monarchen nach Berlin ein. Und sie kam auch, dachte natürlich an einen Auftritt vor großem Publikum im feierlichen Rahmen eines Theaters. Geplant war aber eine kleine intime Feierrunde mit dem Zaren im Freien, auf der Pfaueninsel. Das war unter dem Niveau der ›Mlle. Rachel‹. Ein Eklat vor dem Zaren drohte, eine Blamage des deutschen Königs dem hohen Gast gegenüber.
Sehr ausführlich berichtet Theodor Fontane, wie schließlich doch ihr Auftritt auf der Pfaueninsel zu aller Zufriedenheit gelang. Und genau an der Stelle, wo der ›Bühnenstar‹ vor dem deutschen König und dem Zaren am 13. Juli 1852 ohne gewohnt große Bühne auftrat, wurde ihr als Dank seitens des Königs das abgebildete Denkmal gesetzt. Es steht landeinwärts vor dem Schlösschen.
Wir lesen und reden heute von Weltstars, oft mit dem Zusatz ›.... aller Zeiten‹, und es sind doch keine bleibenden ›Sterne‹ sondern nur ›Kometen‹ wie die Rachel, tauchen aus dem Dunkel unbedeutender Herkunft auf, steigen auf zu strahlendem Glanz, beeindrucken mit ihrem Können die ganze Welt und verglühen wieder, verschwinden im Dunkel der Geschichte. Künstlern dieser Art werden selten Denkmäler gesetzt und wenn, dann bleiben diese selten mehr als 160 Jahre an gleicher Stelle erhalten. Hier wurde sogar für das zerstörte Ursprungsdenkmal ein neues geschaffen.

Nikolskoe

Nikolskoe ist ein Haus mit Geschichte, inzwischen auch zusätzlich ein Forsthaus. Neben dem Haus steht eine Kirche, im Haus befindet sich die Gaststätte ›Blockhaus Nikolskoe‹, das Berliner immer am

Ende als ›ö‹ sprechen, wohl wissend, dass es eigentlich korrekt als ›koje‹ ausgesprochen werden müsste, denn Gasthaus und Kirche haben russische Wurzeln.

Die preußische Prinzessin Charlotte heiratete 1817 den späteren Zaren Russlands, Nikolaus. König Friedrich Wilhelm III. besuchte seine Tochter in Russland, und ein Blockhaus dort gefiel ihm, und so wollte er ein gleiches haben, als Würdigung der Freundschaft mit seinem Schwiegersohn und als Überraschung, wenn die russische Verwandtschaft ihn besuchen würde.

Den Plänen aus Petersburg exakt entsprechend, wurde es im Jahre 1819 dort errichtet, wo jetzt das zweite, mit dem ersten identische Exemplar noch immer steht. Das Original wurde durch einen Brand zerstört. ›Dem Nikolaus gehörend‹ wäre sinngemäß die passende Übersetzung, die es von Anfang an trug.

Die **Kirche St. Peter und Paul**, die mit ihrem russischen Zwiebelturm ebenfalls an russische Baustile erinnert, entstand etwa 15 Jahre später unmittelbar daneben. Beide Bauten waren von Anfang an Ausflugsziele und sind es bis heute.

Der Turm auf dem Schäferberg

Im Waldgebiet zwischen Wannsee, der Havel, dem Volkspark Glienicke und Kohlhasenbrück steht der weithin sichtbare Fernmeldeturm Berlin-Schäferberg in 103 Meter Höhe. Der Turm ist zusätzlich 212 Meter hoch, entstand in den Jahren 1961 bis 1964 und war zu Zeiten der deutschen Teilung eine Richtfunkstation für die Funktelefon- und Fernsehverbindung zwischen Westberlin und dem Bundesgebiet. Es gab ein Gegenstück im Harz und eines in Schleswig Holstein.

Im Eigentum einer Gesellschaft der Telekom dient er auch heute den Zwecken zeitgemäßer Telekommunikation. Der Turm ist nicht für die Allgemeinheit zugänglich.

Der Turm auf dem Schäferberg

Sacrow

Sacrow ist ein etwas versteckt liegender Ort zwischen der Havel, dem Jungfernsee und dem Sacrower See, der insbesondere durch die am Ufer markant liegende **Sacrower Heilandskirche** bekannt ist. Als Rittergut bereits seit dem 14. Jahrhundert bekannt, entstand im 18. Jahrhundert ein Gutshaus, das 1840 in das Eigentum des Preußenkönigs Friedrich Wilhelm IV. überging, erweitert wurde und seitdem als Schloss bezeichnet wird. Der Gartenkünstler Lenné legte den bis zum Havelufer reichenden Park an, der bewusst als Verschönerung der gesamten Region dienen sollte. Im Park grünt noch immer eine uralte Eiche, deren Alter auf bis zu 1000 Jahre geschätzt wird. Im Jahre 1844 wurde vom Architekten Ludwig Persius die Heilandskirche am Havelufer errichtet. Auch dieses Bauwerk in italienischem Kirchenstil mit separatem Turm beweist, dass ein Zweckbau gleichzeitig als Landschaftsverschönerung dienen kann. Das Schloss wechselte mehrmals den Besitzer, wurde Zweckbau staatli-

Die Sacrower Heilandskirche

der Firmengründung ›Telefunken‹ und der Beteiligung der AEG dazu, dass Deutschland weltweit eine Führungsrolle in der Funktechnik einnahm. Das ist deshalb besonders bemerkenswert, weil es nur mit Geheimdiplomatie der Regierung und geschicktem Taktieren der beiden Herren gelang, wichtige technische Informationen zu erhalten, die hierzulande fehlten. Mit fremdem Know-How als Basis für weitere Entwicklungen wurde die deutsche Konkurrenz aufgebaut: Industriespionage nennt man das heute.

Die Glienicker Brücke

cher Organe und ging in den Besitz der Stiftung Preußische Schlösser und Gärten über. Das gesamte Parkensemble ist inzwischen wieder hergerichtet und ein schönes Ausflugsziel.

Die markante Heilandskirche hat auch schwere Zeiten erleben müssen, sie wurde ein Grenzbefestigungsbauwerk innerhalb der Sperranlagen zwischen der DDR und Westberlin. Sie liegt genau gegenüber dem Berliner Territorium, war damit unerreichbar für die Bewohner Sacrows und verwahrloste.

Eine Hinweistafel am Turm weist darauf hin, dass an dieser Stätte im Jahre 1897 mittels einer Antennenanlage die erste drahtlose Nachrichtenübertragung in Deutschland mit der gegenüberliegenden Funkstation Kongsnæs gelang. Hier begannen praktische Versuche einer Zukunftstechnologie, zu der im gleichen Jahr auf der Basis der Forschungen des Italieners Guglielmo Marconi in England die erste Telegrafengesellschaft gegründet wurde. Vom damaligen Kaiser Wilhelm II. wurde Professor Dr. Adolf Slaby, der sich mit dieser Technik befasste, mit einer ›Aufholjagd‹ beauftragt. Gemeinsam mit Graf Georg von Arco, der ebenfalls in dieser Richtung experimentierte, gelang das auch und führte später mit

Woher kommt der Name? Unterhalb des Schosses Babelsberg mündet der Teltowkanal in die Glienicker Lanke, eine Havelbucht. Etwas versteckt befindet sich dort gegenüber, an die Waldgebiete Berlins angrenzend, noch immer ›Klein Glienicke‹, ein ehemaliges Dorf, jetzt ein kleiner Vorort Potsdams. Das angrenzende Jagdschloss Glienicke und das direkt am Havelufer liegende Schoss Glienicke mit dem angrenzen Park Glienicke liegen bereits auf Berliner Gebiet. Der Name des Dorfes, der Schlösser, des Parks als Name für die Brücke lassen keine Irrtümer über die Lage dieser Brücke aufkommen, die an dieser Stelle Potsdam und Berlin verbindet. Vorläufer der jetzigen

Statue auf der Glienicker Brücke

Blick auf die Glienicker Brücke vom Babelsberger Schlosspark

Einsenkonstruktion war eine Brücke aus Stein, von der an beiden Seiten noch die Portale und Schmuckelemente vorhanden sind, davor verband eine Holzbrücke die beiden Ufer.

Berühmt geworden ist die Brücke vor allem als Ort, an dem es in der Zeit des ›Kalten Krieges‹ zwischen den USA und der Sowjetunion möglich war, Agenten oder andere Personen der jeweils anderen Macht korrekt zu übergeben, da sich hier die Machtbereiche der Sowjetunion in der DDR und der USA in Westberlin direkt berührten. Militär dieser Mächte war in beiden Teilen Deutschlands stationiert. Das gegenseitige Misstrauen führte dabei zu skurrilen Situationen: Militär stand an beiden Seiten am Ufer, die auszutauschenden Personen gingen in zuvor vereinbarter Begleitung bis zum weißen Strich in der Mitte der Brücke, also bis zur Grenzlinie, und überquerten gleichzeitig in beiden Richtungen diese Linie, wobei die jeweilige Begleitung die Identität der übergebenen Person feststellen konnte.

Kurios ist auch, dass während der Zeit, in der es keinem Deutschen möglich war, diese Brücke zu überqueren, deutlich lesbar auf DDR-Seite ein neuer Name der Brücke prangte: ›Brücke der Einheit‹. Als die deutsche Einheit aber hergestellt war, verschwand der Name wieder. Und noch ein Kuriosum: Man kann diese Brücke keiner der beiden Städte vollständig zuordnen, da die Grenze nach wie vor in der Brückenmitte verläuft. Und als vor einigen Jahren ein neuer Anstrich erforderlich war, teilte man sich nicht die Kosten, sondern jede Seite beauftragte einen Malerbetrieb. Beide benutzen nicht genau dieselbe Farbe, und so ist bis heute ein Farbunterschied der beiden Brückenhälften erkennbar.

Auf Potsdamer Seite der Brücke wurde direkt an der Brücke die exklusive **Villa Schöningen** restauriert, ein 1843 von Ludwig Persius errichtetes Gebäude im italienischen Stil. Das Museum in der Villa dokumentiert die Geschichten um die Brücke während der Spaltung Deutschlands und die Geschichte des Hauses.

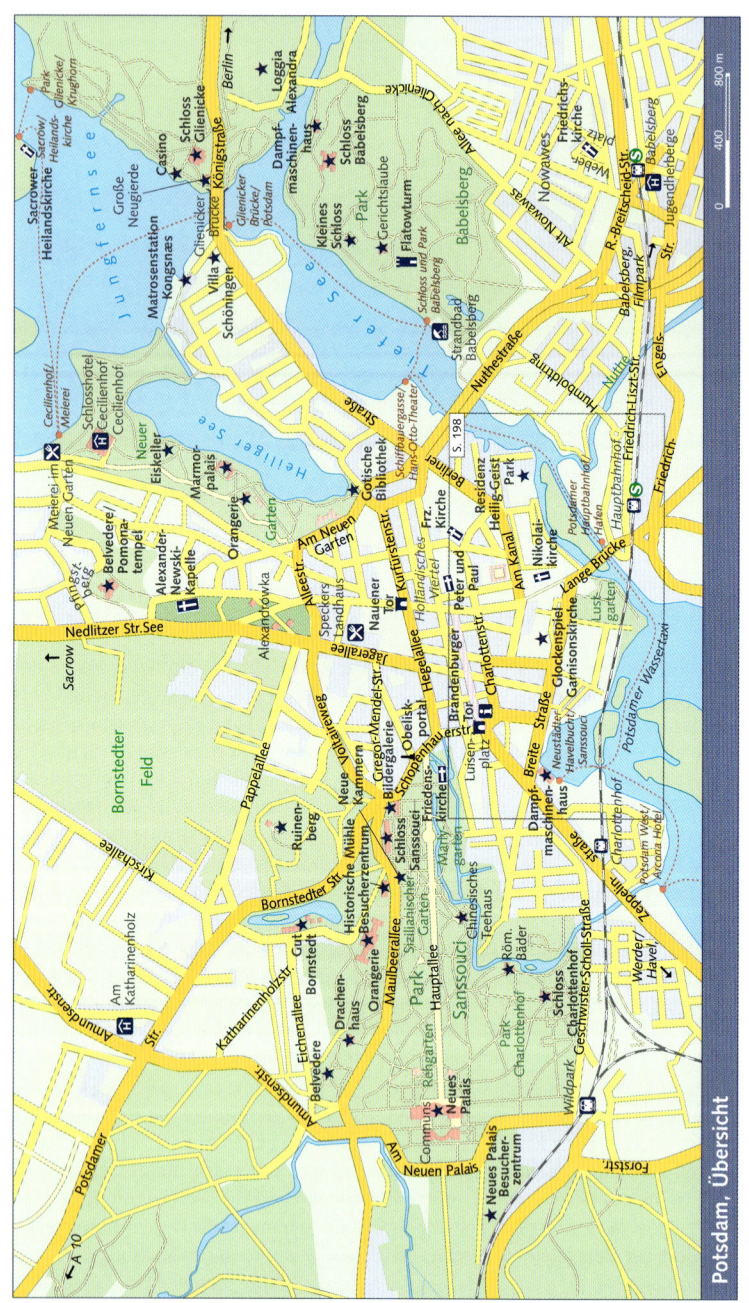

Potsdams Park- und Schlösserlandschaft

Dem Lauf der Havel folgend, beginnt an der Glienicker Brücke die Stadt Potsdam. Linker Hand ist die Höhe des Schlosses Babelsberg mit Park erkennbar, am Ufer des Jungfernsees über die Brücke hinweg nach rechts findet man sofort die alte **Anlegestelle Kongsnæs**, früher der Liegeplatz der königlichen Segelyacht. Nicht weit dahinter folgt der **Heilige See** mit dem Park **Neuer Garten**, den Schlössern Marmorpalais, Cecilienhof und in Fortsetzung die Parkanlagen des **Pfingstbergs** mit Belvedere und Pomonatempel. Weiter schließt sich die **Alexandrowka-Siedlung** an, eine Kolonie russischer Häuser für Angehörige eines russischen Chores, die zwangsweise seitens des Zaren dem deutschen Herrscherhaus ›geschenkt‹ oder übereignet‹ wurden.

Eine Kurzvorstellung bedeutender Bauten Potsdams wird ab Seite 196 in den Rundgängen durch Potsdam zusammengefasst. Als Eingangsbeispiel Potsdamer Schlösservielfalt kann man neugierig an der ›Großen Neugierde‹ beginnen und staunen, was die Region zu bieten hat.

Die Große Neugierde und die Loggia Alexandra

Das auffällige Bauwerk, ein offener Aussichtspavillon des Schlosses Glienicke an der Glienicker Brücke, ist allgemein bekannt. Sehen und gesehen werden war und ist der Zweck der **Großen Neugierde** und ähnlicher Bauten der preußischen Monarchie.

Im Gegensatz dazu war wohl die in der Nähe auf dem Böttcherberg zu findende restaurierte **Loggia Alexandra** ein Aussichtspunkt mit Sicht über die Stadt Potsdam. Aber schon der Bau des Pavillons mit Separee dahinter, versteckt im Wald, beweist das genaue Gegenteil: Sehen ja, Aussicht genießen auch, aber nicht gesehen werden. Prinz Carl von Preußen ließ die Loggia 1869/1870 zum Gedenken an seine verstorbene Lieblingsschwester, Charlotte von Preußen, als Teehaus und Aussichtsplatz errichten.

Matrosenstation Kongsnæs

Am Jungfernsee, dem in Richtung Nordwest an der Glienicker Brücke beginnenden See, stehen ein Gebäudekomplex und ein Schiff für Vergangenheit, Gegenwart und Zukunft: ›Kongsnæs‹ und die ›Royal Louise‹. Der norwegische Name ›Kongsnæs‹, der so etwas wie Landzunge des Königs bedeuten soll, bezeichnete einen Liegeplatz einer königlichen Segelyacht mit dem Namen ›Royal Louise‹, ein Geschenk des englischen Königshauses im Jahre 1832. Der Nachbau des Schiffes ist heute wieder auf den Potsdamer Gewässern unterwegs (→ S. 89).

Als Heimathafen für dieses Schiff wurde im Jahre 1841 am Jungfernsee eine Anlegestelle erbaut und im Jahre 1890 als ›Kongsnæs‹-Matrosenstation neu geschaffen. Hafen und mehrere Gebäude wurden im norwegischen Stil erbaut, denn Kaiser Wilhelm II. liebte sowohl Norwegen als auch das Segeln. Es wird berichtet, dass der Kaiser hier nicht nur alleine zum Vergnügen segelte, sondern auch auf die Idee von Segelwettfahrten kam und damit die Segelregatta erfand. Von der Station Kongsnæs sind drei Gebäude erhalten, die Matrosenunterkunft, das Wohnhaus des Stationsleiters und die Werkstatt. Alle drei sollen saniert werden. Ein Investor wird das zerstörte Empfangsgebäude (Ventehalle) neu erschaffen, dort soll dann ein Restaurant einziehen. Kongsnæs soll auch einen modernen Hafen für Freizeitboote erhalten und eine neue Attraktion in Potsdams Landschaft werden.

Park und Stadtlandschaften

Potsdam

Eine umfassend ausführliche Darstellung dieser Perle deutscher Städte würde den Umfang dieses Freizeitführers sprengen. Man kann ja Potsdam nicht auf Sanssouci, den Sommersitz preußischer Herrscher, zusammenschrumpfen. Daher werden einige Besonderheiten Potsdams als Beispiel der Vielfalt herausgegriffen.

Zunächst Wesentliches zur Bedeutung dieser Stadt, denn Potsdam muss man vor allem weiter fassen, als es erscheint und als es sich gelegentlich selbst darstellt.

Das Brandenburger Tor in Potsdam

■ Die Potsdamer Parklandschaft

Die preußischen Herrscher sind nach grundlegenden Landschaftsgestaltungsideen nach dem Dreißigjährigen Krieg in besonderer Weise später den Ideen ihres genialen Landschafts- und Parkgestalters Peter Joseph Lenné im Grundsatz gefolgt, vereinfacht ausgedrückt entwarf Lenné eine weiträumige Landschaft, in deren Mitte Potsdam als Stadt inmitten einer gestalteten Natur- und Parklandschaft liegt. Auch wenn in dieser Hinsicht nicht alle Ideen Lennés realisiert wurden, so aber doch das Grundsätzliche und zwar über sein fast 50-jähriges Wirken hinaus. Wenn man die außerhalb der Stadt-

Peter Joseph Lenné im Alter von etwa 60 Jahren, Gemälde von Carl Joseph Begas

grenzen liegenden Parkanlagen in Glienicke, in Sacrow und auf der Pfaueninsel, die mittels Sichtachsen in die Potsdamer Landschaft einbezogen wurden, den fünf verschiedenen Parkanlagen innerhalb der Stadt hinzufügt und das Havelufer und die Waldgebiete im Uhrzeiger in Richtung Caputh, Richtung Werder und die Bornimer Feldflur betrachtet, dann ergibt sich das einmalige Bild, dass hier nicht Parks in einer Stadt, sondern eine Stadt in einem Park liegt. Die Stadt wurde mit einer weiträumig gestalteten Parklandschaft umrahmt, die sich harmonisch in das Siedlungsgebiet hinein fortsetzt.

Innerhalb Potsdams erfreuen neben dem Park von Sanssouci weitere Parks die Besucher: der Park Babelsberg mit dem Schloss, der Neue Garten mit Cecilienhof und Marmorpalais, der BUGA-Park im Bornstedter Feld, jetzt Volkspark Potsdam benannt, und die Parkanlagen auf dem Pfingstberg und Kapellenberg mit dem Aussichtsbauwerk Schloss Belvedere, dem Pomonatempel und der russisch-orthodoxen Kirche, der sich die ebenfalls parkähnlich angelegte Siedlung Alexandrowka anschließt. Gewürdigt werden oft nur die jeweiligen Parks als einzelne Gartenkunstwerke, ohne den übergeordneten Zusammenhang wahrzunehmen.

Peter Joseph Lenné

Als Sohn einer Hofgärtnerfamilie wurde Peter Joseph Lenné am 29. September 1789 in Bonn geboren. Er lernte ebenfalls Gärtner, erweiterte sein theoretisches und praktisches Wissen in verschiedenen Ländern Europas und begann als Gartengeselle im Jahre 1816 sein fast 50-jähriges Wirken in Potsdam. Seine Kreativität und sein Können fielen sehr schnell auf, so dass er sich bereits 1824 zum Gartendirektor der königlichen Parks und Gärten emporgearbeitet hatte. Später durfte er sich Generalgartendirektor nennen. Am 23. Januar 1866 starb er in Potsdam, das bereits vorbereitete 50-jährige Dienstjubiläum erlebte er nicht mehr. Sein Grab wird nach wie vor auf dem Friedhof in Bornim (nahe Sanssouci) gepflegt.

Wie Maler mit Farben Kunstwerke schaffen, Komponisten mit Tönen, Bildhauer mit Gesteinen, so fand Lenné in Pflanzen, Gewässern und Landschaftsformationen die Gestaltungselemente für die Schaffung von Kunstwerken. Die Landschaftskompositionen sollten keine kleinen Liedchen sein, sondern große Orchesterwerke. Seine Pläne waren ursprünglich sogar noch größer, als es heute zu erkennen ist. Künstlerische Landschaftsgestaltung, die die Natur nicht in unnatürliche Zwänge presst oder zerstörerisch wirkt oder und dennoch schön ist und langfristig erhalten bleibt, war sein Ziel. So entwickelte Lenné einen ›Verschönerungsplan der Umgebung Potsdams‹, in dem die Schönheit der Landschaft mit den Nutzungsmöglichkeiten in Einklang gebracht wurde und das Ganze zum Wohle nicht nur der Auftraggeber, also der Herrscher, sondern der gesamten Bevölkerung konzipiert wurde. Freilich standen seinen Ideen finanzielle Zwänge und Wünsche des Auftraggebers entgegen.

Ein besonders deutliches Beispiel von Lennés Gartenkunst ist der Park Neuer Garten mit Marmorpalais und Heiligem See. Am Schloss befinden sich ein kleiner Rosengarten, Blumenarrangements und Ruhebänke. Nach zwei Seiten öffnet sich der Gartenbereich und macht neugierig auf die Umgebung. In der Nähe steht ein Obelisk an einem Punkt, von dem der Blick über die Weite des Sees zum kleinen Bibliothek-Pavillon schweift. Bis zur Nikolaikirche in Potsdam kann man von hier aus schauen. An anderer Stelle geht der Blick, von keinem Baum verdeckt, über den Heiligen See, den Jungfernsee und die Havel hinweg bis zum Schlösschen auf der Pfaueninsel. Das sind Blickachsen von jeweils mehreren Kilometern Länge. Wer umherspaziert, wird immer wieder überrascht von neuen Blicken in den Park und in die Weite. Trotzdem nimmt man dabei die unterschiedlichen Gehölze und Arrangements der gestalteten Natur wahr, in anderen Parks in stärkerem Maße angereichert mit Schmuckelementen in Form von Statuen, Amphoren oder Ähnlichem.

Mit dem Volkspark entwickelte Lenné auch die Gartenform einer neuen Gesellschaft, die aber in Potsdam nicht möglich war. Die Öffnung und Zugänglichkeit königlicher Parks und Gärten für die Bevölkerung kam dieser Idee jedoch nahe. Mit dem Berliner Tiergarten und dem Volksgarten in Magdeburg gelangen ihm Meisterwerke der Volksparks, die bis heute beliebt sind. Insgesamt über 360 von Lenné gestaltete gärtnerische Anlagen führt Gerhard Hinz in seinem Buch über Peter Joseph Lenné auf. Lennés Wirken war umfassend und hatte auch eine soziale Aufgabe. Er entwickelte ein ökologisches Bewusstsein, in dem Natur nicht nur direkt zu menschlichem Nutzen zu dienen hat und demnach zu pflegen und zu erhalten ist.

Die historische Bedeutung Potsdams

Potsdam ist älter als Berlin. Warum aber haben die Hohenzollern, die Brandenburger Kurfürsten, die preußischen Könige nicht diese Stadt als Hauptstadt erwählt, wenn sie sich dort am wohlsten fühlten? Ein historischer Zufall ist nachgewiesen: Bei Antritt ihrer Herrschaft im 15. Jahrhundert gab es neben dem Widerstand einiger Ritter und Adliger die massivsten Widerstände seitens Berlins, teils in Verbindung mit Spandau. Dies veranlasste den ersten Kurfürsten der Hohenzollern dazu, sich mitten in der revoltierenden Stadt Berlin einen Regierungssitz zu errichten. Einen Stützpunkt auf der Burg Spandau hatte es bereits bei den Vorgängern gegeben. Der Regierungssitz wurde ständig erweitert und blieb in Berlin. Im übrigen hätte zur Anfangszeit der Hohenzollern eigentlich Spandau Hauptstadt werden müssen, denn diese Stadt war zuvor die wichtigste dieser drei. Auch Brandenburg, der historische Ursprung, wäre in Betracht gekommen.

Erstaunlich ist, dass Preußen historisch immer mit Potsdam verbunden wird, obwohl die Hauptstadt Preußens immer Berlin war. Zu Zeiten, in denen Berlin als Handelsstadt bereits bedeutungsvoll war und es mehrere andere wichtige Städte im Lande gab, hatte sich zwar ›Poztupimi‹, dann ›Postamp‹, dann Potsdamp, auch als ›Potzsten‹ bezeichnet, zu einer Stadt entwickelt, lag aber abseits wichtiger Verkehrswege, lebte von Landwirtschaft und war arm, nach dem Dreißigjährigen Krieg völlig am Boden. Die Häuser der Stadt waren weitgehend zerstört, und die Bevölkerung bestand nur noch aus einem armen Rest. 16 Jahre nach diesem Desaster kam die Wende durch Moritz von Nassau-Siegen, Statthalter von Kleve, Mark und Ravensberg. Dieser sandte dem Kurfürsten Friedrich Wilhelm, der als der Große Kurfürst bekannt ist, im Jahre 1664 einen Planungsentwurf für die Insel Potsdam und fügte hinzu: »Das gantze Eyland muß ein Paradies werden... «. Vermutlich auch wegen der günstigen Lage für einen Schlossneubau zu Jagdzwecken – als Regierungssitz war er nicht erforderlich – stimmte der Kurfürst der Idee zu, und es begann jene Zeit, die bis zum Ende der Hohenzollernherrschaft, also Preußens, im Jahre 1918 durch eine ständige Verbesserung Potsdams und den Bau immer neuer Schlösser und anderer Bauten gekennzeichnet ist.

Die realisierte Ursprungsidee, Schlossneubau und anderes, setzte der Nachfolger Friedrich Wilhelm I., der Soldatenkönig, in einer erweiterten Grundlagenentscheidung erfolgreich fort. Es wurde planmäßig eine repräsentative Stadt geschaffen. Mit der Residenz des Kurfürsten erhielt Potsdam auch eine politische Bedeutung. Durch den ›Soldatenkönig‹ wurde es zusätzlich zur Garnisonstadt, einem Zentrum des preußischen Militärs.

Karte S. 188

▲ *Friedrich Wilhelm I., der ›Soldatenkönig‹*

Zur Urbarmachung des Geländes, zum Städtebau und allem was dazu gehört wurde Fachpersonal aus ganz Europa angeworben. Innerhalb von etwa 20 Jahren entstand eine neue Stadt, wie sie heute im Kern noch immer erkennbar ist. Die Bevölkerungszahl stieg von 1500 auf etwa 12 000, Armut gab es nicht mehr. Die Folge war internationales Erstaunen, Bekanntheit, Respekt vor der Leistung und vielleicht auch der Ursprung der Gedankenverbindung Preußen=Potsdam.

Friedrich II. setzte neue Akzente, legte Wert auf zusätzliche repräsentative Bauwerke aller Art und bereicherte die Stadt um Schloss Sanssouci und den Park, regierte auch von dort aus und wird als König kaum mit dem Regierungssitz Berlin identifiziert. Soweit die Basis, die alle nachfolgenden Herrscher Preußens nutzten und mit weiteren Bauwerken ergänzten. Die ständige Zunahme der Bedeutung Potsdams hatte aber bereits mit dem Großen Kurfürsten begonnen, denn mit dem Edikt von Potsdam war der Große Kurfürst in Sachen religiöser Toleranz seiner Zeit und allen anderen Ländern weit voraus.

■ Der Geist von Potsdam

Der ›Geist von Potsdam‹ ist ein Begriff, mit dem das Negative Preußens verbunden wird, militärischer Drill, strenge Herrschaft, Kriegsgeschrei. Der Begriff geht auf den Soldatenkönig und seinen Nachfolger zurück, denn Friedrich Wilhelm I. entwickelte preußisches Militär in Potsdam, und Friedrich II. führte Kriege allein aus Gründen der Expansion und Geltungssucht. Friedrich II. wurde erstmals ›der Große‹ tituliert, weil es ihm gelang, mit kriegerischen Mitteln den Österreichern Teile ihres Herrschaftsgebietes zu rauben und sich Teile Polens einzuverleiben. Erstaunlich aber ist, dass ausgerechnet ein preußischer Offizier, der bei einem Krieg

Denkmal für General Friedrich Wilhelm von Steuben

Preußens mitwirkte, später mit dieser Methode in den USA erfolgreich war und dort bis heute hoch verehrt wird: General Friedrich Wilhelm von Steuben. Alljährlich wird dort auf der ›Steubenparade‹ mit militärischem Pomp einer Kultur gedacht, die hierzulande längst verpönt ist. Im Zentrum Potsdams, Am Neuen Markt, aber steht sein Denkmal auch.

Friedrich II., der ›Alte Fritz‹ war sicher ein volksnaher Regent, erfolgreicher Landesvater und vielseitig interessierter Monarch. Er hat in absolutistischer Manier Preußens Größe in wirtschaftlicher Hinsicht vorangetrieben und diverse Entwicklungen zum Wohle des Landes angeordnet. Zu Recht kann man jedoch heute besorgt sein über die neuerliche Glorifizierung eines Monarchen, der mit seinen Expansionskriegen millionenfaches Leid verursachte. Der Geist von Potsdam kennzeichnet die harte Diktatur einer Monarchie. Jede Medaille hat zwei Seiten, eine glänzt, die andere ist dunkel, auch die der Preußenherrschaft.

Park- und Stadtlandschaften

■ Der Tag von Potsdam

15 Jahre nach dem Ende der Herrschaft der Preußen vollzog sich mit dem ›Tag von Potsdam‹ ein historischer Akt, mit dem die dunkelste Geschichte Deutschlands begann. Am 21. März 1933 wurde bewusst die Garnisonkirche in Potsdam zur offiziellen Machtübergabe an Adolf Hitler gewählt.

Die Kirche wurde im Zweiten Weltkrieg fast vollständig zerstört und 1968 abgerissen. Das Glockenspiel wurde durch eine Spende an der Stelle der Kirche neu errichtet. Fast makaber ist ein Lied, für das dieses Glockenspiel bekannt ist: ›Üb immer Treu und Redlichkeit‹. Mit der Illusion, dass Hitler den Aufbruch aus Massenarbeitslosigkeit und politischem Gezänk zu einer inneren deutschen Einheit schaffen würde, erhielt er mit seiner Partei eine politisch korrekte Legitimation zum Regieren. Obwohl zuvor durchaus erkennbar, wurde zu spät erkannt, dass das ein verhängnisvoller Irrtum war. Als nach Kriegsende, im Chaos des Jahres 1945, kurzfristig noch Briefmarken mit Hitlers Kopf erforderlich waren, erhielten diese den offiziellen Stempelüberdruck:

Der Nachbau des Glockenspiels der Garnisonkirche

›Blut und Tränen seine Saat, sein Wirken war nur Missetat‹.

Sehr umstritten ist übrigens ein Wiederaufbau der Garnisonkirche, der von einer Fördergesellschaft bis zum Jahr 2017 angestrebt wird.

■ Die Potsdamer Konferenz

Folgerichtig fand die letzte einmütige Zusammenkunft der Sieger jenes Krieges im Jahre 1945 in Potsdam statt: die Potsdamer Konferenz im Schloss Cecilienhof. Historiker berichten, dass für Stalin auch aus symbolischem Grund die Stadt Potsdam wichtig war. Wo Preußen sein Zentrum hatte und Hitler die Macht übernahm, ließ er als Zeichen des Endes dieser Zeiten und als Zeichen seiner Machtübernahme in Potsdam – nur seine Truppen waren dort angekommen – auf dem Vorplatz des Konferenzsaales des preußischen Schlosses Cecilienhof ein großes Blumenbeet mit roten Blumen in Form des Sowjetsternes anlegen. Stalin ist längst tot, der Sowjetstern verglüht; das Blumenbeet gibt es bis heute.

Die Potsdamer Konferenz im Jahre 1945, an deren Ende am 2. August 1945 das Potsdamer Abkommen geschlossen wurde, ist eines der bedeutendsten Ereignisse der deutschen Geschichte. Die USA, Großbritannien und die Sowjetunion beschlossen oder duldeten gemeinsam die international legalisierte und völkerrechtlich unwidersprochene ›Ausweisung‹, also das erzwungene Verlassen der Heimat von Millionen Menschen. Auch Frankreich als vierte Siegermacht stimmte dem zu. Berichte nennen die Zahl von etwa 13 Millionen Menschen, die aus Schlesien, Ostpreußen, Pommern, Ostbrandenburg, Tschechien und anderen Gebietes Osteuropas in den Rest Deutschlands, der in Trümmern lag, nicht etwa umgesiedelt wurden, sondern nur mit dem, was auf Fuhrwerken und Handkarren

Schloss Cecilienhof

transportierbar war, abgeschoben und mittellos dem Rest des Landes zur Einbürgerung übertragen wurden. Dies bedeutete nicht nur die Aufgabe des persönlichen Eigentums wie Häuser, Felder, Betriebe, sondern auch die Aufgabe regionaler Kultur. Gleichzeitig wurde das verlassene Hab und Gut anderer Bevölkerung ebenfalls legal zur Nutzug übergeben und eine willkürliche neue Grenze Deutschlands gezogen, die Oder-Neiße-Linie, angeblich nur als vorläufig gedacht. Deutschland wurde damit um etwa 30 Prozent verkleinert.

Die weiteren Folgen dieser Konferenz, Teilung in verschiedene Machtbereiche, Reparationen, Entmilitarisierung und anderes sind bekannte Geschichte, die mit dem Jahre 1990 ein Ende fand. Die unkorrigierbare Verkleinerung Deutschlands ist die Folge des Unheils, das mit dem oben genannten Staatsakt an der Garnisonskirche offiziell begann und vielen Millionen Menschen anderer Länder, anderer politischer und religiöser Zugehörigkeiten von deutscher Seite zugefügt wurde. Die Heimatvertriebenen sind weitgehend verstorben. Die Zeit heilt auch diese Wunden, doch Narben bleiben, Erinnerung und Mahnung an kommende Generationen. Selbst in der Weltpolitik bewahrheitet sich damit die alte Weisheit, die sowohl dem Konfuzius zugeschrieben wird als auch sinngemäß in der Bibel zu finden ist: ›Was du nicht willst, dass man dir tu, das füg auch keinem andern zu.‹ Was Deutschland anderen angetan hatte, rächte sich bitter, denn auch viele Millionen Menschen der deutschen Bevölkerung überlebten die Geschehnisse der Zeit zwischen 1933 und 1945 nicht.

■ Potsdam als Wissenschafts-, Sport- und Medienzentrum

Potsdam ist eine Universitätsstadt, unabhängig davon aber auch ein Ort mit weltweit anerkannten wissenschaftlichen Instituten. Ein Riesenteleskop, 1899 errichtet, war damals das größte der Welt. Albert Einstein hat hier gewirkt, sein Institut gibt es noch. Das Forschungszentrum zur Erforschung geologischer und witterungsbedingter Phänomene (Geo-

Das Kongresszentrum am Havelufer

Park und Stadtlandschaften

ForschungsZentrum) zum Beispiel der Erdbebenforschung, nimmt weltweit eine Spitzenstellung ein. Potsdam also, das zu Unrecht überwiegend historisch betrachtet wird, ist auf der Höhe der Zeit. Nicht vergessen darf man Potsdam als Olympiasportzentrum für Wassersportarten, als Kongresszentrum und als Ort mehrerer hervorragender Museen.

Südlich des Stadtzentrums fallen moderne Gebäude am Havelufer auf. Ein Kongresszentrum fügt sich wie die alten Gebäude harmonisch in die Landschaft ein. Unscheinbarer erstrecken sich entlang des Havelufers Anlagen für verschiedene Wassersportarten, Trainingsstätten für Spitzensportler.

Die Zeppelinstraße in Potsdam-West deutet auf Potsdam als Stadt mit Luftverkehrsgeschichte hin. Alte Gebäude veranschaulichen ein kaum bekanntes Kapitel Potsdamer Industriegeschichte. Hier wurden Zeppeline und andere Luftfahrzeuge geplant und hergestellt. Bekanntlich gelangen hier jedoch keine weltbewegenden Produkte. Im Kongresszentrum in der Zeppelinstraße kann man in der öffentlich zugänglichen Halle eine kleine Dauerausstellung in Form von Foto- und Textmaterial zu diesem Thema sehen. Interessant ist dabei ein fast vergessener Aspekt der Luftverkehrsgeschichte. Es gab anfangs auch große Wasserflugzeuge als Verkehrsflugzeuge. In den Anfängen der Luftverkehrsgeschichte ab Potsdam und während der Blockade Westberlins 1948/49 war die Havel sogar Start- und Landebahn für Flugzeuge, der Fluss fungierte also als Flugplatz.

Babelsberg als Ortsteil Potsdams gehört seit Beginn der Filmproduktionsgeschichte zu den wichtigsten Drehorten Deutschlands. Die Blüte begann im Jahre 1911 mit dem Bau der ersten Filmstudios der Welt, seit 1917 entstand mit der UFA das ›deutsche Hollywood‹ und ging 1945 unter. Eine neue Blüte nannte sich DEFA, diese verwelkte um 1990. In der Gegenwart geht es wieder bergauf mit dem Medienstandort Babelsberg. Nicht nur der Rundfunk Berlin-Brandenburg (rbb) ist dort beheimatet, in dem nun als Medienstadt Babelsberg bezeichneten Areal entstehen auch Filme mit Weltgeltung.

■ Bürgerengagement

Ein wichtiger Aspekt der Größe Potsdams liegt sicherlich in einem Engagement der Bewohner, wie es in dieser Größenordnung sonst kaum bekannt ist. Oft ist zu hören: ›Frage nicht, was dein Land für Dich tun kann, sondern frage, was Du für dein Land tun kannst.‹ Man erfährt von Potsdamer Bewohnern und Stiftungen, die mit finanziellen Eigenmitteln im siebenstelligen Eurobereich zum Erhalt, zur Restaurierung und zum Glanz Potsdams beitragen. Die politisch Verantwortlichen verhalten sich hierbei in seltener Einmütigkeit ähnlich. Dass hier der Wiederaufbau des Stadtschlosses als Regierungssitz des Landesparlamentes sinnvoll ist, unterstreicht diese Feststellung: Die Potsdamer sind als Bürger und Politiker über die Notwendigkeit hinaus engagiert und bemüht, ihre Stadt nicht nur ordentlich erscheinen zu lassen, sondern als kostbare Perle deutscher Städte zu pflegen.

Rundgänge in Potsdam

Potsdam hat mit seinen Parks und seinen zehn Schlössern allein im Stadtgebiet, seinen Museen und sonstigen Prachtbauten, seiner lebendigen, rekonstruierten Altstadt viel zu bieten. Die Hauptstadt des

Karte S. 188 ▲

Gerichtslaube und Flatowturm im Park Babelsberg

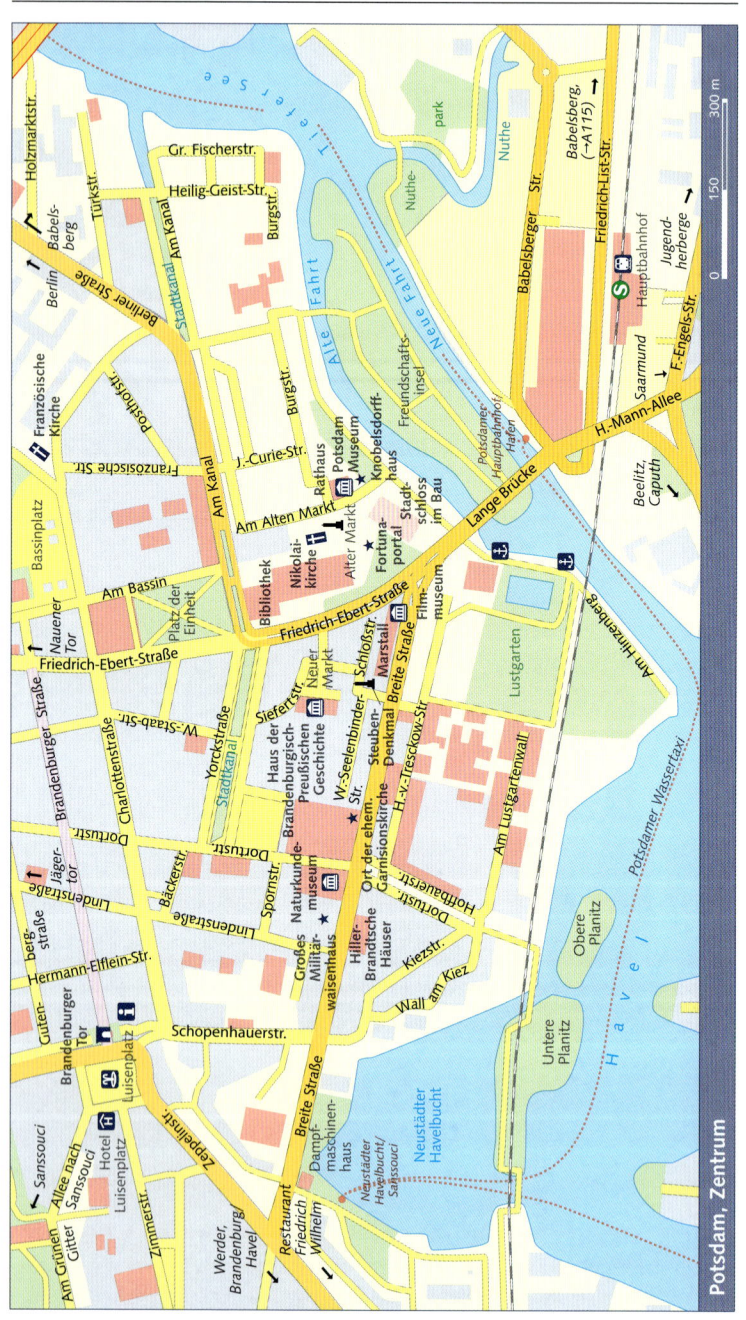

Potsdam, Zentrum

Bundeslandes Brandenburg ist würdig, in Form von Stadtspaziergängen in Ruhe und Muße in Gänze erlebt zu werden.

Altstadt

Ein erster Rundgang beginnt am Hauptbahnhof, deutlich sichtbar der Glanz der Stadt. Über die Lange Brücke erreicht man die Potsdamer Innenstadt.

Das 2012 noch im Bau befindliche rekonstruierte **Stadtschloss** wird Sitz der Landesregierung, logische Fortsetzung eines früheren Regierungssitzes preußischer Herrscher an dieser Stelle.

Die dominante Kuppel der **Nikolaikirche** am **Alten Markt** ist unübersehbar. Sie wurde nach Plänen Schinkels errichtet und ist dem Petersdom in Rom nachempfunden. Auch die Besichtigung des Kircheninneren lohnt sich. Daneben fällt das **Alte Rathaus** aus dem 18. Jahrhundert mit seinen acht korinthischen Säulen an der Fassade und der Figur auf dem Dach auf: Atlas, eine Figur aus der griechischen Mythologie, trägt die Welt. Heute finden im Alten Rathaus kulturelle Veranstaltungen statt.

Von dem Platz Alter Markt aus wendet man sich dem **Marstall** zu. Das Gebäude beeindruckt mit der Südansicht und beherbergt das **Filmmuseum**. Der Marstall wurde im 17. Jahrhundert als Orangerie erbaut, Nachfolger veränderten die Nutzung zum Pferdestall. Für die dazugehörenden Kutschen findet man den Kutschstall am Neuen Markt. An der Nordseite des Marstalls kann man zunächst in die Schlossstraße schlendern und dort das **Denkmal des Generals Steuben** bewundern. Am Haus Nummer 1 der Straße Am Neuen Markt steht das **Kabinetthaus**, so benannt, weil es als Tagungsstätte des preußischen Kabinetts diente. Einer Tafel lässt sich entnehmen, dass Alexander von Humboldt in diesem Gebäude das Licht der Welt erblickte.

Wenige Schritte weiter beeindruckt das Gesamtensemble des Platzes **Neuer Markt**. Die **Ratswaage** in der Platzmitte, als Kornwaage erbaut, beherbergt heute ein Restaurant. Eine Quadriga auf dem Eingangsportal des **Kutschstalls** zeigt deutlich die richtige Adresse dieses Zieles an. Seit dem Jahre 2003 wurde aus dem restaurierten und erweiterten Gebäudeensemble des Kutschstalles das **Haus der Brandenburg-Preußischen Geschichte** mit Exponaten und Zeugnissen aus 900 Jahren. Diese Ausstellung ist unbedingt zu empfehlen.

Es wird empfohlen, nach Verlassen des Museums durch die Sieferstraße zur Yorckstraße zu gehen, dort die restaurierte Häuserreihe zu beachten und nach links gewandt zum Platz an der Ecke Dortustraße zu finden, an dem die Garnisonkirche einst stand und jetzt ein **Glockenspiel** aufgestellt wurde, das zu jeder vollen Stunde ›Lobe den Herrn‹ und zu jeder halben Stunde ›Üb' immer Treu und Redlichkeit‹ erklingen lässt. Als Rückweg empfiehlt sich der Schwenk nach links durch die Dortustraße am beeindruckenden Bauwerk des ehemaligen **Militärwaisenhauses** vorbei zur Breiten Straße. Von 1722 bis 1945 war es ein Waisenhaus, anfangs dem Militär unterstellt, daher der Name. Von schlimmen Zuständen der Anfangszeit im Zusammenhang mit verwaisten Kindern wird berichtet. Kinderarbeit, Schinderei, Krankheiten: Elternlose Kinder waren billige und rechtlose Arbeitskräfte. Jungen waren optimal geeignet zur Heranbildung zum Militärdienst, denn ihr Tod wurde von niemandem betrauert.

Auf der Breiten Straße kann man etwa 700 Meter nach rechts gewandt jeweils am Wochenende das technische Museum in dem einer Moschee nachempfundenen **Dampfmaschinenhaus** besuchen. Es steht am Ufer der Neustädter Havelbucht und konnte früher mittels einer Dampfmaschine die Fontänen im Park Sanssouci mit Wasser versorgen. Der Schornstein ist als Minarett gestaltet. Der Spaziergang um Ufer fast bis zum Bahnhof zurück bildet den beschaulichen Abschluss dieses Rundgangs.

Sanssouci

Ein Spaziergang durch den Park Sanssouci, seit 1990 auf der Weltkulturerbeliste UNESCO, gehört unbedingt zu einem Potsdam-Besuch. Ein Rundgang durch den Park beginnt am **Nauener Tor**, dem Stadttor in Richtung Nauen, denn die Straßenbahn fährt ab Hauptbahnhof direkt dorthin. Auf dem Mittelstreifen der Hegelallee wird das **Jägertor** erreicht, benannt wegen des Schmucks mit Jagdszenen. Hier schwenkt man in die Lindenstraße und damit in Altstadt zur Brandenburger Straße, der Fußgängerzone mit dem beeindruckenden Blick einerseits zur **Kirche Peter und Paul** und in entgegengesetzter Richtung zum **Brandenburger Tor**. Das Stadttor in Richtung der Stadt Brandenburg wurde im Jahre 1770 als Triumphbogen zum siegreichen Ende des Siebenjährigen Krieges (1756–1763) errichtet. Es erstrahlt in heller Farbe und ist mit dem Platz und dem Springbrunnen davor ebenso hübsch oder sogar hübscher als das Berliner Bauwerk gleichen Namens.

Die am Luisenplatz beginnende Allee nach Sanssouci führt zum Eingang des Parkensembles, dort kann man mit der Besichtigung der **Friedenskirche** beginnen. Bemerkenswert ist das Deckenmosaik im Altarraum der Kirche. Es ist das Original aus einer alten Kirche bei Venedig und entstand im 13. Jahrhundert. Das Mosaik wurde rechtmäßig erworben und die Kirche nach den Maßen dieses Kunstwerkes konzipiert. Gemeinsam mit den weiteren Gebäudeteilen, dem Mausoleum und dem Friedensteich finden sich hier am Eingang zum Park bereits interessante Bereiche, die zum Verweilen einladen. Diesseits der Hauptallee den Parkrundgang beginnend, erfreut man sich an der Beschaulichkeit des **Marlygartens**, einem von Lenné zum Park umgestalteten Gemüsegarten, und und spaziert am rechten Ufer des Wasserlaufes entlang zum **Chinesischen Teehaus**,

Karte S. 188

▲ *Schloss Sanssouci*

Schloss Charlottenhof

das Friedrich II. als reinen Schmuckbau errichten ließ. Dieser große goldglänzende Bau erinnert an einen Tempel und ist eines der beeindruckendsten Objekte Potsdams, erbaut wurde er Mitte des 18. Jahrhunderts. Es ist hier wirklich alles Gold, was glänzt: Echte Goldauflagen im Mikromillimeterbereich wurde mit spezieller Fachkenntnis aufgetragen. Das Gebäude ist elektronisch gesichert und wird zusätzlich bewacht.

Nach links schwenkend und weiter dem Wasserlauf folgend, wird das Areal der **Römischen Bäder** erreicht, die Friedrich Wilhelm IV. zwischen 1829 und 1840 errichten ließ. Der Besuch dieser im italienischen Landhausstil errichteten Gebäude lohnt. Nach dem Besuch des Bades konnte man früher im Garten flanieren oder mit Gondeln auf dem Wasser umherschweifen.

Das **Schloss Charlottenhof** wird sichtbar, ein völlig anders konzipierter Bau mit einem wiederum anders gestalteten Gartenbereich. Unverkennbar ist die Handschrift des Baumeisters Schinkel, der das

Schloss als Sommersitz für Friedrich Wilhelm IV. entwarf. Hier möchte man im Rosengarten verweilen, wenn nicht der imposante Bau des **Neuen Palais** weiterlocken würde.

Ein englisches Schloss war Vorbild für das 1763 erbaute Gästehaus mit etwa 200 Zimmern, Theater und Festsälen verschiedener Art. Neben dem kleinen Sanssouci in französischem Ambiente wird hier Größe dargestellt, der Gebäudekomplex ist entlang der Hauptachse des Parks weithin sichtbar. Westlich davon, am Rande des Parks, fallen nicht weniger imposant die **Communs** auf, also Wirtschaftgebäude und ein Universitätsgebäude.

Wer nun nach Norden am **Antikentempel** vorbei weiter über die Straße hinweg dem wenig beachteten **Belvedere auf dem Klausberg**, einem Aussichtsbauwerk, zustrebt, kann anschließend am **Drachenhaus** eine Pause einlegen. Das ist wiederum ein Zweckbau, ehemals Wohnhaus des Winzers, und gleichzeitig eine asiatisch gestaltete Sehenswürdigkeit.

Schließlich wird die **Orangerie** erreicht. Dieser gigantische, etwa 300 Meter lange Bau des 19. Jahrhunderts im englischen Stil besteht aus verschiedenen Nutzungsbereichen, war zum Teil Gästehaus und zum Teil Pflanzendomizil. Abwärts über die Straße hinweg und nach links gewandt, kommt man zum beeindruckenden **Sizilianischen Garten**. Die **Neuen Kammern** werden sichtbar, das nächste Gästeschloss in der Nachbarschaft von **Schloss Sanssouci**, das anschließend erreicht wird. Dieser Rundgang bezieht die Sicht zum **Ruinenberg** mit ein, auf dem sich ein Wasserbecken befindet, das ursprünglich die Fontänen des Parks speisen sollte. Die Ruinen wurden als Schmuckelemente und Blickfang mit einem Aussichtturm errichtet.

Schloss Sanssouci, die Lage, die Aussicht, die Details und das Innere beeindrucken. Die kleine Sommerresidenz wurde von Friedrich II. selbst entworfen, verwirklicht wurde der Bau auf den Weinbergsterrassen unter dem Baumeister Georg Wenzeslaus von Knobelsdorff in den Jahren 1745 bis 1747. Die beiden Seitenflügel wurden erst Mitte des 19. Jahrhunderts unter Friedrich Wilhelm IV. angefügt. Nicht versäumen sollte man einen Abstecher aus dem Park zur **Mühle**. Diese ist voll funktionsfähig, gelegentlich auch in Berieb und beherbergt sehr interessante Ausstellungen zur Mühlentechnik und zu einem berühmten Streit zwischen einem Müller und der Obrigkeit.

Wieder zurück zur Schlossterrasse, wendet man sich dem linken Rand zu, dort liegen Friedrich II., seine Hunde und meistens eine Kartoffel auf dem Grabstein. Die **Bildergalerie**, deren Sammlung auf Friedrich II. zurückgeht, und der **Neptunbrunnen** befinden sich nebenan. Hinunter zur **Großen Fontäne** und nach links gewandt zum Ausgang, endet der Spaziergang am **Obelisken**,

dessen Schriftzeichen reine Schmuckelemete sind. Mit wenigen Schritten die Schopenhauerstraße entlang gelangt man zum Luisenplatz zurück, wo in der Nähe des Brandenburger Tores der Tag in einem der Restaurants einen krönenden Abschluss findet. Mit den Potsdamer Verkehrsmittels fährt man in wenigen Minuten zum Hauptbahnhof.

■ Das kleine Geheimnis von Schloss Sanssouci

Bei Sanssouci gibt ein Komma Rätsel auf: Der Name, den der Bauherr, Friedrich II., Friedrich der Große, also der alte Fritz deutlich an seinem Schloss hat anbringen lassen, lautet: ›Sans, Souci‹, auf deutsch ›Ohne, Sorge‹ also absichtlich mit einem unsinnigen Komma zwischen den Worten und deutlichem Abstand beider Worte. Und nun rätseln Fachleute, was denn das Komma zu bedeuten hätte und kommen zu unterschiedlichen Ergebnissen. Kurz, man weiß es nicht, denn es gibt keine Aussage des Bauherrn darüber. Unabhängig von der Inschrift am Bauwerk wird das Schloss immer mit einem zusammenhängenden Wort bezeichnet, was dem vom Erbauer gewollten Namen überhaupt nicht entspricht. Schloss ›Ohnesorge‹ wäre der Name. Warum verbindet man die zwei Worte, die der Hausherr, der Bauherr deutlich getrennt haben wollte?

Schriftzug am Schloss

Karte S. 188 ▲

Der ›Alte Fritz‹ und der ›Kartoffelbefehl‹ von 1756

Friedrich II., der Erbauer von Sanssouci, war bemüht, auch die Landwirtschaft zu modernisieren und die seit längerem bekannte Kartoffel, damals als Tartoffel bezeichnet, in großem Stil anbauen zu lassen. Doch im Gegensatz zu den experimentierfreudigen Landwirten der Gegenwart galt damals die Weisheit noch: ›Was der Bauer nicht kennt, isst er nicht‹. Zudem gab es Vorbehalte wegen der ›Giftigkeit‹ dieses exotischen Gewächses, was auf die fälschliche Verwendung der oberirdischen Frucht der Pflanze zurückzuführen war.

Die seit unbekannter Vorzeit von den Inkas in Südamerika genutzte Erdfrucht gelangte im 16. Jahrhundert nach Europa und hatte ihren Siegeszug in Spanien, Irland, England, Frankreich, auch in Italien, Österreich und Süddeutschland längst begonnen, während die Bauern im preußischen Teil Deutschlands davon nicht wissen wollten. Doch bereits in dem ›Berliner Hofküchenbuch‹ von 1664 gab es ein dreifach zu variierendes Rezept für die Zubereitung der ›Tartuffeln‹, wurde die exotische Knolle im königlichen Lustgarten angebaut und bereicherte den Küchenzettel des königlichen Hofes. Bekannt war sie also schon, die Erdknolle, deren Namen von dem italienischen oder französischen Wort für Trüffel abgeleitet worden ist, als Friedrich per Befehl den Anbau in Preußen, besonders an Schlesien gerichtet, befahl. Nun wäre das ja nichts Besonderes, denn auch die Pflanzung von Maulbeerbäumen für die Seidenraupenzucht und allerlei Anderes wurde per Befehl angeordnet, der dann auch befolgt wurde. Nicht so mit der Tartuffel: Die Bauern weigerten sich, den bereits zuvor artikulierten königlichen Wünschen zu folgen: Und so erging am 24. März 1756 der Befehl nicht an die Bauern, sondern an ›sämtliche Landräthe und Beamte‹ in Schlesien wie folgt: »Es ist von uns in höchster Person in unsern andern Provinzen die Anpflanzung der so genannten Tartoffeln, als ein sehr nützliches und sowohl für Menschen als auch für Vieh auf vielfache Art dienstliches Erdgewächse ernstlich anbefohlen. Da wir bemerket, dass man sich mit der Anziehung des Gewächses in mehreren Orten nicht sonderlich abgiebt. Also habt ihr den Unterthanen den Nutzen .... begreiflich zu machen und anzurathen dass sie noch in diesem Frühjahr die Anpflanzung dieser sehr nahrhaften Speise unternehmen«. Dazu gab es einen in mehreren Paragraphen abgefassten Ausführungsbefehl zum Anbau an die untergeordneten Steuerräthe, Magistrate und Beamten. Dem Militär wurde die Überwachung dieses Befehls übertragen, und der Alte Fritz, so wurde berichtet, soll persönlich im Lande umhergereist sein, um die Einhaltung dieses Befehls zu prüfen.

Der Erfolg ist bekannt, der Anbau wurde aber noch vervollkommnet durch Albrecht Daniel Thaer, den Wegbereiter moderner Landwirtschaft, der zahlreiche noch heute aktuelle Schriften verfasste. Er bildete ab 1806 in seinem landwirtschaftlichen Institut im Brandenburger Land viele Landwirte aus und schuf damit die Grundlage für den dauerhaften erfolgreichen Anbau der Kartoffeln. Die Folge war derart überwältigend, dass sich die Kartoffel im Brandenburger Land inzwischen zu einem Hauptnahrungsmittel entwickelt hat und zur Würdigung der gewaltsam eingeführten Wohltat bis heute auf dem Grab des Preußenkönigs, das auf der Parkseite neben dem Schloss Sanssouci zu finden ist, sich bis heute der Brauch erhalten hat, dort eine Kartoffel abzulegen.

Das Belvedere auf dem Pfingstberg

Zwei Seen und zwei Parks

Ein idealer Ausgangspunkt zum Park **Neuer Garten** ist die **Glienicker Brücke**, erreichbar mit der Straßenbahn ab Hauptbahnhof Potsdam, mit dem Bus ab Bahnhof Wannsee; für PKW gibt es auf Berliner Seite Parkmöglichkeiten.

Zur Glienicker Brücke, der Grenze zwischen Berlin und Potsdam, ist auf Seite 186 einiges zu lesen. Hier beginnt der Rundgang mit dem Uferweg entlang des Jungfernsees, an dessen Anfang die **Villa Schöningen** inzwischen restauriert zu Ausstellungen einlädt. Es folgt die **kaiserliche Schiffsanlegestelle** (→ S. 189). Über eine kleine Brücke erreicht man den Parkeingang zum Neuen Garten, geht geradeaus weiter und befindet sich sogleich am Nordufer des **Heiligen Sees**, dessen Uferwiesen im Sommer als FKK-Gelände beliebt sind. Besonders lohnend ist als weiterer Spaziergang der Weg entlang des Heiligen Sees zum Marmorpalais. Das **Grüne und das Rote Haus**, die passiert werden, sind Profanbauten und dienen der Auflockerung der Parklandschaft, die **Pyramide** ist als Eiskeller erbaut und ebenfalls ein Schmuckelement

im Park. Friedrich Wilhelm II. ließ das **Marmorpalais**, ein besonders hübsches Schloss, bis zum Jahre 1797 errichten, und es diente mit weiteren Verbesserungen ihm und nachfolgenden Generationen des Herrscherhauses bis 1918 als Wohnsitz. Heute ist es ein Museum, das sich zu besichtigen lohnt. Das dazu gehörende Küchengebäude liegt separat am Ufer, erscheint als eine alte Ruine, war aber von Anfang an in dieser Weise gebaut.

Bevor man nach der geruhsamen Pause im Rosengarten den weiteren Weg zur **Orangerie** und den **im holländischen Stil erbauten Häusern** beginnt, sollte man am **Obelisk** die genial geplante Aussicht über den See bis zur Kuppel der Nikolaikirche in weiter Ferne beachten. Am südlichen Ende des Sees bildet die **Bibliothek** ein Ziel mit Rückblick auf Wasser, Himmel und Weite zum Marmorpalais. Dort oder am Portierhaus zuvor verlässt man den Park und erreicht von der Straße Am Neuen Garten, an der Ecke mit den vielen Verzweigungen die Alleestraße nutzend, in Kürze die **russische Kolonie Alexandrowka**. Nach komplizierter Vorgeschichte in den Napoleonischen Kriegen gelangten russische Soldaten in preußische Hände,

Das Marmorpalais

Karte S. 188

darunter auch Sänger. Der Preußenkönig Friedrich Wilhelm III. mochte russische Männerchöre und sonderte Sänger aus der Schar der Soldaten aus, behielt sie und bekam sie schließlich vom russischen Zaren als Geschenk. Auch Soldaten waren Leibeigene ohne eigenes Recht und blieben es als Befehlsempfänger unter deutscher Militärherrschaft. Die lebenslange Verbannung aus der Heimat wurde ihnen durch den Bau der russischen Siedlung und einer hübschen Kirche etwas versüßt. In einem der sehenswerten Bauten befindet sich ein **Museum** mit einem Café.

Der Spaziergang wird wie folgt empfohlen: Entlang der Straße Russische Kolonie bis zur Ecke mit dem Café, dann den

Haus der Siedlung Alexandrowka

Fahrweg schräg rechts weiter zur Puschkinallee und dort nach links bis zum Beginn der Parkanlage. Dort leuchtet in voller Pracht ein Kleinod besonderer Art: die **Alexander-Newski-Gedächtniskirche**, noch immer auch im Inneren ein beeindruckendes Gotteshaus. Als solches wird es auch noch immer regelmäßig genutzt. Die nächsten Perlen Potsdamer Bauwerke sind in der Nähe. Nordwärts, also dem neben der Kirche weiter geradeaus in gleicher Richtung wieder hinabführenden Weg zur Puschkinallee folgend, befindet man sich an einer Ecke mit dem Eingang zum **Jüdischen Friedhof** und einem besonders beeindrucken Bauwerk, einer Holzvilla, die man als kleines Schloss bezeichnen könnte. Es war und ist Privatbesitz. Den vor einem liegenden Pfingstberg hinauf wird das **Belvedere** erreicht. Davor steht der **Pomona-Tempel**, das Erstlingswerk Schinkels. Nicht nur das Bauwerk des Belvedere ist sehenswert, sondern auch der Ausblick, von der oberen Plattform hat man einen schönen Rundblick in die Weite der Landschaft. Erwähnenswert ist, dass die zum Bau verwendeten Steine dem einzigen Berg aus Gestein des Landes entstammen, dem Kalksteinberg in Rüdersdorf, der seit Jahrhunderten als Steinbruch diente und inzwischen vollständig verschwunden ist.

Auf der anderen Seite des Pfingstberges abwärts werden eine weitere beeindruckende Villa privater Eigentümer und ein alter Wasserspeicher passiert. Hier lädt eine Gaststätte mit Aussicht über die darunter liegende Gartenlandschaft zum Verweilen ein. Die Straße Am Pfingstberg wird erreicht; diese hinab und nach links geschwenkt kommt man in Kürze zur **Meierei** am Ufer des Jungfernsees. Das sehenswerte Bauwerk dient jetzt als Gaststätte mit Brauerei. Als letzte Perle folgt die jüngste: **Schloss Cecilienhof**, 1917 fertiggestellt und bis 1945 Wohnhaus des Kronprinzen, seiner Frau Cecilie und ihrer Kinder. Im englischen Tudorstil erbaut, befinden sich in den über 150 Räumen gegenwärtig ein Hotel, eine gesonderte Gaststätte und das **Museum der Potsdamer Konferenz** mit dem Tisch, an dem Deutschlands Nachkriegsschicksal im Detail festgelegt wurde.

Park und Stadtlandschaften

Am Ufer des Jungfernsees folgt eine wenig beachtete künstliche Grotte, auf dem Uferweg wird schließlich die Glienicker Brücke erreicht.

Park Babelsberg und Glienicke

Es ergibt hier zwei Rundgänge von der Glienicker Brücke aus, die wie beim vorherigen Rundgang erwähnt erreichbar ist. Zum Park Babelsberg geht es ab der Glienicker Brücke einen angenehmen Weg auf dem Gehweg außen am Gelände des Jagdschlosses Glienicke vorbei. Das Gelände des Schlosses ist nicht öffentlich zugänglich und nach hinten geschlossen. Dann folgt man den Straßen in Richtung Ufer, und über die Brücke hinweg geht es nach rechts in den Park Babelsberg hinein. Die Runde ist optimal, wenn man zunächst am Ufer entlang bis zum Strandbad schlendert, denn man kommt unterwegs sofort am **Dampfmaschinenhaus**, vorbei, ein burgähnliches Bauwerk, das früher mittels einer Dampfmaschine und Pumpe für die Bewässerung des Parkes sorgte. Später folgt in Ufernähe das im englischen Stil erbaute **Kleine Schloss**, früher ein Gartenhaus, jetzt ein Restaurant. Auch vom Wasser aus gesehen ist das Schloss eine Verschönerung der Landschaft.

In dem am Weg folgenden **Matrosenhaus** wohnte ein Matrose der königlichen Boo-

Casino im Schlosspark Glienicke

te. Es hat ein Vorbild im Rathaus Stendal. Gegenüber der Havel grüßt ein modernes Gebäude, das **Hans-Otto-Theater**. Immer wieder ist der **Flatowturm** auf der Höhe diesseits des Flusses sichtbar, dem man sich nach Erreichen des Strandbades landeinwärts zuwendet. Wie eine Miniburg mutet die Anlage an, die um 1855 als königliches Refugium mit Arbeitszimmer und Aussichtsplattform in Anlehnung an den Eschersheimer Torturm in Frankfurt am Main gebaut wurde. Der Turm ist etwa 40 Meter hoch, er wurde mit dem Verkaufserlös eines Gutes mit dem Namen ›Flatow‹ und anderen Verkauferlösen vom König privat finanziert. Die Besteigung ist am Wochenende von Mai bis Oktober möglich, die Aussicht von oben lohnt den Aufstieg.

Auf der Höhe weiter schlendernd ist unweit die **Gerichtslaube** erreicht. Das kleine Ziegelbauwerk war tatsächlich ein Gerichtsbau im alten Berlin. Dort war es dem Rathausneubau im Wege, und so wurde ab dem Jahre 1871 in Berlin ab- und in Babelsberg aufgebaut. Im Obergeschoss gab es einen Teeraum des deutschen Kaisers, als Rückzugsraum wie im Flatowturm. ›Laube‹ wird das Gebäude wegen des offenen Untergeschosses

Karte S. 188

▲ *Das Kleine Schloss Glienicke*

genannt, in dem im Mittelalter in Berlin öffentliche Gerichtsverhandlungen stattfanden. Eine Spottfigur an der Fassade, der ›Kaak‹, markiert den Platz des früheren Prangers.

Weiter landeinwärts versteckt sich etwa auf dem höchsten Punkt des Parks eine **Siegessäule**, errichtet nach dem Sieg gegen Österreich im Jahre 1866. Das Ende dieser Runde bildet das **Schloss** mit dem **Park**. Der schönste Blick zur Glienicker Brücke eröffnet sich hier, Bänke laden zum Verweilen ein, bevor man den Rückweg über die Brücke nach Glienicke antritt.

Es lohnt in jedem Falle, nach dem Überqueren der Brücke rechts durch das Siedlungsgebiet um den Böttcherberg herum zur Königstraße zurückzukehren und von dort nach links hinauf die im Wald versteckte **Loggia Alexandra** (→ S. 189) zu besuchen.

Der Ort Klein-Glienicke ist Potsdamer Gebiet, gehörte also früher DDR, das Schloss und der Böttcherberg aber zu Berlin, früher Westberlin. Die Mauer umschloss fast das gesamte Dorf, während der Böttcherberg als Westberliner Gebiet oberhalb des Ortes von dort unerreichbar war.

Gegenüber der Königstraße lädt der Park um das **Schloss Glienicke** zum Besuch ein, als ›italienisches Arkadien an

Die Residenz Heilig-Geist-Park

der Havel‹ wurde es auch treffend charakterisiert. Staatskanzler Fürst Karl August von Hardenberg gründetet die Anlage etwa ab 1814, Lenné gestaltete auch hier die Landschaft. Später ging es durch Kauf in den Besitz preußischer Prinzen über. Man sollte in Ruhe durch den Park schlendern und die diversen Stücke der Kunstsammlung im Gartenbereich würdigen.

Weitere Sehenswürdigkeiten

Hier soll noch ein weitgehend unbekanntes, aber originelles Bauwerk erwähnt werden, das aus dem Stadtbild hervorragt: die **Residenz Heilig-Geist-Park** am Havelufer, ein Altenwohnheim, das an der Stelle steht, an der vor dem Krieg die markante Heilig-Geist-Kirche das Stadtbild Potsdams mitprägte. Exakt auf dem Grund steht das neue Gebäude mit einem kirchenähnlichen Dach und einem 84 Meter hohen Turm, der deutlich an eine Kirchturm erinnert.

Wer Zeit hat, noch weiter durch die Straßen Potsdams zu schlendern, sollte dem **Holländischen Viertel** einen Besuch abstatten. Die etwa 150 Backsteinhäusern im holländischen Stil wurden Mitte des 18. Jahrhunderts für holländische Handwerker erbaut, die Friedrich Wilhelm I. nach Potsdam geholt hatte. Nach einem Besuch im Jan-Boumann-Haus in der Mittelstraße, das die Geschichte der Einwanderer zeigt, kann man sich in einem der vielen Cafés und Restaurants für weitere Erkundungen stärken.

In Babelsberg lohnt neben der Besichtigung des Schlossparks auch ein Bummel durch das alte **Weberviertel** rund um den Weberplatz. Die kleinen Häuser wurden ab 1750 für böhmische Protestanten erbaut, die Friedrich II. ins Land geholt hatte. Filmfans wird es eher zu einer Tour durch den **Filmpark Babelsberg** ziehen.

Park- und Stadtlandschaften

Informationen Oranienburg, Hennigsdorf, Berlin, Potsdam

Anreise mit Bus und Bahn

Die überregionale **Bahnauskunft** ist im Internet unter www.bahn.de, an Bahninformationen und auch an Fahrscheinautomaten der Bahn erhältlich. Die zentrale Telefonauskunft der Deutschen Bahn lautet 0800/1507090, allgemeine Bahnauskünfte gibt es auch unter Tel. 0180/5996633. Für das gesamte Land Brandenburg und Berlin gibt es den **Verkehrsverbund Berlin-Brandenburg** mit der einheitlichen Fahrplanauskunft für alle Buslinien und Bahnen in beiden Bundesländern über Internet, www.vbbonline.de, und die Auskunft des Verkehrsverbundes über Tel. 030/25414141.

Für den Stadtverkehr in Berlin sind die **Berliner Verkehrsbetriebe (BVG)** zuständig, Tel. 030/19449, www.bvg.de, in Potsdam die VIP Verkehrsbetrieb Potsdam, Tel. 0331/6614275, www.swp-potsdam.de.

Touristinformationen

Oranienburg

Oranienburg Tourist-Information, Bernauer Straße 52, 16515 Oranienburg, Tel. 03301/704833, www.tourismus-or.de.

Hennigsdorf

Stadtinformation Hennigsdorf, Rathausplatz 1, 16761 Hennigsdorf, Tel. 03302/877320, www.hennigsdorf.de.

Berlin

Zentrale Touristinformationen in Berlin: Tourismusbüros im Hauptbahnhof, am Brandenburger Tor und Kurfürstendamm 22, 10719 Berlin, Sammelnummer Tel. 030/250025, Informationen über www.visitberlin.de.

Touristinfo Reinickendorf, am U-Bahnhof Tegel, Fußgängerzone Straße Alt-Tegel, Ecke Treskowstraße, 13507 Berlin, Tel. 030/43607312; geschlossen 15.11.–31.3. (Außenstelle in der Humboldt-Bibliothek ganzjährig, Karolinenstraße 19).

Touristinformation Berlin-Spandau, Breite Straße 32 (im Gotischen Haus), 13597 Berlin, Tel. 030/3339388, www.partner-fuer-spandau.de.

Potsdam

Potsdam Tourismus Service, Am Neuen Markt 1, 14467 Potsdam, Telefon 0331/27558899, www.potsdamtourismus.de. Beratungsbüros: Am Hauptbahnhof Potsdam und in der Brandenburger Straße 3.

Unterkünfte

■ **Hotels und Pensionen**

Oranienburg

Hotel an der Havel, Albert-Buchmann-Straße 1, 16515 Oranienburg, Tel. 03301/6920, www.hotelanderhavel.de. Auch für Fahrradfahrer gut geeignet.

Stadthotel Oranienburg, André-Pican-Straße 23, Tel. 03301/6900, www.stadthotel-oranienburg.de. Zwischen Bahnhof und Lehnitzsee.

Jugendherberge Sachsenhausen, Bernauer Straße 162, Tel. 03301/203396, www.jh-sachsenhausen.de.

Hennigsdorf

Gaststätten, Hotels und Zimmervermietungen sind zahlreich vorhanden. Im Zentrum gibt es das

Mercure Hotel Berlin Hennigsdorf, Fontanestraße 110, 16761 Hennigsdorf, Tel. 03302/8750, www.hotelberlinhennigsdorf.de.

Berlin-Tegel

Hotels sind reichlich vorhanden. Am Havelufer befindet sich das

Hotel Igel, Friederikestraße 33–34, 13505 Berlin, Tel. 030/4360010, www.hotel-restaurant-igel.de. Im Ortsteil Tegelort.

Hotel Alt-Tegel, Treskowstraße 3, 13507 Berlin, Tel. 030/4380070, www.hotel-alt-tegel.de. In der Altstadt Tegel, nahe der Greenwichpromenade.

Das Restaurant ›Pagode‹ in Hohen Neuendorf

Berlin-Spandau

Der Bezirk bietet mehrere Hotels. In der Nähe des Bahnhof Spandau und der Altstadt ist das

Hotel Senator, Freiheit 5, 13597 Berlin, Tel. 030/330980, www.hotelsenator.de.

Berlin-Grunewald und Wannsee

Gastronomie und Hotellerie ist zahlreich vorhanden, Informationen gibt es bei der Touristeninformation Berlin, www.visit berlin.de.

Potsdam

Hotels sind zahlreich vorhanden, Informationen erhält man über die Potsdam Tourismus Service.

Schlosshotel Cecilienhof, Neuer Garten, 14469 Potsdam, Tel. 0331/37050, www.relexa-hotel-potsdam.de.

Hotel Katharinenholz, Amundsenstraße 24d, 14469 Potsdam, Tel. 0331/24348040, www.hotel-katharinenholz.de. Nördlich vom Park Sanssouci, mit Fahrradverleih.

Jugendherberge Potsdam-Babelsberg, Schulstraße 9, 14482 Potsdam-Babelsberg, Tel. 0331/58130, www.jh-potsdam.de.

Camping- und Wohnmobilstellplätze

Berlin-Spandau

Campingplätze an der Havel:

Breitehorn, Breitehornweg 7, 14089 Berlin, und **Bürgerablage**, Niederneuendorfer Allee 60, Tel. des Platzwartes für beide Anlagen 030/3653408, Büro: Berliner Campingclub e. V., Holsteinische Straße 50, 12136 Berlin, Tel. 030/7824095; Mo, Di, Do 9–12 Uhr.

Weitere Plätze in **Gatow und Kladow** abseits der Havel:

Gatow, Kladower Damm 207–213, 14089 Berlin, Tel. 030/3654340.

Kladow, Krampnitzer Weg 111–117, 14089 Berlin, Tel. 030/3652797.

Wohnmobilstellplätze:

WoMo-Treff, Askanierring 70, 13587 Berlin, Tel. 030/35506074.

Wohnmobilstellplatz in der Marina Lanke, Scharfe Lanke 112, 13595 Berlin, Tel. 030/36200912, www.marina-lanke.de.

Potsdam

Campingpark Sanssouci, An der Pirschheide 41, 14471 Potsdam, Tel. 0331/9510988, www.camping-potsdam.de. Am Templiner See, 5 km südwestlich vom Stadtzentrum (→ Karte S. 217).

Gastronomie
Oranienburg
Restaurant Uecker und Eiscafé Dietrich, Rüdesheimer Straße 21, www.eiscafe-dietrich.de.
Hohen Neuendorf
Havelbaude, Goethestr. 41B, 16540 Hohen Neuendorf, Tel. 03303/403005, www.havelbaude.de.
Himmelspagode, Oranienburger Straße 3, 16540 Hohen Neuendorf, Tel. 03303/21270, www.himmelspagode.de.
Berlin-Tegel
Gaststätten sind zahlreich vorhanden.
Gaststätte Igel, Friederikestraße 20, Tel. 436798-0, www.hotel-restaurant-igel.de. In Tegelort.
Berlin-Spandau
Gaststätten sind zahlreich vorhanden.
Zitadellen Schänke, Gaststätte auf dem Gelände der Zitadelle Spandau, Am Juliusturm, Tel. 030/3342106, www.zitadellenschaenke.de.
Berlin-Grunewald und Wannsee
Gastronomie ist zahlreich vorhanden.
Blockhaus Nikolskoe, Nikolskoer Weg 15, 14109 Berlin, Tel. 030/8052914, www.blockhaus-nikolskoe.de.
Restaurantschiff Alte Liebe, Havelchaussee 107, 14055 Berlin, Tel. 030/3048258, www.alte-liebe-berlin.de.
Restaurant Grunewaldturm, Havelchaussee 61, 14193 Berlin, Tel. 030/41720001, www.restaurant-grunewaldturm.de.
Wirtshaus Moorlake, Moorlakeweg 6, 14109 Berlin, www.moorlake.de
Potsdam
Gastronomie ist zahlreich vorhanden, direkt am Jungfernsee liegt die
Gasthausbrauerei Meierei im neuen Garten, Im Neuen Garten 10, Tel. 0331/7043211, www.meierei-potsdam.de.

Restaurant Zur Historischen Mühle, Zur Historischen Mühle 2, 14469 Potsdam, Tel. 0331/281493, http://restaurants.moevenpick.com/sanssouci.
Restaurant und Café Drachenhaus, Maulbeerallee 4a, 14469 Potsdam, Tel. 0331/5053808, www.drachenhaus.de.
Café und Restaurant Kleines Schloss, Park Babelsberg 9, 14482 Potsdam, Tel. 0331/705156, www.kleinesschloss.de.

Museen
Oranienburg
Schlossmuseum und Kreismuseum, Schlossplatz 1 (im Schloss), 16515 Oranienburg, Tel. 03301/537437, www.spsg.de.
Gedenkstätte und Museum Sachsenhausen, Straße der Nationen 22, 16515 Oranienburg, Tel. 03301/200200, www.stiftung-bg.de.
Berlin-Tegel
Schloss Tegel, Adelheidallee 19, 13507 Berlin; Besichtigungen Mai–Sept. Mo 10, 11, 15 und 16 Uhr, feiertags geschlossen.
Im Bezirk Reinickendorf sind außerdem drei bemerkenswerte Einrichtungen zu erleben:
Staatliche Münze Berlin, Ollenhauerstraße 97, Tel. 030/23140639, www.muenze-berlin.de; Öffnung während der Betriebszeit Mo–Fr 10–16 Uhr. Dauerausstellung über 700 Jahre Münzwesens.
Landesarchiv Berlin, Eichborndamm 115–121, 13403 Berlin, Tel. 030/902640, www.landesarchiv-berlin.de. Staatsarchiv der Stadt Berlin mit Originalbeständen seit 1298. Jeder Bürger kann in (nicht alle) alte Unterlagen Einsicht nehmen.
Das Buddhistische Haus, Edelhofdamm 54, 13465 Berlin, Tel. 030/4015580, www.das-buddhistische-haus.de. Eine der wichtigsten Stätten des Buddhismus in Europa, Tempel, Bibliothek und Meditationen.
Berlin-Spandau
St.-Nikolai-Kirche, Reformationsplatz 1, 13597 Berlin; Besichtigung Mo–Fr 12–16, Sa 11–15, So 14–16 Uhr, Turmbesteigung Sa 12.30, So 14.30 Uhr (1 Euro).

Zitadelle Spandau, Am Juliusturm 1, 13599 Berlin, Tel. 030/3549440, www.zitadelle-spandau.de; tägl. 10–17 Uhr, Führungen ohne Anmeldung März–Okt Sa, So, Feiertage 11, 13, 15 Uhr, Fledermauskeller tägl. 12–17 Uhr. Stadtgeschichtliches Museum, Tel. 030/354944200. Ab 2014 Dauerausstellung ›Berlin und seine Denkmäler‹, die Exponate sind bereits als ›Denkmalsgasse‹ aufgestellt.

Luftwaffenmuseum, im Ortsteil Gatow auf dem ehemaligen Flugplatz, Kladower Damm 182, 14089 Berlin, Eingang Ritterfelddamm/Leonardo-da-Vinci-Straße, Tel. 030/36872601, www.luftwaffenmuseum.com.

Berlin-Wannsee

Haus der Wannseekonferenz, Am Großen Wannsee 56, 14109 Berlin, Tel. 030/8050010, www.ghwk.de; tägl. 10–18 Uhr, Eintritt frei.

Liebermann-Villa, Colomierstraße 3, 14109 Berlin, Tel. 030/80585900, www.liebermann-villa.de.

Potsdam/Babelsberg

Filmmuseum, Breite Straße 1A, 14467 Potsdam, Tel. 0331/2718112, www.filmmuseum-potsdam.de.

Haus der Brandenburg-Preußischen-Geschichte, Am Neuen Markt 9 (Kutschstall), 14467 Potsdam, Tel. 0331/6208550, www.hbpg.de.

Dampfmaschinenhaus/Moschee, Breite Straße 28, 14471 Potsdam; Mai–Okt. Sa, So, Feiertag, 10–18 Uhr, Besichtigung nur mit Führung.

Besucherzentrum an der Historischen Mühle, An der Orangerie 1, Tel. 0331/9694200, www.spsg.de. Auf der Internetseite der Stiftung Preußische Schlösser und Gärten Berlin-Brandenburg erfährt man die Öffnungszeiten der einzelnen Gebäude im Park Sanssouci und im Neuen Garten (ebenso für Schloss Babelsberg und Flatowturm). Für das Schloss Sanssouci gibt es einen begrenzten Kartenverkauf, im Sommer und an Wochenenden sollte man sich auf längere Wartezeiten einstellen.

Ausstellung im Haus der Wannseekonferenz

Museum Alexandrowka, Russische Kolonie 2, Tel. 0331/8170203, www.alexandrowka.de.

Belvedere, www.pfingstberg.de; Juni–Aug. tägl. 10–20, April/Mai/Sept./Okt. tägl. 10–18, März/November Sa/So 10–16 Uhr. Ab Hauptbahnhof Straßenbahn 92 oder 96 bis ›Puschkinallee‹ oder ›Am Schragen‹, Bus 638 oder 639 bis ›Potsdam, Am Pfingstberg‹, Potsdamer Wassertaxi bis ›Cecilienhof/Meierei‹ (ca. 10 Min. Fußweg).

Filmpark Babelsberg, Besuchereingang Großbeerenstraße, 14482 Potsdam-Babelsberg, Tel. 0331/7212750, www.filmpark-babelsberg.de.

Fahrgastschifffahrt
→ S. 271.

Bootsanleger, Charterboote
Oranienburg
Schlosshafen Oranienburg, Hafenmeister Herr Zander Tel. 03301/203135, 0171/5552013.

Bootscharter Fahrgastschiff Luise, Orani-en-Tours GmbH, Lehnitzstraße 11, 16515 Oranienburg, Tel. 03301/209951.

Bootshaus, Hafen, Bootsausleihe am Lehnitzsee, Eiscafé Dietrich, Rüdesheimer Straße 21, 16515 Oranienburg, Tel. 03301/524152, www.eiscafe-dietrich.de.

Berlin-Spandau
Marina Lanke, Scharfe Lanke 112, 13595 Berlin, Tel. 030/3620090, www.marina-lanke.de. Bootsliegplatz, Bootscharter, Segelschule.

Berlin-Grunewald und Wannsee
Yachthafen am Großen Wannsee, Am Großen Wannsee 4, 14109 Berlin, Tel. Büro 030/80495663, Hafenmeister Tel. 030/8053083, www.yachthafen-am-grossen-wannsee4.de.

Nixe Yachthafen, Königsstraße 4b, 14109 Berlin, Tel. 030/8051083, www.nixe-yachthafen.de.

Berlin Outside, Kanustation: Heckeshorn am Flensburger Löwen, Am Großen Wannsee 58–60, 14109 Berlin, Tel. 030/7042579, 0172/3077245, www.berlin-outside.de.

Potsdam
Yachthafen Potsdam, Kastanienallee 22, 14417 Potsdam, Tel. 0331/901090, 974729, www.yachthafenpotsdam.de. Liegeplätze, Charterboote, Bootsservice. Mit Hafencafé ›Möwe‹.

Teamgeist, Am Luftschiffhafen 1, 14471 Potsdam, Tel. 0331/90755100, www.teamgeist.com. Havelflöße bauen und damit fahren, Kanutouren und andere Wassererlebnisangebote für Familien und kleine Gruppen.

Badestellen, Schwimmbäder
Oranienburg
Turm Erlebniscity, Andre-Pican-Straße 42, 16515 Oranienburg, Tel. 03301/57381111, www.erlebniscity.de. Erlebnisbad, Saunalandschaft.

Birkenwerder
Badestelle am Briesesee, in der Kolonie Briese.

Heiligensee
Seebad Heiligensee, Sandhauser Str. 132, 13503 Berlin.

Berlin-Tegel
Strandbad Tegel, Schwarzer Weg 21, 13505 Berlin, www.strandbad-tegel.de.

Berlin-Wannsee
Strandbad Wannsee, Wannseebadweg 25, 14129 Berlin, www.strandbadwannsee.de.

Potsdam
Strandbad Babelsberg, Am Park Babelsberg 2, 14482 Potsdam-Babelsberg, Tel. 0331/6619831.

Im Strandbad Wannsee

Willst in Natur du weilen,
willst deine Seele heilen
so muss dein Herz verstehen
die Stimmen die dort wehen.
Es klinget wie ein Träumen
von Liedern in den Bäumen
und mit den Wellen ziehen
verhüllte Melodien.

Nikolaus Lenau, Waldlieder, Nr. 6

Das Havelland

Wälder und Seen

Frohsinn, Natur und Melancholie, ein Wechselbad zwischen Gesellligkeit und Ruhe: Eine sehr vielseitige Landschaft erwartet den Gast zwischen Potsdam und Brandenburg. Einerseits bieten Sehenswürdigkeiten mit Historie und Kultur diverse Ziele, gibt es Freizeitfreuden mannigfacher Art am und im Wasser und in der ländlichen Umgebung, und andererseits bieten lange stille Haveluferbereiche erholsame Ruhe sowohl auf dem Wasser als auch auf dem Land, per Fahrrad und zu Fuß. Die Landschaft entspricht am ehesten dem Klischee der Landschaft des Havellandes, und ihr Landkreis trägt auch diesen Namen.

Ab Potsdam setzt sich die Seenkette, die die Havel verbindet, in beeindruckender Weise fort. Die angesammelten Wassermengen ergeben dazwischen einen derart breiten Fluss, dass diese Wasserstraße bis in die Gegenwart keine besonderen Baumaßnahmen für den Binnengüterschiffsverkehr erforderten. Allerdings werden für die neuesten Containerfrachter einige partielle Baumaßnahmen erforderlich, aber im Wesentlichen betrifft das Brückenbaumaßnahmen und Schleusenbauten. Zwischen Potsdam und Paretz gibt es ohnehin wenig Güterverkehr, denn Kanäle umgehen das Gebiet. Die naturgegebene Landschaft des Havelufers wird sich also in absehbarer Zeit nicht nachteilig verändern.

Zunächst finden sich bis hinter die Stadt **Werder** hügelige, bewaldete Uferbereiche, die danach zunehmend flacher werden und früher Überschwemmungsgebiete waren. Das **Havelländische Luch**, das sich als Sumpflandschaft mit vielen Entwässerungsgräben bis weit nach Norden anschließt und die etwa ab Werder beginnenden Deichanlagen haben bereits seit Jahrhunderten den Lauf der Havel stabilisiert. Freilich waren hier nur ziemlich flache Deichanlagen erforderlich. Bis in die Gegenwart wurden noch ausreichende Überschwemmungsflächen freigehalten, so dass es gefährliche Havelüberschwemmungen seit langer Zeit nicht mehr gibt. Gerade die Land- und Wasserwege durch dieses Gebiet bilden beeindruckend ruhige Erlebnisräume für uns Menschen und Rückzugsgebiete für Tiere.

Die Havelseenkette dieser Landschaft setzt sich hinter der Stadt Brandenburg bis in das **Landschaftsschutzgebiet Brandenburger Wald- und Seengebiet** fort und endet dort, wo die Havel den Plauer See bei Plaue verlässt. An dieser Stelle beginnt gleichzeitig eine Schifffahrtsstraße, die über den Wendsee abzweigt und als künstlich angelegter **Elbe-Havel-Kanal** für große Schiffe ausgebaut wird. Frohsinn und Gesellligkeit bieten die Baumblütenfeste in **Werder** und die Erholungs- und Ferienorte, die Hotels und Gaststätten entlang des **Schwielowsees**, am Havelabschnitt bis Paretz und an den Seen hinter Brandenburg, Einsamkeit und Ruhe die Regionen außerhalb der Orte, vor allem die Haveluferbereiche zwischen Paretz und Brandenburg mit verträumten Uferrastplätzen in **Saaringen** auf der Nordseite und bei **Deetz** auf der Südseite dieses Havelabschnittes.

Die **Stadt Brandenburg** ist nicht nur als Geburtsort der Mark Brandenburg berühmt, sondern auch als moderne Stadt mit pulsierendem Leben attraktiv. Neben den historischen Baudenkmälern erfreut sie den Gast auch mit mehreren Parkanlagen, zum Beispiel an den Wasserarmen der Havel und am Marienberg.

Der Lauf der Havel

Aus dem **Templiner See** kommend, zwängt sich die Havel durch das **Caputher Gmünd**, eine der seltenen Engstellen, in die Weite des **Schwielowsees**,

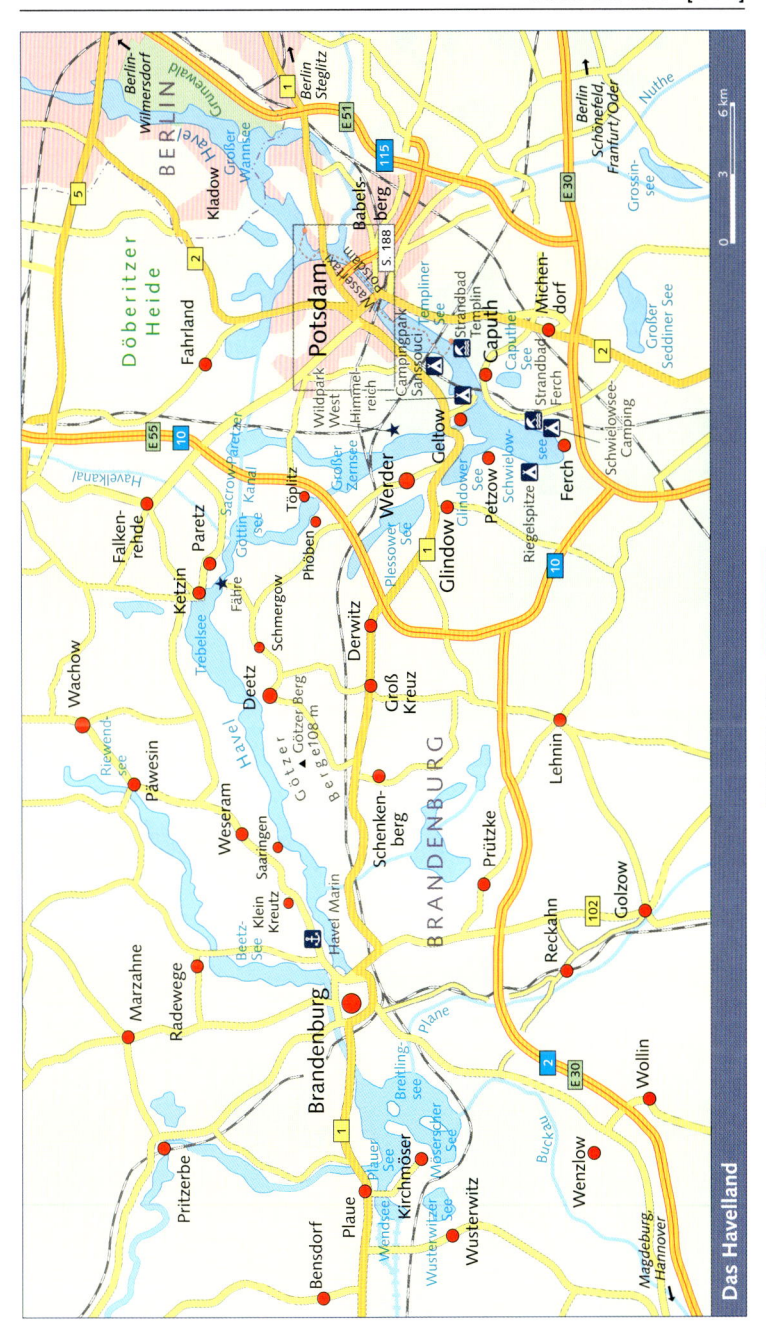

Das Havelland

Abend am Havelkanal

einer weiteren Perle im Seenschmuck der Havel. Nur Freizeitbootsverkehr und etwas Fischerei finden auf der ruhigen weiten Wasserfläche statt. Der **Glindower und der Plessower See** nebenan vervollkommnen die Seenlandschaft, während die Havel ihr Wasser an der Stadt Werder vorbei durch den **Großen und Kleinen Zernsee** fließen lässt, den **Göttinsee** streift, **Paretz** und **Ketzin** erreicht. In dem folgenden kurvenreichen Fluss-, Buchten-, Seitenarm- und Überschwemmungsflächengewirr bekam nur die größte Wasserweite den Namen **Trebelsee**. Das flache, weite und sehr dünn besiedelte Wiesenland strahlt Ruhe aus; Reiher, Wildgänse, Schwäne und andere Vogelarten finden beste Lebensbedingungen. Rinder auf den weiten Wiesen setzen bunte Akzente in die Landschaft. Die **Stadt Brandenburg** wird erreicht, sehenswerte Historie und buntes Leben einer modernen Stadt erfreuen jeden Gast. Von Norden kommend, mündet eine etwa 25 Kilometer lange Seenkette in die Havel, dessen südlichster der durch ›Fritze Bollmann‹ bekannte Beetzsee ist

(→ S. 236). Die Havel durchquert dann das Stadtzentrum, während der **Silowkanal** Frachtschiffen den Weg um Brandenburg herum weist.

Quendsee, **Plauer See**, **Breitlingsee**, **Möserscher See** und **Wendsee** bilden ein zusammenhängendes Seengebiet, bei dem der Eindruck entsteht, dass die Havel nicht so recht wusste, wie sie denn nun weiter fließen soll. In Fließrichtung Südwest verlässt sie Brandenburg, um sofort nach Süden zu schwenken, doch dann fließt sie wieder westwärts. Mit zwei weiteren Richtungsänderungen erreicht sie die westlich gelegenen Seen, taumelt durch die Gewässer mit Schwenks nach Nordwest, West, Südwest, Nordwest und findet schließlich nach Norden an Plaue vorbei die Fortsetzung ihrer beschaulichen Lebensreise.

Erlebnismöglichkeiten der Region

■ **Wandern**

Das Gebiet bietet attraktive Wandermöglichkeiten, die im Zusammenhang mit den Waldgebieten, idyllischen Orts-

Alte Eiche im Havelland

lagen und weiten Wiesen entlang der Havel, den nahe der Havel gelegenen Seen und Sehenswürdigkeiten der Region abwechslungsreiche Wanderungen ermöglichen.

Oft sind Rundkurse möglich, und oft sind auch Anfangs- und Endpunkte mittels öffentlicher Verkehrsmittel erreichbar, so dass die Rückkehr zum Ausgangspunkt per Bahn oder Bus möglich ist.

Schwielowsee: Empfohlen werden kurze Rundwanderungen um den Ort **Ferch** am **Schwielowsee** und landeinwärts zurück und ab Caputh um den **Caputher See**. Längere Strecken verlaufen ab **Caputh** bis zu den **Lienewitzseen** und weiter zum Bahnhof Ferch-Lienewitz. Zurück geht es per Bahn oder per Bus ab Ferch.

Werder–Paretz: Auf dem **E10-Wanderweg** geht es vom Bahnhof Werder durch die Gartenlandschaft Werders, am Plessower See entlang, weiter zur Havel, am Ufer entlang zur Fähre Ketzin und nach Paretz (Schloss und Park), insgesamt 21 Kilometer. In Paretz gibt es Busverkehr nach Potsdam.

Ketzin–Brandenburg: Besonders schön ist eine Wanderung unmittelbar am **nördlichen Havelufer** entlang. Beginn ist an der Bushaltestelle Ketzin-Trafohaus, die Strecke geht bis zum Bahnhof Brandenburg, 24 Kilometer.

Brandenburg–Wusterwitz: Ab Brandenburg ist die reizvollste Wanderung ab Straßenbahnendhaltestelle Quenzbrücke auf markiertem Wanderweg entlang des Quenzsees, Plauer Sees, zum Schloss und Schlosspark Plaue und weiter am Wendsee und Elbe-Havel-Kanal entlang bis zum Bahnhof Wusterwitz, von dort stündliche Bahnverbindung nach Brandenburg zurück, 22 Kilometer.

Mehrere Rundwandervarianten in der Region um Brandenburg bieten für jeden etwas.

■ Radeln

Es bietet sich der **Havelradweg** an, besseres gibt es als Radroute nicht, denn die empfohlenen Wanderrouten sind ungeeignet zum Radfahren.

Der Radweg erreicht in Wilhelmsdorf zwischen Brandenburg und Kirchmöser eine Naturschutzstation mit diversen Informationen. Stopp und Besuch lohnen sich.

■ Wasserfreuden

Badestellen gibt es im Freibad Ferch, am Plessower See bei Werder, in der Region Brandenburg am Wendsee am Wanderweg und am Breitlingsee am Havelradweg, die Havel selbst bietet hier keine schönen Badestellen.

Ausflugsschifffahrt auf der Havel und ihren Seen ist möglich ab Caputh, Ferch, Werder, Brandenburg (Schiffsgesellschaften → S. 273).

Das gesamte Gebiet ist für jede Art von Wassersport optimal geeignet, denn es bietet sehr variationsreiche Wassergebiete und große Wasserflächen mit wenig gewerblichem Schiffsgüterverkehr (Bootsvermietungen → S. 243).

Winterrast am Sacrow-Paretzer Kanal

Das Havelland

■ **Pkw-Tourismus**

Autofahrten zwischen Potsdam und Brandenburg bedürfen vorheriger exakter Streckenplanung. Das Wechseln von einer Havelseite auf die andere ist per PKW zwischen der Stadtgrenze Potsdams bis nach Brandenburg nur über zwei Brücken und zwei Fähren möglich, die gesamte Region um Töplitz ist zum Beispiel eine Sackgasse, andere Orte entlang der Havel sind es auch.

Parkplätze finden sich innerhalb der Ortslagen kleiner Orte oder in der Nähe der Sehenswürdigkeiten, in Werder sind unmittelbar vor der Brücke zur Altstadt ausreichend große Parkplätze angelegt, in Brandenburg bietet es sich an, von einem Parkplätze ausgehend die Altstadt zu Fuß zu erkunden.

■ **Gastronomie**

In Caputh, Ferch, Werder, Ketzin, Brandenburg und Plaue gibt es Gaststätten unmittelbar am Ufer eines Sees oder der Havel.

■ **Barrierefreier Tourismus**

Auf der Westseite der Havel ist der Rad- und Fußweg entlang des Havelufers bis nach Geltow barrierefrei, das Überqueren der Havel nur per Fähre Caputh–Geltow möglich.

Weiterhin bieten nur die Uferpromenaden in Caputh und Ferch sowie die Altstadt von Werder barrierefreie Wege. Außerhalb der Ortslagen gibt es den Havelradweg, der weite ländliche Strecken überwindet.

Zwischen Potsdam und Brandenburg an der Havel

Zwischen Potsdam und Brandenburg erwartet den Gast eine sehr vielseitige Landschaft. Diverse Sehenswürdigkeiten bieten Ausflugsziele, es gibt Freizeitmöglichkeiten mannigfacher Art am und im Wasser. In der ländlichen Umgebung bieten lange, stille Haveluferbereiche erholsame Ruhe sowohl auf dem Wasser als auch auf dem Land.

Karte S. 217

▲ *Schloss Caputh*

Schwielowsee

Schwielowsee ist eine Gemeinde, die aus mehreren Orten besteht (Caputh, Ferch, Geltow und Petzow). Der See selbst ist der größte ›Havelsee‹, Theodor Fontane beschreibt ihn ausführlicher und lobender als viele andere. Und auch noch heute gehört er zweifellos zu den schönsten Seen des gesamten Landes. Der Schwielowsee ist verhältnismäßig flach, es soll Stellen in der Seemitte geben, an denen man im Wasser stehen kann. Interessant ist die Aussage Fontanes, dass dieser See erst durch natürliche Ereignisse vor nicht allzu langer Zeit entstanden sei. Hierzu sind die Ausführungen zur geologischen Entwicklung der Havel ab Seite 63 interessant.

Caputh

Caputh ist ein Ort in der Nähe Potsdams mit etwa 5000 Bewohnern. Früher ein armes Dorf, ist Caputh durch

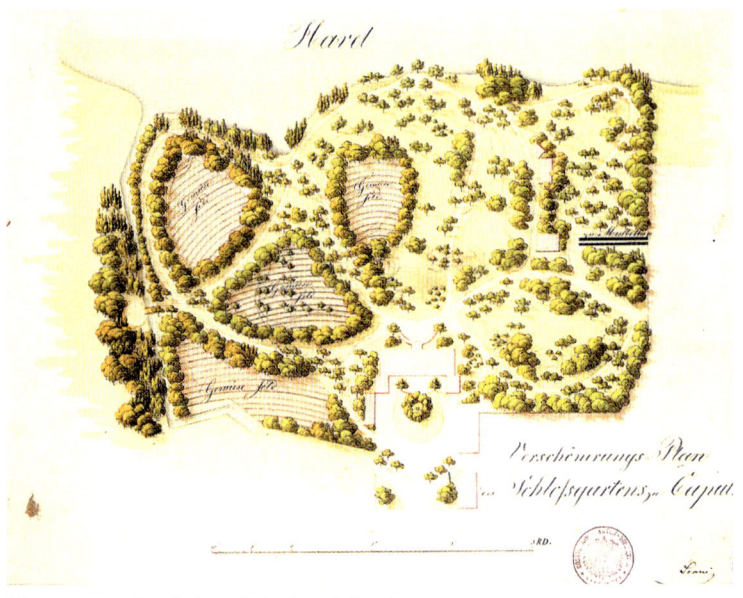

Plan vom Caputher Park von Peter Joseph Lenné

Das Havelland

frühere Schiffsspeditionen reich geworden, durch kleine Werften, Schiffsreparaturen und Service für die gewerbliche Schifffahrt, die heute durch den Sacrow-Paretzer Kanal Caputh überhaupt nicht mehr tangiert.

Albert Einstein hat hier mehrere Jahre gelebt, er bezeichnete diese Zeit als die schönste Zeit seines Lebens. Das **Einstein-Haus** ist sonntags zu besichtigen, die Aussicht, von der er schwärmte, gibt es jedoch nicht mehr, sie ist zugebaut und zugewachsen.

Die Parkgestaltung des kleinen Schlossparks Caputh entspricht mit Ausnahme der Gemüsefelder heute wieder weitgehend dem von Lenné gezeichneten Plan. Das gesamte **Schlossensemble** ist als Beispiel früherer Gutshäuser gehobener Qualität sehenswert, aber nicht mit Potsdams Schlössern vergleichbar. Das Schloss diente nur zeitweilig der königlichen Nutzung, war von 1945 bis 1989

Schule und Internat und zeigt im Inneren das, was nach der Restaurierung erhalten war und rekonstruiert werden konnte, im Wesentlichen einen Fliesensaal und die Räume einer Kurfürstin. Außerdem werden Exponate bei Ausstellungen gezeigt.

■ **Der Caputher Wasserfall**

Von Caputh aus gibt es eine Fährverbindung in Richtung Geltow über die Engstelle der Havel, den Caputher Gmünd. 1998, in der Anfangszeit der Autonavigationsgeräte verließ sich ein ortsunkundiger BMW-Fahrer allzu sehr auf die Angaben seines Gerätes. In der Abenddämmerung wollte er hier die Havel überqueren, das Gerät zeigte eine Brücke an, die es nicht gibt. Die Fähre war gerade auf der anderen Uferseite und die Zufahrt zum Wasser nur spärlich gesichert. Es soll kräftig gespritzt haben als er mitsamt seinem Auto in voller Fahrt die Wasseroberfläche erreichte, schwimmen kann aber auch der teuerste BMW nicht. Auto und Fahrer versanken, aber letzterer konnte aus dem Wasser gerettet werden. Diese Navi-Panne diente der allgemeinen Belustigung, hatte aber auch zur Folge, dass inzwischen die Zufahrt zum Wasser besser gesichert ist, so dass im Wiederholungsfalle der deutliche Crash nur dem Auto schadet, ein ›Caputher Wasserfall‹ wohl nicht mehr stattfinden wird.

Ferch

In Ferch an der Südspitze des Schwielowsees erreicht die Havel ihre südlichste Ausdehnung. Das sich anschließende bewaldete Hügelland versperrt den weiteren Weg, zwingt die Havel zum Weg nach Norden. Die **Uferpromenade** und ein kleines Sumpfgebiet, beeindruckende Baummajestäten und schattige Wege, hübsche Gärten und das hügelig bewaldete Hinterland, die Gastronomie und Ausflugsschifffahrt bieten dem Naturgenießer und Erholungssuchenden das Flair eines Kurortes.
Freilich war das nicht immer so. Ferch war einmal ein Fischerdorf, später wurde es ein Domizil für Künstler, insbesondere Maler, und ein Ausflugsziel von der Land- und Wasserseite aus. Auf Besiedlungen

›Ansicht von Ferch‹, ein Bild von Karl Hagemeister

vor unendlich langen Zeiten deuteten Funde hin, doch erst mit dem Aufkommen des Tourismus entwickelte sich aus der verträumten Lage ein interessantes Ziel, das aus dem Miteinander von Resten alter Dorfidylle mit modernem Flair seine besonderen Reize bezieht. Noch immer finden hier Maler ihre Motive.
Auch das Hinterland bietet etwas Besonderes: alte Huteeichen. ›Huteeichen‹ waren früher angelegte Futterplätze für die Hausschweine der Dorfbewohner. ›Hute‹ bezeichnet das Hüten von Tieren. Ähnlich wie Kühe auf Bergweiden wurden früher die Hausschweine zu Futterplätzen im Wald getrieben. Es wurden Eichen gepflanzt, und nach genau festgelegten Regeln durften die Dorfbewohner ihre Schweine an diese Futterplätze führen oder bekamen die Rechte für bestimmte Huteeichen. In dem Wald bei Ferch findet man einen **Huteeichenweg**, also einen Rundwanderweg zu mehreren dieser alten Huteeichen und den Resten davon. Dort wird wie nirgends sonst noch deutlich auf diesen Brauch hingewiesen.

Petzow

Petzow ist eine Perle ganz anderer Art als Ferch. Wie früher häufig der Fall, gehörten in Brandenburg ganze Dörfer adligen Besitzern oder waren Adlige Herrscher der Region. Mitunter sorgten sie nur für sich selber, aber manchmal auch segensreich für alle Bewohner. Zu den Letzteren zählte ein Ahnherr derer von Kaehne. Er ließ nicht nur ein **Schloss** für sich errichten, sondern an besonders reizvoller Stelle mit wunderschöner Aussicht auch eine **Kirche** von den Baumeistern Karl Friedrich Schinkel und Friedrich August Stüler erbauen. Zudem ließ er einen **Park** von dem genialen Gartengestalter Peter Joseph Lenné anlegen, in dem gegenwärtig ein altes **Wasch-**

Das Waschhaus in Petzow

stellung beschreibt und illustriert nicht nur den technologischen Prozess der Ziegelherstellung, sondern veranschaulicht mit vielen Dokumenten auch die Geschichte des Ziegeleigewerbes, von dem seit 1492 verbrieften Tonabbau bis zur Wiederbelebung fast vergessenen handwerklichen Know-hows. Sie macht mit den einstigen Arbeits- und Lebensbedingungen der einheimischen und der aus dem Lippisch-Westfälischen gekommenen Ziegler bekannt und vermittelt einen Einblick in die Ziegelindustrie.«

haus den Rahmen für eine Ausstellung zur Geschichte des Waschens und des Ortes bietet (Mitte April–Mitte Okt. So 13–17 Uhr).

Es ist zudem eines der vielen Beispiele bürgerschaftlich ehrenamtlichen Engagements, mit dem in Kooperation verschiedener Heimatfreunde seltene Zeugnisse der Vergangenheit restauriert und erhalten werden. Hier ist der Heimatverein Petzow als einer der vielen Heimatvereine Brandenburgs aktiv.

Das gesamte Ortsensemble liegt zudem malerisch an weiteren zwei Seen, dem Haussee und dem Glindower See, und in hügeliger Umgebung. Alles zusammen wird durch Gastronomie ergänzt und bietet so ein abwechslungsreiches Ausflugsziel. Eine moderne Hotelanlage, das ›Resort Schwielowsee‹ unmittelbar am Ufer des Schwielowsees, trägt zur Perfektion dieser Erholungsregion zusätzlich bei.

Glindow

Im nahen Ort **Glindow** liegt direkt am Glindower See das **Märkische Ziegeleimuseum Glindow**, bei dem bereits das Äußere des Museumsturmes und die Aussicht von der oberen Plattform lohnenswert sind. Der Text der Museumsinformation trifft exakt zu: »Die Aus-

Geltow

Geltow ist ein altes Dorf und inzwischen ein weitläufiger Wohnort mit Villen jeden Alters und einer besonderen Kirche. Wenn man dem Lauf der Havel aus dem Schwielowsee hinaus folgt und die Engstelle an der **Baumgartenbrücke** mit den Fabeltieren als Schmuck passiert hat, fällt sowohl vom Wasser als auch vom Lande das Kirchendach der alten **Dorfkirche** von Geltow am Ostufer der Havel auf. Harmonisch bunte, aufwändig gearbeitete Ziegel sind ein Blickfang der 1887 eingeweihten Kirche und eine ungewöhnliche Sehenswürdigkeit.

Das Havelland

Weinberg in Werder

Werder (Havel)

Werder war in früheren Zeiten der allgemeine Begriff für eine Insel. Deshalb gibt es noch viele Inseln mit dem Anhang ›...werder‹

Dieser Stadtname entspräche gemäß heutigem Sprachverständnis nur ›Insel‹ oder ›Inselstadt‹ und trifft für die Altstadt Werders noch immer zu. Die Silhouette dieser Inselstadt gehört zu den charakteristischsten Ansichten der gesamten Havel, denn von allen Seiten und aus weiter Ferne ist die Insel in der hier 700 bis 1400 Meter breiten Havel mit den markanten Kirchtürmen sichtbar. Es sind die Türme der im 19. Jahrhundert errichteten **Heilig-Geist-Kirche**, die eine alte Kirche aus dem 13. Jahrhundert ersetzte. Ebenso das Stadtbild prägend ist eine alte **Bockwindmühle** auf der Insel. Dass auf der Insel vor langer Zeit ein Fischerort entstand, versteht sich fast von selbst, dass aber als zweitältester Erwerbszweig bereits ab dem 13. Jahrhundert der Weinbau belegt ist, verwundert doch sehr.

Ein Beweis dafür, dass Weinbau kein Nebenerwerbszweig war, sondern einen wichtigen Wirtschaftszweig darstellte, ist die im Jahre 1598 vom Kurfürsten

▲ *Die Bockwindmühle in Werder*

Johann Georg festgelegte ›Weinmeisterordnung‹. Der Wein wurde sogar in Richtung Norden und Osten exportiert. Doch der Anbau war schwierig, immer wieder erfroren die Rebstöcke in harten Wintern. Bessere Verkehrswege und der Wegfall von Zollschranken innerhalb Deutschlands führten fast zum Zusammenbruch dieses Erwerbszweiges. Fast, denn auch Obstanbau in der Region um Werder war seit den Anfängen deutscher Besiedlung üblich und verbreitet. Was lag also näher, als den Obstanbau zu intensivieren und auch daraus Wein herzustellen. Und so ging mit dem Rückgang der Rebstöcke eine Steigerung des Obstanbaus einher, und Werder wurde zum bekannten Ort des Obstes und der Obstweinherstellung.

Im Jahre 1985 wurden wieder 17 000 Rebstöcke gepflanzt und alte Weinberge rekultiviert. Inzwischen ergeben auf einer Fläche von sechs Hektar unterschiedliche Weiß- und Rotweinsorten qualifizierter Weingüter Qualitätsweine. Der **Werderaner Wachtelberg** ist eine von der EU anerkannte Weinlage und die nördlichste eingetragene Lage für Qualitätsweine weltweit. Auf dem Weingut gibt es auch Gastronomie, die Besenwirtschaft ›Weintiene‹ zur Verkostung und den Genuss vor Ort. Informationen: Weinbau Dr. Lindicke, Kölner Straße 16, 14542 Werder, Tel. 03327/ 44670, www.wachtelberg.de.

Seit 1879 wird in Werder im Frühjahr inmitten der blühenden Obstplantagen das **Baumblütenfest** gefeiert, mittlerweile eines der größten und bekanntesten Volksfeste Brandenburgs. Auf dem **Kesselberg** in der Nähe des Bahnhofes, einem Aussichtsberg mit der großen Gastwirtschaft ›Friedrichshöhe‹ und dem noch größerem Festplatz wird gefeiert, aber auch überall sonst im Ort. Das Baumblütenfest in Werder ist nach wie vor ein feucht-fröh-

Am Markt in Werder

Das Havelland

lich-frühlingsbuntes Ausflugsziel, bei dem Junge und Alte ihre Freude haben.

Besonderer Erwähnung bedarf es eines Ehrenbürgers der Stadt, des Malers Karl Hagemeister, der von 1848 bis 1933 lebte, in Werder geboren ist und dort auch starb. Er war ein typischer Werderaner, Sohn eines Obstzüchters, weltoffen. Als anerkannter Maler hatte er mit vielen berühmten Zeitgenossen Kontakt, tauschte Erfahrungen aus und fand einen zwar zeitgemäßen, aber dennoch eigenen Stil. Gemeinsam mit Max Liebermann und anderen die gründete er die Berliner Secession, eine Vereinigung von Künstlern, die neue Ziele und neue Stile entwickeln wollte. Hagemeister erlangte nicht die Berühmtheit, die ihm eigentlich zusteht. Vielleicht war der Grund seine Bescheidenheit, die für seine Heimat typisch ist.

Literaturtipp zum Weinbau in Brandenburg: Roland Fröhlich, Am Polarkreis des Weinbaus. Der Werderaner Wachtelberg, Vacat Verlag, Potsdam 2001.

Wildpark West

Dieser Wohnort mit Gärten und Villen am Havelufer schließt an den Wildpark an, der wiederum die landschaftliche Fortsetzung der Parkanlagen von Sanssouci in südwestlicher Richtung ist und Jagdgebiet der preußischen Herrscher war.

Hier versteckt sich landeinwärts im Wald ein Entenfängersee, ein Entenfängerberg und eine frühere **Entenfanganlage**. Wildenten waren und sind eine Delikatesse, doch die vornehmen Tafelgäste des Königs mochten die Schrotkugeln im Fleisch nicht, die bei der Jagd unvermeidlich waren. Also entwickelte man eine Entenfanganlage für Wildenten. Auf dem Entenfängerteich wurden sie durch Futter angelockt und dann mit Hilfe abgerichteter Enten in eine Ecke gelockt, die mit Netzen überspannt war und mittels einer Schließvorrichtung das Entkommen verhinderte. Dort konnten die Enten unverletzt gefangen werden.

Entenfang-Anlage der Hohenzollern
1694-1714

Auf Kurfürstliche Order wurde im Jahre 1694 hier in mooriger Niederung ein Teich ausgehoben, der "Kleine Entenfangsee" benannt, mit dem Ziel, junge, schmackhafte Wildenten an die Hoftafel zu liefern, die **nicht** mit Schrot geschossen worden sind.

Die „Grundlage dafür bildete ein die Wasserfläche umgebender Damm (etwa 120m x 120m) mit vier geschwungenen und sich verjüngenden Fangkanälen (Pfeiffen genannt). An deren Enden befanden sich Fangkästen mit Falltüren. Dahinein wurden Wildenten durch dressierte **Lockenten** geführt, um vom Entenfänger "gekringelt" zu werden.

Die Hauptfangzeit war von Juli bis September. Zu damaliger Zeit war die Havel und das Golmer Luch Zwischenrastplatz für zehntausende Wildenten.

Schema einer Entenfang-Anlage

Weitere Informationen finden Sie in der Broschüre "1000 Jahre Geltow", erhältlich im Bürgerbüro und fragen Sie in den Gaststätten nach.

In den letzten Fangjahren (1713/1714) sollen auf diesem See 2000 Enten gefangen worden sein.

Nach einer verordneten Stilllegung an dieser Stelle, wurde die Entenfang später auf dem "Großen Entenfängersee" weiter betrieben.

Der historisch-technische Wert dieser Anlage besteht in ihrer **Einmaligkeit** im Lande Brandenburg, darüber hinaus gilt sie als die **älteste** in Deutschland überhaupt.

Besucherhinweis:

Nach etwa 40 m stehen Sie am Rande der Dammkrone und blicken in eine Senke, die nur noch wenig mit Wasser gefüllt ist; zwei Fangarme sind noch erkennbar.

Bitte beachten Sie, daß es sich hier um ein historisches Stück Heimat handelt. Danke!

Heimatverein e.V. Geltow und Umweltausschuß der Gemeinde Geltow

So wurden schrotfreie Enten für die preußischen Herrscher gefangen

Töplitz

Töplitz ist ein unscheinbares Dorf am Rande der Havel, alt und weitläufig auf einem Areal gelegen, das einer Insel gleicht, aber keine ist. Felder, Wiesen, Tümpel, Sümpfe, Waldgebiete werden von drei Seiten von der Havel umflossen, die um dieses Gebiet herum die Richtung von Süd nach Nord ändert.

Die vierte Seite wäre die Landseite, sie wurde aber durch den Sacrow-Paretzer Kanal abgeschnitten, der die Havel mit der Havel verbindet und die Schiffsstrecke erheblich verkürzt.

Phöben

Das hübsche Dorf Phöben liegt zwischen dem Havelufer und dem Rand eines bewaldeten Hügels und blickt auf eine Vergangenheit von 4000 Jahren zurück. Diese begann auf dem **Räuberberg**, einer noch immer geltenden Bezeichnung einer kleinen markanten Halbinsel etwa zwei Kilometer nördlich des Dorfzentrums. Dort gab es noch im Jahre 1843 eine Höhe, die inzwischen abgetragen wurde. Der davor liegende schmale Havelabschnitt ist von

dieser Halbinsel aus nach beiden Seiten gut zu überblicken. Auf dieser Halbinsel gab es eine Slawenfestung, die bereits im Jahre 981 als wichtige Anlage urkundlich erwähnt wurde. Diese Anlage war vermutlich mit der in Brandenburg aus strategischen Gründen vergleichbar, und so gab es dort auch über viele Jahrhunderte eine Siedlung, bevor die Bewohner ihre Wohnsitze aus unbekannten Gründen etwas weiter nach Süden verlegten.

Nach der Slawenzeit nutzten Ritter den vorbereiteten Platz des Räuberberges, konnten einerseits den Verkehr auf der Havel kontrollieren und waren gegen das Landesinnere gut abgeschirmt. Der Name Räuberberg stammt aus dieser Zeit. Auch wenn es keine Belege gibt, so deutet auch die im Jahre 1843 von Adalbert Kuhn veröffentlichte Sage darauf hin, dass diese Halbinsel ein Ausgangspunkt räuberischer Aktivitäten der Ritter war, und gibt eine mögliche Erklärung, weshalb der Berg abgetragen wurde. In einer weiteren Sage derselben Zeit wird von Gespenster-Erscheinungen auf dem Räuberberg berichtet.

Karte S. 217

Der Räuberberg bei Feeben

Wenn man von dem Dorf Feeben, das unweit des Städtchens Werder liegt, dem Lauf der Havel folgt, so kommt man etwa auf der Hälfte des Weges zwischen Feeben und Paretz am linken Ufer des Flusses an eine Landzunge, die von der Landseite her überall mit niedrigen Wiesen umgeben ist und auf der eine offenbar künstliche Anhöhe liegt, welche der Räuberberg oder Rööwerbarch genannt wird. Sie ist ziemlich hoch, liegt dicht an der Havel und die Wände sind sehr steil; etwa 200 Schritt davon sieht man noch eine wallartige Erhöhung mit Spuren von Gräben, die auf beiden Seiten bis an die Havel reicht.

Auf dieser Höhe hat, wie erzählt wird, das adlige Geschlecht derer von Rochow sein Stammschloss gehabt und sie sollen hier Schiffe, welche die Havel heraufund hinunter fuhren, gebrandschatzt und geplündert haben, und damit ihnen ja keines entginge, hatten sie folgende Vorrichtung gemacht: Sie sperrten den Strom nachts mit einer Kette, die aber unter dem Wasser, jedoch hart an der Oberfläche hinlief; an dieser war ein Draht befestigt, der bis zu einer in der Burg befindlichen Glocke reichte. Fuhr nun ein Schiffer, der nichts von dieser Einrichtung wusste, die Havel daher, so stieß er an die Kette und die Glocke verriet darauf den Leuten in der Burg, dass eine Beute da sei, welche dann auch gleich herausstürzten und sie in Beschlag nahmen. So haben sie denn hier große Schätze zusammengehäuft, die zum Teil noch da vergraben liegen, denn man sieht oft genug kleine blaue Flämmchen brennen, die in der Regel das Verborgensein eines Schatzes verraten. Einige Leute haben diesen auch einmal heben wollen, sind aber durch allerhand Dinge zum Lachen gebracht und dadurch abgehalten worden, still weiter zu graben; so haben sie namentlich gesehen, daß ein Hahn einen gewaltigen Balken hinter sich her geschleppt hat und dergleichen mehr, da haben sie natürlich laut aufgelacht und konnten so den Schatz nicht bekommen.

Adalbert Kuhn, Märkische Sagen und Märchen, 1843

Die Havel bei Phöben

Die Paretzer Kirche

Paretz

In der Reihenfolge der Dörfer dieser Havelregion wird beispielhaft die Vielfalt der Orte, deren Charkteristik und Historie deutlich. Paretz, aus einer alten Slawensiedlung hervorgegangen, war zunächst unbedeutend, entwickelte sich durch königliche Zuneigung zu einem attraktiven Ort, versank in der DDR wieder in der Bedeutungslosigkeit und ist nun nach Rekonstruktion alter Bauten und Anlagen zu einem Ausflugsziel der Gegenwart erblüht.

Als Kronprinz erwarb Friedrich Wilhelm III. ein Gut in Paretz. Die Ortslage gefiel seiner Gemahlin, der späteren Königin Luise, und so ließ er ab 1797 als König ein einfaches Schloss als Landsitz zur Erholung erbauen und alte und arme Gebäude im Ort durch bessere Bauten ersetzen. Es entstand ein preußisches Musterdorf mit einer Kirche und einem Schlosspark in idyllischer Lage am Havelufer. Paretz wurde der Sommersitz des Königspaares, das sich hier in die abgelegene Stille zurückziehen konn-

te. Nach dem Tod des Königs im Jahre 1840 erhielten seine Nachkommen das Schloss im Originalzustand. Nach 1945 erfolgte die Enteignung, und eine profane Nutzung begann.

Das **Schloss** ist in seiner Bauart eher ein Gutshausensemble, wie so viele ›Schlösser‹ in Brandenburg und sollte es hier bewusst auch sein. Kunsthistorisch besonders wertvoll sind die Papiertapeten des Schlosses, die im Zweiten Weltkrieg gesichert wurden und nun nach der Rekonstruktion des Schlosses mit hohem Kostenaufwand erneuert wurden. Anhand von Fotos aus dem Jahr 1943 konnten die Tapeten in den ursprünglichen Räumen wieder angebracht werden.

Zusammen mit der **Dauerausstellung Kutschen, Schlitten, und Sänften aus dem preußischen Königshaus** und der Rekonstruktion des gesamten **Schlossensembles**, der **Kirche**, des **Parks** und anderer Bauten des Ortes glänzt Paretz so wie einst und lohnt einen ausgiebigen Besuch. Das nahe Havelufer, eine **Bockwindmühle** und ein altes Pumpenhaus laden zu einem Spaziergang. Die hübsche Gaststätte im Gotischen Haus bildet den würdigen Abschluss eines Ausfluges nach Paretz.

Tapete aus dem Gesellschaftssaal von Schloss Paretz

Ketzin

Unmittelbar angrenzend an Paretz zeigt Ketzin ein völlig anderes Gesicht: Bereits seit einer Erwähnung im Jahre 1375 ist dort eine Fähre über die Havel bekannt. Als Havelübergang und Fischerdorf existierte es in unmittelbarer Nachbarschaft. Seit 1860, als Tonvorkommen entdeckt wurden, avancierte der Ort zu einem Zentrum der märkischen Ziegelindustrie. 14 Ziegeleien und 13 Tongräbereien in der Umgebung beschäftigten sogar Arbeiter aus Schlesien und Westfalen. Die dabei entstandenen **Erdlöcher** wurden durch Trümmerschutt aus Berlin nach 1945 teilweise aufgefüllt. Die Erdlöcher sind wertvolle Biotope und noch unbekannte landschaftliche Kleinode.

Die **Fähre Ketzin–Schmergow** ist noch immer eine wichtige Straßenverbindung und die Gaststätte ›An der Fähre‹ direkt daneben am Havelufer sehr beliebt.

Die Havelfähre bei Ketzin

Deetz

Der Ort Deetz auf der westlichen Havelseite hat einiges mit Ketzin gemeinsam: Auch hier fand man ergiebige Tonvorkommen in Havelnähe, die wegen der günstigen Transportmöglichkeiten abgebaut wurden. Auch hier ist diese Ära längst beendet, die **Erdlöcher** inzwischen attraktive Seen und Teiche. Zusätzlich bereichern drei bewaldete Höhen in der Umgebung, die als **Götzer Berge** bekannt sind, das abwechslungsreiche Natur- und Wanderparadies, das durchaus noch als Geheimtipp gelten kann. Erreichbar ist das ›Paradies‹ mit dem Fahrrad auf dem Havelradweg und von den Bahnhöfen Götz und Groß Kreutz auch zu Fuß.

Saaringen

Das Dörfchen Saaringen am nördlichen Havelufer hat der Autor dieses Buches besonders lieben gelernt, hat bereits mehrmals die Ruhe der angrenzen Wie-

sen von den begehbaren Deichen beiderseits des Dorfes genossen, die dem ruhigen Schlendern vorbehalten bleiben, denn Radfahren ist auf den durchweg mit Gras bewachsenen Untergründen nicht möglich und auch nicht erlaubt, dafür gibt es den Havelradweg am anderen Ufer. Erreichbar ist Saaringen nur mit langer Wanderung in beschaulicher Stille ab Brandenburg oder Ketzin und mit dem PKW.

Besonders beeindruckend ist es auch, im Schatten eines Baumes am Ufer der Havel auf dem liebenvoll gestalteten Uferrastplatz am Rande des Dorfes träumend die Welt zu vergessen.

Klein Kreutz

Mit Klein Kreutz beginnt das Siedlungsgebiet der Stadt Brandenburg. Das ehemalige Dorf hat sich in einen ansprechenden Vorort gewandelt, in dem Einfamilienhäuser und Gärten dominieren.

Das Havelland

Brandenburg an der Havel

Brandenburg ist mit etwa 73 000 Einwohnern nach Potsdam und Cottbus die drittgrößte Stadt des gleichnamigen Bundeslandes und gab zusätzlich einer Landschaft, früher einer Grenzmark, einer Kurmark, danach einer Provinz den Namen. Hauptstadt des Bundeslandes Brandenburg ist jedoch Potsdam. Brandenburg war der Geburtsort einer Großmacht, die später als Preußen die Weltgeschichte beeinflusste, denn erst im 15. Jahrhundert entwickelte sich das politische Zentrum der Mark Brandenburg mit Sitz in Berlin und später zusätzlich in Potsdam, erweiterte sich von dort aus zu Preußen, das inzwischen Vergangenheit ist.

Das Zentrum der Stadt bilden drei Havelinseln sowie die ›Altstadt‹ am Havelufer und der benachbarte Marienberg. Zusammen mit den Seen in unmittelbarer Nachbarschaft ergibt sich eine Mischung, die aus Sehenswürdigkeiten, Naturerlebnissen zu Lande und zu Wasser und pulsierendem, modernem Stadtleben besteht. Die über 1000-jährige politi-

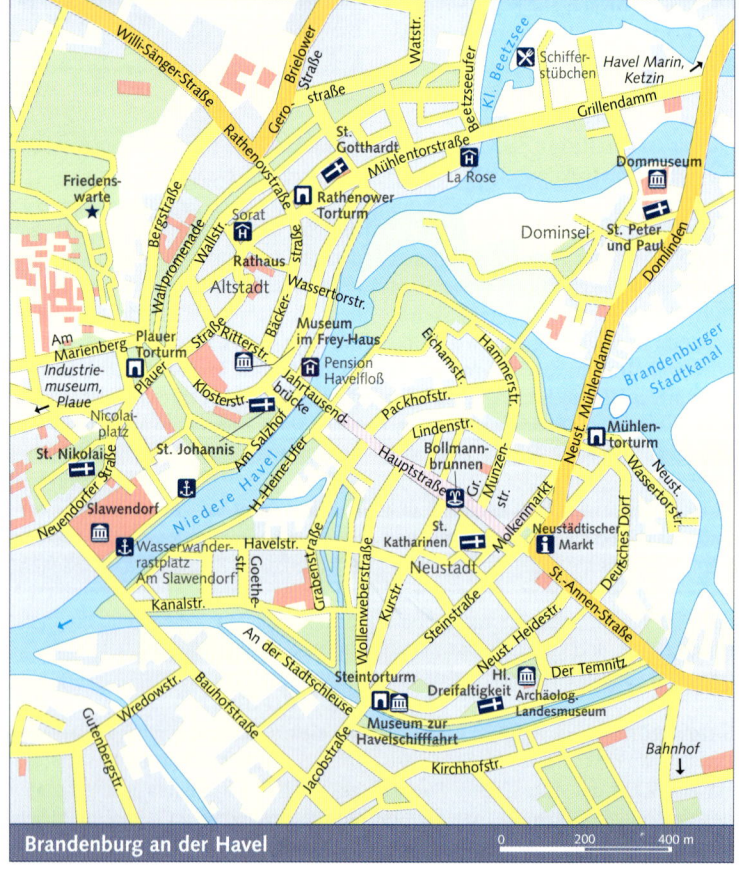

Brandenburg an der Havel

0   200   400 m

sche und kirchliche Herrschaft, die hier für viele Gebiete östlich der Elbe den Anfang nahm, hat bis heute beeindruckende Zeugnisse hinterlassen. Museen, Gedenkstätten und Aussichtstürme jüngerer Zeit ergänzen die Vielfalt der Stadt.

Kirchen

St. Nikolai, die älteste noch vorhandene Kirche, eine romanische Basilika, wurde bereits im Jahre 1173 erwähnt. Der majestätische **Dom St. Peter und Paul** mit seinen Nebengebäuden, mit dessen Bau im Jahre 1165 begonnen wurde, steht noch immer an der Stelle der alten Slawenburg. Er war zwischenzeitlich vom Verfall bedroht und wurde immer wieder restauriert.

In der Katharinenkirche

Der Dom beeindruckt sowohl als Bauwerk als auch mit seiner historisch wertvollen Innenausstattung, unter anderem dem Hochaltar, der Kanzel, einem Taufbecken und einer schwebenden Triumphkreuzgruppe. In den angrenzenden historischen Gebäuden ist besonders das **Dommuseum** wichtig. Die Gründungsurkunde des Jahres 948, Handschriften, liturgische Gewänder, andere sakrale Gegenstände und ein Hungertuch aus dem 12. oder 13. Jahrhundert sind dort ausgestellt.

Die **St.-Petri-Kapelle** in der Nähe des Domes entstand im 13. Jahrhundert. Die **Katharinenkirche** wurde um 1400 fertiggestellt und erhielt in der nachfolgenden Zeit eine ständig zunehmende reichhaltige Innenausstattung. Dieses Bauwerk ist ein Meisterwerk aus Backsteinen und beeindruckt allein schon mit der filigranen Arbeit der Außenfassade und ihrer Schmuckelemente. Das Innere überrascht mit einem großen Flügelaltar aus dem 15. Jahrhundert, der Kanzel aus dem 17. Jahrhundert, der beeindruckenden Orgel aus dem 18. Jahrhundert und Glasfenstern.

1475 entstand die **Kirche St. Gotthardt** als Nachfolgerin einer älteren Kirche an dieser Stelle. Der Renaissance-Altar und die kunstvoll gearbeitete Kanzel bilden hier die besonderen Sehenswürdigkeiten. Im restaurierten **Dominikaner-Kloster** (Paulikloster) ist das **Archäologische Landesmuseum** untergebracht, es illustriert mit einer Ausstellung die Geschichte des Landes und der Klosteranlage.

Diese Sakralbauten und weitere Kirchen dokumentieren die Bedeutung der Stadt in religiöser Hinsicht und lassen ihren früheren Reichtum erkennen. In politischer Hinsicht war Brandenburg nach den bedeutungsvollen Anfängen nur zusammen mit anderen Städten bedeutungsvoller als heute, wirtschaftlich entwickelte sich Brandenburg jedoch zu einem der wichtigsten Industriestandorte Deutschlands.

Rathaus und Industriemuseum

Vor dem prächtigen Rathaus, einem gotischen Backsteinbau aus dem 15. Jahrhundert, steht der über fünf Meter große **Roland** aus dem gleichen Jahrhundert als Zeichen der Bedeutung der Stadt, die

Das Havelland

zeitweise auch dem Verbund der Hanse-
städte mindestens nahestand oder sogar Mitglied war. Der Handel war aufgrund der günstigen Lage an der Havel
der Anfang wirtschaftlicher Entwicklung,
Handwerk und Industrie nahmen aber
kontinuierlich zu. Begünstigt durch die
Anbindung an eine Hauptstrecke deutscher Eisenbahnlinien und die zentrale
Lage, entstanden Werke der Munitions-
herstellung, später Eisenbahnausbesse-
rung, ein Stahlwerk, eine Schiffswerft
und die Firma ›Brennabor‹. Dieses heute fast vergessene Industrieunterneh-
men begann mit der Herstellung von
Blechspielzeug und entwickelte sich um
1900 zum wichtigsten Werk Europas zur
Herstellung von Kinderwagen und Fahrrädern, stellte später auch Motorräder
und Autos her und exportierte diese
Produkte weltweit.

Wechselvoll ging es mit diesem Werk
und anderen weiter. Während der Nazidiktatur wurde Brandenburg zu einem
der wichtigsten Standorte der Rüstungsindustrie. Die Folge waren Zerstörungen und umfassende Demontagen nach
Kriegsende. Mühsam, aber erfolgreich
entwickelte sich Brandenburg danach
erneut zu einer der wichtigsten Indust-
riestädte der DDR.

Die deutsche Einheit hat sich in wirtschaftlicher Hinsicht hier zunächst sehr
negativ ausgewirkt. Doch wenn man
bedenkt, dass Brandenburg im Laufe
seiner Geschichte auch nach Kriegszeiten früherer Jahrhunderte, zum Beispiel
nach dem Dreißigjährigen Krieg, völlig
verarmt war, nach 1945 Ruinen und
Industriedemontagen erlebte und sich
erneut erfolgreich neu entwickelte, so
kann es keinen Zweifel geben, dass diese Stadt sich erneut zur Spitze empor-

arbeiten wird. Auch dieser Bereich der
Stadtgeschichte ist in dem gigantischen
Industriemuseum Brandenburg nach-
vollziehbar.

Museum zur Havelschifffahrt

Weitere Sehenswürdigkeiten sind auch
noch die erhaltenen **Tortürme** der Stadt,
insbesondere der **Steintorturm** mit einem Museum zur Havelschifffahrt. Im
Museum beeindrucken Ausstellungs-
stücke wie der auf Seite 91 abgebildete Wandbehang, zugleich kann man einen eindrucksvollen Ausblick über die
Stadt genießen.

Friedenswarte

Einen weiteren Aussichtsturm, die Friedenswarte, gibt es auf dem **Marienberg**.
Der Marienberg ist einer der historisch
bedeutungsvollsten Orte Brandenburgs,
aber davon ist kaum etwas erkennbar.
Als Harlunger Berg benannt, hatten die
Slawen hier ein Heiligtum, eine Kultstätte zu Ehren des Gottes Triglav. Es wurde
zerstört und eine Marienkapelle errichtet, die sogar einen Nachfolgebau hatte
und zeitweise eine regionale Wallfahrts-
stätte war. Nach der Kapelle wurde der
Berg dann benannt. Auch die Kapelle ist
spurlos verschwunden.

Ebenso erging es dem Bismarckturm,
als Aussichtsturm auf dem Marienberg
errichtet. Er wurde ersetzt durch den
modernen Aussichtturm Friedenswarte. Dieser ist modern und rein äußerlich
nicht jedermanns Geschmack, aber die
Bauweise des Turmes ist geradezu genial.
Durch die Außenverkleidung aus Nickel
und Stahl ist er wetterfest, innen sind die
Treppen für Auf- und Abstieg getrennt.
Fünf offene und fünf verglaste überein-
ander angeordnete Balkone bieten die

Karte S. 230 ▲

Die Friedenswarte auf dem Marienberg

Das alte Rathaus mit dem Roland

Möglichkeit, die gesamte Höhe in Etappen zu ersteigen oder nur bis zu einem der unteren Balkone zu laufen. Die Aussicht lohnt von jeder Etage, verbessert sich aber natürlich bei den insgesamt 180 Stufen zur Turmhöhe von 32,5 Metern, die mit der natürlichen Höhe des Marienberges (knapp 80 Meter) zusammen eine Aussicht ermöglicht, die bis in die unendliche Ferne des in der Umgebung flachen Landes reicht.

Unbedingt sehenswert ist auch das **Slawendorf**, am Rand eines der schönen Parks errichtet. Es zeigt das Leben einer Zeit vor über 1000 Jahren.

Jahrtausendbrücke

Und es gibt noch die Jahrtausendbrücke, die anders aussieht als vermutet, denn sie ist nicht etwa 1000 Jahre alt, sondern sehr jung. Anlässlich der 1000-Jahrfeier wurde im Jahre 1929 eine Brücke dieses Namens erbaut, doch die heutige Brücke ist nicht mehr die ursprüngliche, diese

wurde 1945 gesprengt, neu aufgebaut und 1995 wiederum abgebaut. Die heutige, elegante Jahrtausendbrücke ist also noch nicht einmal 20 Jahre alt, der gar nicht zu diesem modernen Bauwerk passende Name aber blieb.

■ Die Brandenburg

Die Antwort auf die Frage, ob es eine Burg mit dem Namen Brandenburg gab oder gibt, kann man korrekt sowohl mit ›ja‹ als auch mit ›nein‹ beantworten. Es kommt nämlich auf den Hintergedanken der Frage an und auf die Interpretation einer Burg. Laut Lexikon ›Die Zeit‹ ist eine Burg ›ein wehrhafter Bau des Adels seit etwa 900 bis zum Ende des Mittelalters‹, wobei diverse Burgarten detailliert beschrieben werden. Andere wissenschaftliche Werke belegen, dass sich im Laufe von 1000 Jahren eine inhaltliche Begriffswandlung des Begriffes ›Burg‹ ergeben hat und unterscheiden den Begriff als historisch oder zeitgemäß zu verstehen.

Auf dem Gebiet der Stadt Brandenburg gab es bis vor etwa 1000 Jahren eine slawische Befestigungsanlage, deren genaues Aussehen ebenso unbekannt ist wie der Name, den die Slawen diesem Ort, dieser Festung gaben und warum deutschsprachige Berichte und Urkunden jener Zeit diese Slawenfestung mit Namen wie Brennaburg und Brendanburg bezeichneten. Gemäß dem damals korrekten deutschsprachigen Begriff war es unzweifelhaft eine Burg. Ein Bauwerk aus steinernem Mauerwerk mit den Attributen der Burgen gemäß ›Zeit-Lexikon‹ war diese Anlage jedoch nicht.

Ausgrabungen und historische Berichte und Erkenntnisse über slawische Burgen ergaben das Bild einer aus Holzbauten, Erdwällen und Gräben bestehenden großen Befestigungsanlage mit etwa 120 Metern Außendurchmesser auf der heutigen Dominsel. Diese war aus strategischen Gründen der ideale Ort für eine Festungsanlage, eine Burg nach damaligem Sprachgebrauch. Also gab es in diesem Sinne eine Brandenburg.

Nachdem es in dem Grenzgebiet zuvor zwischen Slawen und Deutschen mehrere Kriege gegeben hatte, vererbte der inzwischen dem deutschen Kaiserreich angenäherte Slawenfürst Pribyslaw-Heinrich dieses Gebiet dem Adelsgeschlecht der Askanier, die an der Stelle der alten Slawenfestung im Jahre 1165 den Grundstein zum heute noch stehenden Dom St. Peter und Paul legten, also keine Burg im Sinne der Tradition des Adels damaliger Zeit. Eine Burg als ›wehrhaften Bau des Adels‹ gemäß dem heutigen Verständnis gab es also in Brandenburg nicht.

Dennoch gibt es eine Burgruine Brandenburg als ›wehrhafter Bau des Adels‹. Allerdings steht sie in Thüringen und hat weder etwas mit der Stadt Brandenburg noch mit der Historie des Landes Brandenburg zu tun. Wenn man diese meint, gibt es also auch ein Brandenburg gemäß heutigem Verständnis.

Bollmann-Brunnen in Brandenburg an der Havel

Fritze Bollmann

Nordöstlich von Brandenburg liegt einer der berühmtesten Seen Brandenburgs, der dreiteilige Beetzsee. Seine Bekanntheit verdankt er einem landestypischen Charakteristikum: Hierzulande und in Berlin waren früher Spottverse und -lieder, auch Moritaten, also Grusellieder, weit verbreitet. Oft bildeten wahre Begebenheiten die Grundlage dazu. Eine kleine Begebenheit aus dem Leben eines Barbiers führte zu einem der berühmtesten Spottlieder. Johann Friedrich Bollmann, der Barbier aus Brandenburg, hat diesem Lied zufolge zu verantworten, dass der himmlische Petrus bis heute immer mit einem Vollbart dargestellt wird. Bollmann, Vater von elf Kindern, der mit seinem Friseurladen bis 1896 seine Familie mühsam, aber rechtschaffen versorgte, war dem Alkohol nicht abgeneigt. Angeln war sein Hobby, und Alkohol wohl oft dabei. Beides war bekannt. Eines Tages fiel ›Fritze‹ Bollmann, vermutlich alkoholisiert, in den Beetzsee, wurde aber gerettet. Das Malheur wurde schnell stadtbekannt und führte zu dem Spottlied mit schlagerähnlicher Melodie. Vergeblich versuchte sich Friedrich Bollmann dagegen zu wehren. Der Lächerlichkeit preisgegeben oder durch Alkohol geschädigt, war Armut die Folge. Der Tod ereilte ihn etwa fünf Jahre später im Alter von 49 Jahren. Man erinnert im Zentrum Brandenburgs mit einem Denkmal auf einem Brunnen an ihn.

Fritze-Bollmann-Lied

In Brandenburg uff'm Beetzsee
da schwimmt ein Äppelkahn
und darin sitzt Fritze Bollmann
mit seinem Angelkram.

Fritze Bollmann wollte angeln
doch da fiel die Angel rin.
Fritze Bollmann wollt'se langen
dabei fiel er selber rin.

Fritze Bollmann schrie um Hilfe:
›Liebe Leute rettet mir,
denn ick bin doch Fritze Bollmann,
aus der Altstadt der Barbier.‹

Nur die Angel ward gerettet,
Fritze Bollmann der ersuff
und seitdem jeht Fritze Bollmann
uff'n Beetzsee nicht mehr ruff.

Fritze Bollmann kam in'n Himmel:
›Lieber Petrus, lass mir durch
denn ick bin doch Fritze Bollmann
der Barbier aus Brandenburch.‹

Und der Petrus ließ sich rühren
und sprach: ›Bollmann komm man rin,
hier jibt's ooch wat zu balbieren,
komm mal her und seif mir in.‹

Fritze Bollmann der balbierte,
Petrus schrie: ›Oh Schreck oh Graus,
tust mir schrecklich massakrieren,
det hält ja keen Deibel aus.‹

›Uff de großen Himmelsleiter
kannste wieder runter jeh'n,
kratz mal unten kräftig weiter,
ick lass mir 'nen Vollbart stehn!‹

Und so kann man noch bis heute
Petrus nur mit Vollbart seh'n,
denn so mögen ihn die Leute
und er lässt ihn deshalb stehn.

Kirchmöser

Wie bei vielen Orten der Region möchte man erfahren, wie der seltsame Name entstand. Nicht immer haben Forscher das herausgefunden, hier ist es jedoch ganz klar: ›Möser‹ entstammt der slawischen Urbevölkerung und bedeutet Moor, also eine Siedlung an entsprechender Geländebeschaffenheit. Da es mehrere Orte mit dieser Bezeichnung gab und dieser Ort eine Kirche hat, wurde er 1916 also Kirchmöser benannt. Das uralte Fischerdorf bekam mit der Anbindung an eine der wichtigsten deutschen Bahnstrecken – und durch seine Lage in der Nachbarschaft eines der früher wichtigsten Gebiete Deutschlands – plötzlich große Bedeutung. Abseits von Wohngebieten gelegen, war es ein idealer Industriestandort. 1914 wurde eine **Pulverfabrik** errichtet. In etwa 400 Bauten waren bis zu 6000 Personen damit beschäftigt, Material zur Vernichtung anderer Menschen herzustellen. 1916 wurde der heute noch bestehende **Bahnhof** eingeweiht. Nach dem Ersten Weltkrieg dienten die Werkhallen friedlichen Zwecken: Ein zentral gelegenes Werk der Deutschen Bahn zur Wartung und Reparatur diente vielen als Arbeitsplatz, bis der nächste Krieg erneut zur Waffenproduktion führte. In der DDR wurde die friedliche Nutzung des Komplexes als Walzwerk und dann als Werk der Bahn fortgesetzt, aber auch dieses ist inzwischen weitgehend Vergangenheit. Museale Bauten und diverse Gewerbe bilden die Gegenwart dieses Ortes. Die Umgebung ist ein attraktives Gebiet zum Radfahren.

Am Plauer See

Plaue (Havel)

Plaue ist ein interessanter Ort am Ufer des Plauer Sees, des Wendsees und der Havel, der oft mit anderen Orten ähnlichen Namens verwechselt wird. Verwirrend ist, dass es in Mecklenburg ebenfalls einen sehr bekannten Plauer See gibt, Plau am See heißt der dortige Ort. Plaue in Thüringen ist hingegen weitgehend unbekannt, und Plauen im Vogtland bietet Berge und kein Wasser.

In alten Karten gibt es auch ein Flüsschen Plaue, das in den Plauer See mündet. In aktuellen Karten wird es als Plane bezeichnet und ist inzwischen nur noch unter diesem Namen bekannt. Irgendwann ist in Kartenwerken also aus dem ›u‹ ein ›n‹ geworden.

In der Stadt ist das **Schloss** mit seiner Geschichte dominant. Erholung in besonders schöner Umgebung verspricht der **Schlosspark**. Die gesamte Umgebung Plaues ist geprägt von Wald, Wasser und weitem offenem Land.

Der Geschichte des Schlosses widmet Theodor Fontane in seinem Werk ›Fünf Schlösser‹ einen in sieben Kapitel gegliederten, sehr ausführlichen Bericht, der mit dem Jahre 1414 beginnt und bis in Fontanes Zeit reicht, also bis zum Ende des 19. Jahrhunderts. Nicht nur die wechselvolle Geschichte beschreibt Fontane, sondern auch das Leben des Adels jener Zeiten. Besonders eindrucksvoll schildert er die Pracht im Inneren des Schlosses. Aber das ist alles Vergangenheit. Die DDR enteignete die letzten

Das Havelland

Schloss Plaue Mitte des 19. Jahrhunderts, Gemälde von Alexander Duncker

Besitzer des Schlosses, das Gebäude wurde völlig verändert. Seines inneren und äußeren Wertes beraubt, bietet es im Jahre 2011 einen kläglichen Anblick und lässt die einstige Größe als eines der schönsten Schlösser Brandenburgs nur noch erahnen.

Geschichtliche Bedeutung erlangte Plaue lange vor den Berichten Fontanes. Anfang des 13. Jahrhundert wurde ein ›festes Haus‹ erwähnt, Vorläufer einer Burg. Die Region war umkämpft, Plaue wechselte mehrmals die Zugehörigkeit. Die Wirren der Zeiten vor dem Machtantritt der Hohenzollern im 15. Jahrhundert hatten zur Folge, dass regionale Adelsgeschlechter sich als Herrscher fühlten und entsprechend handelten. Die Quitzows waren eines der Mächtigsten im Lande, berühmt und berüchtigt. Sie besaßen diverse Dörfer, Städte, Burgen, Schlösser und zwischen 1400 und 1414 auch Plaue. Dort endete die auch als Raubritterzeit bekannte Periode

Brandenburger Geschichte. Insbesondere die Brüder Dietrich und Johann, auch als Hans bekannt, sind als Raubritter in die Geschichte eingegangen. Andererseits haben aber andere Angehörige desselben Adelsgeschlechts auch regional für Ordnung gesorgt in Zeiten, in denen es keine anderen Ordnungshüter gab. Als der erste der Hohenzollern aus Süddeutschland ab 1411 zunächst als Verweser der Mark Brandenburg die Macht im Lande übernahm, gab es erwartungsgemäß Widerstände, auch insbesondere von Seiten der Quitzows.

Die ›Entscheidung‹, das Ende der regionalen Rittermacht, fand im Jahre 1414 in Plaue statt. Johann (Hans) von Quitzow wähnte sich auf seiner Burg Plaue mit den angeblich bis zu 4,5 Metern dicken Mauern sicher, verhöhnte die neuen Machthaber aus Süddeutschland, die ihrerseits in einem Feldzug im Winter 1414 mit einem riesigen Geschütz anrückten, das tatsächlich zur Eroberung

Karte S. 217 ▲

der Plauer Burg ausreichte. Johann von Quitzow versuchte, über die zu diesem Zeitpunkt zugefrorene Havel zu fliehen, wurde aber gefangen genommen. Dieser Sieg gilt als Ende der Zeit des Raubrittertums in Brandenburg. Während Dietrich im Jahre 1417 im Gefängnis starb, zeigte Johann Reue, wurde später begnadigt und starb im Jahre 1437 friedlich im Alter von 67 Jahren.

Diesen Sieg errangen die Magdeburger und Brandenburger gemeinsam, da die Quitzows in beiden Regionen ihr Unwesen trieben. Die von den Quitzows eroberten Besitztümer wurden aufgeteilt, Plaue kam zu Brandenburg. Und wie bis heute oft üblich, wurden die Bauten vergangener Mächte zerstört, also wurde auch die Burg Plaue zum Teil zerstört, der Rest blieb bis 1459 ungenutzt. Ein neuer Bau entstand auf den alten Resten, und erst zwischen 1711 und 1716 entstand das noch vorhandene Schloss unter Regie der Adelsfamilie von Görne, das aber in der Folgezeit erneut mehrfach verändert wurde. Diese Familie verhalf auch dem Ort zu seiner wirtschaftlich erfolgreichsten Zeit. Im 18. Jahrhundert waren die von Görnes erfolgreiche Unternehmer und Arbeitgeber in Plaue, sie unterhielten Werke zur Porzellan- und Steinzeugherstellung sowie Textilmanufakturen. Als ein positives Beispiel der von der DDR verpönten Adligen kann diese Familie dienen, denn an dem Erfolg ihrer Geschäfte ließen sie die Ortsbewohner teilhaben, stifteten im Ort soziale Einrichtungen, ein Altersheim und eine Schule.

Theodor Fontane beschrieb in seinem Werk auch einen Bürger Plaues, Carl Ferdinand Wiesike. Dessen Leben, so schreibt Fontane, bestand aus drei Dingen: Schöpfung eines Parks, Homöopathie und Philosophie. Vor allem als Naturheilkundler war Wiesike sehr erfolgreich und weit bekannt. Fontane nannte diesen Mann ›eine spezifische märkische Figur, unter anderem auch darin, dass er mehr war, als er schien.‹ Die letzten Sätze Theoder Fontanes zum Schloss Plaue sind teils geschichtlich sehr interessant, teils beeindruckend, teils belustigend und enden mit zwei Sätzen, die eine Feststellung sind, die damals wie heute gilt und bei Wegfall der Vorsilbe ›Adel‹ auch in die Gegenwart passen: »Wir nehmen Abschied von Schloss Plaue, das der Wandlungen durch ein halbes Jahrtausend hin so viele sah: Georg von Waldenfels erhob den kurfürstlichen Brückenzoll, und der alte Zollwächter Gerimsky jagte, 400 Jahre später, den Handwerksburschen auf seinem Klepper nach und nahm ihnen als Pfand die Mütze vom Kopf; Friedrich von Görne schuf das Plauer Porzellan und Wilhelm von Anhalt tanzte Contre und Kegelquadrillen und ließ die Stadt Plaue durch den Nachtwächter als Dorf ausrufen. Dann kamen die Königsmarcks und gründeten ihrem Ruhm ein Ruhmesmuseum und beinah gleichzeitig erschien C. F. Wiesike dem Schlosse gegenüber und schuf an eben der Stelle, wo die ›große Büchse‹ gestanden hatte, das unfruchtbare Sand- und Sumpfland in einen Garten Eden um und machte seine Studierstube zur Kultstätte für Hahnemann und Schopenhauer. Aber alles ist vergessen oder wird vergessen sein, wenn die Geschichte noch immer von dem ersten an dieser Stelle, von Johann von Quitzow erzählt, der den Mecklenburger Herzog in das Burgverlies warf und den das Wiehern seines Rosses verriet, als er sich auf der Flucht im Havelröhricht verbergen wollte. Das Kleine vergeht, das Große bleibt. Denn ein Großes war es, als unter dem Hinschwinden einer Willkür übenden Adelsmacht die Gesetzlichkeit hier einzog und mit dieser Gesetzlichkeit eine neue Zeit begründete.«

Das Havelland

Informationen Havelland

Anreise mit Bus und Bahn

Die überregionale **Bahnauskunft** ist im Internet unter www.bahn.de, an Bahninformationen und auch an Fahrscheinautomaten der Bahn erhältlich. Die zentrale Telefonauskunft der Deutschen Bahn lautet 0800/1507090, allgemeine Bahnauskünfte gibt es auch unter Tel. 0180/5996633.

Für das gesamte Land Brandenburg und Berlin gibt es den **Verkehrsverbund Berlin-Brandenburg** mit der einheitlichen Fahrplanauskunft für alle Buslinien und Bahnen in beiden Bundesländern über Internet, www.vbbonline.de, und die Auskunft des Verkehrsverbundes, Tel. 030/25414141.

Touristeninformationen

Zwischen Potsdam und Brandenburg
Schwielowsee-Tourismus e. V., Straße der Einheit 3, 14548 Schwielowsee/OT Caputh, Tel. 033209/70899, www.schwielowsee-tourismus.de.
Tourismusbüro Werder (Havel), Kirchstraße 6/7, 14542 Werder (Havel), Tel. 03327/783374, www.werder-havel.de.
Kultur- und Tourismuszentrum Ketzin, Rathausstraße 18, 14669 Ketzin/Havel, Tel. 033233/73830, www.ketzin.de.
Stadt Brandenburg
Touristinformation der Stadt Brandenburg, Neustädtischer Markt 3, 14770 Brandenburg an der Havel, Tel. 03381/796360.

Unterkünfte

■ **Hotels und Pensionen**
Zwischen Potsdam und Brandenburg
Kavalierhaus, Lindenstraße 60, Schwielowsee/OT Caputh, Tel. 033209/84630, www.kavalierhaus-caputh.de. Im Schlosspark.

Landhaus Ferch, Dorfstraße 41, Schwielowsee/OT Ferch, Tel. 033209/70391, www.landhaus-ferch.de. Neben dem Strandbad Ferch.
Hotel Resort Schwielowsee, Am Schwielowsee 117, 14542 Werder (Havel)/OT Petzow, Tel. 03327/56960, www.resort-schwielowsee.de. Mit Bootsliegeplätzen.
Stadt Brandenburg
Pension Havelfloß, Altstädtische Fischerstraße 2, 14770 Brandenburg an der Havel, Tel. 03381/269022, www.pension-havelfloss.de. → auch Bootsanleger.

■ **Camping- und Wohnmobilstellplätze, Ferienhäuser**
Zwischen Potsdam und Brandenburg
Campingplatz Himmelreich, Schwielowsee/OT Geltow, Tel. 70475, www.campingplatz-caputh.de. Auf der Wentorfinsel.
Schwielowsee Camping Ferch, Dorfstraße 50, Schwielowsee/OT Ferch, Tel. 033209/70295, www.schwielowsee-camping.de.
Campingplatz Riegelspitze, Fercher Straße 4–9, Werder/OT Petzow, Tel. 03327/42397, www.campingplatz-riegelspitze.de. Mit Rad- und Ruderbootverleih, Ferienhäuser.
Camping Ferienhof Havelblick, Fischerstraße 8, Ketzin, Tel. 033233/20257, www.ferienhof-havelblick.de. Direkt an der Havel, Anlegeplätze für Wasserwanderer.
Stadt Brandenburg
Wohnmobilstellplatz am Grillendamm, direkt im Stadtzentrum.
Camping am Plauer See, Plauer Landstraße 200, 14774 Brandenburg/Havel, Tel. 03381/804544, www.camping-plauersee.de. Mit Fahrrad- und Bootsverleih, auch Ferienhäuser.

Fassadenfiguren an der Brandenburger Katharinenkirche

Gastronomie
Zwischen Potsdam und Brandenburg

In Caputh, Ferch, Werder, Ketzin, Brandenburg und Plaue gibt es Gaststätten unmittelbar am Wasser.

Fontane Klause, 14542 Werder (Havel)/OT Petzow, Zelterstraße 2, Tel. 03327/42344, www.fontane-klause.de.

Straußwirtschaft Weintiene, Werderaner Wachtelberg, Wachtelwinkel 30, 14542 Werder (Havel), Tel. 03327/741410, www.wachtelberg.de.

Restaurant und Café An der Fähre, An der Fähre 1, 14669 Ketzin, Tel. 033233/80632, www.an-der-faehre.de

Gotisches Haus, Parkring 21 in 14669 Ketzin/Paretz, Tel. 033233/80509, www.gotisches-haus-paretz-online.de.

Stadt Brandenburg

Schiffsrestaurant Fritze Bollmann, Am Heinrich-Heine-Ufer 8, 14776 Brandenburg/Havel, Tel. 03381/410686, www.fritzebollmann.de.

Schifferstübchen, Grillendamm 16, 14776 Brandenburg/Havel, Tel. 03381/283350, www.schifferstuebchen.de. Mit Bootsanleger.

Museen
Zwischen Potsdam und Brandenburg

Schloss Caputh, Straße der Einheit 2, 14548 Schwielowsee/OT Caputh, Tel. 033209/703 45, www.spsg.de.

Sommerhaus von Albert Einstein, Am Waldrand 15–17, 14548 Schwielowsee/OT Caputh, www.einsteinsommerhaus.de; April–Okt. Sa/So 10–18 Uhr, Besichtigung nur mit Führung.

Bockwindmühle, Kirchstraße 7, 14542 Werder, www.werder-havel.de.

Obstbaumuseum, Kirchstraße 6/7, 14542 Werder, www.werder-havel.de.

Ziegeleimuseum, Alpenstraße 44, 14542 Werder/OT Glindow, Tel. 03327/669395, www.ziegeleimuseum-glindow.de.

Schloss Paretz, Parkring 1, Ketzin/OT Paretz, Tel. 033233/73611, www.spsg.de.

Wegweiser bei Kirchmöser

Stadt Brandenburg

Dom St. Peter und Paul/Dommuseum, Burghof 10, 14776 Brandenburg/Havel, Tel. 03381/2112223, www.dom-brandenburg.de.

St.-Nikolai-Kirche, Nikolaiplatz, 14770 Brandenburg/Havel, Tel. 03381/28093.

Katharinenkirche, Katharinenkirchplatz 2, 14776 Brandenburg/Havel, Tel. 03381/521162.

St.-Gotthard-Kirche, Gotthardtkirchplatz, 14770 Brandenburg/Havel, Tel. 03381/522062.

Archäologisches Landesmuseum Brandenburg, im Paulikloster, Neustädtische Heidestr. 28, 14776 Brandenburg an der Havel, www.paulikloster.de.

Industriemuseum, August-Sonntag-Straße 5, 14770 Brandenburg/Havel, Tel. 03381/304646, www.industriemuseum-brandenburg.de.

Museum im Steintorturm (Havelschifffahrt), Steinstr. 1, 14776 Brandenburg/Havel, Tel. 03381/200265.

Slawendorf, Neuendorfer Straße 89c, 14770 Brandenburg/Havel, Tel. 03381/212466, www.slawendorf-brandenburg.de.

Fahrgastschifffahrt
→ S. 273.
Caputher Seilfähre: Caputh–Geltow;

tägl. 6–22 Uhr, Dez.–März Mo–Fr 6–20, Sa/So 7–20 Uhr.

Fähre Ketzin–Schmergow; April–Sept. tägl. 6–20, Okt.–März Mo–Fr 6–19, Sa/So 9–18 Uhr.

Bootsanleger, Charterboote

Zwischen Potsdam und Brandenburg

Werder, Hotel Resort Schwielowsee → Hotels.

Yachthafen Ringel, An der Havel 38, 14542 Werder (Havel)/OT Töplitz, Tel. 033202/60217, 0172/3811235, www.marina-ringel.de. Bootsliegeplatz, Restaurant, Yachtcharter, Motorboote, Fahrgastschiff, Kanutouren, Bett-Boot-Bike-Angebote.

Stadt Brandenburg

Havel Marin, Krakauer Landstraße 30, 14776 Brandenburg/Havel, Tel. 03381/890175, www.havel-marin.de. Yachthafen, Bootsvermietung, Liegeplätze, Fahrradverleih.

Pension Havelfloß, Altstädtische Fischerstraße 2, 14770 Brandenburg an der Havel, Tel. 03381/269022, www.pension-havelfloss.de. Vermietung von Flößen mit Schlafplätzen und kompletter Ausrüstung für Mehrtagesfahrten.

Wasserwanderrastplatz Am Slawendorf, Salzhofufer, 14770 Brandenburg/Havel, Tel. 03381/212466, tourismus@bas-brandenburg.de. Mit Boots- und Fahrradverleih.

Badestellen, Schwimmbäder

Badestellen gibt es am **Plessower See** bei Werder, in der Region Brandenburg am **Wendsee** am Wanderweg und am **Breitlingsee** am Havelradweg.

Zwischen Potsdam und Brandenburg

Waldbad Templin, Templiner Straße 110, 14473 Potsdam, Tel. 0331/6619837.

Strandbad Caputh, Weg zum Strandbad 1, Schwielowsee/OT Caputh, Tel. 033209/80851, www.seebad-caputh.de. Mit Restaurant und Bar.

Strandbad Ferch, Dorfstraße 41a, Schwielowsee/OT Ferch, Tel. 033209/70295, www.schwielowsee-camping.de.

Strandbad Werder, Am Plessower See 46, 14542 Werder (Havel), Tel. 03327/42111.

Bootsanleger in Wildpark West, im Hintergrund Werder

Du sollst mit offnen Augen gehen
Mit wachem Sinn Natur besehn.
Es läuft und fliegt so vieles hier
Mit etwas Glück genau vor Dir.

Drum lobe ich die kleinen Freuden,
die überall im ganzen Land zu sehn.
man soll zwar Lobeshymnen nicht vergeuden,
das Kleine aber auch nicht übersehn.

Alte Volksweisheit

Unterhavel

Zwischen Brandenburg an der Havel und der Mündung

Auch der Unterlauf der Havel ist eine ›Traumlandschaft‹, die durch die im Jahre 2015 in dieser Region stattfindende Bundesgartenschau für die Erholung in der Natur noch weiter erschlossen wird. Hier findet man eine kurvenreiche Flusslandschaft mit weiträumigen Seitenarmen, Sumpfniederungen, große Schilfflächen, stille Buchten und Überschwemmungsflächen, aber auch Waldgebiete in Ufernähe.

Der Fluss ist nun mit Deichen versehen, die jedoch das Wasserbett nicht einengen und zum schnellen Lauf zwingen, sondern weiträumig mit vielen Kurven

zum Teil weit im Inneren des Landes die Abgrenzung zu dem kaum höher liegenden flachen Land bilden.

Das ergibt für Wassertouristen eine Flussregion, die in ihrer Vielfalt und Ruhe kaum zu überbieten ist. Von der Landseite ergeben sich nun nur noch kurze, aber teilweise besonders eindrucksvolle Uferstrecken unmittelbar entlang der Havel. Hier finden viele Wasservögel ihre Heimat, auch der Weißstorch findet allerbeste Lebensbedingungen. Orte wie **Parey** und **Rühstädt** zählen allein wegen der Störche zu Touristenattraktionen, obwohl in den anderen Dörfern ›Freund Adebar‹ ebenso gern und regelmäßig nicht nur sichtbar ist, sondern auch für Nachwuchs

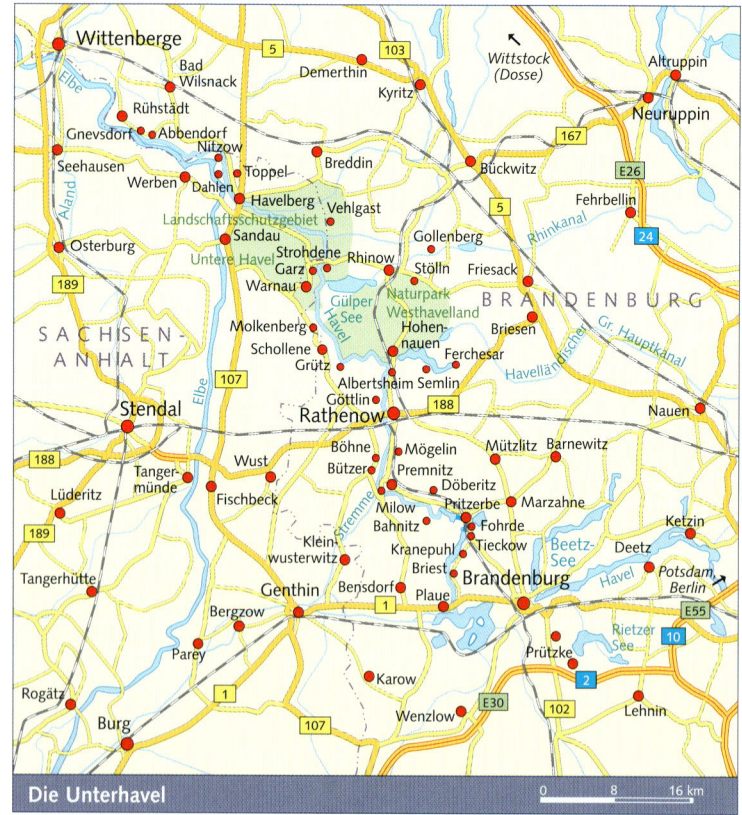

Die Unterhavel

0   8   16 km

sorgt. Futter bieten die Havelauen genug. Nach Verlassen des Plauer Sees lässt die Havel erneut eine veränderte Charakteristik erkennen, denn der Plauer See ist der letzte See, den die Havel bildet. Gerade auf diesem Abschnitt haben sich zwar einige Orte zur Gemeinde Stadt Havelsee zusammengeschlossen, ein Gewässer dieses Namens gibt es bisher nicht, es sei denn, dass der dort abseits der Havel in dieser Gemeinde liegende Pritzerber See umbenannt wird.

Premnitz, **Rathenow** und **Havelberg** sind die historisch wichtigen und touristisch interessanten Städte an der unteren Havel. Wenige Kilometer hinter Havelberg mündet die Havel schließlich in die Elbe.

Havelauen

Der Lauf der Havel

Ziemlich geradlinig fließt die Havel zunächst nordwärts. Westlich reichen Waldgebiete bis an das Ufer, östlich begleitet der Radweg den Fluss und passiert dabei die am Ufer gelegenen Orte **Briest**, **Kranepuhl** und erreicht **Pritzerbe** in der Gemeinde Havelsee. Kurvenreich geht's weiter an **Bahnitz** und **Döberitz** vorbei nach **Premnitz**. Schiffsanlegestellen und Uferpromenade erfreuen die Gäste zu Wasser und zu Land.

Kurvenreich werden auch **Milow**, **Bützer**, **Böhne** und **Mögelin** passiert, und **Rathenow** wird erreicht. Die mehrfachen Verzweigungen des Flusses bildeten an dieser Stelle Inseln und somit den idealen Ort für Siedlungsgründungen.

Im weiteren Verlauf bilden die Orte **Göttlin**, **Albertsheim** und **Grütz** die letzten Passagen im Lande Brandenburg.

In weiten Abständen finden sich die weiteren Orte entlang der Havel: **Schollene**, **Molkenberg**, **Garz** in Sachsen-Anhalt, **Parey**, **Gülpe** und **Strohdene** auf der Brandenburger Seite der Havel, die hier die Landsgrenze zu Sachsen-Anhalt bildet.

Bei der Neugründung der östlichen Bundesländer entschied sich Havelberg, das früher zu Brandenburg gehörte, für das Nachbarland Sachsen-Anhalt. Die Landesgrenze verläuft zunächst abseits des Flusses um Havelberg herum. Somit fließt die Havel nun im Bundesland Sachsen-Anhalt innerhalb des **Landschaftsschutzgebietes Untere Havel** an dem einsamen **Vehlgast** vorbei durch das **Naturschutzgebiet Stremel** nach **Havelberg** und weiter an **Toppel**, **Dahlen** und **Nitzow** vorbei wieder in das Land Brandenburg hinein. Der kuriose Grenzverlauf der beiden Bundesländer schwenkt nämlich bereits wenige Kilometer hinter Havelberg über die Havel hinweg in die Mitte der Elbe, so dass, an **Abbendorf** vorbei, die Havelmündung bei **Gnevsdorf** bereits wieder im Lande Brandenburg liegt.

Nur einen Kilometer weiter befindet sich **Rühstädt**, berühmt wegen der vielen Störche, die dort ihre heimatlichen Nester immer wieder finden. Fernsehkameras einer Storchenbeobachtungsstation und einer Gaststätte ermöglichen direkte Blicke in die Storchenkinderstube.

Das letzte Stück der Havel erzeugt Verwunderung: Zwischen Havelberg und der Elbe bietet der **Schleusenkanal** ei-

Unterhavel

ne kurze Schiffsverbindung zwischen Havel und Elbe, während der Havelverlauf deutlich erkennbar wenige Kilometer weiter eine inzwischen durch einen Deich versperrte ehemalige natürliche Mündung in die Elbe erkennen lässt. An dieser Stelle verläuft auch die Landesgrenze zwischen den beiden Bundesländern.

Deutlich erkennbar ist die künstlich angelegte Havelverlängerung im Land Brandenburg, die noch einige Kilometer in sehr geringem Abstand parallel zur Elbe verläuft und an einem gigantischen Sperrwehr endet. Das Sperrwehr mit den in der Höhe verstellbaren riesigen Sperrelementen dient der Regulierung der Wasserstände zwischen Elbe und Havel. Es kann bei Elbehochwasser die Elbe durch gezieltes Ableiten in die Überschwemmungsgebiete der Havelniederungen entlasten. Bei Niedrigwasser der Elbe garantiert es die für die Naturschutzgebiete und die Schifffahrt erforderliche Wasserstandshöhe der Havel. Die künstliche Havelverlängerung diente also dazu, den für die gesamte

Anlage des Sperrwehrs am besten geeigneten Platz zu finden.

■ Bundesgartenschau 2015

Gartenschauen finden seit 1865 statt, seit 1951 gibt es in der Bundesrepublik die Bundesgartenschauen im Zwei-Jahres-Rhythmus. Nachdem im Jahre 2001 bereits in Potsdam eine Bundesgartenschau eine nachhaltige Ergänzung städtischer Erholungsflächen zur Folge hatte – wie alle bisherigen Gartenschauen –, so wird sich dasselbe wohl auch ab dem Jahre 2015 in der Region zwischen Brandenburg und Havelberg ergeben. Gartenschauen haben mit unterschiedlichen Bezeichnungen und Inhalten eine lange Tradition, und ein Besuch ist immer und überall empfehlenswert.

Unter dem Titel ›Von Dom zu Dom – Das blaue Band der Havel‹ werden fünf Standorte zu einem Ganzen verbunden. Die Städte Brandenburg, Premnitz, Rathenow, das Amt Rhinow und Havelberg sind die Standorte der Bundesgartenschau. Die Werbung verspricht außergewöhnliche Impressionen, die

▲ *Zwischen Elbe (links) und Havel (rechts), kurz vor deren Zusammenfluss*

Planungen zur Bundesgartenschau sind allerdings noch nicht abgeschlossen. Die Presse wird darüber berichten und die Werbung rechtzeitig zum Besuch einer Region animieren, die bereits jetzt einen Besuch lohnt.

Erlebnismöglichkeiten der Region

■ Wandern

Das Gebiet ist für Wanderer schwierig. Das liegt an der Situation der Havelniederungen und den Überschwemmungsgebieten der Havel. Im Winter und Frühling sind teilweise die Wiesen überschwemmt, und auch vorhandene und in Wanderkarten eingetragene Wanderwege sowie andere Feld- und Wiesenwege oft unpassierbar.

Hinzu kommt, dass aus dem gleichen Grund oft zwar Wege an das Wasser oder zu Feldflächen führen, dort aber enden. Durchgängiges Wandern muss gut geplant werden, dann ergeben sich beeindruckende Landschaftserlebnisse in der stillen Weite dieser Region.

Wandern ist also **zwischen Rathenow und Havelberg** in Havelnähe für Anfänger ungeeignet, für Profis ein Genuss. Im **Ländchen Rhinow** und im angrenzenden **Ländchen Friesack** jedoch ergeben sich in einer abwechslungsreichen Landschaft diverse Wandermöglichkeiten.

■ Radeln

Der Havelradweg, der die Region durchzieht, ist unbedingt zu empfehlen, anderes nicht, denn viele Wege führen in Sackgassen oder enden an unpassierbaren Deichen.

■ Wasserfreuden

Die Havel ist in diesem Abschnitt ein Wasserparadies. Der verschlungene Verlauf, die Breite des Flusses, die Seitenarme und die Stille der Natur ergeben schö-

Rast in Vehlgast

ne Möglichkeiten sowohl für Motorboote als auch für Kanu- und Rudertouren. Der gewerbliche Schiffsverkehr stört bei Bootstouren wenig, denn es ist genug Platz für alle, und die Wasserwege werden durch Freizeitbootsverkehr wenig frequentiert.

■ Pkw-Tourismus

Es lohnt, die aufgeführten Orte zu besuchen und auch in den Dörfern am Havelufer zu rasten. Nicht nur die bekannten Städte, sondern auch **Premnitz**, **Pritzerbe** und **Milow** lohnen mindestens einen Spaziergang am Havelufer oder Einkehr im Uferrestaurant.

In **Strohdene** (Ort mit Havelbrücke westlich von Rhinow) kann man zum Beispiel mit dem PKW in Richtung Scheunenstelle fahren und auf der kleinen Straße an den Häusern vorbei und auf offiziellem Pflasterweg bis in die Einsamkeit zu einem Parkplatz direkt am Ufer der Dosse gelangen.

Havelberg bietet mit dem Uferrestaurant, dem Dom und Schiffsfahrten ein attraktives Ziel. Von dort aus ist es mit dem PKW nach Gnevsdorf und Rühstädt nicht weit, dort bietet sich ein Spaziergang an der Havelmündung an und ein Besuch im Storchendorf.

Unterhavel

Wegen der historischen Verbindung Havelberg–Bad Wilsnack ist auch ein Besuch der **Wunderblutkirche in Bad Wilsnack** empfehlenswert, außerdem der Besuch des dortigen Thermalbades.

■ **Sonstige Erlebnismöglichkeiten**
Ab Havelberg werden attraktive Schiffsfahrten in die Elberegion angeboten. Auf dem Flugplatz in Stölln kann man die Landschaft in einem Segelflugzeug von oben betrachten (www.flugsport-stoelln.de).

■ **Barrierefreier Tourismus**
Nicht praktikabel.

Wanderer auf dem Haveldeich

Von Brandenburg an der Havel bis Rathenow

Briest, **Kranepuhl**, **Tieckow** und **Fohrde** reihen sich entlang des Havelverlaufs und bieten einige besonders schöne dörfliche Anblicke. Kleine Waldgebiete, in denen sich romantische Teiche verstecken und freies Gelände wechseln sich mit ab mit gepflegten Gärten in den Orten.

In **Briest** lädt ein schöner Rastplatz am Havelufer zum Verweilen ein. Auf dem alten **Kirchhof** in Briest fällt die Kirchturmspitze auf: ein Hahn und eine Kugel. Früher war das üblich, aber heute ist diese Kombination immer seltener zu sehen. Die Kugel auf der Spitze diente früher dem gleichen Zweck wie heute der Grundstein mancher Gebäude. Man hinterlegte zeitgeschichtliche Dokumente oder Münzen des Erbauungsjahres in einer Kugel auf der Kirchturmspitze. Auch in der Briester Kugel werden sich solche Dokumente befinden.

Am Boden erfüllt die kunstvolle alte **Wasserpumpe** noch immer ihren Zweck und harrt ihrer späteren Zeit im Museum.

Pritzerbe

Pritzerbe war früher ein Fischerdorf, heute ist es Zentrum der **Gemeinde Havelsee**, die Pritzerbe, Fohrde, Briest und Marzahne zu einer Einheit dieses Namens vereint.

Eine Fähre, der idyllische Ortskern, Uferrastplätze, ein Bootshafen, Gastronomie am Havelufer und die umgebende Landschaft beiderseits der Havel bilden ein angenehm abwechslungsreiches Gemisch, das den Besuch des Ortes lohnt. Wer aber den ›Havelsee‹ sucht, fahndet vergeblich danach. Es gibt den Pritz-

Karte S. 246

▲ *An der Havel bei Briest*

erber See, Havelbuchten und einige weitere Gewässer, einen See dieses Namens gibt es bisher nicht.

Die beiden kleinen Dörfer **Bahnitz** und **Döberitz** liegen am Havelufer zwischen Pritzerbe und Premnitz. Bei Döberitz versteckt sich im Wald, unmittelbar neben dem Radweg, aber gut zugänglich, die **Elslake**. Neben der Bahn zu einem verlassenen Industriegebiet findet sich eine verträumte Idylle und lädt zum Verweilen ein.

Premnitz

Dieser Ort mit 9000 Einwohnern ist so etwas wie eine ›vergessene Industriestadt‹, ein ansprechender Ort mit einer der hübschesten Uferpromenaden an der Havel, die sich in weitere Haveluferwege fortsetzt. Mit einem Park und See inmitten des Ortes und waldreicher Umgebung macht er einen ansprechenden, gepflegten Eindruck. Das Dorf, ehemals Standort der chemischen Industrie, ist ein typisches Beispiel eines verkehrsmäßig ungünstig gelegenen Ortes, in dem sich die Stadtverwaltung und die Bewohner bemühen können, so intensiv sie wollen, ein Weg zum lukrativen Arbeitgeberstandort ist nicht erkennbar. Es bleibt der Weg in Richtung Tourismus. Es ist zu wünschen, dass die Bundesgartenschau 2015 für Premnitz eine bessere Zukunft bedeutet. Gäste sollten das Bemühen würdigen, sie sind willkommen und werden nicht enttäuscht. Die Uferpromenade wurde mit mehreren Kunstwerken verschönert.

Milow

Milow ist ein Ort an einer besonders idyllischen Kurve der Havel, an der die Stremme in die Havel mündet. Das Hotel und die Gaststätte ›GastHof Milow‹ exakt an dieser Stelle können als Geheimtipp bezeichnet werden, denn die

An der neuen Premnitzer Uferpromenade

Lage am Havelufer bietet nicht nur ein beschauliches Erleben des Flusses, sondern auch unverbaute Blicke in die flache Weite der Havelauen.

Ein früherer Bewohner Milows wird im Ort gewürdigt: Carl Andreas Julius Bolle, (1832–1910), ein Beispiel eines Mannes, der vom Maurergesellen zum Millionär wurde. Eine durchschlagende Geschäftsidee machte ihn reich und berühmt: Mit Pferd und Wagen fuhr er durch die Straßen und machte mit seiner ›Bimmel‹, also einer Handglocke, auf sich aufmerksam, um vom Wagen aus Milch zu verkaufen. Bolle begann mit drei Wagen und steigerte sich bis auf 250 Milchwagen, mit der er die Milch der Bauern der Umgebung Berlins verkaufen ließ. Die Meierei C. Bolle war berühmt in Berlin. Die Erben verkauften das Unternehmen im Jahre 1933. Bis 2011 gab es verschiedene Eigentümer der Marke, die inzwischen Vergangenheit geworden ist. Nach seiner Übersiedlung von Milow nach Berlin stellte Carl Bolle seine Villa in Milow als

Informationstafel an der Stremme

Erholungsheim seinen Beschäftigen zur Verfügung. Jetzt ist die Villa die moderne, empfehlenswerte Jugendherberge ›Carl Bolle‹ mit 20 Schlafräumen.

Bützer, **Böhne** und **Mögelin** sind Dörfer in Richtung Rathenow, letzteres ist bereits als Vorort Rathenows erkennbar.

Rathenow

Rathenow, eine Stadt mittlerer Größe, bezeichnet sich auch Optikerstadt im Havelland und weist damit auf die herausragendste geschichtliche Bedeutung dieser Stadt hin. Denn mit den Entwicklungen optischer Produkte hat Rathenow maßgeblichen Anteil an der Entstehung der optischen Industrie. Der Theologe Johann Heinrich August Duncker beschäftigte sich zunächst als Hobby mit theoretischem Wissen der Optik und Glasschleiferei und entwickelte in dieser Kombination Lupen, Mikroskope und Brillen. Im Jahre 1801 gründete er einen Betrieb, ließ sich eine Schleifmaschine patentieren und legte damit den Grundstein einer bis in die Gegenwart er-

folgreichen Industrie, die der Stadt weltweites Ansehen brachte. Das **Optikmuseum** dokumentiert diese Entwicklung. Rathenow, an einem Havelübergang und strategisch günstig gelegen, blickt auf eine sehr lange Geschichte zurück und gehört zu den Städten, denen kein mögliches Schicksal erspart blieb: Das Raubrittertum der Quitzows knebelte um 1500 die Stadt, bevor die Kurfürsten dem ein Ende setzten, Hochwasserkatastrophen und Brände vernichteten die Häuser. Pestepidemien und Kriege reduzierten die Bevölkerung, so dass zwischen 1540 und 1648 die Bevölkerung in dramatischer Weise zurückging und nur noch wenige Einwohner übrigblieben. In vielen Kriegen wurde die Stadt ausgeplündert und zugrundegerichtet, zuletzt wurde Rathenow im Zweiten Weltkrieg zu 70 Prozent zerstört, die Altstadt fast völlig.

Demzufolge zeigt sich die Stadt als buntes Gemisch aus alten und neuen Bauten. Die **St.-Marien-Andreas-Kirche** aus dem 16. Jahrhundert war 1945 völlig ausgebrannt und erhielt in den 1990er Jahren eine neue Ausstattung. Dieser Kirche und

Der Bismarckturm in Rathenow

Karte S. 246 ▲

einige Reste der Stadtmauer sind auf der Altstadtinsel erhalten geblieben. Sehenswert ist die Havel, die den alten Kern der Stadt mit mehreren Armen umschließt. Die dortigen Parks, der **Bismarckturm**, die Havelschleusen, Wehre und der Hafen sind einen Abstecher wert. Hier ist auch ein günstiger Ausgangspunkt für viele Feizeitaktivitäten in der Natur der Umgebung. Am südlich des Bahnhofes gelegenen **Wolzensee** gibt es ein Uferrestaurant am See und eine Badestelle. Mit einem besonders üppigen Denkmal wird der Große Kurfürst geehrt und mit einer modernen Skulptur an einen albernen Brauch der Hafenarbeiter erinnert: In beschäftigungsarmen Zeiten früherer Epochen standen die Hafenarbeiter am Ufer und veranstalteten als Zeitvertreib Weitspuckwettbewerbe.

Seit uralten Zeiten war Rathenow ein Kreuzungspunkt alter Landwege über die Havel hinweg. Ein Handelsplatz entwickelte sich, und eine Schleuse für den Schiffsverkehr wurde geschaffen. Dadurch ergaben immer wieder wirtschaftliche Aufstiegschancen, wie zum Beispiel mit Brückengeld, Deichselpfennig als Wegezoll, Schleusengebühr und den üblichen Verdiensten des Handels. Seit dem Jahre 1817 verkehrten dort bereits Dampfschiffe, Rathenow war seitdem auf der Höhe der Zeit und ist es mit seiner Industrie und dem Bundesgartenschauprojekt für Jahr 2015 auch in der Gegenwart.

Von Rathenow bis zur Mündung

Wie auf einer Perlenkette reihen sich die idyllischen Dörfer **Göttlin**, **Albertsheim**, **Grütz**, **Schollene**, **Molkenberg**, **Garz**, **Strohdene** und **Vehlgast** entlang der Havel aneinander und ergeben mit immer wieder etwas unterschiedlichen Dorfstrukturen und Eindrücken der Landschaft einen abwechslungsreichen, lieblichen Reiz. Hier ist besonders deutlich erkennbar, dass Gebiete, in denen sich Strecken der Einsamkeit mit beschaulichen Dorfstrukturen abwechseln, reizvoller sein können als die reine Landschaft.

Rhinow, das Ländchen Rhinow und Stölln

Es gibt sie noch, die schlummernden Paradiese. Eines ist das Ländchen Rhinow. Wenn man in Form eines Dreiecks die Städte Rathenow, Neustadt Dosse, Havelberg und Rathenow verbindet, liegt in der Mitte dieses Dreieckes das Dörfchen Rhinow und angrenzend das genannte Ländchen. Ein ›Gespensterwald‹, der mit dem Kossätenberg etwa die Mitte bildet, wird umrahmt von sechs Seen, schließt im Norden an die Dosse und den Rhin an. Im Westen ist die Havel nicht sehr weit, und im Süden und Osten bildet ein ein Wald- und Wassergräbengewirr besondere Landschaftseindrücke.

Hohennauen, **Ferchesar**, **Stölln** und **Semlin** sind neben Rhinow die Dörfer, die inzwischen für den Fremdenverkehr ideale Ausgangspunkte sind.

In **Stölln** erinnert eine **Gedenkstätte an Otto Lilienthal**. Der Flugpionier unternahm seine Flugversuche vom Gollenberg, hier steht auch sein Denkmal. Der **Gollenberg** ist der höchste Berg der Umgebung und bietet eine erstaunlich beeindruckende Sicht in die Weite des flachen Landes. Otto Lilienthal zählt zu den wichtigsten Vorbereitern der Luftfahrt. Seine Versuche mit Gleitfluggeräten erbrachen Erkenntnisse, die nach-

Unterhavel

Lilienthal im Flug

folgende Luftfahrtpioniere nutzen konnten. Otto Lilienthal gebührt die Ehre, als erster gelungene Gleitflüge durchgeführt zu haben; diese fanden anfangs in Berlin und an anderer Stelle statt. Mit Ballons und Luftschiffen war man aber bereits früher geflogen und auch etwas längere Strecken, sogar mit Lenkung zum Ausgangspunkt zurück. Der erste bekannte, aber misslungene Gleitflug fand in Ulm statt. Heute weiß man, dass der Ulmer Versuch vermutlich zuvor an anderer Stelle unbeaufsichtigt gelungen war. Man baute das Gerät nach, es funktionierte. In Ulm gibt es Fallwinde, die jener Erfinder nicht kannte, denn für den Gleitflug werden Aufwinde benötigt, das half Otto Lilienthal. Im Jahre 1896 verunglückte er bei einem Flugversuch in Stölln tödlich.

Waghalsige neue Flugpioniere kamen auf die Idee, die Lilienthal-Gedenkstätte in einer ausgemusterten Iljuschin-Verkehrsmaschine zu stationieren. Sie ist auf einem Wiesengelände sicher gelandet und steht dort noch immer. Im Inneren wird die abenteuerliche Landung dieser großen Verkehrsmaschine in einem kurzen Film gezeigt. Im Jahre 2011 wurde das mit einem Kostenaufwand von über zwei Millionen Euro geschaffene moderne **Museum** eröffnet, in dem Originalexponate und Nachbauten von Lilienthals Geräten ausgestellt sind.

Das Ländchen Rhinow und Stölln beeindrucken durch die Landschaft, die Gedenkstätte und das Museum. Die Bundesgartenschau 2015 wird den verdienten Bekanntheitsgrad Stöllns noch erhöhen.

Havelberg

Havelberg liegt auf einer der wenigen Höhen unmittelbar am Havelufer. Von der Landseite verkehrsmäßig ungünstig im Randgebiet Sachsen-Anhalts gelegen, früher in der Provinz Brandenburg ebenfalls am Rande gelegen, erhält die Stadt Havelberg noch immer weniger Aufmerksamkeit, als ihr gebührt. Havelberg, die Insel- und Domstadt mit der Verbindung zwischen dem Grün der Umgebung und der Havel beeindruckt mit dem Flair eines Erholungsortes. Der Stadtkern der Altstadt besteht aus drei unterschiedlichen Teilen, denn neben

Karte S. 246

der Höhe mit Dom und Altstadt gibt es unterhalb besiedelte Uferbereiche und inmitten der Havel zwei Inseln. Auf einer befindet sich die zweite Altstadt, denn bis in das 19. Jahrhundert bildeten der Dombereich auf der Höhe und der kommunal geprägte Teil am Haveluferr und auf der Insel zwei verschieden Stadtteile mit völlig verschiedener Charakteristik. Die landseitig abgelegene Lage Havelbergs, sogar ohne Bahnanschluss, bewirkte, dass hier seit dem Mittelalter bis in die Gegenwart die dominanten Ereignisse wie Kriege und Interessen der Industrie nur wenig Einfluss nahmen und dadurch das geschlossene Bild eines mittelalterlichen Altstadtensembles auf der Havelinsel erhalten geblieben ist. Seit der Jahrtausendwende fanden zudem erhebliche Restaurierungen und behutsame Erneuerungen statt. Die Altstadt auf der Insel mit Markt, kleinen Geschäftsstraßen, Restaurants und historischen Gebäuden lädt zum beschaulichen Bummeln einlädt, zumal der Autoverkehr am Inselrand um die Altstadt herum geleitet wird.

Der zweite Altstadtteil besteht im Wesentlichen aus dem Dom, einer Aussichtsplattform und idyllischen Restaurants. Uferrestaurants, Ausflugsschifffahrt und Bootsverleihe ergänzen die Möglichkeiten. Der Yachthafen, die Hotels und auch der Campingplatz und Wohnwagenstandort auf der zweiten Insel bieten alle Voraussetzungen zum Verweilen in Havelberg.

Der weithin sichtbare **Dom** belegt die lange Geschichte und frühere Bedeutung Havelbergs, denn gleichzeitig mit der Bistumsgründung in Brandenburg wurde im Rahmen der Ostkolonisation seitens der deutschen Kaiser auch in Havelberg im Jahre 948 ein Missionsbistum gegründet. Die übrige geschichtliche Entwicklung verlief jedoch anders als in Brandenburg. Der

Ort bestand zu diesem Zeitpunkt, wie auch Bandenburg, bereits als slawische Siedlung und blieb es zunächst auch. Noch 1128 regierte hier der Slawenfürst Wirikind und erst nach dessen Tod endete die Slawenherrschaft endgültig. 1151 erhielt Havelberg das Stadtrecht. In den Jahrhunderten des florierenden Verkehrs auf der Havel war Havelberg eine Stadt der Kaufleute, war eine Hansestadt. Schifffahrt mit einem Hafen und bedeutender Bootsbau, aber auch Fischerei, Handwerk und die Landwirtschaft der Umgebung prägten das Leben hier. Bis in die Gegenwart blieb der Charakter mit zeitbedingten Änderungen erhalten. Heute gebührt dem Tourismus eine herausragende Bedeutung mit der Folge, dass dem Gast hier mehr Aufmerksamkeit gewidmet wird als in Orten in denen Tourismus weniger wichtig ist.

■ Der Dom St. Marien

Dieses dominant aus der Weite der flachen Umgebung wahrnehmbare Bauwerk erscheint aus der Nähe zunächst wenig einladend. Wuchtig und fast bedrohlich erhebt sich die gigantische Ziegelfassade vom Vorplatz aus gesehen vor dem Betrachter, und die Haupttüren sind verschlossen. Abweisend wirkt der Dom zu Havelberg zunächst.

Kaum wahrnehmbar ist der zu allen Jahreszeiten täglich geöffnete Garteneingang rechts neben dem Gebäudekomplex. Der Eingang ermöglicht sowohl das kostenlose Besichtigen der Kirche und der Kreuzgänge des ehemaligen Klosters als auch den (kostenpflichtigen) Eintritt in das **Prignitz-Museum**, das mit umfangreichem Material in den Räumen des Klosters untergebracht ist.

Das Innere des Domes ist geradezu überwältigend. Der Dom zu Havelberg geht auf das vermutlich reichste Zentrum aller Kirchengebiete östlich der Elbe zurück.

Unterhavel

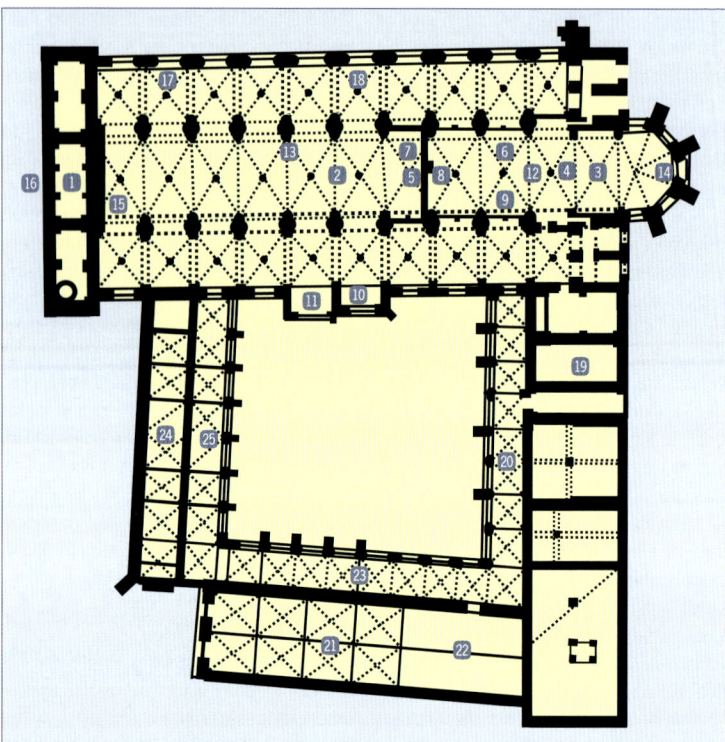

Havelberger Dom

0   10   20 m

1 Westquerriegel
2 Langhaus
3 Ostabschluss
4 Sandsteinleuchter
5 Gotische Triumphkreuzgruppe
6 Chorgestühl
7 Lettner-Chorschranken-Ensemble
8 Zweisitz
9 Hochgrab Bischof Johann
   Wöpelitz
10 Marienkapelle
11 Annenkapelle
12 Taufstein
13 Kanzel
14 Hochaltar
15 Orgel
16 Westportal
17 Glasmalereien mit
    Grisailleornamentik
18 Sieben Figurenfenster
19 Konventbau
20 Östlicher Kreuzgangflügel
21 Sommerrefektorium
22 Winterrefektorium
23 Südlicher Kreuzgangflügel
24 Cellarbau (Vorratsbau)
25 Westlicher Kreuzgangflügel

Zudem ist der Dom eines der besten Zeugnisse norddeutscher Backsteingotik. Bemerkenswert ist auch, dass hier eine komplette Klosteranlage mit dem vollständigen Kreuzgang und allen Nebengebäuden aus jener Zeit erhalten geblieben ist.

Das Kloster wurde als Bischofssitz geschaffen und zu einem Kloster der Prämonstratenser erweitert. Der Dom zu Havelberg war das kirchliche, also katholische, Zentrum der Region, bis die Reformation dem Klosterleben auch hier ein Ende bereitete und der Dom zu einer evangelischen Kirche wurde. Heute bietet er beiden christlichen Kirchen den würdigen Rahmen für das Glaubensleben und auch für Konzerte.

Eine Fülle beeindruckender Ausstattungen im Dom sind über die Jahrhunderte erhalten geblieben und wurden immer wieder restauriert. Die verschiedenen Gruppen der etwa 20 Glasfenster, die teilweise noch aus dem 13. und 14. Jahrhundert stammen, die Holzarbeiten der Gestühle im Chorraum aus der Zeit um 1300 und die vielfältigen und sorgfältig ausgeführten Steinmetzarbeiten sind beeindruckend. Ab 1396 gab es eine Dombauhütte, in der eine unbekannte Zahl von Steinmetzen und Bildhauern aus fernen Gebieten etwa 15 Jahre lang arbeiteten, um die Kunstwerke aus Stein zu formen. Das Material musste aus weiter Ferne herangeschafft werden, denn in der Umgebung gab es keines.

Altar, Triumphkreuzgruppe, Kanzel, Taufstein, Kerzenhalter, Orgel, Sandsteingrabplatten sind weitere Sehenswürdigkeiten. Das gesamte Innere des Domes einschließlich der Wände und Gewölbeverzierungen übertrifft alle Kirchen und Klöster im benachbarten Lande Brandenburg, mit Ausnahme von Neuzelle. Zu Recht bezeichnen Fachleute den Dom zu Havelberg als eines der beeindruckendsten Bauwerke östlich der Elbe.

Entstanden ist das Kunstwerk in mehreren Phasen, also auch verschiedenen Architekturepochen. Nach einem Brand im Jahre 1279 war ein Wiederaufbau der Kirche, die bis auf das 10. Jahrhundert zurückgeht erforderlich. In der Zeit der Gotik, der Renaissance, des Barock und bis in die heutige Zeit wurde und wird der Dom ständig als Kirche genutzt, entsprechend auch behutsam der jeweiligen Zeit angepasst, erhalten und erneuert.

Unterhavel

Der Dom St. Marien

Havelberg und Wilsnack: Die Entstehung eines Pilgerzieles

Historische Tatsachen, Legenden, Lügen, Wunderglauben auf mehr oder minder gesicherter Grundlage, kirchliche Traditionen und professioneller Tourismus bildeten von Anfang an eine Gemengelage, zu der man bis heute völlig unterschiedliche und gegensätzliche Meinungen, Empfindungen, Erfahrungen, Erlebnisse haben kann.

Es begann im Jahre 1383 mit Differenzen zwischen einer Adelsfamilie und dem Bischof von Havelberg, dem einige Dörfer unterstanden, auch Wilsnack. Während die Bewohner zahlreicher Dörfer einschließlich der Pfarrer zu einer kirchlichen Feier in Havelberg zusammenkamen, wurden in der Manier damaligen Raubrittertums mehrere Dörfer überfallen, verwüstet und die Gebäude in Brand gesteckt. Auch aus der Kirche im Dorf Wilsnack wurde ein verkohlter Trümmerhaufen. Bis zu diesem Zeitpunkt sind die Tatsachen belegt, danach beginnen die Legenden: Nach wundersamen Erscheinungen suchte der Pfarrer einige Tage später im Trümmerschutt nach seinen Hostien. Diese aus Naturteig hergestellten Oblaten, die als Christi Leib zuvor gesegnet und dadurch heilig werden, werden in der Monstranz, einem besonderen Behältnis, aufbewahrt. Diese Monstranz kann während der Messe, mit einem Tuch bedeckt, auch auf dem Altar stehen. Der Pfarrer fand die Monstranz unversehrt unter dem nur leicht angesengten Tuch, obwohl sowohl das Feuer als auch der Regen diese hätten vernichten können. Die Hostien wiesen so etwas wie einen Blutstropfen in der Mitte auf.

Der Pfarrer trug die Hostien in die intakte Kirche des Dorfes Groß Lüben. Dort geschahen weitere Wunder, drei Kerzen begannen von selber zu brennen und brannten nicht herunter. Man trug sie bei Prozessionen, der Wind verlöschte sie nicht. Von einem weiteren Wunder wird berichtet, als der Bischof aus Havelberg in Groß Lüben eine Messe zelebrierte. Der Bischof glaubte an eine Manipulation der Hostien mit Farbe und brachte eigene Hostien mit. Während seiner Messe begannen jedoch angeblich die Wilsnacker Hostien zu bluten, rote Tropfen flossen aus den Oblaten. Während dieser Messe soll sich auch das Wunder der drei sich selbst entzündeten Kerzen wiederholt haben. So wurde es berichtet, überliefert und aufgeschrieben.

Wie bis heute übten auch damals wundersame Geschehnisse eine Anziehungskraft aus, und Wilsnack wurde zunächst ein regionales Pilgerziel. Doch ständig wurde von weiteren wundersamen Begebenheiten berichtet. Menschen, die das Wunder als Humbug verspotteten, sollen schlimme Schäden erlitten haben, und umgekehrt soll es bei Gläubigen zu wundersamen Geschehnissen gekommen sein.

Schließlich forcierten die Kirchenoberen das Geschehen und ließen die Wallfahrtskirche in Wilsnack errichten. Geschickt nutzten sie die Anziehungskraft für den Glaubenstourismus, wie es an Wallfahrtsorten bis heute erkennbar ist. Zudem konnte man mit Geld oder einer Pilgerreise Ablass, also Sündenvergebung, käuflich erwerben. Pilgern diente also auch als Strafe für Böses und wurde nahezu oder tatsächlich erzwungen. Bekanntlich kritisierte Martin Luther diese Art von Schuldenvergebung besonders heftig als käuflichen ›Ablass‹, der inzwischen überall längst Vergangenheit ist. Völlig unabhängig davon war nachweislich von Anfang an das Pilgern auch mit vorgeschobenen religiösen Motiven genau das, was es auch teilweise heute wieder ist, eine ›Auszeit‹ aus dem Trott des normalen Lebens.

Bis zur Reformation wurde Wilsnack das wichtigste Pilgerziel des Nordens, Pilger kamen nachweislich bis aus Flensburg, Hamburg, Braunschweig, Magdeburg, südlich von Belzig, Berlin, Frankfurt (Oder), aus Pommern und aus dem angrenzenden Ausland. Durch die Einnahmen aus dem Tourismus und die Ablassgebühren wurde auch die zuständige Bischofsresidenz, also Havelberg, derart wohlhabend, dass sowohl der Dom in Havelberg als auch die Kirche in Bad Wilsnack mit diesem Reichtum finanziert werden konnten.

Die in Wilsnack tatsächlich vorhandenen Hostien hat nach der Reformation ein evangelischer Pfarrer verbrannt, er wurde dafür mit Gefängnis bestraft.

Pilgerrastplatz

Mit Mitteln der Bundesregierung, wissenschaftlich unabhängigen Institutionen und anderen Geldgebern wurde von mehreren unabhängigen Fachleuten das Werk ›Die Wilsnackfahrt‹ erarbeitet und vom Verlag Friedrich Pustet herausgegeben. Anhand noch vorhandener Unterlagen wurde ermittelt, dass es bereits von Anfang an Zweifel an dem Geschehen gab. Der Doktor der Theologie und Domherr Magdeburgs, Heinrich Tocke, besichtigte im Auftrag des Magdeburger Erzbischofs und der Universität Erfurt im Jahre 1443 die Wilsnacker Wunderbluthostien und stellte fest: »... da war überhaupt nichts Rotes .... Hierüber war ich ganz bestürzt, denn ich glaubte, es würden wenigstens einige rote Flecken an den Hostien sein ... Ich hatte schon viel Schlimmes über den Ort gehört, aber solche Bosheit hätte ich nicht erwartet, dass man der ganzen Christenheit vorlügt, es seien dort Blutstropfen, wo absolut nichts ist«. Er fragte den anwesenden Propst und den Priester: ›Seht Ihr etwas Rotes?‹ Beide antworteten, dass sie nichts Rotes sehen und auch noch nie etwas gesehen hätten.

Auch der Erzbischof aus Prag sandte drei Magister, deren Urteil noch verheerender ausfiel: »... so verkünden aus Habsucht sowohl Priester als auch Laien Wunder: die Priester wegen Opfergaben, die Laien wegen der Geschenke und andere wegen der Ankunft der Pilger, die sie dreist durch die Kosten für Unterkunft und Verpflegung ausplündern, denn alle suchen das Ihre und niemand das, was Jesu Christi ist.«

Ein Verbot aus Böhmen, nach Wilsnack zu pilgern, folgte. Im eigenen Lande blieb jedoch bis zur Reformation der Zweifel an der Echtheit des Wunders nur ein Thema unter Theologen, denn an einer Beendigung des Pilgertourismus hatte sonst niemand ein Interesse.

Andererseits wird glaubhaft von Wundern berichtet, gibt es schriftliche Zeugnisse, gab es Votivtafeln, also Bilder mit wundersamen Geschehnissen und Aufzeichnungen, die dokumentierten, dass im Zusammenhang mit dem Pilgern nach Wilsnack positive Lebensereignisse verbunden waren.

Bis heute wird auf Jakobswegen nach Santiago nach Lourdes und anderen Orten gepilgert und von positiven Lebenswendungen, auch von Wundern berichtet. Menschen sammeln Erfahrungen und haben Erlebnisse. Wenn das nicht so wäre, gäbe es das Pilgern längst nicht mehr. Es nimmt aber wieder zu, besonders auch bei jungen Menschen. Offensichtlich kommt es auf die innere Haltung beim Pilgern an, auf die Hinwendung, nicht zu einer Statue, nicht zu einer Leiche in einem Sarg, nicht zu einer Oblate in einem Schrein oder einer sonstigen Reliquie, sondern auf die Hinwendung zu Gott, die beim Pilgern etwas bewirken kann. Wer also weiterhin nach Bad Wilsnack pilgern möchte und persönliche Einkehr oder religiöse Hinwendung sucht, sollte das tun. Wer das ablehnt, kann als Tourist interessante Historie, Kultur und Natur erleben.

Völlig neu ist die Renaissance des Pilgerns mit der Betonung darauf, dass das Pilgern der ›weite Weg zu sich selbst‹ und demnach auf jedem Weg möglich ist. Vom Anfang bis heute aber waren völlig unabhängig von religiösen Motiven folgende Gründe für das Unterwegssein auf diesen Wegen wichtig: Besinnungszeit, Tourismus, Erlebnisfreude und die Lust, in der weiten Welt umherzuschweifen. Auch das Sammeln von Lebenserfahrungen und Wissenserweiterung sind Motive für das Pilgern.

Und wie vor Jahrhunderten wird auch heute das Pilgern als Einnahmequelle von Kirchen und Gewerbetreibenden geschickt forciert, entstehen plötzlich neue Pilgerwege. Das Pilgern nutzt also dem Touristen, den Pilgern und allen, die auf vorbereiteten Routen eine Infrastruktur mit markierten Wegen, Gastronomie und Unterkünften suchen.

Ein Pilger unterwegs

Pilgerpass aus Bad Wilsnack

Bad Wilsnack

Bad Wilsnack, etwa 20 Kilometer von Ha-velberg entfernt, ist bei vielen bekannter als Havelberg, obwohl beide geschichtlich miteinander verbunden sind und Bad Wils-nack ohne Havelberg niemals von einer dörflichen Idylle zu einem Wallfahrtsort geworden wäre. Die Geschichte Wilsnacks ist verquickt mit dem Dom zu Havelberg (→ S. 255). Für den Bau der **Kirche St. Ni-kolai** benötigte man aus unterschiedlichen Gründen 150 Jahre, begonnen wurde er im Jahre 1396. Das Bauwerk ist auch noch heute sehr sehenswert. Die Kirche diente als Pilgerziel zu einer Wunderbluthostie, die mit Beginn der Reformation im Jahre 1552 verbrannt wurde. Das Pilgern en-det also wenige Jahre nach endgültiger Fertigstellung der Kirche. Die Kapelle mit dem Schrein, in dem die Hostie lag, gibt es noch. Auch der alte Flügelaltar und die Glasfenster aus dem 15. Jahrhun-dert sind sehenswert. Die Altstadt Bad Wilsnacks gibt diesem Ortsteil ein dazu passendes Gepräge.

Das ›Pilgern‹ oder besser die Anzie-hungskraft Bad Wilsnacks ist in völlig anderem Sinne ab dem Jahre 1929 wie-der erwacht, als dort heilkräftige Moor-erde den Ort zu einem Bade- und Kurort werden ließen. Mit der im Jahre 2000 neu eröffneten **Kristall Kur- und Gradier-therme** ist Bad Wilsnack inzwischen zu einem der beliebtestem Badeorte Bran-denburgs geworden.

Zusätzlich hat die neu entstandene mo-derne Art des Pilgerns dazu geführt, dass mindestens einer der zahlreichen Pilger-wege nach Bad Wilsnack nicht nur reak-tiviert wurde, sondern auch mit Wege-marken und Wegsweisern ausgestattet ist und immer beliebter wird.

Der Förderverein ›Wunderblutkirche St. Nikolai Bad Wilsnack e. V.‹ (Große Stra-ße 25, 19336 Bad Wilsnack, www.wege-nach-wilsnack.de) gibt einen Pilgerpass heraus, in dem man mittels Stempelein-tragungen als Nachweise für die Pilgerrou-te Berlin–Bad Wilsnack eine persönliche Erinnerung schaffen kann und weitere Informationen erhält.

Störche in ihrem Nest

Unterhavel

Die Havelmündung

Toppel, **Dahlen**, **Nitzow** und **Abbendorf** sind Dörfer in Sachsen-Anhalt, die die Haveluferlandschaft mit ihren dörflichen Strukturen bereichern. Ein Radweg verläuft auf einer Länge von mehreren Kilometern genau zwischen Elbe links und Havel rechts, bis die Havel bei **Gnevsdorf** in die Elbe mündet. Das große Sperrwehr, das Elbfluten zurückhält und umgekehrt bei Niedrigwasser der Elbe auch das Havelwasser stauen kann, ist unübersehbar.

Rühstädt

Nur einen Kilometer hinter der Havelmündung befindet sich landeinwärts ein Dorf, dem es gelungen ist mit einer Kombination von Bürgerengagement, Gastronomie, Naturschutzideen und mit Hilfe moderner Technik inzwischen zu einem bekannten Urlaubs- und Tagesausflugsziel aufzusteigen. Weniger als 300 Einwohner hat der Ort, der jährlich über 50 000 Gäste zählt. Storchendorf Rühstädt mit den meisten Storchennestern Deutschlands. Die Vögel kommen von selber, aber nur dorthin, wo sie sich wohlfühlen, Nahrung und Nistmöglichkeiten finden.

Rühstädt hat es verstanden, die regionalen Besonderheiten so zu nutzen, dass sowohl die Tiere sich wohlfühlen, die Menschen Freude haben und der Ort finanziell davon profitiert. Das ergibt Arbeitsplätze durch gepflegte Natur. Eine besondere Idee sind die Fernsehkameras, die das Leben in zwei Storchennestern ständig zeigen, eines im ›Landgasthaus Storchenkrug‹ am Schloss, das andere in der Naturschutzstation mit der Storchenausstellung.

Wegen der Storchendominanz wird die Geschichte des Ortes kaum beachtet. Ein **Schloss** gibt es dort, und die berühmt-berüchtigte Adelsfamilie Quitzow hatte in Rühstädt einen ihrer Hauptsitze. Gräber der Quitzows finden sich in der **Dorfkirche**. Der Ortsname soll angeblich aus ›Ruhestätte‹ derer von Quitzow entstanden sein. Im Jahre 1384 erhielten die Herren von Quitzow eine Burg, den Ort und eine Elbfähre als Lehen übereignet. Bis 1719 war alles in ihrem Besitz. Die Adelsfamilie von Quitzow etablierte sich selbst unberechtigt als Herrscher, in Zeiten, in denen die offiziellen Herrscher wenig Interesse an dem Land hatten oder zu schwach waren, um diese und andere Adlige in die Schranken zu weisen. Erst die Hohenzollern aus Nürnberg schafften es, dem eigenmächtigen Treiben derer von Quitzow ein Ende zu bereiten.

Karte S. 246

▲ *Die Havelmündung: links die Elbe, rechts die Havel*

Havelland, wie dich die Zeiten ändern

Zeiger der Uhren bewegen sich, doch oft sind deren Bewegungen nicht wahrnehmbar. Das Land der Havel verändert sich in ähnlicher Weise unaufhaltsam, unmerklich an jedem Tag in jedem Jahr.

Interessant sind deshalb Vergleiche mit der Zeit, in der Theodor Fontanes zweite Auflage des Bandes ›Havelland‹ entstand, also dem Jahre 1880, und wie sich das Land der Havel in dieser geschichtlich kurzen Zeit bis in die Gegenwart verändert hat. Nicht die politischen Verhältnisse sind hier gemeint, sondern der Fluss selbst und die Erlebnismöglichkeiten der Landschaft.

Am auffälligsten sind der Naturschutz und die Erkenntnis, dass die Erschließung Brandenburger Landschaften zur Erholung der Gäste dem Land nicht schadet, sondern sowohl den Gästen als auch dem Land erhebliche Vorteile bringt. Es ist der Tourismus, den es zu Zeiten Fontanes in der heutigen Form noch nicht gab und der jetzt ein wesentlicher Wirtschaftsfaktor geworden ist. Es gibt zwar Stimmen, die darin eine Belastung der Landschaft sehen und Schäden in der Natur befürchten, aber nachprüfbare Tatsachen belegen das Gegenteil: Großräumige Naturschutzgebiete, Landschaftsschutzgebiete und Artenschutz der Tier- und Pflanzenwelt im gegenwärtigen Sinne gab es im 19. Jahrhundert nicht. Mit Ausnahme angelegter Parks war jeder Art der Landschaftsnutzung auf Ertrag ausgerichtet. Selbst bei den Jagd-, Forst- und Fischereigesetzen stand der dauerhafte Ertrag im Vordergrund, der Naturschutz war nachrangig, sonst wären Biber und Kormorane damals nicht fast vollständig verschwunden, gäbe es noch Wölfe und viel mehr alte Buchen und Eichen und weniger Kiefern. Wenn jetzt Naturschutzgebiete mit Wegen zum Erleben der Natur durchzogen werden, schadet das nicht. Im Gegensatz zu dem früher rücksichtslosen Umgang mit der Natur findet eine Besucherlenkung statt und damit der Schutz sensibler Bereiche. Auch wir Menschen sind ein Teil der Natur, und wir benötigen sie auch als Lebensgrundlage zur Erholung. Bei dem Erleben der Natur kann man das Gespür dafür bekommen, dass Naturräume wichtig, wertvoll und erhaltenswert sind und keine alleinigen Wirtschaftsfaktoren.

Gerade die Havel bietet besonders deutliche Beispiele dafür. Es gibt entlang der Havel viele heute besonders attraktive Biotope und sogar Schutzgebiete, die aus Tongruben entstanden sind. Die Landschaft wurde damals rücksichtslos ausgebeutet und anschließend sich selbst überlassen, Renaturierung ist eine sehr junge Erfolgsgeschichte.

Jede Art von Müll wurde in der Landschaft auf Deponien abgeladen, gigantische Müllhalden entstanden in der Landschaft. Diese Zeit geht dem Ende entgegen. Industrieabfälle, aller Müll der Schiffe und alle unsere menschlichen Fäkalien wurden zunächst in die Gewässer geleitet, Fäkalien später auf Rieselfelder in der Landschaft verteilt mit dem Ergebnis weiträumigen Gestanks und der Gefahr der Übertragung von Krankheiten durch Tiere.

Fabriken und Haushalte verunreinigten die Luft. Dampfschiffe hüllten sich und die Umgebung in Rauch ein. Auch in den Städten ergab sich damit besonders im Winter ein die Gesundheit gefährdender Smog, denn jedes Zimmer, jede Wohnung wurde gesondert beheizt, der ungefilterte Rauch bedeckte gelegentlich weiträumig die Landschaft. Wegen des überwiegenden Westwindes zählten die östlichen Randgebiete in großen Orten, in die der Wind den Stadtmief wehte, niemals zu den bevorzugten und teuren Wohnlagen. Bei der Entwicklung des Bahnverkehrs wurden Strecken und Bahnhöfe wegen Rauch und Brandgefahr durch Funkenflug aus Dampflokomotiven oft abseits der Ortschaften angelegt.

Vergessen, vergangen, vorbei sind diese Gefahren. Dicken Stadtnebel aus Smog gibt es nicht mehr, die Luft hat sich verbessert, und Untersuchungen im Mündungsgebiet der Havel in die Elbe ergaben eine wesentlich bessere Wasserqualität der Havel und der Elbe als gegen Ende des 19. Jahrhunderts.

Erkennbar ist also, dass die Belastungen der Natur durch den Fremdenverkehr der Gegenwart geringer sind, als sie früher aus anderen Gründen waren.

Hat das Land durch Zivilisationsschäden gelitten? Das kann man nicht pauschal mit ja oder nein beantworten. Einerseits zerschneiden Verkehrsadern das Land, Autos verursachen dauerhaften Lärm und produzieren Schadstoffe, Windräder stören. Andererseits ergibt sich durch das umfangreiche Streckennetz der umweltverträglichen Bahn, durch die Erschließung für Auto- und Fahrradtouristen, mit Wegen für Wandergäste und diversen Service für den Freizeitbootsverkehr eine Beweglichkeit, die es im 19. Jahrhundert noch nicht gab und die den Besuch und das Erleben einer Fülle von attraktiven Landschaftsteilen ermöglicht.

Und wer möchte auf Elektrizität verzichten, die damals in der Anfangsentwicklung stand? Sie ›erhellt‹ unser gesamten Leben, erleichtert die Arbeit, erhöht die Lebensfreude und ist aus unserem Alltag nicht mehr wegzudenken. Selbst zum Erleben der Natur ist sie unverzichtbar, denn dieses Buch und jede andere Informationsquelle benötigt Elektrizität zur Herstellung, selbst die Kasse im Laden, die Gaststätte, die Zapfsäule an der Tankstelle, der Geldautomat können ohne Elektrizität nicht dienen.

Und die Windräder? Wenn wir uns entscheiden dürften, ob wir glücklicher wären ohne die Annehmlichkeiten, die Elektrizität bietet, und noch immer lieber jeden Herd mit Holz und Kohlen anfeuern würden, Wäschewaschen ohne Waschmaschine, warmes Wasser aus keiner Wasserleitung erhalten oder Windräder akzeptieren, dann mag sich jeder selbst die Antwort geben und einmal alle Sicherungen herausdrehen und ein Leben ohne Elektrizität versuchen.

Damit stellt sich aber die Frage: Ist die Mark Brandenburg noch ebenso attraktiv wie zu Fontane Zeiten? Die Werbung lockt die Menschen hinaus in die Natur. Auch die ›Wanderungen‹ Fontanes animieren bis heute viele Erholungssuchende zum Besuch Brandenburger Landschaften und Orte. Viele fragen deshalb, ob das im Sinne Fontanes noch immer interessant sei wie im Jahre 1858, als er die Idee der ›Wanderungen‹ entwickelte und viele Jahre reisend in der Mark Brandenburg unterwegs war?

›Ebenso‹ und ›noch immer‹ wäre nicht korrekt, denn das Land ist wesentlich attraktiver geworden, als es zu Fontanes Zeiten, also im 19. Jahrhundert, war. Und das trifft in ganz besonderem Maße auf die Havel zu, denn Wasserfreuden mit Freizeitbootverkehr beschränkten sich auf Ruderboote, und am Ufer waren Rad-

wege und asphaltierte Straßen unbekannt, das Fahrrad war ohnehin noch sehr primitiv, und Baden war unüblich. Hinzu kommen die Möglichkeiten, die im Lande neben Natur hinsichtlich der Kultur einschließlich einer Fülle von Veranstaltungen geboten werden, und moderne Hotels und Gastronomie, die ebenfalls in dieser Fülle im 19. Jahrhundert nicht vorhanden waren.

Darüber hinaus gibt es gestaltete weiträumige Erholungsgebiete und Uferpromenaden, die es vor dem Jahre 1900 nicht gab. Es gab auch keine Tourismusverbände. kaum Informationsmöglichkeiten über regionale Veranstaltungen, weder spezielles Informationsmaterial, noch Kartenmaterial zur Orientierung zu Lande und auf dem Wasser, die erkennen lassen, wo sich die für unsere Wünsche attraktivsten Erlebnismöglichkeiten bieten. Daran wird erkennbar, dass das Erleben der Havel und des Landes ziemlich abenteuerliche Unternehmungen waren, vergleichbar mit einem gegenwärtigen Versuch, unbekanntes Terrain ohne Informationsquellen zu erschließen.

Fontane musste noch mit wenigen Bahnstrecken vorliebnehmen und im Übrigen mit langsamen Schiffen oder Kutschen oder zu Fuß Ziele zu erreichen versuchen. Das war mühsam und zeitaufwendig. Viele der bereits damals attraktiven Gebiete erreichte er überhaupt nicht. Für die Fülle landschaftlicher Schönheiten reichte seine Lebenszeit einfach nicht aus.

Und wie erreicht man attraktiven Ziele der Havel, wie erlebt man das Land am besten? Wenn man nicht unbedingt Fontanes Spuren folgt, sondern seinen Empfehlungen. Seine Ratschläge und seine Verhaltensweisen haben sich damals bewährt und gelten auch noch heute: Sich in das Land hinein begeben, der äußere Anschein, den das Land vermittelt, täuscht oft, ist weniger attraktiv, als es der Realität entspricht. Deshalb Neues wagen, neue Ziele suchen, Überraschungen und viel Freude in der Natur erleben, Unpässlichkeiten nicht überbewerten, denn es gibt sie anderswo auch. Seine bewährten Verhaltensweisen sind dadurch gekennzeichnet, dass er sehr flexibel war, nicht festgelegt auf eine Erlebnisart. Was sich am besten eignete, nutzte er, Bahnen, Schiffe, Kutschen, auch einfache Fuhrwerke und Wanderungen zu Fuß, das Fahrrad war wohl für ihn kein Thema, Autos gab es noch nicht.

Dieses Prinzip mit Hinzufügung des Fahrrades und des PKW ist auch noch heute empfehlenswert. Zum Beispiel kann man die weiten Räume entlang der unteren Havel optimal mit einem Fahrrad auf dem Havelradweg erleben, die Parks von Potsdam jedoch nur mit beschaulichem Schlendern zu Fuß, für spezielle Besuche der Sehenswürdigkeiten und Veranstaltungen der Städte und Orte ist der PKW, sind Busse und Bahnen optimal.

Es wird empfohlen, wie es Fontane tat, sich das Erlebnismenü der Havel aus dem umfangreichen Programm der Speisekarte individuell zusammenzustellen und die Havel und das Havelland als ein Langzeiterlebnisprogramm mit Ruhe und Gelassenheit und in verdaulichen Einzelportionen zu genießen. Zu viel in kurzer Zeit verdirbt die Freude wie ein überfüllter Magen oder zuviel eines kostbaren Weines auf einmal.

Und für den Genuss sollte man das geeignete Esswerkzeug wählen, also flexibel sein und sich nicht auf eine immer gleiche Nutzung aus dem Sortiment Schiff, Boot, Auto, Fahrrad, Spaziergang oder Wanderung festlegen.

Informationen Unterhavel

Die überregionale Bahnauskunft ist im Internet unter www.bahn.de, an Bahninformationen und auch an Fahrscheinautomaten der Bahn erhältlich. Die zentrale Telefonauskunft der Deutschen Bahn lautet 0800/1507090, allgemeine Bahnauskünfte gibt es auch unter Tel. 0180/5996633.

Für das gesamte Land Brandenburg und Berlin, also ab Fürstenberg bis Rathenow und ab Rühstädt nach Bad Wilsnack sowie für den Bahnhof Glöwen als Anschluss nach Havelberg gibt es den **Verkehrsverbund Berlin-Brandenburg** mit der einheitlichen Fahrplanauskunft für alle Buslinien und Bahnen in beiden Bundesländern über Internet, www.vbbonline.de, und die Auskunft des Verkehrsverbundes über Tel. 030/25414141.

Für die Region Havelberg bis Bahnhof Glöwen gilt der **Verkehrsverbund Sachsen-Anhalt** mit der Internetauskunft über INSA (Information Sachsen-Anhalt, www.insa.de) und der Telefonauskunft 03915/363180 und 0180/1331010.

Touristeninformationen
Von Brandenburg bis Rathenow
Touristinformation Pritzerbe, im Haus der Begegnung, Havelstraße 6, 14798 Pritzerbe, Tel. 033834/50283, www.havelsee.de.

Touristinformation, in der Stadtverwaltung Premnitz, Gerhart-Hauptmann-Straße 21, 14727 Premnitz, Tel. 03386/2590, www.premnitz.net.

Fremdenverkehrsverein Westhavelland e. V., Freier Hof 5, 14712 Rathenow, Tel. 03385/514991, www.fremdenverkehrsverein-westhavelland.de.

Besucherzentrum des Naturparks Westhavelland, Stremmestraße 10, 14715 Milower Land/OT Milow, Tel. 03386/211227, www.nabu-rathenow.de.

Von Rathenow bis zur Mündung
Tourismusbüro Schollene, August-Bebel-Straße 10, 14715 Schollene, Tel. 039389/232, www.schollene-land.de.

Touristinformation Havelberg, Uferstraße 1, 39539 Havelberg, Tel. 039387/79091, 19433, www.havelberg.de.

Touristeninformation Bad Wilsnack, Am Markt 5, 19336 Bad Wilsnack, Tel. 038791/2620, www.wilsnack.de.

Besucher- und Informationszentrum, Neuhausstraße 9, 19322 Rühstädt; Naturwacht: Tel. 038791/980 22, www.naturwacht.de; Naturschutzbund (NABU), Tel. 038791/98024, www.brandenburg.nabu.de.

Unterkünfte
■ **Hotels und Pensionen**
Von Brandenburg bis Rathenow
GastHof Milow, Stremmestraße 9, 14715 Milower Land/ OT Milow, Tel. 03386/210145, www.gasthofmilow.com. Pension, Restaurant, Havelterrasse und Schiffsanleger direkt am Havelufer.

Brandenburger Holzmichel

Jugendherberge Milow – Carl Bolle, Friedensstraße 21, 14715 Milower Land/OT Milow, Tel. 03386/280361, www.jh-milow.de.

Von Rathenow bis zur Mündung
Schollene: Unterkunft und Gaststätte im Ort.

Zum 1. Flieger, Otto-Lilienthal-Straße 7, 14728 Gollenberg/OT Stölln, Tel. 033875/30434, www.zum-ersten-flieger.de. Gasthof und Hotel.

In **Havelberg** sind Gasthöfe und Hotels reichlich vorhanden.

Guthan's Landhaus, Dorfstr. 17, 14712 Rathenow/OT Semlin, Tel. 03385/54420, www.guthans-landhaus.de. Am Hohennauener See.

Hotel am Hafen, Bahnhofstraße 39a+b, 39539 Havelberg, Tel. 039387/72870, www.hotel-havelberg.de. Restaurant, Eiscafé und Hotel unmittelbar am Havelufer, mit Bootshafen am Haus.

Landgasthaus Storchenkrug, Am Schloss 4, 19322 Rühstädt, Tel. 038791/9970, www.storchenkrug-online.de. Gasthaus und Pension mit Liveübertragung aus dem Storchennest.

Wanderrast an der Unterhavel

■ **Camping- und Wohnmobilplätze, Ferienhäuser**

Von Brandenburg bis Rathenow
Camping am Naturhafen Kützkow, Fährstaße 7, 14789 Pritzerbe, Tel. 033834/51345.

Von Rathenow bis zur Mündung
Campingpark Buntspecht, Weg zum Zeltplatz 1, 14715 Ferchesar, Tel. 033874/90072, www.campingpark-buntspecht.de. Am Ferchesaer See, mit Fahrrad- und Bootsverleih.

Havelberger Inseltouristik, Spülinsel 6, 39539 Havelberg, Tel. Büro 039387/20655, Tel. Campingplatz 0163/3938701, www.campinginsel-havelberg.de. Campingplatz, Stellplatz Wohnmobile und Yachthafen.

Dörpkrog an Diek, Am Deich 7, 19322 Rühstädt/OT Abbendorf, Tel. 038791/7233, www.doerpkrog-an-diek.de. Am Deich kurz vor der Havelmündung, Zelt- und Caravanstellplatz, auch Ferienwohnungen.

Gastronomie
Von Brandenburg bis Rathenow
GastHof Milow → Hotels und Pensionen.

Von Rathenow bis zur Mündung
Zum 1. Flieger, Stölln → Hotels und Pensionen.

Hotel am Hafen, Havelberg → Hotels und Pensionen.

Dörpkrog an Diek, Abbendorf → Campingplätze.

Museen
Von Brandenburg bis Rathenow
Optikindustriemuseum, Märkischer Platz 3 (im Kulturzentrum), 14712 Rathenow, Tel. 03385/519030, www.kulturzentrum-rathenow.de.

Von Rathenow bis zur Mündung
Otto-Lilienthal-Museum, Am Gollenberg 10 (in der ›Lady Agnes‹), Tel. 033875/32020, 14728 Gollenberg/OT Stölln, www.otto-lilienthal.de.

Frühling am Havelradweg

Dom, www.havelberg-dom.de; Mai–Sept. 9–19 Uhr , April/Okt. Mo–Fr 10–17 Uhr, Sa/So 10–18 Uhr, Nov.–März 10–16 Uhr, während der Gottesdienste keine Besichtigung möglich. Anmeldung zur Führung: Herr Förster, Lindenstr. 7, 39539 Havelberg, Tel. 039387/89380, oder beim Büchertisch im Paradiessaal.

Prignitzmuseum, im Kloster am Dom, Domplatz 3, 39539 Havelberg, Tel. 039387/21422, www.prignitz-museum.de.

Fahrgastschifffahrt → S. 274.

Bootsanleger, Charterboote
Von Brandenburg bis Rathenow
Hafen Rathenow, Am Alten Hafen 1, 14712 Rathenow, Tel. 03385/5960, Hafenmeister Tel. 0170/2749219, 0178/5157457. **Wasserwanderstützpunkt Optikpark Rathenow**, Schwedendamm 1, 14712 Rathenow, Tel. 03385/49850.

Von Rathenow bis zur Mündung
Yachthafen, am Campingplatz auf der Spülinsel, 39539 Havelberg, Tel. 0163/393870-1, -2.

Badestellen/Schwimmbäder
Von Brandenburg bis Rathenow
Badestelle am **Wolzensee** bei Rathenow.

Von Rathenow bis zur Mündung
Kristall Kur- und Gradier-Therme, Am Kähling 1, 19336 Bad Wilsnack, Tel. 038791/80880, www.kristalltherme-bad-wilsnack.de.

Wandergruppe am Stechlin

Reedereien in der Havelregion

Mecklenburgische Seenplatte und Oberhavel

■ **Waren (Müritz)**

Weisse Flotte Müritz, Kietzstraße 17, 17192 Waren, Tel. 03991/122668, www.weisse-flotte-mueritz.de. Neun Schiffe, darunter der Oldtimer ›Sonnenschein‹ und das Salondampfschiff ›Europa‹, der Originalnachbau eines alten Dampfers (→ S. 107). Das Programm umfasst die gesamte Mecklenburgische Seenplatte in Form von Linienfahrten, Tagesfahrten unterschiedlicher Arten und Längen von zwei Stunden bis acht Stunden und von unterschiedlichen Ausgangspunkten sowie Mehrtagessonderfahrten auf der Havel bis nach Potsdam und andere Mehrtagesfahrten bis nach Hamburg, Stettin oder Breslau.

Blau Weiße Flotte, www.blau-weisse-flotte.de. Drei Einzelunternehmer mit je einem Schiff bieten mehrmals täglich Tagesfahrten ab Waren und anderen Orten in der Region der Mecklenburgischen Seenplatte an:

Malchower Schiffahrtsgesellschaft, Kirchenstraße 6, 17213 Malchow, Tel. 039932/83256.

Mirower Schiffahrtsgesellschaft, Rotdornstraße/Schlossinsel, 17252 Mirow, Tel. 039833/22270.

Warener Schiffahrtsgesellschaft, Am Stadthafen, Strandstraße 3, 17192 Waren, Tel. 03991/663034.

Fahrgastschifffahrt Wichmann, Gerichtsberg 34, 19395 Plau am See, Tel. 038735/44449, 0172/8027166, 0172/7415410, www.fahrgastschifffahrt-wichmann.de. Drei Schiffe ab Plau am See, unterwegs auf den diversen Seen der Mecklenburgischen Seenplatte, unter anderem Fahrten nach und von Waren.

Reederei Mike Pickran, Kirchenstraße 2, 17213 Malchow, Tel. 039932/81735, 0172/4111246, www.pickran.de. Zwei Schiffe, Halbtagesfahrten, Tagesfahrten auf den diversen Seen der Mecklenburgischen Seenplatte, unter anderem nach und ab Wa-

Die ›Europa‹ im Hafen von Waren

ren. Sonderfahrten und Mehrtagesfahrten mit Hotelübernachtungen unter anderem bis zur Oder und auf der Havel ab Waren bis Berlin und Potsdam und in umgekehrter Richtung ab Potsdam nach Waren, also die gesamte schiffbare Havel. Jeweils Schiffsfahrt in einer Richtung, Rückfahrt per Reisebus. Ein besonderes Angebot ist eine zehntägige Schiffsfahrt von Malchow nach Breslau.

■ Neustrelitz und Wesenberg
Mirower Schiffahrtsgesellschaft → S. 270.

■ Fürstenberg/Havel
Reederei Halbeck, Markt 11, 16831 Rheinsberg, Tel. 033931/38619, www.schiffahrt-rheinsberg.de. Drei Schiffe, Fahrten unterschiedlicher Längen ab Rheinsberg über die Seen der Region und die Havel bis und ab Fürstenberg.

■ Zehdenick
Touristinformation Zehdenick, Schleusenstraße 22, 16792 Zehdenick, Tel. 03307/2877, Bordtelefon 0172/6972379, www.fremdenverkehrsbuero-zehdenick.de. Ein Schiff, der Oldtimer ›Zehdenixe‹, ein- bis zweistündige Rundfahrten in die Tonstichregion der Havel und Sonderfahrten die Havel aufwärts und abzweigend über Seen bis Templin sowie über andere Seen der Region ab Marina/Hafen Zehdenick. Bei Schiffscharter erfolgen Fahrplanänderungen, aktuelle Fahrplananfrage erforderlich.

Oranienburg, Berlin, Potsdam
■ Oranienburg und Hennigsdorf
Reederei Grimm & Lindecke, Schiffbauerdamm 12, 10117 Berlin, Tel. 030/28885892, 0170/5817656, 0171/9933362, www.spree-havelschiffahrt.de. Sechs Schiffe, Fahrten ab Oranienburg, ab Hennigsdorf und ab Berlin Tagesfahrten auf der Havel nordwärts und südwärts

Die ›Tempelhof‹ hat ihren Heimathafen in Wannsee

bis Wannsee und Potsdam sowie bis bzw. von Berlin-Friedrichstraße durch die Stadt und über Spree und Havel, Sonderfahrten bis zum Schiffshebewerk Niederfinow an der Oder.

■ Berlin allgemein
In Berlin gibt es Reedereien, die von ihren jeweiligen Heimathäfen in Berlin auch Fahrten zur Havel und ihren Seen bis Potsdam im Süden und Spandau im Norden sowie Gelegenheitsfahrten anbieten. Insbesondere sind das:
Reederei Riedel, Nalepastraße 10–16, 12459 Berlin, Tel. 030/67961470, www.reederei-riedel.de. 14 Fahrgastschiffe und 38 Anlegestellen dieser Reederei bieten ein umfangreiches Ausflugsprogramm in Berlin und Umgebung.
Reederei Bruno Winkler, Mierendorffstraße 16, 10589 Berlin, Tel. 030/3499595, www.reedereiwinkler.de. Vier Schiffe verkehren von vier Anlegestellen in Berlin innerhalb Berlins, aber auch zum Wannsee, Sonderfahrten laut Fahrplan.
Potsdamer Wassertaxi, Tel. 0176/11554455, www.potsdamer-wassertaxi.de. Linienbetrieb sechsmal täglich zwischen dem Park Glienicke bis zum Strandbad Templin (→ Potsdam, S. 273).

Die ›Angela‹ der Reederei Vogt

■ Berlin-Tegel

Stern und Kreischiffahrt, Puschkinallee 15, 12435 Berlin, Tel. 030/5363600, www.sternundkreis.de. Größte Reederei der Region, 31 Schiffe, 6 Personenfähren: Fahrten ab Heimathäfen Tegel, Wannsee, Treptow mit Halt an etwa 80 Anlegestellen. Die Schiffe unterscheiden sich sehr stark: Die ›Havel-Queen‹ (→ Bild S. 83) ist einem großen historischen Raddampfer nachempfunden, ›Moby Dick‹ (→ Bild S. 94) ähnelt unverkennbar einem Wal. In den verschiedensten Ausführungen und Größen präsentiert sich die übrige Flotte. Bedient wird die Region der Havel nordwärts bis Hennigsdorf, südwärts bis Potsdam und Werder sowie das gesamte Wasserstraßensystem Berlins, östlich in das Dahme-Seengebiet und über die Spree und Müggelsee bis in die Rüdersdorfer Gewässer und das Oder-Spree-Seengebiet hinein. Diverse Sonderfahrten, unter anderem bis in den Spreewald, nach Mecklenburg oder nach Stettin werden ebenfalls angeboten.

Reederei Hartmut Triebler, Tel. 030/37151052, 0170/9091581, 0175/8425173, www.reederei-h-triebler.de. Zwei Schiffe, Region ab Tegel südwärts bis Wannsee, Potsdam, Werder und ab Tegel über Havel und Spree bis in die Mitte Berlins. Fahrten auch ab Kladow.

Reederei Bethge, Schlossstraße 25, 13507 Berlin, Tel. 030/43490868, 0171/7721799, www.reederei-bethke.de. Ein Schiff, ein- bis zweistündige Rundfahrten ab Tegel nordwärts bis Hennigsdorf und diverse Sonderfahrten.

Reederei S. Prause, Postfach 270944, 13473 Berlin, Tel. 030/4346015, 030/4351797. Ein Schiff, ein- bis zweistündige Rundfahrten ab Tegel nordwärts. Sonderfahrten unter anderem nach Oranienburg, nach Wannsee und Potsdam.

Reederei-Vogt-Berlin, Steinadlerpfad 13, 13505 Berlin, Tel. 030/4310565, www.reederei-vogt-berlin.de. Ein Schiff, zweistündige Rundfahrten Region Tegeler See und Oberhavel, diverse Sonderfahrten.

■ Berlin-Spandau

Hinweis: Die Reederei Hartmut Triebler, die ab Tegel verkehrt, hält in Spandau ebenfalls. Auch die Reederei Stern und Kreis verkehrt über Spandau.

Reederei Werner Triebler, Johannastraße 24, 13581 Berlin, Tel. 030/3315414, 0172/3847687, www.reederei-triebler.de.

Zwei Schiffe: Region ab Spandau havelabwärts bis Wannsee und ab Spandau stadt-
einwärts in das Zentrum Berlins.

■ **Berlin-Wannsee**
Stern und Kreisschiffahrt, Adresse → S. 270.
Größte Reederei der Region, 31 Schiffe, 6
Personenfähren: Fahrten ab Heimathäfen
Tegel, Wannsee, Treptow mit Halt an etwa
80 Anlegestellen.

■ **Berlin-Kladow und Pfaueninsel**
20 Minuten Kurzfahrt als **Fährbetrieb Kladow–Wannsee** (Fährlinie F10 der Berliner
Verkehrsbetriebe BVG; Fahrschein AB reicht
aus). Stündlich Abfahrten der **Reederei
Hartmut Triebler** (→ Berlin-Spandau) und
diverse planmäßige Halte des Schiffsverkehrs verschiedener Reedereien von den
oben genannten Heimathäfen aus.

Das Potsdamer Wassertaxi

■ **Potsdam**
Weiße Flotte Potsdam, Lange Brücke 6,
14467 Potsdam, Tel. 0331/27592-10,
-20, -30, Fahrplanauskunft auch über Tel.
0331/2759233, www.schiffahrt-in-pots
dam.de. Acht Schiffe, es wird die gesamte
Palette der Möglichkeiten abgedeckt: Das
kleine Dampfschiff ›Gustav‹ ist ein Fern-
sehstar, nostalgisch gemütlich ist die ›Fri-
dericus Rex‹ mit 60 Plätzen, elegant und
vielseitig vergrößert sich die Flotte bis zum
Star ›Sanssouci‹ mit über 300 Plätzen und
dem Ambiente eines Kreuzfahrtschiffes. Regelmäßige Fahrten mehrmals täglich durch
die Havelgewässer bis Werder flussabwärts
und Wannsee flussaufwärts, Schlösserrund-
fahrten. Sonderfahrten gemäß Programm
havelabwärts bis Brandenburg und Havelberg und weiter zum Wasserstraßenkreuz
Magdeburg, flussaufwärts auf der Havel
durch Berlin bis Oranienburg und Touren
über Havel und Spree bis in die östlich Berlins gelegenen Gewässer.
Potsdamer Wassertaxi, Tel. 0176/
11554455, www.potsdamer.wassertaxi.

de. Ein Schiff, Schiffsstationen zwischen
Wannsee und Potsdam. Dieses Schiff verkehrt als Linie täglich sechsmal zwischen
dem Park Glienicke nördlich Potsdams bis
zum Strandbad Templin südlich Potsdams
und legt an insgesamt 13 Stationen in der
Potsdamer Wasserlandschaft an (zum Beispiel Sacrow/Heilandskirche, Cecilienhof/
Meierei, Schloss und Park Babelsberg, Potsdam Hauptbahnhof, Neustädter Havelbucht). Ein- und Ausstieg mittels Tages-
ticket, Fahrtunterbrechungen sind möglich.

Havelland
■ **Werder**
Schiffsfahrten nach und von Werder wer-
den von verschiedenen Reedereien durch-
geführt, insbesondere regelmäßig von der
Weißen Flotte Potsdam.

■ **Ketzin**
Personenschiffahrt Wilfried Herzog,
An der Havel 18, 14669 Ketzin, Tel.
033233/82798, 0171/4241615, www.
personenschiffahrt-herzog.de. Drei Schiffe,
bisher noch ein Geheimtipp: Diese Reederei bietet Fahrten auf der Havel in beiden
Richtungen an sowie Seenrundfahrten un-

›Gustav‹ vor der Pfaueninsel

terschiedlicher Längen, insbesondere eine Acht-Seen-Rundfahrt mit Strecken, die von Ketzin aus möglich sind und von anderen Reedereien mit diesem Routenverlauf nicht angeboten werden. Auch eine Dreizehn-Seen-Runde wird angeboten, die es sonst nirgends gibt. Weitere Einzelfahrten erfolgen bis Brandenburg und umgekehrt bis nach Berlin havelaufwärts bis Spandau und in die Innenstadt Berlins über die Spree.

■ Brandenburg
Nordstern Reederei, Neuendorfer Straße 70, 14470 Brandenburg an der Havel, Tel. 03381/226960, 0172/3117868, www. nordstern-reederei.de. Drei Schiffe, darunter das historische Dampfschiff ›Nordstern‹, zwei- bis dreistündige Rundfahrten in der Region
Reederei Röding, Neuendorfer Straße 82a, 14770 Brandenburg an der Havel, Tel. 03381/522331, 0173/8656146, www. fgs-havelfee.de. Ein Schiff, ein- bis dreistündige Rundfahrten in der Region. Sonderfahrten werden angeboten bis Havelberg und Tangermünde, entgegengesetzt bis Potsdam und Berlin.

Slawenschiffe Triglav und Dragomira, Salzhof 1 (Am Slawendorf), 14770 Brandenburg/Havel, Tel. 03381/20874022, www. slawendorf-brandenburg.de. Zwei historische Schiffsnachbauten, Rundfahrten auf den Brandenburger Havelgewässern.

Unterhavel
■ Rathenow
Reederei Bolz, Semliner Straße 6e, 14715 Stechow, Tel. 033874/60321, 0171/5262272, 0170/5846793, www. personenschiffahrt-rathenow.de. Zwei Schiffe, Liegeplatz in Rathenow vor dem Haveltor, Rundfahrten in der Region und über die Elbe.

■ Havelberg
Reederei Kaiser, Goethestraße 21, 39590 Tangermünde, Tel. 039322/3654, 0171/4218162, www.reederei-kaiser.de. Drei Schiffe, Platz für bis zu 500 Personen, Liegeplätze in Havelberg, Tangermünde und Magdeburg. Ab Havelberg verschiedene Touren: Von zweistündigen Rundfahrten bis zu Neun-Stunden-Tagesfahrten havelaufwärts bis Rathenow und über Seen bis Ferchesar. Im Gesamtprogramm auch Fahrten über die Havel bis Brandenburg, über die Elbe, über mehrere Kanäle der Region (Fahrtdauer bis zu zwölf Stunden), mit Ausstiegsmöglichkeiten unterwegs.
Reederei Bolz → Rathenow.

Die ›Charlottenhof‹, Weiße Flotte Potsdam

Reisetipps von A bis Z

Angeln

Es gibt gesetzliche Bestimmungen, die Freiräume für Urlaubsangler und Begrenzungen für professionelles Angeln beinhalten. Generell muss vor dem Angeln eine geringe Fischereiabgabe entrichtet werden. Eine Angelkarte als Erlaubnis für das entsprechende Gewässer ist erforderlich. Näheres ist in den Fischereibehörden der Kreisverwaltungen, in Angelsportläden, bei Berufsfischern und gelegentlich auch bei Zeltplatzverwaltungen zu erfahren. Optimal ist es, Informationen einzuholen bei:

Landesanglerverband Brandenburg e.V.
Hauptgeschäftsstelle Potsdam
Fritz-Zubeil-Straße 72–76
14482 Potsdam
Tel. 0331/74301-10, -40
www.landesanglerverband-bdg.de

Für das Angeln als Dauer-Hobby bietet sich die Mitgliedschaft im Landesanglerverband Brandenburg an. 67 000 Mitglieder in 1500 regionalen Vereinen sorgen ebenso wie Berufsfischer für die Hege und Pflege des Fischbestandes und ermöglichen das Angeln an 23 Fließgewässern und diversen Seen mit Wasserflächen von 14 500 Hektar, in denen insgesamt etwa 20 Fischarten

Ruderboot auf der Havel

geangelt werden können. Die Mitgliedschaft ermöglicht umfassendes Angeln im gesamten Land Brandenburg. Näheres zu weiteren Vorteilen, die dieses Hobby bietet, ist bei der angegebenen Adresse zu erfahren. Es ist einem Werbespruch des Verbandes zuzustimmen, der lautet: ›Wer im Landesanglervand Brandenburg organisiert ist, hat schon einen guten Fang gemacht, bevor er seinen ersten Fisch geangelt hat.‹

Baden

Die Havel ist wegen des Bootsverkehrs und auch wegen der Strömungen kein optimales Badegewässer. Die Havelseen, kleine Buchten und Seen in der Nähe der Havel, sind aber ideale Badegewässer. Die **Freibäder** am Heiligensee, Tegeler See, am Wannsee, in Potsdam-Babelsberg am Tiefen See und am Templiner See bieten allen Komfort, befinden sich abseits gefährlicher Gebiete an der Havel und sind für den Bootsverkehr gesperrt.

Weitere **Seen mit Bademöglichkeiten** gibt es sehr zahlreich, sie sind über die Tourismusverbände erfahrbar. Die Qualität der Berliner Badegewässer wird regelmäßig geprüft, Informationen zu allen Badestellen und Strandbädern gibt es unter www.berlin.de/badegewaesser. Für die Brandenburger Gewässer informiert vom 15. Mai bis zum 15. September eine täglich aktualisierte Karte über die Qualität der Badegewässer (www.mugv. brandenburg.de)

Baden ist in der Havel und an allen Seen Brandenburgs überall dort erlaubt, wo es nicht ausdrücklich (Schilder) verboten ist. An freien Stellen der Havel kann das Baden aus den oben genanten Gründen gefährlich sein. Ebenso bergen sumpfige Stellen oder Pflanzenwuchs an Ufern

Motorboot auf der Havel

von Seen Gefahren. Es wird empfohlen, die erkennbaren **Rast- und Badestellen**, meist sandige Uferbereiche, zu nutzen; es gibt sie reichlich. **Gesperrte Seen** können durch Strudel unter der Wasseroberfläche und anderes gefährlich sein, im eigenen Interesse sind Badeverbote unbedingt zu beachten.

Barrierefrei

Für Brandenburg lassen sich auf der Seite www.barrierefrei-brandenburg.de in der Datenbank Angebote für Rollstuhlnutzer und Gehbehinderte, aber auch für Gäste mit Seh- oder Höreinschränkungen, Gäste mit Lernschwierigkeiten, Gäste mit Allergien und speziellem Ernährungsbedarf finden. Es gibt zahlreiche detaillierte Informationen zu Unterkünften, Restaurants, Freizeit und Kultur sowie die Broschüre ›Brandenburg für alle‹ (→ auch S. 15).

Camping und Caravaning

Die Karte ›Havel-Radweg‹ des Verlages Dr. Barthel verzeichnet alle Campingplätze entlang der Havel. Eine große Anzahl von Campingplätzen und Stellplätzen für Wohnwagen sind als Serviceangaben in den jeweiligen Regionen angegeben. Informationen gibt es auch über die Tourismusinformationen und im Internet unter www.campingland-bran-

denburg.de, www.vcwmv.de/mecklenburgische-seenplatte und www.camping-in-sachsen-anhalt.de.

Charterboote

Auch ohne Bootsführerschein gibt es die Möglichkeit, **Motorboote für Mehrtagestouren** zu mieten. Es gibt zahlreiche exakt festgelegte Abschnitte von Seen und Fließgewässern, auch lange Havelabschnitte im Oberlauf und im Unterlauf, die zusammen mit den angrenzenden Gewässern genutzt werden können. Ein Charterschein wird bei Anmietung nach Einweisung erteilt, denn es gibt ebenso wie auf Straßen eine Verkehrsordnung, die überall beachtet werden muss. Besonders attraktiv sind Anbieter mit mehreren Standorten, bei denen die Rückgabe des Bootes an anderer Stelle erfolgen kann als die Anmietung. Vom originellen Huckleberry-Finn-Floß mit Hütte bis zur Luxusyacht für mehrere Personen gibt es für jeden das Passende. Mit einem Sportbootführerschein eröffnet sich ein sehr großes befahrbares Gewässersystem, das nicht nur die Havel und angrenzende Gewässer, sondern auch weite Teile der Mecklenburgischen Seenplatte, das Dahme-Seengebiet, die Rüdersdorfer Gewässer und auch Polen umfasst (Serviceadressen zu Verkehrsregeln → S. 282). Informationen zum Wassersportrevier sowie Tourenvorschläge für Kanu-, Segelboot- und Motorbootfahrer gibt es für Mecklenburg-Vorpommern und Brandenburg gemeinsam unter www.das-blaue-paradies.de.

Einkehr

Wenn es Leser gibt, die in der Vergangenheit negative Erfahrungen gemacht haben und meinen, es hätte sich nichts geändert, irren sich diese fast immer. Auch die wenigen Restaurants, die Gäste noch immer so behandeln, als müssten diese dankbar sein, wenn sie bedient werden, sterben aus. Am besten, man verlässt ein derartiges Restaurant sofort wieder, denn generell und im gesamten Land kann man den Service finden, der allgemeinem Standard entspricht.

Fahrgastschifffahrt

Die Havel bietet ein Freizeitvergnügen, das es in Deutschland nirgends sonst in diesem Umfang gibt. Der Autor hat zwischen Ursprungsgebiet und Mündung in insgesamt 14 Orten die Möglichkeit gefunden und genutzt, mit der Fahrgastschifffahrt den Fluss vom Wasser aus zu erleben. In den nördlichen Teilen wird auf den Seen der Havel und auf den angrenzenden Seen gefahren, ab Zehdenick bis zur Mündung der Havel und sogar in die Elbe hinein. Ab Berlin kann man die die Havel auf Fahrgastschiffen in Form einzelner Tagesfahrten erleben. Freilich sind das unterschiedliche Reedereien, und nicht jeder Havelabschnitt wird regelmäßig befahren.

Ab Seite 270 findet man eine Auswahl von Reedereien und Schiffen. Dort oder auch in den Tourismusbüros der Orte entlang der Havel kann man Fahrpläne und Sonderfahrten erfragen.

An der Glienicker Brücke

Schöne Plätze zur Einkehr gibt es viele

Gastronomie

Wie überall in Deutschland, gibt es in den Orten entlang der Havel Gastronomie unterschiedlicher Art und unterschiedlicher Qualität. Die Ansprüche der Gäste variieren, deshalb werden hier keine Bewertungen und speziellen Empfehlungen ausgesprochen, sondern darauf hingewiesen, wo Gaststätten unmittelbar am Ufer der Havel zu finden sind, die der Autor hinsichtlich der Lage, des Services und der Speisen als zufriedenstellend bis ausgezeichnet selbst erlebt hat.

Einfache bis anspruchsvolle Gastronomie findet sich in **Müritz** und **Neustrelitz** jeweils am Hafen, in der Gaststätte ›Zum Löwen‹ in **Strasen**, in **Fürstenberg** am Hafen beziehungsweise im Stadtpark und am Schwedtsee, in **Bredereiche** unmittelbar am Havelufer. Am **Ziegeleipark Mildenberg** gibt es ein durchschnittliches Ambiente.

Schloss Zehdenick ist sehr nobel, sehr schlicht geht es in **Friedrichsthal** am Oder-Havel-Kanal zu, ebenso in der **Havelbaude** in Hohen Neuendorf und in **Hohenschöpping** nördlich von Hennigsdorf. In den **Berliner Ortsteilen** gibt es überall entlang der Havel Uferrestaurants, ebenso in **Potsdam**, dort spezi-

Reisetipps von A bis Z

ell entlang der Uferpromenade auf der Westseite der Havel.

Im weiteren Flussverlauf gibt es Gaststätten in **Caputh**, in **Ferch**, in **Werder**, in **Ketzin** (Restaurant ›An der Fähre‹, fast ein Geheimtipp, weil es besser ist als vermutet → S. 229), in **Brandenburg**, in **Pritzerbe**. Zwei Supertipps sind die Gaststätte mit Pension in Milow (›GastHof Milow‹ → S. 251) bei Premnitz am Havelufer (→ S. 251) und ebenso ein Hotel mit Gaststätte am Hafen in Havelberg (›Hotel am Hafen‹ → S. 268).

Gelbe Welle und Blaues Band

Mit dem Zeichen der Gelben Welle werden Hinweise auf öffentliche und private Anlegemöglichkeiten gegeben, bei denen man Serviceleistungen und Hinweise auf Interessantes oder Wichtiges der Umgebung erwarten kann. Diese Zeichen betreffen den Wasserwanderservice in Brandenburg insgesamt. Näheres dazu im Internet unter www.gelbe-welle. de. Am Unterlauf der Havel gibt es das Blaue Band, das ein ähnliches Konzept hat (www.blaues-band.de).

Informationen

Die Adressen der regionalen Tourismusinformationen finden sich in den jeweiligen Kapiteln. Wertvolle Hilfe zur Realisierung der diversen Havelerlebnisse bieten der Reiseführer ›Brandenburg‹ des Trescher Verlages, der Kartensatz ›Havel-Radweg‹ des Verlages Dr. Barthel, der auch separate Wandermöglichkeiten ausweist und für Rad- und Wandertouren unerlässlich ist, sowie Wasserwanderkarten verschiedener Verlage.

Kanutouristik

Für Kanutouristik bietet die Havel im Oberlauf optimale Bedingungen. Die schmalen Wege der Havel wechseln sich mit Seen ab, auf denen wenig anderer Schiffsverkehr stattfindet. Auf dem mittleren Teil ist mit starkem Schiffsverkehr aller Art zu rechnen. Im Unterlauf wird es wieder reizvoller, denn die Havel bietet hier ein breites Flussbett und viele Seitenarme. Es gibt wenig sonstigen Schiffsverkehr, jedoch teilweise recht kräftige Strömungen. Es ist ratsam, in Fließrichtung zu fahren. Die Verkehrsregeln des

Kanuverleih in Granzin

Schiffsverkehrs (→ S. 282) gelten übrigens auch für Kanufahrten und Ruderboote. Es gibt Kanuverleihstationen und Angebote für komplette Paddeltouren, Anfragen hierzu bei den entsprechenden Tourismusinformationen, siehe auch Hinweis unter ›Gelbe Welle‹.

Karten

Den umfassenden Detail-Service für den gesamten ›Landtourismus‹ bietet die spezielle Karte des Verlages Dr. Barthel ›Havel-Radweg‹ im Maßstab 1:50 000, die alle Straßen in Havelnähe, auch in den Orten, spezielle Autoparkplätze, Campingplätze, Badestellen, Rastplätze, Gaststätten, Übernachtungsmöglichkeiten, Informationsstellen, regionale Sehenswürdigkeiten, Museen, Kirchen, Bahnstationen, Wandermöglichkeiten auf markierten Wegen, Naturdenkmäler und natürlich den Radweg anzeigt, der der Karte den viel zu eng gefassten Namen gab.

Für die speziellen Angaben für den Wassertourismus ist keine durchgehende Detailkarte bekannt. Die Verlage Delius Klasing, Edition Maritim, Jübermann, Grünes Herz und andere bieten das entsprechende Kartenmaterial jeder Havelregion, dass hinsichtlich der Befahrbarkeit, Anlegestellen, Abfall-Entsorgung und Schleusen die erforderlichen Detailangaben bietet.

Mit zusätzlichen Tipps zu Liegeplätzen und allgemeinen Hinweisen ist folgende Karte der Region empfehlenswert: **Wassersportkarte Havelgewässer**, Landesvermessung und Geobasisinformation Brandenburg, Maßstab 1:50 000.

Klima

Das Klima ist urlaubsfreundlich. Es regnet seltener als vielerorts, und auch die Winterlandschaften sind reizvoll. Das Land ist dünn besiedelt, daher gibt es viele ruhige Landschaften.

Frühlingsweg

Literatur

Zur Information über Brandenburg insgesamt bietet der Reiseführer ›Brandenburg‹ des Trescher Verlages Weiteres. Theodor Fontane hat einen Band seiner ›Wanderungen durch die Mark Brandenburg‹ mit dem Titel ›Havelland‹ der Havel und dem weiträumigen Gebiet der Umgebung gewidmet. Er ist noch heute interessant zu lesen.

Motorboot-Touristik

Bei Vorliegen entsprechender Bootsführerscheine ergibt sich ein Gebiet für Motorbootfahrten, das von der Nord- und Ostseeküste bis südlich Berlins reicht, die Mecklenburgische Seenplatte im Norden und weite Teile Polens im Osten einschließt. → ›Gelbe Welle‹ und ›Charterboote‹.

Museen

In Fließrichtung der Havel hier eine Auswahl interessanter Museen. Die jeweiligen Öffnungszeiten sind über die regionalen Tourismusinformationen oder über das Internet zu erfahren.

Waren: Müritzeum→ S. 107; Kleines Fischereimuseum (Am Seeufer 73).

Reisetipps von A bis Z

Ankershagen: Heinrich-Schliemann-Museum → S. 110.

Neustrelitz: Museum der Stadt Neustrelitz (Schloßstraße 3); Slawendorf am Zierker See → S. 126.

Wesenberg: Spielzeugmuseum ›Villa Pusteblume‹ (Burgweg 1).

Fürstenberg: Brandenburgisches Forstmuseum → S. 126.

Ravensbrück: Mahn- und Gedenkstätte Ravensbrück → S. 121.

Mildenberg: Ziegeleipark Mildenberg → S. 136.

Zehdenick: Schiffermuseum auf dem Museumsschiff → S. 139.

Oranienburg: Gedenkstätte Sachsenhausen → S. 143; Kreismuseum Oberhavel (im Schloss) → S. 156; Haus der deutschen Schmiedekunst (Straße der Einheit 50).

Spandau: Stadtgeschichtliches Museum in der Zitadelle → S. 169; Stadtmuseum im Gotischen Haus (Breite Straße 32).

Gatow: Luftwaffenmuseum → S. 170.

Wannsee: Liebermann Villa → S. 178; Haus der Wannseekonferenz → S. 179.

Potsdam: Haus der Brandenburg-preußischen Geschichte → S. 199; Filmmuseum → S. 199; Naturkundemuseum (Breite Straße 13); Potsdam-Museum (Am Alten Markt); Bildergalerie im Park Sanssouci → S. 202; Museum in der Holländermühle im Park Sanssouci → S. 202.

Petzow: Waschhaus, Geschichte des Wäschewaschens → S. 222.

Glindow: Ziegeleimuseum → S. 223.

Werder: Obstbaumuseum → S. 242, Mühlenmuseum → S.224; Zweiradmuseum (Mielestraße 2).

Brandenburg: Dommuseum → S. 231; Industriemuseum → S. 231; Stadtmuseum → S. 232; Schiffahrtsmuseum im Steintorturm → S. 232.

Rathenow: Optikindustriemuseum → S. 252.

Havelberg: Prignitzmuseum → S. 255.

Nationalpark, Naturpark, Regionalpark

In Mecklenburg gibt es den Müritz-Nationalpark, in dem die Havel entspringt. Später durchfließt sie den Naturpark Stechlin-Ruppiner Land, streift den Naturpark Uckermärkische Seen und den Naturpark Barnim, fließt durch den Regionalpark Krämer Forst und den Regionalpark Havelseen und erreicht schließlich auch noch den Naturpark Westhavelland. Die Havel mündet im Biosphärenreservat Elbtalaue in die Elbe.

Nationalpark: Im Nationalpark wird im Gegensatz zu einem Totalreservat, in dem die Natur sich selbst überlassen wird, und einem Naturschutzgebiet, in dem nur eine sehr stark eingeschränkte Nutzung und Veränderung erfolgen darf, die Natur nicht sich selbst überlassen, sondern umweltverträglich reguliert. Menschliche Maßnahmen werden zugelassen, wenn sie das ökologische Gleichgewicht nicht stören, oder werden so verändert, dass die ursprüngliche Natur möglichst erhalten bleibt oder wieder entsteht. Bis zu 25 Prozent der Fläche können wirtschaftlich, aber naturverträglich genutzt werden.

Naturpark: Vereinfacht ausgedrückt ist der Naturpark die abgeschwächte Art eines Nationalparks. Hier wird eine umweltgerechte Landnutzung angestrebt, die insbesondere auch für die Erholung und den Tourismus geeignet ist. Daraus ergeben sich entsprechende Flächennutzungspläne, Bebauungspläne und Maßnahmen, die speziell der Erholungsfunktion dienen. Die einzelnen Bundesländer haben dazu unterschiedliche regionale Gesetzgebungen.

Regionalpark: Der Begriff ist etwas irreführend, denn damit werden acht Regionen um Berlin bezeichnet, die hinsichtlich Wirtschaftsansiedlungen, Verkehr und Erholung in Verbindung mit den Randgebieten in Berlin verknüpft werden. Die grenznahen Gebiete innerhalb Berlins, am Rand und außerhalb der Stadt sollen miteinander harmonieren, das betrifft also nicht nur die Natur, sondern auch Gewerbegebiete.

Biosphärenreservat: Biosphärenreservate sind großflächige, repräsentative Ausschnitte von Natur- und Kulturlandschaften und gelten weltweit als Modellregionen für nachhaltige Entwicklungen in allen Lebens- und Wirtschaftsbereichen. Ziel ist es, den besonderen Kultur- und Naturraum in seiner Eigenart zu erhalten, bei gleichzeitig umweltverträglicher zukunftsweisender Wirtschafts- und Lebensweise der jeweiligen Bevölkerung. Angestrebt wird also die Erschließung als Erholungsraum für Menschen sowie die Schaffung von Rückzugsgebieten für Tiere und von Lebensräumen der Pflanzenwelt.

Öffentlicher Nahverkehr

Im Land Brandenburg gibt es den Verkehrsverbund von Bussen und Bahnen, der auch Berlin einschließt. Das Tarifsystem ist logisch aufgebaut, aber zunächst etwas schwierig zu verstehen. Fahrkartenautomaten der Bahnen führen zum Ziel, in Bussen steht der Busfahrer zur Verfügung, Auskünfte: Tel. 030/25414141, www.vbbonline.de. Es gibt in ländlichen Gebieten **Rufbusse**: Haltestellen, die nur bei Bedarf, aber nach Fahrplan bedient werden. Darauf wird per Telefon, im Internet und an den Haltestellen hingewiesen. Bei der **Bahn** gibt es am Wochenende und oft auch werktags Fahrplanänderungen; mit Verspätungen ist bei den Regionalbahnen auch im planmäßigen Verkehr gelegentlich zu rechnen.

Parkanlagen

Besondere Parks an der Havel:
Liebenberg: Schlosspark → S. 141.
Oranienburg: Schlosspark → S. 156.

Im Schlosspark Liebenberg

Wannsee: Schlosspark Glienicke an der Glienicker Brücke → S. 206.
Potsdam: Park von Sanssouci → S. 200; Neuer Garten am Jungfernsee mit Schloss Cecilienhof und Marmorpalais → S. 204; Schlosspark Babelsberg → S. 206.
Brandenburg: An der Marienhöhe → S. 232.
Plaue: Schlosspark Plaue am Plauer See → S. 237.

Reiseveranstalter

Angebote mehrtägiger Reisen mit dem Hauptthema ›Havel‹ gibt es kaum, aber Reiseveranstalter bieten mehrtägige Schiffsfahrten auch über die Havel an. Weiterhin gibt es Kanutouren, Fahrrad-, Wanderreisen und Kulturreisen.

Schiffsverkehr

Die Havel ist nicht nur ein Freizeitparadies, sondern auch eine Hauptverkehrsstraße der gewerblichen Schifffahrt. Auf der Havel verkehrt demnach von schwerfälligen Frachtkähnen über Segelboote bis zu sehr schnellen Motorbooten eine verwirrende Vielzahl unterschiedlicher Wasserfahrzeuge. Für alle gelten die Verkehrsregeln (→ S. 282). Deren Einhaltung ist lebenswichtig, Todesfälle durch Schiffskarambolagen gab es bereits.

Begegnung am Wegesrand

Urlaubsfreuden

Nach dem Studium dieses Buches, guter Planung und passendem Wetter ergeben sich diese automatisch. Bei schlechtem Wetter lesen Sie doch einfach einiges, was Ihnen bisher weniger interessiert erschien; vielleicht ist das interessanter, als sie dachten und ergibt eine Schlechtwetterurlaubsfreude.

Mir ist ein Urlauber begegnet,
der freute sich sogar, wenn's regnet,
und lächelnd sagte der dann noch,
wenn ich mich nicht freu, regnet's doch.

Verkehrsregeln

Allen Wassersportlern und (Freizeit-)Kapitänen bekannt, vielen anderen aber wenig oder gar nicht, sind einige grundlegende Informationen, die auch den führerscheinfreien Schiffsverkehr betreffen. Auch auf dem Wasser gelten Verkehrsregeln für alle. Darin enthalten sind Regeln zum Fahren, zum Ankern, zum Parken, zum Übernachten, zum Stilllegen, zu Geschwindigkeiten, für führerscheinfreie Zulassungen, Hinweise auf Angaben von Strecken, die nur zu bestimmten Zeiten befahren werden dürfen, oder nur auf Teilstrecken, Verhalten an Schleusen und sensiblen Uferbereichen. Lärm, Alkohol und Verbote oder Zulassung bestimmter Nutzungen der Gewässer sind ebenso geregelt wie die Erlaubnis zum Segeln. Wasserski zum Beispiel ist selten erlaubt, führerscheinfreie Bootsfahrten mit Motorbooten sind auch nur auf genau festgelegten Strecken erlaubt; die Schiffsgrößen sind zusätzlich zu beachten.

Selbst für Ruderboote und Kanus gelten Verhaltensregeln im Zusammenhang mit der Begegnung mit Motorbooten, mit Segelbooten und gewerblicher Schifffahrt. Boote ab einer bestimmten Größe müssen eine Zulassung haben und eine Kennzeichnung deutlich erkennen lassen. Weil es insbesondere genaue Vorschriften für die Nutzung der Gewässer gibt und sehr detaillierte Geschwindigkeitsvorschriften, die am Gewässer nicht erkennbar sind, ist es für alle, die führerscheinfreie Bootsfahrten planen, wichtig, sich möglichst vorab darüber zu informieren.

Neben den Verkehrsregeln gibt es **Verhaltensregeln**, die zehn Goldenen Regeln des Wassersports lauten in Kurzfassung:

1. Nicht in Röhricht und Schilf einfahren.
2. Mindestabstand zu den unter 1. genannten Gebieten von 30 Metern und 100 Meter von Vogelansammlungen.
3. Regeln und Gebote in Naturschutzgebieten beachten.
4. Rücksicht auf ›Feuchtgebiete internationaler Bedeutung‹ nehmen.
5. Anlanden nur an Anlegestellen.
6. Von Landseite ebenfalls Eindringen in Schilfgebiete vermeiden.
7. Abstand von 300 Metern zu Vogelnistplätzen und großen Vogelansammlungen halten.
8. Fotografieren und Vogelbeobachtung nur aus der Ferne.

9. Entsorgung von Abfällen nur an dafür vorgesehen Stellen.

10. Informationen einholen über die zu befahrenden Gebiete.

Zu dem gesamten Freizeitbootsverkehr gibt es zwei wichtige kostenlose Informationsschriften:

Wassersport auf Bundeswasserstraßen zwischen Elbe und Oder, Wasser- und Schifffahrtsdirektion Ost, Gerhart-Hauptmann-Straße 16, 39108 Magdeburg, Tel. 0391/28870, wsd-ost@wsv.bund.de, www.wsv.de/wsd-o.

Hinweise für die Sportschifffahrt im Lande Brandenburg, Ministerium für Infrastruktur und Raumordnung des Landes Brandenburg, Referat Kommunikation, Henning-von-Tresckow-Straße 2–8, 14467 Potsdam, www.mil.brandenburg.de.

Informationsmaterial zum Wassertourismus hält auch der Tourismusverband des Landes Bandenburg bereit (www.reiseland-brandenburg.de).

Über die Verkehrsregeln informiert auch das Landesamt für Umwelt, Gesundheit und Verbraucherschutz in Brandenburg, www.mluv.brandenburg.de.

Darüber hinaus bietet das **Elektronische Wasserinformationssystem des Bundes** (Elwis) umfassende Informationen (www.elwis.de). Die **Gelbe Welle** bietet Anlegestellen und Service entlang der Havel an, Infos über Internet und den Tourismusverband. Das **Blaue Band Sachsen-Anhalt** bietet weitere spezielle Informationen (www.blaues-band.de). Über die Havel ab Kirchmöser bis zur Mündung Havelberg gibt es Infos in der **Tourismusinformation Havelberg**.

Spezielles Kartenmaterial zum Wassertourismus wird von verschiedenen Kartenherstellern herausgegeben.

Mit zusätzlichen Tipps zu Liegeplätzen und allgemeinen Hinweisen ist folgende Karte der Region empfehlenswert: **Was-** **sersportkarte Havelgewässer**, Landesvermessung und Geobasisinformation Brandenburg, Maßstab 1:50000.

Wasser- und Schifffahrtsämter:

Wasser- und Schifffahrtsdirektion Ost, Gerhart-Hauptmann-Straße 16, 39108 Magdeburg, Tel. 0391/28870, www.wsv.de/wsd-o.

Wasser- und Schifffahrtsamt Eberswalde, Schneidemühlenweg 21, 16225 Eberswalde, Tel. 03334/2760, www.wsv.de/wsa-ebw.

Wasser- und Schifffahrtsamt Berlin, Mehringdamm 129, 10965 Berlin, Tel. 030/695320, www.wsv.de/wsa-b.

Wasser- und Schifffahrtsamt Brandenburg, Brielower Landstraße 1, 14772 Brandenburg, Tel. 03381/2660, www.wsv.de/wsa-brb.

Wasserabenteuer

Teamgeist
Am Luftschiffhafen 1
14471 Potsdam
Tel. 0331/90755100
www.teamgeist.com
Havelflöße bauen und damit fahren und andere Wassererlebnisangebote für Familien und kleine Gruppen.

Pension Havelfloss
Altstädtische Fischerstraße 2
14770 Brandenburg an der Havel
Tel. 03381/269022
www.pension-havelfloss.de
Vermietung von Flößen mit Schlafplätzen und kompletter Ausrüstung für Mehrtagesfahrten.

Berlin Outside
Aktiv- und Erlebnistouren
Kanustation: Heckeshorn am Flensburger Löwen
Am Großen Wannsee 58–60
14109 Berlin
Tel. 030/7042579, 0172/3077245
Büro: Hoffbauerpfad 16
14165 Berlin

Reisetipps von A bis Z

www.berlin-outside.de
Paddelkurse und Tourenangebote mit
Kanus.

Kuhnle-Tours

Hafendorf Müritz, 17248 Rechlin
Tel. 0398/232660
www.kuhnle-tours.de
Bootsferien im Havelgebiet und weit darüber hinaus. Charterboote in diversen
Varianten vom Hausboot bis zur Luxusyacht. Führerscheinkurse, mehrere Standorte, unter anderem eine Minimarina am
Ferienpark Mirow.

Zugverbindungen

Der besondere Verlauf der Havel, bei
der etwa in der Mitte die Metropole
Berlin tangiert wird, ergibt exzellente
Bahnverbindungen von allen Gebieten
Deutschlands. Über die Durchgangs-
station Berlin oder von Berlin aus sind
alle Gebiete der Havel mittels Bahnen
erreichbar, maximal ist ab Bahnhof eine
Busfahrt erforderlich, um die für Start
von Touren oder zur Übernachtung geeigneten Orte der Havel zu erreichen.
→ Öffentlicher Nahverkehr, S. 281.

Unterwegs mit dem Floß

Kleines Glossar

DAV Irritationen lösen Gelände des DAV aus, in den Bergregionen betrifft das klar den Deutschen Alpenverein DAV, hier gibt es den Deutschen Anglerverband **DAV**, beide haben nichts miteinander zu tun.

Düker Kreuzungsbauwerk, mit dem ein Gewässer mittels einer Rohrleitung unter einem Hindernis hindurch verbunden wird. Ein Düker ist kein ebenerdig verlaufendes Rohr als Brückenersatz, sondern verläuft absteigend, dann in der Tiefe unter dem Hindernis hindurch und auf der gegenüberliegenden Seite wieder aufsteigend.

Elsenbüsche Elsbeere oder ähnliche Arten der Gattung Eberesche (→ S. 22).

Fließ alte Bezeichnung für ein kleines natürliches Fließgewässer, also ein kleiner Fluss, ein Bach.

Heide Der Begriff ›Heide‹ ist eine alte Bezeichnung für Wald und sagt generell nichts über die Art des Waldes aus, Die ›Schorfheide‹ ist ein Laubwaldgebiet, andere ›Heiden‹ können es im heutigen Sinne sein, müssen aber nicht.

Horst Völlig unabhängig von der Bezeichnung für ein Nest großer Vögel gibt es in Brandenburg diese Bezeichnung für feste und dauerhaft trockene leichte Erhebungen in den Feuchtgebieten. Vereinfacht ausgedrückt sind es Inseln im Sumpf, die als Standorte für Bauten und Gehöfte geeignet sind.

Kiefer Die häufigste Nadelbaumart der gesamten Region ist die Kiefer (Pinus sylvestris), die andernorts als ›Föhre‹ bezeichnet wird.

Klöster wurden bei der Reformation aufgelöst und im Dreißigjährigen Krieg weitgehend zerstört, die geschichtlich interessanten Baudenkmäler sind also nicht vergleichbar mit den reichen Klöstern des Südens.

Lake/Lanke eine Bucht oder ein See, nur als Gewässernamen bekannt.

Luch aus der slawischen Urbevölkerung stammender Begriff für Sumpfwiesen, Bruchland. Gemeint sind großflächige Feuchtgebiete, die es andernorts so nicht gibt.

Nadelwehr, siehe auch Wehr: Bezeichnung für eine – entlang der Havel oft vorkommende – Anlage zur Regulierung des Wasserdurchflusses. Die quer über einen Seitenarm der Havel oder Grabenzufluss errichtete Stauanlage ist in einzelne Segmente unterteilt. Damit wird die Höhe des Wasserspiegels nicht durch Höhenverstellung reguliert, sondern durch Öffnung einzelner Segmente die Durchflussmenge. Je nachdem, wie viele Segmente geöffnet werden und wie weit jedes einzelne, kann die abfließende Wassermenge reguliert werden, unabhängig von Schwankungen der Wasserspiegelhöhe und der Wassermenge, die vor dem Wehr ankommt. Es ergibt also eine Kombination von Stau und reguliertem Abfluss.

Schlösser Als Schlösser werden auch Gutshäuser bezeichnet, selbst die preußischen Herrscher hatten Schlösser, die man eher als Gutshäuser bezeichnen kann (Paretz, Caputh). Neben der Schlösserlandschaft Potsdams gibt es weitere ähnlich attraktive Bauten im Land, aber nicht jedes ›Schloss‹ erfüllt den Anspruch, den man andernorts an diesen Begriff stellt.

Steine Die abgeschliffenen Steine in der gesamten Landschaft sind während einer Eiszeit vor etwa 10 000 Jahren aus Skandinavien hierher geschoben worden und dabei nach Rückgang des Eises rundgeschliffen zurückgeblieben. Die kleinsten Reste sind Sand und Kies, etwas größer sind die Lesesteine (so bezeichnet, weil sie von den Feldern aufgelesen werden mussten), auch Feldsteine genannt. Die großen nennt man **Findlinge**. Es gab entlang der Havel niemals Berge aus Gestein, das abgetragen wurde.

Wehr/Wehranlage Stauanlage quer über einen Wasserlauf. Ein Wehr kann feststehend eine Gewässerhöhe stabilisieren oder in der Höhe variierbar Wasserstände regulieren.

Werder Insel. Fast alle Inseln inmitten des Flusses tragen die Bezeichnung Werder, auch die Pfaueninsel hieß früher Kaninchenwerder. In Oberlauf und Unterlauf gibt es einige unbedeutende Inseln im Fluss, im Gebiet Berlins und Potsdams liegen acht teils sehr bekannte Inseln im Fluss. Die Stadt Werder (Havel) ist als Inselstadt entstanden. In Brandenburg an der Havel, Rathenow und Havelberg haben Inseln der Havel ebenfalls den entscheidenden Grund der Entstehung gebildet.

Eine Begegnung unterwegs

Literaturhinweise

Fontane, Theodor: Wanderungen durch die Mark Brandenburg, als vollständige Ausgabe z.B. vom Deutschen Taschenbuch Verlag, 2006.

Fröhlich, Roland: Am Polarkreis des Weinbaus. Der Werderaner Wachtelberg, Vacat Verlag, Potsdam 2001.

Jaath, Kristine: Brandenburg. Unterwegs zwischen Elbe und Oder. Trescher Verlag, 2012. Viel Detailwissen zu den Orten entlang der Havel.

Kuhn, Adalberg: Märkische Sagen und Märchen, Nabu Press, 2010.

Rasmus, Carsten und Bettina: Natouren rund um Berlin, Brandenburgs Naturwunder im Jahreslauf erleben. KlaRas-Verlag, 2008.

Reschke, Manfred: 66-Seen-Wanderung, Trescher Verlag 2012.

Reschke, Manfred: Wanderungen in Brandenburg, Trescher Verlag 2011.

Karten

Havel-Radweg, Verlag Dr. Barthel aus der Serie ›Schöne Heimat‹, 1:50 000. Radwander- und Wanderkarte mit allen wichtigen Informationen.

Havel-Radweg, bikeline Radtourenbuch, 1:75 000.

Wassersportkarte Havelgewässer, Landesvermessung und Geobasisinformation Brandenburg, 1:50 000.

Falk-Plan Regionalkarte 06, Berlin und Umgebung, 1:150 000.

Die Havel im Internet

Allgemeines

www.panoramio.com Havelbilder von H. Hönow.

www.faszination-havel.de Private Seite, Unterkunftsdatenbank, Ausflugsziele.

www.nabu.de/aktionenundprojekte/unterehavel/havelinfos Ein Fluss wird wieder lebendig. Informationen zur Renaturierung der Unteren Havel.

www.untere-havel.info Private Seite, die sich vor allem mit der Tierwelt der Unteren Havel beschäftigt.

www.buga-2015-havelregion.de Die Orte der Bundesgartenschau 2015 stellen sich vor.

www.barrierefrei-brandenburg.de Informationen zu barrierefreien Unterkünften, Restaurants, Tipps zu Freizeit und Kultur.

www.havelradweg.de Streckenübersicht, Unterkünfte, Sehenswertes.

Unterkünfte
www.reiseland-brandenburg.de
www.visitberlin.de
www.sachsen-anhalt-tourismus.de
www.campingland-brandenburg.de
www.vcwmv.de/mecklenburgische-seenplatte
www.camping-in-sachsen-anhalt.de

Wassersport

www.elwis.de Elektronisches Wasserinformationssystem des Bundes.

www.das-blaue-paradies.de Informationen zum Wassersportrevier sowie Tourenvorschläge für Kanu-, Segelboot- und Motorbootfahrer (Mecklenburg-Vorpommern und Brandenburg).

www.gelbe-welle.de Informationen über Anlegemöglichkeiten, Hinweise auf Interessantes oder Wichtiges der Umgebung (Brandenburg).

www.blaues-band.de Ähnliches Konzept die die ›Gelbe Welle‹ für den Unterlauf der Havel.

www.wsv.de/wsd-o Wasser- und Schifffahrtsdirektion Ost.

Anhang

Der Autor

Manfred Reschke wurde 1939 in Berlin geboren, wo er bis heute lebt. Der ehemalige Buchdruckermeister arbeitete zuletzt in leitender Funktion in der Bundesdruckerei in Berlin.

Ende der siebziger Jahre entdeckte er die Liebe zum Wandern und die Reize der brandenburgischen Landschaft. Seitdem hat er auf Fernwanderungen in zwölf europäischen Ländern mehr als 10 000 Kilometer zurückgelegt, dabei unter anderem zweimal die Alpen überquert und den klassischen Teil des Jakobsweges von Genf durch Frankreich und Nordspanien bis zum Cap Finisterre komplett zu Fuß durchwandert. Vor allem aber hat er immer wieder Wanderungen durch die Mark Brandenburg unternommen, deren Vielfalt und Schönheit es ihm besonders angetan haben.

Nach seinem Ausscheiden aus dem aktiven Berufsleben entwickelte er die ›66-Seen-Wanderung‹, widmete sich auf vielfache Weise aktiv dem Wandern in Brandenburg, ist seit 13 Jahren Wanderführer und war etwa 30 Jahre lang auch im kirchlichen Bereich ehrenamt-

Manfred Reschke

lich tätig. Im Januar 2003 wurde ihm anlässlich des ›Tages des Ehrenamtes‹ das Verdienstkreuz am Bande des Verdienstordens der Bundesrepublik Deutschland verliehen. Im Trescher Verlag sind von ihm erschienen: ›66-Seen-Wanderung‹ und ›Wanderungen durch Brandenburg‹.

Die Havel – ein Traum

Ich weiß wohl was soll es bedeuten
das ich oft fröhlich bin,
ein Erlebnis aus heutigen Zeiten
das kommt mir nicht aus dem Sinn.

Ein Sommertag war's, silbernes Funkeln
der Havel im Sonnenschein
lud mich im schattigen Dunkeln
am Ufer zum Träumen ein.

Ich träumte von einer Schönen
ähnlich der Loreley,
ließ mich vom Sommersilber verwöhnen
und sah eine Fee dabei

Die Märchenfee die sich mir zeigte
war lieblich, erfrischend und mild
als sie sich zu mir neigte
sah ich verschwommen ein Bild.

›Bist Du ein Geschöpf, das ich lieben
kann?
Mein Sommertraum, bitte sprich‹...
›Ja und erwache und schaue mich an,
denn die Havel, das bin ich‹.

Ortsregister

Personen- und Sachregister

Bild- und Kartennachweis

Mit den Reiseführern aus dem Trescher Verlag durch Berlin und Brandenburg

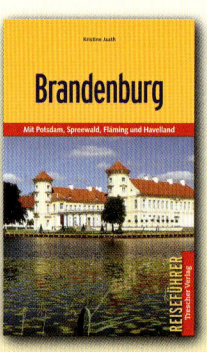

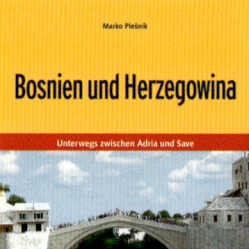

Marko Plešnik

Bosnien und Herzegowina

Unterwegs zwischen Adria und Save

REISEFÜHRER
Trescher Verlag

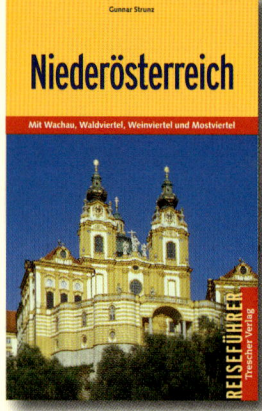

Gunnar Strunz

Niederösterreich

Mit Wachau, Waldviertel, Weinviertel und Mostviertel

REISEFÜHRER
Trescher Verlag

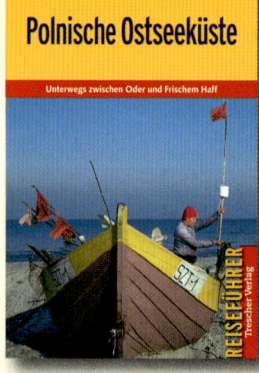

Kerstin und André Micklitza

Polnische Ostseeküste

Unterwegs zwischen Oder und Frischem Haff

REISEFÜHRER
Trescher Verlag

Auswahl Reiseführer

Albanien
Mit Tirana, Adriaküste und
Albanischen Alpen
17.95 Euro

Bosnien und Herzegowina
Unterwegs zwischen Save und Adria
18.95 Euro

Dalmatien
Mit Adriaküste, Zadar, Šibenik,
Split und Dubrovnik
13.95 Euro

Kamtschatka
Zu den Bären und Vulkanen
im Nordosten Sibiriens
18.95 Euro

Kosovo
Unterwegs im Herzen des Balkans
13.95 Euro

Mazedonien
Mit Skopje, Ohrid und Bitola
16.95 Euro

Niederösterreich
Mir Wachau, Waldviertel,
Weinviertel und Mostviertel
14.95 Euro

Polnische Ostseeküste
Zwischen Oder und Frischem Haff
13.95 Euro

Riesengebirge
Mit Isergebirge, Jelenia Góra, Hos-
tinné, Jablonec und Trutnov
13.95 Euro

Rumänien
Kunstschätze und Naturschönheiten
19.95 Euro

Serbien
MIt Belgrad, Novi Sad, Vojvodina
und Donau
19.95 Euro

Siebenbürgen
Rund um Kronstadt, Schäßburg und
Hermannstadt
18.95 Euro

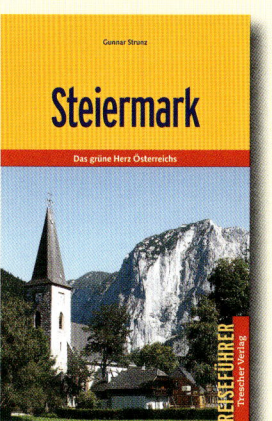

Slowakei
Unterwegs zwischen Donau, Tatra
und Beskiden
16.95 Euro

Slowenien
Zwischen Alpen, Adria und Pannoni-
schem Tiefland
16.95 Euro

Steiermark
Das grüne Herz Österreichs
14.95 Euro

Tschechien
Unterwegs in Böhmen und Mähren
16.95 Euro

Vorarlberg
Mit Bregenzer Wald, Großem
Walsertal, Arlberg und Montafon
12.95 Euro

Auswahl Städteführer

Berlin
Sehenswürdigkeiten, Kultur, Szene,
Ausflüge, Tipps
16.95 Euro

Bratislava
Mit Donautiefland, Kleinen
Karpaten und Záhorie
14.95 Euro

Breslau
Niederschlesien und seine
tausendjährige Hauptstadt
14.95 Euro

Bukarest
Die Rumänische Hauptstadt
und ihre Umgebung
14.95 Euro

Königsberg/Kaliningrader Gebiet
Mit Bernsteinküste, Kurischer
Nehrung, Samland und Memelland
18.95 Euro

Lemberg
Das kulturelle Zentrum
der Westukraine
16.95 Euro

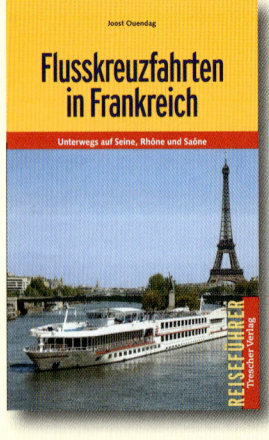

Ostseestädte
Kreuzfahrten zwischen Kiel,
St. Petersburg und Kopenhagen
16.95 Euro

Posen, Thorn, Bromberg
Mit Großpolen, Kujawien und
Südostpommern
16.95

Prag
Mit Mělnik, Karlstein und
Böhmischem Bäderdreieck
12.95 Euro

Riga, Tallinn, Vilnius
Rundgänge durch die Metropolen
des Baltikums
17.95 Euro

Zagreb
Die kroatische Hauptstadt und
ihre Umgebung
15.95 Euro

Auswahl Flusskreuzfahrten

Donaukreuzfahrt
Von Passau bis zum Schwarzen Meer
16.95 Euro

Flusskreuzfahrten in Frankreich
Unterwegs auf Seine, Rhône
und Saône
16.95 Euro

Flusskreuzfahrten Russland
Unterwegs auf Wolga, Don,
Enisej, Lena und Amur
16.95 Euro

Nordmeerkreuzfahrten und Hurtigruten
Norwegen, Spitzbergen, Grönland,
Kanada, Alaska, russische Arktis
18.95 Euro

Rhein-Main-Mosel Kreuzfahrten
Zwischen Basel und Amsterdam,
Trier und Frankfurt
14.95 Euro

Auswahl Deutschland

Baden in und um Berlin
Die schönsten Badestellen in
und um Berlin
12.95 Euro

Brandenburg
Unterwegs zwischen Elbe und Oder
14.95 Euro

Dresden
Mit Meißen, Radebeul und
Sächsischer Schweiz
12.95 Euro

Lausitz
Unterwegs zwischen Spreewald und
Zittauer Gebirge
16.95 Euro

Mecklenburg-Vorpommern
Mit Rügen, Usedom, Rostock
und Stralsund
14.95 Euro

Oderbruch
Natur und Kultur im östlichen
Brandenburg
9.95 Euro

Sachsen
Mit Dresden, Leipzig, Erzgebirge
und Sächsischer Schweiz
14.95 Euro

Wanderungen durch Brandenburg
50 Touren durch das ganze Land
13.95 Euro

66-Seen-Wanderung
Zu den Naturschönheiten rund
um Berlin
13.95 Euro

Kartenlegende

- 🚉 Bahnhof
- 💲 Bank
- ⚓ Brunnen
- 🏰 Burg/Festung
- ♂ Burgruine
- ⚠ Campingplatz
- 🕴 Denkmal
- ✚ Dorfkirche
- ⛴ Fähre
- ⚓ Hafen, Marina,
  Bootsanlegestelle
- 🏨 Hotel
- ⛪ Kirche
- 🕌 Kloster
- ♂ Klosterruine
- 🎵 Markt
- 🏛 Museum
- 🅿 Parken
- 🍴 Restaurant
- ★ Sehenswürdigkeit
- 🏖 Strand
- 🚪 Tor
- ℹ Touristeninformation
- ♟ Turm
- 🦁 Zoo

═══	Autobahn
▥▥▥	Autobahn im Bau
═══	sonstige Straßen
243	Straßennummern
▬▬	Eisenbahn
⊖	Grenzübergang
▬▬▬	Staatsgrenze
■	Hauptstadt
●	Stadt/Ortschaft

Kartenregister